Esma Abdelhamid
Marianne Moesle

Löwenmutter

Mein Ausbruch aus
zwölf Jahren Zwangsehe
in Deutschland
und der Kampf
um meine Kinder

Krüger Verlag

2. Auflage März 2008

Originalausgabe

Erschienen im Krüger Verlag, einem Unternehmen
der S. Fischer Verlag GmbH, Frankfurt am Main

Satz: Pinkuin Satz und Datentechnik, Berlin
Druck und Bindung: CPI – Clausen & Bosse, Leck
Printed in Germany 2008
ISBN 978-3-8105-0191-2

Inhalt

Für unsere Kinder

Die Tür fällt hinter mir ins Schloss. Hier habe ich nichts mehr zu suchen. Es regnet. Wie ein Schleier legt sich der feine Nieselregen auf die Blätter der alten Kastanien. Es muss gegen Mitternacht sein. Ich laufe einen schmalen Fußweg entlang, meine Plastiktüte in der Hand. Zwischen zwei Häuserblocks hindurch, die sich links und rechts wie Gebirgszüge auftürmen. Ich gehe schnell, meine Schritte hallen mir im Ohr. Ich gehe ohne Ziel, als ob jemand hinter mir her wäre, einmal um den Block. Ich laufe meiner Wut und den Tränen davon. Es dauert keine fünf Minuten, bis ich an der Bushaltestelle nicht weit von unserem Haus ankomme.

Auf einmal bin ich unsagbar müde und sacke in mich zusammen. Alle Wut ist verflogen, da ist nur noch Leere, ein abgebranntes Feuer. Ich habe Angst, sehe nach rechts und sehe nach links, setze mich und warte. Auf was? Ich bin allein. Kein Mensch weit und breit auf der Straße. Alles still. Jedes einzelne Blatt, das zu Boden fällt, höre ich. Ich stelle die Tüte auf die Bank.

Mein Gesicht spiegelt sich im Plexiglas des Unterstands. Wer bin ich? Vor elf Jahren aus Tunesien nach Hamburg gekommen, nichts außer den eigenen vier Wänden gesehen, dem Mann gehorcht, drei Kinder geboren, kaum ein paar Worte Deutsch gelernt. Ausgesetzt an einer Bushaltestelle: 31 Jahre alt, frei und fremd in einer Stadt, die ich nicht kenne.

Weiß der Himmel, warum ich vom Flughafen aus ausgerechnet zu meinem Exmann gefahren bin. Vielleicht weil ich ihm gegenüberstehen und ihm ins Gesicht schreien wollte: »Ich werde es ohne dich schaffen und um die Kinder kämpfen!« Er hatte sie mir genommen und mich vor die Tür gesetzt. Ohne Sprache, ohne Geld und ohne Kleider.

Jetzt bin ich frei. So frei wie nie zuvor. Ich zittere, aber da ist keiner, der mich in eine Decke wickelt und einer Mutter auf den Bauch legt. Ich bin ein Notfall, aber keiner weiß von mir. Kein Mensch wird mich vermissen oder nach mir suchen. Ich muss für mich alleine sorgen. Das Geräusch eines Autos, das durch Wasserpfützen fährt, schreckt mich auf. Ich betrachte den nassen Asphalt, der unter dem Schein der Straßenlaterne wie ein goldener Teppich glitzert: Ein langes, dreckiges Stück Weg, das vor mir liegt.

1.
»Vater hat dir einen Mann ausgesucht«

Ich war nicht zu Hause, als er zum ersten Mal kam. Ich kannte meinen zukünftigen Bräutigam nicht, auch mein Vater nicht, keiner aus meiner Familie kannte ihn. Seine Familie stammte aus einem Dorf 150 Kilometer südlich von unserer Stadt mitten in Tunesien. Abdullah war ins Ausland gegangen, um Geld zu verdienen. Jetzt kam er mit seinem älteren Bruder.

Es muss ein paar Tage zuvor gewesen sein, im Herbst 1979, als ich meine Schwester Fatma bei ihrer Arbeit auf dem Sozialamt – sie kümmerte sich um Wohngeld und Sozialhilfe – besuchte. Heimlich wieder einmal. Ich freute mich, so wie ich mich immer freute, wenn ich rauskam von zu Hause, wo ich mich seit sieben Jahren um meine jüngeren Geschwister kümmerte. Kochen, Waschen, Putzen, und das mit knapp 19 Jahren, wo junge Mädchen eigentlich andere Träume haben. Doch ich hatte keine Wahl, jemand musste die Arbeit machen, unsere Mutter saß meist apathisch auf ihrem Stuhl neben dem Küchenherd, oder sie lag im Bett.

Hätte mein Vater davon gewusst, dass ich ohne Erlaubnis losgezogen war, um die Schwester abzuholen, hätte er getobt. Nicht einmal über den Garten zu den Nachbarn ließ er seine unverheirateten Töchter. Wenn er uns vor der Mauer unseres Hauses erwischte, setzte es Schläge. Ich nutzte trotzdem jede Gelegenheit, um zu entwischen.

Obwohl schon Oktober, staut sich die Hitze um die Mittagszeit in Fatmas Büro, die Klimaanlage gibt einen monotonen Summton von sich. »Warte, ich hab's gleich«, sagt meine Schwester, »muss nur noch ein paar Akten einräumen, dann können wir gehen.«

Ich stelle mich ans Bürofenster, schiebe die Lamellen der Jalousie aus grauem Blech zusammen und schaue durch den Spalt nach draußen. Ein Eselskarren mit hochaufgetürmten Teppichen rattert vorüber. Das dumpf klappernde Geräusch der eisenbereiften Holzräder auf dem Asphalt hallt von den Häuserfronten wider. Aus dem Café im Erdgeschoss des Gebäudes ziehen Duftschwaden aus Kardamom und Ingwer nach oben, vermischt mit nach Benzin stinkenden Auspuffabgasen.

Plötzlich, ohne anzuklopfen, steht Mahmoud, der direkte Vorgesetzte meiner Schwester, im Büro. Er hat ein paar Anträge in der Hand, die er Fatma auf den Schreibtisch legt. »Zum Fertigmachen«, sagt er. Als ich ihn reden höre, wende ich mich den beiden zu. »Netter Chef«, denke ich. Er wirft mir einen Blick zu, im Gehen, dreht sich noch einmal um und zeigt auf mich. Im kurzen Sommerkleidchen, mit großen, dunklen Augen, ein wenig kokett vielleicht. Hübsches Mädchen, aber sehr naiv mit meinen dunklen Zöpfen und den abgekauten Fingernägeln. »Wer ist sie?«, fragt er. Fatma und ich sehen uns nicht ähnlich. »Meine kleine Schwester.« – »Und was tut sie hier?« – »Mich von der Arbeit abholen.« Mahmoud zupft mit einer Hand an seiner Krawatte, etwas muss seine Aufmerksamkeit erregt haben. Er zaudert, lässt die Türklinke los, die er schon in der Hand hatte, und macht einen Schritt auf mich zu.

»Suchst du einen Job?«, fragt er unvermittelt. Einfach so, aus heiterem Himmel. Er hat mich noch nie vorher gesehen, noch kein Wort mit mir gewechselt. Er weiß nicht meinen Namen, nicht wo ich wohne, nicht welche Schule ich besucht oder welche Ausbildung ich habe, nichts.

Ich lache. Gurrend, und wenn ich lache, dann werden mein schmales Gesicht und die Augen kindlich rund. Ich lache aus Hilflosigkeit, weil mir seine Frage so absurd vorkommt. Was will dieser Mensch, der mich vor drei Minuten zum ersten Mal im Leben gesehen hat, von mir? Was soll ich für einen Job machen? Ich bin nicht wie meine Schwester, die sich zu Hause durchgesetzt und eine Ausbildung zur Sozialarbeiterin gemacht hat.

Ich habe nichts gelernt, sondern die Schule abgebrochen. Weil ich ja sowieso heiraten würde, weiter dachte ich nicht. Ich habe keine Ausbildung. Es sei denn, kleine Geschwister wickeln, Putzen und das Essen auf den Tisch stellen sei eine Ausbildung. Meine jüngeren Geschwister freuten sich über ihre große Zuhause-Schwester. Aber welche Arbeit kann ich wohl auf dem Sozialamt machen?

Wir waren dreizehn Geschwister, vier davon sind als Kleinkinder gestorben. Vier Mädchen und fünf Brüder blieben übrig, ich irgendwo in der Mitte. Wenn wir Mädchen selbständig zur Schule gingen, wurde das akzeptiert, aber keiner guckte danach, ob wir morgens aufstanden, uns anzogen, frühstückten, vielleicht sogar ein Brot für die Pause einsteckten. Wenn wir gingen, gut, wenn nicht, auch.

Mit Zahlen und Buchstaben tat ich mich schwer. Vielleicht hatte ich Angst davor, vielleicht war ich zu verträumt, vielleicht auch nur zu aufgeregt, auf jeden Fall blieb nur wenig davon hängen. Wenn ich von den Lehrern in die hinterste Bank gesetzt wurde oder der Vater den Gartenschlauch holte, um mich durchzutrimmen, weil ich schlechte Noten nach Hause gebracht hatte, hasste ich die Schule. Es war schlimm, aber das Schlimmste daran war, dass es eigentlich keinen interessierte, was und ob ich etwas lernte. Auch mich selbst nicht, irgendwann bin ich morgens nicht mehr aufgestanden und nicht mehr zur Schule gegangen.

Die Großmutter, die mit im Haus wohnte, war sowieso immer gegen Schule gewesen. »Für Mädchen«, pflegte sie zu sagen, »die reine Geldverschwendung. Eine Frau geht durch die Haustür nur zu ihrem Mann oder ins Grab.« Die Frau gehört ins Haus, nirgendwohin sonst, so hatte sie selbst gelebt, so lebte ihre Tochter, und so sollten auch ihre Enkeltöchter leben. Mädchen müssen früh begreifen, dass sie nichts sind. Sie lernen Putzen statt Lesen und Schreiben, kochen Tee und servieren ihn den Männern, die Karten spielen. Ihre Aufgabe ist es, einen Mann zu heiraten und ihn zufriedenzustellen. Der Mann will Söhne, die gebiert sie ihm und versorgt alle.

»Na ja, eine Arbeit wäre nicht schlecht«, druckse ich nun herum und komme mir dabei sonderbar vor, »aber nicht unbedingt für eine wie mich. Ich habe die Schule abgebrochen, bin einfach nur zu Hause.« Mahmoud schaut mich nicht an, wahrscheinlich hat er selten so eine dumme Antwort bekommen, ich muss es erklären: »Aber bitte«, sage ich, »ein Job würde mir schon gefallen. Wenn Sie etwas für mich haben, gerne.«

Da schlendert der Sozialbeamte die paar Schritte bis zum Fenster und stellt sich direkt neben mich. Mit beiden Händen greift er nach der Kurbel der Jalousie und beginnt sie hochzudrehen. Es klingt blechern, wenn die Lamellen, die auf Fäden aufgezogen sind, aneinanderstoßen. Darauf achtet Mahmoud aber nicht, sondern richtet seinen Blick direkt auf mich. »Jahaaaaaa?«, sagt er langsam und breitet sein eigenartiges Ja wie ein Netz über mir aus. Gleichzeitig mustert er mich von oben bis unten, nicht unangenehm, eher großspurig. »Das lässt sich wohl machen«, sagt er und wiederholt noch einmal: »Jahaaa, warum nicht? Ich hab einen sehr guten Job für dich, genau das Richtige. Die Arbeit passt, das kann ich mir gut vorstellen.«

Ich schlucke und geniere mich, was will er von mir?, denke ich, spreche es aber nicht aus. Trotzdem muss ich irgendwie reagieren: »Okay, können Sie meiner Schwester bitte sagen, wann und wie und was«, sage ich. Ich bin nicht verwundert, nur aufgeregt. Ich frage auch nicht, was jeder andere an meiner Stelle tun würde: Was für ein Job? Warum ausgerechnet ich? Kein Wort. Es wäre mir gar nicht in den Sinn gekommen, Fragen zu stellen. Das habe ich nie gelernt, aber hören konnte ich und gehorchen. Und wenn er sagt, ein Job, dann hat er einen Job für mich, fini. Soll er mir doch etwas anbieten, es liegt an meinem Vater zu entscheiden, ob ich arbeiten darf oder nicht.

Für Mahmoud ist die Sache damit offensichtlich erledigt, er lässt die Jalousie offen und steckt die Kurbel wieder in ihre Halterung. Er geht zum Schreibtisch, von wo aus Fatma die Szene verfolgt hat, greift zum Telefon, wählt die Nummer der Kantine, »Bitte zwei Orangina auf Zimmer 7«, wünscht uns einen guten Tag und verschwindet. Fatma und ich sehen uns an: »Was will er von dir?«, fragt meine Schwester. Ich zucke mit den Achseln und drehe mich ein paar Mal auf dem Absatz hin und her. Wir können uns keinen Reim darauf machen, was der Mann mit seinem »passenden Job« meinte. Doch Frauen fragen nicht, also trinken wir unsere Orangina und machen uns auf den Heimweg.

Drei Tage später stand Mahmoud mit seinem Bruder Abdullah vor unserem Hoftor am weißen Haus am Rand unserer kleinen Stadt. Eine gesichtslose Provinzhauptstadt in Zentraltunesien, in der die französischen Kolonialherren vor über 100 Jahren eine Garnison angesiedelt hatten. In den 70er Jahren bauten Investoren aus dem Ausland eine kleine Fabrik für die Verarbeitung von Espertogras. Das war alles. Andere Verdienstmöglichkeiten gab es nicht für die Nomaden, die aus der Umgebung hierher gezogen waren. Abdullah hatte zu dieser Zeit schon längst sein Glück in Europa versucht. Über Frankreich war er nach Deutschland gekommen, wo er bei einer Hamburger Baufirma Arbeit gefunden hatte.

Die Brüder hatten sich nicht angemeldet. Es war Spätnachmittag, als sie klingelten. Sie waren mit dem Auto gekommen. Mit Abdullahs Auto, einem roten mit fremdem Nummernschild, daran war gleich zu erkennen, dass er aus dem Ausland kam. Ich war nicht da. Meine älteste Schwester hatte eine Fehlgeburt gehabt, sie lag im Bett bei sich zu Hause, ich kümmerte mich um ihre älteren Kinder und den Haushalt. Ein guter Anlass, um für ein paar Stunden von zu Hause abzuhauen. Ich brachte ihr Essen, wusch die Wäsche und kehrte erst abends zurück.

Mein Vater war da, auch meine jüngeren Geschwister, die neugierig waren und alles mitbekamen. Noch am gleichen Abend erzählte mir meine kleine Schwester haarklein vom Besuch der Brüder. Der Vater hatte ihnen das große Tor in der Mauer, die um Garten und Haus gezogen war, geöffnet und sie hereingebeten. Auf der mit Platten ausgelegten Terrasse vor der Haustür blieben sie stehen. Vater wusste sofort, wer Mahmoud war, unter Beamten in so einer kleinen Stadt kennt man sich. »Was wollt ihr hier?«, fragte er. Da hat Mahmoud gar nicht lange drum herumgeredet, sondern gleich die Karten auf den Tisch gelegt: Man sei wegen Esma gekommen.

»Abdullah. Er ist mein kleiner Bruder und noch nicht verheiratet. Wir suchen dringend eine Frau für ihn«, sagte er. »Dringend, am besten noch, solange er auf Urlaub in Tunesien ist.« »Ich arbeite in Deutschland«, mischte sich Abdullah ein, »seit sieben Jahren schon.« Er habe noch keine Gelegenheit gehabt, eine Frau zu suchen, weil er Tag und Nacht schufte. »Außerdem gibt es in Deutschland nicht viele tunesische Frauen. Eine kleine Auswahl nur, deshalb will ich lieber eine von hier heiraten.«

Abdullah sagte, er sei nach Tunesien zurückgekehrt, um sich nach einer passenden Frau umzusehen. Er sagte nicht, dass seine Familie ihn unter Druck gesetzt hatte, weil er schon über 25 Jahre alt war. Und er sagte auch nicht, dass er in Deutschland eine Freundin mit Kind hatte.

Wie sein Vater schon und auch der Großvater wolle er die Verantwortung für eine Frau und Kinder übernehmen und für sie sorgen, sagte er nun dem Vater. »Mein Bruder erzählte mir von Ihrer Tochter, wie heißt sie …?« – »Esma.« – »Mein Bruder sagt, sie sei schön und eine gute Hausfrau?« – »Ja.« – »Das könnte passen.« – »Kommt darauf an.« – »Von der ganzen Familie habe ich nur Gutes gehört.«

Nachdem Abdullah einen ersten Redeschwall schon im Garten losgeworden war, blickte er erwartungsvoll auf meinen Vater. Ein stattlicher, respekteinflößender Mann, kein einziges graues Haar, seine Uniform mit den silbernen Knöpfen und den Schulterklappen zog er auch im Haus nur selten aus. Nun bat er beide Brüder hinein ins Wohnzimmer. Die Fenster standen weit offen, nachdem sie wegen der Hitze fast den ganzen Tag über verschlossen gewesen waren.

Man zog die Schuhe aus und setzte sich an ein kleines Tischchen in der Ecke, Teppiche dämpften die Stimmen der Männer.

»Wegen Esma«, rief der Vater zu seiner Frau hinaus in die Küche und dass sie Tee bereiten solle. Er war nicht überrascht, er hatte Routine mit jungen Männern, die seinen Töchtern den Hof machten. Ständig kamen welche und brachten Geschenke, irgendwelche Leckereien, einer war gleich mit einem ganzen Schaf gekommen.

Alle wegen mir. Um die Hand meiner zwei Jahre älteren Schwester Fatma wollte lange keiner anhalten. Doch vor ein paar Monaten hatte man endlich ihre Hochzeit gefeiert, das war nun erledigt. Von uns vier Schwestern wurde am meisten um mich geworben. Ich fühlte mich gut dabei, es war ein tolles Gefühl, so begehrt zu werden. Doch mein Vater fragte sich oft, was die Männer alle an mir fanden. Eigentlich hätte man nicht lange überlegen müssen, um darauf zu kommen. Mein Reiz lag auf der Hand: Ich war ein traditionell erzogenes tunesisches Mädchen, unselbständig, gehorsam, dumm, naiv, aber hübsch wie ein Püppchen und außerdem eine gute Hausfrau. Und: Ich hatte keine Flausen im Kopf wie meine ältere Schwester, die unbedingt einen Beruf lernen wollte. Viele wollten mich heiraten, das reichte mir.

Über zwei, drei Jahre ging das schon so. Alle paar Wochen kam ein anderer. Jedes Mal hatte der Vater nein gesagt, nachdem die Herren ihre Geschenke verteilt hatten, die sie natürlich nicht wieder mitnehmen konnten, das wäre gegen die Höflichkeit gewesen. Nein, er könne mich nicht verheiraten, solange meine ältere Schwester nicht unter der Haube war. So lautete die Regel. Ich war noch nicht an der Reihe. Und für Fatma fand sich keiner. Als vor geraumer Zeit wieder einer anklopfte, um nach mir zu fragen, ist es dem Vater zu bunt geworden, und er hat kurzen Prozess gemacht: »Wenn du willst, bekommst du die ältere Schwester. Fatma oder keine.« Ich weiß nicht, warum, aber der Mann ließ sich darauf ein. Er war viel älter, vielleicht hatte er Angst, gar keine Frau mehr abzubekommen. Meine Schwester ist nicht glücklich geworden mit ihm. Doch nun war der Weg frei zu mir.

Nicht ein einziges Mal hatte ich daran gedacht, dass mein Vater irgendwann einmal ja sagen könnte. Wenn die Jungen anmarschierten, fühlte ich mich wie die Prinzessin im Märchen. Sollten sie ruhig mit ihren Geschenken anrücken und mutige Taten vollbringen, am Ende würden sie doch wieder abgewiesen. Jedes Mal habe ich mich diebisch gefreut, diese Freierei brachte Abwechslung in mein Leben. Ich war kindlich und wusste nichts von Männern, aber das spielte auch keine Rolle.

Um den einen oder anderen Heiratskandidaten hatte es dem Vater sogar leidgetan, sie gefielen ihm. Ob sie mir gefielen? – Fragte er nie. Es wäre ihm nie in den Sinn gekommen, mich etwas zu fragen. Auch nicht, ob ich überhaupt heiraten wolle. Als Vater war es seine Pflicht, seine Töchter so gut wie möglich zu versorgen, eine nach der anderen. Er wollte keine Geschäfte machen, aber seine Töchter waren jung, hübsch, konnten kochen und waschen und Kinder kriegen. Das reichte.

Fatma hatte seine Verheiratungspläne lange genug blockiert. Jetzt war es so weit, und ich war dran. Ob ich eigene Wünsche und Vorstellungen hatte, interessierte ihn nicht. Nur eines wusste er, dieses Mal würde er nicht sofort nein sagen. Er wollte den Bewerber genau prüfen und dann spontan entscheiden. Abdullah? Was der Vater sah, war nicht schlecht, das ausländische Auto beeindruckte ihn. Abdullah hatte einen traditionellen Familiensinn und offensichtlich genug Geld. Auch wenn ausgerechnet er keine Geschenke mitgebracht hatte.

»Wie alt bist du?« – »27.« – »Wo arbeitest du?« – »Bei einer Fertighausbau-Firma.« – »Was tust du da?« – »Beton gießen im Schichtdienst, manchmal Fliesen legen.« – »Bist du in der Lage, für eine Frau und eine Familie zu sorgen?« – »Ich verdiene zehnmal so viele Dinare im Monat wie mein Bruder auf dem Sozialamt.« – »Hast du ein Bankkonto?« – »Eines in Deutschland und eines in Tunesien.« – »Hast du ein Haus gebaut?« – »Sobald ich einen Ehevertrag in der Tasche habe, werde ich in der besten Straße von Hamburg eine Vierzimmerwohnung mit Küche und Bad mieten.« – »Wirst du deine Kinder in Deutschland muslimisch erziehen?« – »Ja, ich will eine anständige Familie gründen.«

Das Frage-und-Antwort-Spiel zwischen dem potenziellen Bräutigam und seinem Schwiegervater gefiel den Männern. Sie tranken Tee, tunkten gebackenes Fladenbrot in Olivenöl und wischten ihre Finger an weißen Servietten ab. Immer wenn es darum ging, seinen Bruder zu loben, meldete sich Mahmoud zu Wort: Abdullah würde viel Geld nach Hause schicken und nie ohne ein Bündel Scheine in der Hosentasche kommen. Seit er fortgezogen sei, unterstütze er die Familie in Tunesien. Man werde demnächst anfangen, ein Haus von seinem Geld zu bauen.

»Ich habe Esma im Büro ihrer Schwester auf dem Sozialamt gesehen und sofort gewusst, dass sie die Richtige für meinen Bruder ist.« – »Warum?« – »Weil sie so zahm ist.« Abdullah nickte dazu und spielte mit seiner vergoldeten Uhr, die er vom Handgelenk gezogen und auf den Tisch gelegt hatte. Überhaupt spielte er ganz den Weltläufigen. Um seinen Hals hing ein feines goldenes Kettchen, ein europäisches Hemd mit großen orange- und braunfarbenen Kringeln trug er und ein blaues Sakko, das ihm fast bis an die Kniekehlen reichte.

»Richtest du die Hochzeit aus?«, fragte der Vater nach einer Stunde. »Ja.« Kurz und klar. Dann klopften sich die Männer auf die Schultern. »Ich geb sie dir als Ehefrau, aber behandle sie gut! Wenn du sie nicht mehr haben willst, dann bring sie mir wieder.« Und nach einer Pause: »Aber gesund.« – »Ich werde sie nicht wieder hergeben.« – »Es geht mir nicht um Geld und Geschäfte, ich will meine Tochter in gute Hände geben. Bei meiner Ehre.« – »Was aus deinem Haus kommt, ist wertvoller als alle Schätze der Welt, ich werde sie dir nicht wiederbringen«, entgegnete Abdullah. – »Wenn sie nicht gut genug für dich ist, nehme ich sie wieder«, wiederholte der Vater.

Es war beschlossen, man rief die Mutter aus der Küche, sie brachte neuen Tee, schwieg und reichte den beiden jungen Männern die Hand. Abdullah stieß mit seinem zukünftigen Schwiegervater an, ohne dass er seine Braut je gesehen hatte. »Vater«, sagte er zu ihm und beugte sich über das Tischchen. »In zehn Tagen muss ich zurück nach Hamburg, lass uns gleich die Termine ausmachen.« Und dann erklärte er dem Vater etwas, was ich lange nicht verstanden habe: Dass er den Ehevertrag aus finanziellen Überlegungen heraus sofort abschließen wolle. Mit den entsprechenden Papieren im Gepäck würde er in Deutschland weniger Steuern bezahlen müssen.

Abdullah drängte darauf, wenigstens die standesamtliche Hochzeit noch in derselben Woche zu arrangieren. Je schneller, desto besser. Ohne viel Tamtam, die echte Hochzeit habe ja dann Zeit. Es war Montag, man würde einen Notar für Samstag bestellen und dann im kleinen Kreis, mit seiner und meiner Familie, die Verträge unterschreiben und feiern. »In Deutschland will ich dann die notwendigen Papiere für Esma besorgen, Aufenthaltsbewilligung und Ausweis.« – »Und die echte Hochzeitsfeier?«, fragte der Vater. »Machen wir nächstes Jahr im Sommer, wenn ich wieder auf Urlaub da bin«, erwiderte Abdullah, »dann haben wir genug Zeit für eine richtige Hochzeit.«

Traditionell wird der Ehevertrag in Tunesien am ersten Tag einer siebentägigen Hochzeitsfeier unterschrieben, aber Abdullah wollte den notariellen Akt von den großen religiösen Hochzeitsfeierlichkeiten trennen. In den Ohren meines Vaters hörte sich dieser Plan vernünftig und durchdacht an. Mehr noch, was für einen klugen Schwiegersohn er doch bekam! Zusammen mit Esma würde er es weit bringen. Vater war zufrieden mit seiner Wahl. Am frühen Abend ging er los, er kannte einen Notar in der Stadt, den wollte er wegen Samstag fragen.

Als ich nach Hause kam, war alles geregelt. Ich hatte einen Bräutigam, der schon wieder weg war. Weder hatte ich ihn noch er mich gesehen. Keiner hatte daran gedacht, mich zu holen, solange er noch da war. Warum auch? Der ganze Handel ging mich nichts an, ich wurde nicht gefragt und hatte auch nichts zu sagen.

Ich traf den Vater nicht an, er war noch auf seiner Polizeiwache eine Straße weiter. Dafür kam mir die kleine Schwester schon im

Garten entgegen. Tänzelnd: »Weißt du waaas? Weißt du was? Nein, du weißt nichts, gar nichts«, überfiel sie mich. »Heute war jemand für dich da.« – »Wer?« – »Er hat um deine Hand angehalten und will dich sofort heiraten.« – »Hat er etwas mitgebracht?« Das war das Einzige, woran ich denken konnte: »Schade, dass ich ihn verpasst habe.« Hochzeit und Ehe kamen in meinem Kopf nicht vor, der Vater hatte immer nein gesagt, warum sollte er dieses Mal etwas anderes sagen? »Nein, aber du hast Glück. Er wird dir bestimmt noch viele Dinge mitbringen«, plapperte die Schwester wie ein Wasserfall, indem sie um mich herumtanzte. »Er sieht toll aus und fährt ein schönes Auto.« – »Ich will ihn sehen.« – »Zu spät, Vater hat schon ja gesagt.«

»Du hast Glück« – ich brauchte einen Moment, bis ich verstand, was meine Schwester gerade gesagt hatte. »Vater hat ja gesagt«, was bedeutete das? Dass ich heiraten würde? »Klar«, rief die Schwester. »Nein, nein«, lachte ich, gurgelnd wie immer, wenn ich unsicher war. »Aus dem Ausland, er arbeitet im Ausland«, hörte ich die Schwester. »Du hast Glück, dein Mann wird dich mit nach Deutschland nehmen.« »Ausland? Wie? Wo?«, fragte ich. »Nein, das will ich nicht. Niemals.« Was sollte das heißen? Dass ich von hier wegmusste? Ich stand in der Haustür, es traf mich wie ein Stromschlag. Unwillkürlich wich ich zurück, alles fühlte sich taub an.

Unser Vater war als Polizist oft von einer Dienststelle zur nächsten versetzt worden, und jedes Mal musste die Familie mit. Wir sind dauernd umgezogen, aber im Grunde genommen habe ich nie etwas von einem Ort oder einer Stadt mitbekommen. Seit vielen Jahren lebten wir nun in dieser kleinen Stadt in Zentraltunesien. Hier hatte ich mich eingelebt. Wollte mich dieser unbekannte Mann tatsächlich in ein Land mitnehmen, von dem ich bisher nicht einmal wusste, dass es existiert? Deutschland, wo war das, was war das? »Du hättest sein Auto sehen sollen, total chic und rot«, rief die Schwester. »Und der Mann erst. Er ist groß, schlank. Grüne Augen hat er.«

Ich war schockiert und schob sie ins Haus. Aber das war nun

wirklich etwas Besonderes. Alle haben schwarze Haare und dunkle Augen, aber blaue oder grüne, das sieht man selten. Genauso wenig wie blonde Frauen. Aber eigentlich interessierte mich das alles überhaupt nicht. Ich war zu gelähmt, um auch nur einen einzigen Gedanken fassen zu können. Angst stieg in mir hoch, ich ging in die Küche, um mir heiße Milch mit Honig zu kochen. Mir war kalt, ich musste mich bewegen. »Er kommt wieder«, redete meine Schwester weiter. »Wann?« Wusste sie nicht. Ich hatte einen trockenen Mund, ich konnte nichts sagen und hätte doch gerne tausend Fragen gestellt. Aber meine Schwester verstand nicht, warum ich mich nicht freute, und ging zu Bett.

Auch meine Mutter hatte sich schon schlafen gelegt. Ich wärmte mir meine klammen Finger an der heißen Milchtasse und setzte mich auf eine Matratze im Wohnzimmer. Hier würde ich auf meinen Vater warten. Den Fernseher anstellen, einen Film ansehen. Aber nein, das war nicht erlaubt. Wenn mein Vater mich beim Fernsehen erwischte, würde er sofort anfangen zu schimpfen. Also nahm ich mein Strickzeug, wenigstens Stricken hatte ich auf einer Haushaltsschule gelernt, und verharrte, ohne eine Masche abzustricken. Ich musste mit meinem Vater sprechen. Ich stand auf, legte Holz im Küchenherd nach, wusch mir die Hände und wartete.

Die Gedanken in meinem Kopf überschlugen sich: Ich will nicht weg von hier, ich kenne nichts anderes. Wo würde ich wohnen, was essen? Ist es kalt oder warm in diesem Deutschland, gibt es wilde Tiere dort, Schlangen, Vipern? Ich kenne keinen, der je dort gewesen ist. Aber ich habe gehört, dass man da Geld verdienen kann, viel Geld. Und mein zukünftiger Ehemann? Was ist er überhaupt für einer?

Als der Vater dann endlich nach Hause kam, beachtete er mich gar nicht. Wie immer hielt ich den Blick gesenkt, während ich ihm die Jacke abnahm und seine Schuhe wegräumte. Er schaltete den Fernseher ein und ließ sich aufs Sofa fallen, auf dem sich ein Berg aus Kissen türmte, auch ein Kamel aus braunem Plüsch, das mein Bruder einmal aus der Hauptstadt mitgebracht hatte. In mir brodelte es, doch ich traute mich nicht, ihn zu fragen: Baba, was hast du mir für einen Ehemann ausgesucht? Stattdessen holte ich Wasser, um seine Hände und Füße zu reinigen. Warum sagte er nichts? Ich trocknete seine Füße ab, blickte hoch zu ihm, doch er starrte in den Fernseher, wo er die letzten Nachrichten des Tages verfolgte. Ich war in der Küche, um ihm einen Teller Couscous mit Gemüse zu holen, als Vater nach mir rief. Endlich! Was wird er mir erzählen? Kann ich ihm sagen, dass ich gar nicht heiraten will? Einen Mann aus Deutschland? Die meisten Landsleute fanden Arbeit in Frankreich, warum Abdullah nicht? Ich schnitt Brot, es bröselte, goss Buttermilch in ein Glas, trug alles auf einem Tablett ins Wohnzimmer und stellte es auf das niedrige Tischchen vor den Vater. Und wartete. Doch er tat, als ob nichts gewesen sei. Was ging um Himmels willen in seinem Kopf vor? Wollte er nicht mit mir sprechen?.

Ich lehnte an unserer großen braunen Kommode mit dem guten Geschirr, auf der die ganzen gerahmten Familienfotos standen. Die Fotos der verstorbenen Großeltern, die Hochzeitsbilder meiner älteren Schwestern und Brüder, die ersten Enkelkinder, krabbelnd und mit Schleifchen im Haar. Dazwischen eine blau-gelbe Porzellanvase mit rosa Plastiknelken. Meine Beine waren schwer, ich musste mich setzen. Dem Vater gegenüber, der schweigend seinen Eintopf löffelte und seine Buttermilch trank, wie er es immer tat, bevor er ins Bett ging. Er schaute nicht auf, der Fernseher lief, ich sollte ihn jetzt fragen: »Vater, was ist das für ein Mann, den du für mich ausgesucht hast?« Wollte ihn fragen: »Muss ich jetzt wirklich heiraten?« Aber nein, das hätte ich nicht fragen können. In meinem Innern gärte es. Sollte ich doch? Ihn fragen, warum er dieses Mal »Ja« gesagt hatte, warum ausgerechnet bei diesem Mann? Bei einem, den ich überhaupt nicht kannte und meine Familie auch nicht? Warum hatte mein Vater mich einem Mann versprochen, der mich weg aus der Stadt und weg von den Eltern bringen würde?

Ich beobachtete ihn, ohne ihm in die Augen zu sehen, jede

seiner Bewegungen. Wie gerade er seinen Arm mit dem Glas von sich hielt. Ich hörte, wie er schluckte, und roch die buttrige Milch. Als der Vater ausgetrunken hatte und mit seiner linken Hand über das nach hinten gekämmte Haar fuhr, meinte ich die Pomade auf meinen Fingern zu spüren. Ich wollte ihn fragen und Antworten hören, aber es kam kein Laut über meine Lippen. Ich wusste, dass er, wenn er spät von der Arbeit heimkam, seine Ruhe haben wollte. Bloß nicht stören, aber heute, an diesem Tag, an dem er mich versprochen hatte, war das nicht eine Ausnahme? Doch der Vater sagte nichts, und ich hielt meine Fragen krampfhaft zurück. Das tat weh, denn je mehr ich die Fragen verdrängte, desto mehr blähten sie sich auf. Bis sie mich schmerzten, wie Seitenstechen, weil ich nicht richtig atmete.

Ich konnte meinem Vater so spät am Abend nicht mit Fragen kommen, als Mädchen schon gar nicht. Wie oft hatte ich ihn explodieren sehen, wie oft hatte er mir dann mit seiner breiten Hand ins Gesicht geschlagen oder mir seinen Stock über den Rücken gezogen. Aus nichtigen Anlässen. Manchmal griff er schon nach dem Stock, nur weil ich nicht rechtzeitig Tee nachgegossen hatte. Mein Vater war streng. »Aber gerecht«, pflegte er zu sagen, und dass die Strafe nur zu meinem Besten sei.

Wenn ich ihn jetzt belästigen würde, würde er mich für undankbar halten. Ich saß ihm gegenüber, sah, wie seine Lider zufielen, und sah, wie sich seine buschigen Brauen verzogen, wenn er die Augen langsam wieder aufschlug. Bis er seine Hände tief im Schoß versenkte, ein wenig nach vorne kippte und einschlief.

Ich schlief schlecht in dieser Nacht. Als ich morgens in die Küche schlich, war der Vater schon weg. Die Mutter saß mit meiner frisch verheirateten Schwester am Küchentisch, über den eine Wachstuchtischdecke mit bunten Blümchen gespannt war. Die Küche hatte nur ein winziges Fenster, die nackte Birne über der Spüle strahlte an, was direkt unter ihr war, alles andere verlief sich im öden Schummerlicht. Sie tranken Kaffee, Fatma hatte süßen Kuchen mitgebracht. Ich zog einen Holzhocker, der in der Waschecke stand, dazu und setzte mich. »Ist gut, probier«, sagte die Mutter und schob mir ein süßes Teil hin. Aber ich wollte nicht, keinen Bissen. Die beiden sprachen von Fatmas Arbeit, ich legte die Unterarme auf das Plastik und malte mit den Fingerkuppen kleine Kreisspiralen darauf. Bis die Frage zäh aus mir herausquoll: »Was habt ihr mir für einen Mann ausgesucht, Mutter?« Die Mutter hustete und wackelte ein bisschen mit dem Kopf: »Es gibt keinen Besseren für dich. Der Vater bestimmt. Richte dich her und sei höflich zu dem Mann, wenn er wiederkommt. Damit er sieht, was für eine schöne Frau du bist.« – »Ja, aber wie ist er? Freundlich, nett? Was ist das für ein Mann?« Darauf erhielt ich keine Antwort, die Mutter zuckte mit den Schultern, als wolle sie sagen: Es ist beschlossen, egal, ob der Mann dir gefällt oder nicht. Ich hatte auch keine Wahl damals, warum sollte es für dich anders sein? Du bist dran.

Langsam, sehr langsam begann ich zu begreifen, dass es nun keine Gründe und keine Argumente mehr gab, einen Bräutigam abzulehnen. Ich war diesem Mann versprochen. Einem Fremden, von dem ich nichts wusste, außer dass er mich irgendwann in ein fremdes Land mitnehmen würde.

Wenn mir der Vater wenigstens einen ausgesucht hätte, den ich kannte. Einen aus der Familie, einen Cousin, warum nicht? Ich war bisher keinem Jungen wirklich näher gekommen. Das heißt nicht, dass ich nicht verliebt gewesen wäre. Zumindest eingebildet hatte ich mir das. In Wirklichkeit wusste ich natürlich gar nicht, was »verliebt sein« heißt. Zwölf war ich, als ich manchmal mit meinen Geschwistern und den Cousins und Cousinen heimlich loszog vor die Stadt, um auf dem staubigen Gelände der antiken römischen Ruinen zu spielen. Damals gab es noch keine Zäune und keine Wächter. Wir sind auf den Stufen des Amphitheaters umhergehüpft, immer zu zweit, und haben dann zwischen Kakteen, Ginsterbüschen und irgendwelchem verrosteten Schrott, den die Leute dort abluden, Verstecken gespielt: Mein zwei Jahre älterer Cousin Ahmed immer dicht auf meinen Fersen, wir ducken uns hinter Mauerreste und Disteln, und einmal quetschen wir uns sogar in ein öliges Blechfass. Als ich spüre, wie seine Haut an meiner Haut klebt, wird mir warm. Ich weiß genau, dass das nicht von der Sonne kommt. Abends meine ich seine Haut immer noch zu spüren, kühl und glatt und schön. Und dann fällt mir ein, dass wir beide schon als kleine Kinder Braut und Bräutigam gespielt haben.

Verliebt sein, dachte ich damals, sei etwas zwischen mir und meinen Gefühlen. Ich hatte keinen Einfluss darauf, genauso wenig wie darauf, dass mir Schokolade besser schmeckte als Brot. Ich liebte Schokolade. Natürlich war es der Traum aller Mädchen, sich in einen Mann zu verlieben, aber heiraten, das war etwas ganz anderes. Verliebt sein, ich wusste es eigentlich, ist ein dummer Traum, ebenso wie der vom reichen Märchenprinzen, ganz und gar blödsinnig, und doch träumten wir Mädchen ihn.

Mädchen werden von Vätern und Onkeln verheiratet, für manche wird der Handel schon bei der Geburt gemacht, Mädchen können ihren Mann nicht frei aussuchen. Wie auch, woran sollten sie sich orientieren, was sind die Kriterien für einen guten Mann? Das Kribbeln im Bauch? Wohl kaum, Mädchen wie ich haben nichts zu fühlen, sondern lassen über sich ergehen. Mädchen denken nicht, sondern gehorchen, Mädchen entscheiden nicht, sondern nehmen, was kommt. Mädchen tragen auch keine Verantwortung, sondern ertragen Einsamkeit, Mädchen planen nicht, sondern leben in den Tag hinein wie die Tiere.

Ich hatte noch nie eine eigene Entscheidung getroffen, nicht einmal selbständig einkaufen war ich gewesen. Der Vater trug die Verantwortung, er sorgte für mich, und nun hatte er mir einen Mann besorgt. Ich hatte Angst. »Bitte, sag dem Vater, dass ich nicht möchte«, beschwor ich meine große Schwester, die sich die letzten Kuchenreste in den Mund schob. Fatma war als verheiratete Frau eine vollwertige Person und hatte mehr Rechte. Sie hätte beim Vater ein Wort für mich einlegen können, wenn sie gewollt hätte. Aber das wollte sie nicht, im Gegenteil. »Willst wohl alles besser wissen«, schimpfte sie. »Der Vater sucht dir einen tollen Mann aus, und was machst du? Anstatt ihm dankbar zu sein, beklagst du dich. Du spielst dich auf wie eine Prinzessin, keiner ist dir gut genug. Willst du dem Vater ewig auf der Tasche liegen?« – »Wenn ich nur nicht ins Ausland müsste.« Ich stand auf und ging in der Küche auf und ab, es schnürte mir die Kehle zusammen. Was kam da auf mich zu? Ich würde die Stadt und meine Familie verlassen müssen und womöglich nur noch selten zurück nach Hause kommen. Ich würde allein sein mit diesem Fremden, entsetzlich allein. »Sei doch froh«, sagte die Schwester, »dass du aus diesem Hundeleben fortkommst.« Fatma war neidisch auf mich. So einen richtigen Kerl wie Abdullah, mit Auto und Goldkettchen, hätte sie auch gerne gehabt. Nicht den, den der Vater ihr ausgesucht hatte.

»Du wirst dich an ihn gewöhnen. Heiraten muss jede von uns.« – »Vielleicht.« – »Ich musste auch. Und es geht mir nicht schlecht.« – »Ich weiß nicht, aber ich kenne diesen, wie heißt er eigentlich, doch gar nicht. Er ist ein Fremder.« – »Nein, nicht ganz fremd. Es ist Abdullah, der Bruder von meinem Chef Mahmoud. Mein Chef, dem du kürzlich im Büro begegnet bist.« – »Wie bitte, der Bruder?« – »Ja, weißt du nicht mehr? Mahmoud hatte doch von einem Job gesprochen, den er für dich hat. Wir wussten beide nicht, was er meinte.« Jetzt verschlug es mir tatsächlich die Sprache. Sollte ich lachen oder weinen? Das war's also, hier war die Antwort auf seine rätselhafte Frage: »Willst du einen Job?«

Der Mann, dem ich versprochen war, war mein Job! Unglaublich – was ist das für ein Spiel? Überhaupt nicht witzig fand ich das. Wie naiv war ich bloß gewesen, zu glauben, dass Mahmoud mir einen Arbeitsplatz beim Sozialamt verschaffen wollte? Einfach so, dachte ich. Aber nein: Abdullah ist mein Job. Wie eine stumme Dienerin saß meine Mutter da und hörte zu, sagte aber nichts mehr.

Mein neuer Job

Am Spätnachmittag kam er wieder. Allein. Wie warm es noch war, vor dem Haus fielen die Ranken der Bougainvilleen wie

Schleppen von der hohen, weißen Mauer, die den Garten gegen die Straße hin abgrenzte. Die Feigen waren reif, und von den Dattelpalmen hingen lange Früchtetrauben. Von weitem schon sah ich sein Auto die sandige Straße entlangkommen. Die ganzen Stunden vorher hatte ich nicht gewusst, was ich mit mir anfangen sollte. Nervös war ich, lief in einem fort raus in den Garten und wieder zurück ins Haus. Ich hängte Wäsche auf die Wäschespinne, putzte Gemüse, zog die Wäsche gerade, nahm sie wieder ab. Ohne dass es mir bewusst war, hatte ich auf ihn gewartet. Und als ich das rote Auto sah, wusste ich sofort, dass es seines war, so viele gab es damals nicht in unserer Straße. Ich bückte mich und sammelte hektisch ein paar Granatäpfel auf, die auf dem Gartenboden zerplatzt und blutrot aufgesprungen waren.

Er fuhr nicht schnell, Staub wirbelte das Auto trotzdem auf. Als es vor dem Tor hielt, warf ich die Granatäpfel wieder unter den Baum und lief ins Haus. Schicksalsergeben. Durch die Windschutzscheibe hatte ich nur wenig von dem Mann erkennen können. Dunkelblauer Sakko, weißes Hemd, herausgeputzt. Vielleicht würde alles gar nicht so schlimm kommen, beruhigte ich mich, ich musste nur alles richtig machen. Ich lief in die Küche zur Mutter, die teilnahmslos am Herd saß. Seit Jahren war sie nicht aus dem Haus gegangen. Sie sei krank, hieß es, aber was für eine Krankheit das sein sollte, wusste keiner. Sie interessierte sich für nichts und niemanden und konnte sich nur wenig merken. Manchmal schloss sie sich stundenlang im Schlafzimmer ein, immer wieder schaffte sie es nicht einmal, das Mittagessen zu kochen. Wenn der Vater dann mittags aus seiner Polizeistation nach Hause kam, gab es meistens Streit und wüste Beschimpfungen.

Jetzt nickte die Mutter nur, als ich sie fragte, ob ich ein frisches Kleid anziehen solle. Auch wenn ich nicht wusste, wer er war, gefallen wollte ich dem Bräutigam schon. »Das rote Kleid mit weiß- und lilafarbenem Blümchenaufdruck, kurze Volantärmel, ein Baumwollfähnchen?«, fragte ich. »Ja«, sagte die Mutter, da rief der Vater schon aus dem Wohnzimmer nach ihr. Was wollte er?

Ihr Einverständnis zum zukünftigen Schwiegersohn? Nein. »Geh und hol Esma«, befahl er, so verlangte es die Sitte, so war die Hierarchie. »Geh, und widersprich deinem Vater nicht«, sagte die Mutter zu mir und setzte mit leerem Blick Teewasser auf.

Ich schaute sie mit einer Mischung aus Trotz und Hilflosigkeit an. Warum sagt sie nichts? Wieso bereitet sie mich nicht auf das vor, was auf mich zukommen wird? Eine Mutter muss das doch wissen. Ist es so furchtbar, dass sie nicht darüber sprechen will? Oder bin ich ihr so egal, dass sie es nicht für nötig hält, mich aufzuklären? Lauter Fragen, die ich nicht stellte.

Ich wollte nicht von ihr weggehen, trotzdem bewegte ich mich. Gerade, steif und langsam, auf meinen Herzschlag horchend. Als ich die Tür zum Wohnzimmer hinter mir zuzog, zitterte ich. Ich war wie unter einer Glasglocke, die Geräusche um mich herum verschwammen zu einem unverständlichen Gemurmel. Eine blauschwarze Feige lag auf dem Tisch. Hatte der unbekannte Mann sie im Garten gepflückt und hereingebracht? Ich sah auf und richtete meinen Blick geradewegs auf ihn: groß und hager, sehr hager. Ein Berber, schlaksiger dunkelhäutiger Typ mit schmalen Schultern und langem Hals, den vorstehenden Adamsapfel verdeckte der große weiße Hemdkragen nur wenig. So hager, dass ich meinte, seine Rippenknochen durch den Anzug sehen zu können. Er roch nach Tabak und Zigaretten, aber schlecht sah er wirklich nicht aus.

An seinem linken Handgelenk hatte er eine kleine Tasche hängen, die er unmerklich an der Schlaufe hin und her schaukelte. Darauf starrte ich nun, bloß nicht in seine Augen schauen, und machte ein paar Schritte auf ihn zu. Ich streckte meine Hand aus, er die seine. Wir sagten »Bonjour« auf Französisch, nicht auf Arabisch. Dann schüttelte er meine Hand: »Du bist also Esma?« – »Ja«, antwortete ich laut. Drehte mich aber sofort wieder um und lief weg, zurück in die Küche. Schnell, nichts weiter. Eine ordentlich erzogene Frau spricht leise, schlägt die Augen nieder und stellt keine Fragen.

Das war also »mein neuer Job, der so gut zu mir passte«. Ich hätte es mir denken können. Zu etwas anderem als zur Ehefrau taugte ich nicht. »Und?«, fragte die kleine Schwester, die am Wäschewaschen war. Ich fühlte mich ausgelaugt und leer, so als ob ich den ganzen Tag nichts gegessen hätte. »Na ja, nicht schlecht, ziemlich knochig, nichts Besonderes«, antwortete ich. – »Und die grünen Augen?« – »Grüne Augen habe ich nicht gesehen.« – »Ist er nett?« – »Ja klar«, reagierte ich zaudernd, »er zeigt sich von seiner besten Seite.« Mir schwindelte, ich fühlte mich wie ein einziger gleichgültiger Brei, alles hätte man mit mir machen können. Ich setzte mich neben meine Mutter und schwieg. Wie früher in der Schule, wenn ich etwas nicht verstanden hatte. Einfach wegtauchen.

Mit Abdullah habe ich an diesem Tag nicht mehr gesprochen, auch mit meinem Vater nicht. Er sagte nur zwei Sätze: »Samstag kommt der Notar. Wir werden die Verwandten und Nachbarn einladen.« Streng und lieblos wie immer. Abdullah kam auch am nächsten Tag, am Mittwoch und am Donnerstag und am Freitag wieder. Jeden Tag, ich war nun jedes Mal zu Hause und sah ihn meistens kurz. Viel miteinander geredet haben wir nicht. Organisatorisches. Was hätte ich ihm auch sagen sollen? Er war mein Schicksal, das ich hinnahm, ich hatte nicht gelernt, mir selbständig Gedanken zu machen oder Wünsche zu äußern. Der Vater würde mir schon den richtigen Mann ausgesucht haben. Irgendeiner hatte es ja sein müssen. Nun war es eben dieser unbekannte Hagere, dem ich Kinder gebären und eine gute Hausfrau sein sollte. Es kam mir nicht in den Sinn, mich dagegen aufzulehnen.

Abdullah brachte jeden Tag neue Dinge für das bevorstehende Fest. Unmengen von Obst und Gemüse, er schleppte Fleisch und zum Schluss noch Kuchen an. Das war er seiner Ehre schuldig. An seinem Hochzeitstag wollte er großzügig sein. Je freigiebiger er sich zeigte, desto männlicher und wohlhabender schien er. Zeigen, was man hat, darum geht es bei einer Hochzeit. Abdullah hatte es immer sehr eilig, lange blieb er nie. Ich hatte auch nicht den Eindruck, dass er sich wirklich für mich interessierte. Er sagte wenig, stellte keine Fragen. Ich auch nicht, dabei hätte ich gerne von ihm gewusst, wo und wie er in Deutschland lebte, was er arbeitete. Wenn er mir wenigstens eine Postkarte mitgebracht hätte.

Die Vorbereitungen für das Fest waren in vollem Gange. Es waren schweigsame Tage, ich backte und kochte und hatte weder Erwartungen noch Hoffnungen. Nur Ängste. Wenn ich fühlte, wie sie sich breitmachten, begann ich meinen Körper hin und her zu wiegen wie beim Tanzen und von einem orientalischen Prinzen zu träumen, der auf einem fliegenden Pferd heranrauschen, mich zu sich auf den Sattel heben und wieder in die Lüfte steigen würde. Immer höher. Bis wir zusammen verschwinden.

Wenn ich gekonnt hätte, hätte ich den Samstag einfach übersprungen wie ein Stein, der, flach ins Wasser geworfen, hohe Bögen hüpft. Doch der Samstag kam, gnadenlos, ein frostiger Tag und zu kalt für die Jahreszeit. Früh um halb sieben war es neblig, es dämmerte, als ich durch das große Tor in der weißen Mauer raus auf die Straße lief. Zur Friseurin ein paar Häuser weiter, sie sollte mir die langen Haare kürzen und hochstecken. Das Kleid, das ich anziehen würde, hatte ich über den Arm gelegt. Kein neu gekauftes, aber ein weißes Kleid. Es war zu weit, zwei Schwestern vor mir hatten es schon getragen, aber es war gut genug.

»Wie geht's?«, fragte die Nachbarin, ein paar Jahre älter als ich und schon Mutter von drei Kindern. – »Weiß nicht.« – »Geht uns allen so, wir wissen nichts«, entgegnete sie gähnend, sie hatte noch nicht ausgeschlafen. Doch dann feuchtete sie mein Haar mit einem nassen Tuch an, bürstete es glatt und steckte es mit ein paar Klammern am Kopf fest. »Wir Frauen tun, was man uns sagt«, meinte sie. »Wir sind unselbständig, aber das hat auch Vorteile. Die Männer regeln alles, wir müssen uns um nichts kümmern. Sei froh, du bekommst einen reichen Mann, der kann dir alles kaufen, was du willst, und er holt dich raus aus unserem armseligen Kaff.« – »Ich will nicht weg.« – »Deutschland, habe ich gehört, soll ein Paradies sein.« – »Ich will aber hier bleiben.« – »Sei nicht dumm, andere Mädchen wären froh darüber.« – »Gibt es in Deutschland Palmen?« – »Weiß nicht, aber ich habe gehört, dass es dort kalt ist und schneit.« Schnee – darunter konnte ich mir nur wenig vorstellen.

Als die Friseurin fertig war, schlüpfte ich in mein Kleid und strich die Ärmel glatt. Die Nachbarin zupfte überall ein wenig herum, dann nahm sie einen Lippenstift und malte mir über die Lippen. Geld hat er, dachte ich. Das ist es doch, was sich alle Mädchen wünschen. Ich würde es kriegen. Nicht schlecht, ich werde einen Mann bekommen, der mir Schmuck und Kleider kaufen kann, wann immer ich Lust darauf habe. Oder Schokolade, Autos, Häuser, Badewannen. Von dieser Seite habe ich es noch gar nicht betrachtet. Meine Kinder würden die schönsten Kleider der Stadt tragen, und ich würde eine stolze Mutter sein. Ist der Mann denn da so wichtig? Über kurz oder lang hätte ich sowieso einen nehmen müssen. Meiner hat wenigstens Geld.

»Freust du dich?«, fragte die Nachbarin mitten in meine Gedanken hinein und drückte mir einen weißen Kranz ins Haar. »Weiß nicht«, gab ich noch einmal zur Antwort, aber dann lachte ich zum ersten Mal in dieser Woche.

Zu Hause war Abdullah inzwischen mit seiner Familie eingetroffen. Mutter, Vater und Geschwister, die ich nicht kannte. Er stellte sie mir vor, aber ich konnte mir ihre Namen nicht merken. Ich gab ihnen die Hand, grüßte und verschwand in unserem Kinderzimmer. Bis man mich rief, so war es Sitte. Wieder wurde die Mutter geschickt, mich zu holen. Selten war mein Wunsch, mit ihr zu sprechen, größer als in diesem Moment. Ich nahm sie an der Hand wie ein kleines Kind, ging mit ihr durch den dunklen Hausflur. Ließ sie los und folgte ihr in die Küche. Dort warf ich einen Blick in den Rasierspiegel meines Vaters, der über der Spüle hing. Meine Mutter stand hinter mir. Sie sagte mir nicht, was ich zu tun habe, nicht, wie ich mich verhalten soll. Nicht einmal, ob's gut werden würde oder nicht, sondern nur einen einzigen Satz: »Ich weiß, dass du nicht willst, aber das wird dir nichts nützen.«

Das war ihre Art von Mitleid. Sie hatte abgeschlossen und ließ das Leben an sich vorbeilaufen wie einen Film, kümmerte sich um nichts. Nur manchmal, wenn der Vater sehr brutal geworden war und seine Kinder grün und blau geprügelt hatte, war sie dazwischengesprungen. Doch dann hatte der Vater sie gepackt, und sie bekam den Rest. An ihren schönen langen, schwarzen Haaren schleuderte er sie durch die Küche. Wir Kinder standen hilflos herum und sahen zu. Mit schlechtem Gewissen. Wir mussten zusehen, konnten gar nicht anders, ohne ihr zu helfen.

Ich wusste nicht, ob meine Mutter sich an diesem Tag für mich freute oder traurig war. Sie war da, nur da, wie eine Pflanze. Ich verstand sie nicht, sie mich wahrscheinlich auch nicht. Und eigentlich tat sie mir leid, weil sie keine Möglichkeit hatte, aus diesem schrecklichen Leben abzuhauen. Ich hatte die Chance, jetzt, ich musste sie nur nutzen. In Deutschland vielleicht? Aber das sollte noch lange Jahre dauern.

Ich ging ohne Schleier zur Hochzeit, das war in unserer Familie nicht üblich. Barfuß, nur in meinem weißen Kleid lief ich jetzt ins Wohnzimmer. Ohne darauf zu achten, ob die Mutter mir hinterherkommen würde. In der Ecke neben dem Fenster hatte jemand zwei Sessel aufgestellt und einen blassgelben Vorhangstoff darübergeworfen. Ein Extraplatz für das Brautpaar.

Der Notar war da. Mit dem Vater breitete er Papiere und unsere Ausweise auf dem Tisch aus. Im Kassettenrecorder lief Musik, Folklore. Es roch nach Minze, womit den Gästen Tee aufgebrüht worden war. Durch das Fenster, das bis zum Boden reichte, sah ich, wie sich giftig-rosa Streifen des Morgenrots über den Himmel zogen. Fast alle waren versammelt, Zeugen, Geschwister, Onkel und Tanten, auch ein paar Frauen aus der Nachbarschaft. Keine Freunde. Freundinnen hatte ich keine, woher auch. Nachdem ich die Schule abgebrochen hatte, war ich kaum mehr aus dem Haus gekommen. Familie und Verwandtschaft, das war wichtig. Ohne Familie zu sein wäre in Tunesien so ziemlich das Schlimmste, was einem passieren kann. Für Freundinnen ist kein Platz.

Der Vater befahl mich mit einer forschen Handbewegung an den Tisch. Der Bräutigam und die Trauzeugen, zwei seiner Geschwister, schauten mir entgegen. Mund zu, schlucken und lächeln, dachte ich, so hatte ich es gelernt. Wer nicht gehorcht, wird verstoßen.

Abdullah trug seinen dunkelblauen Anzug wie vor ein paar Tagen schon, als ich ihn das erste Mal gesehen hatte. Er überzog mich mit einem abschätzenden Blick. Was wohl in seinem Kopf vorging? Seine hellen Augen waren wässerig und unergründlich. Wenn er wenigstens nett zu mir wäre. Und wieder ratterte die Maschinerie meiner stummen Selbstbefragung los. Ist er mein Märchenprinz? Begehrt er mich? Bin ich die Frau, die er auf Händen tragen und mit der er glücklich werden will? Sein Blick blieb kalt.

Der Notar, ein beleibter Herr mit Oberlippenbärtchen, drängte. Jemand musste den Kassettenrecorder ausmachen, er wollte keine Zeit verlieren. Ich kannte die Zeremonie von meinen zwei großen Schwestern. Ohne lange Einleitung begann der Mann die üblichen Fragen zu stellen: Ob Abdullah seine zukünftige Frau gut behandeln werde und welche Morgengabe er zu zahlen gedenke? Das gute Behandeln muss er vor Allah beschwören, die Morgengabe besteht beim zivilen Trauungsakt aus ein paar symbolischen Dinaren. Natürlich schwor Abdullah bei Allah, er gab auch die Dinare. Beiläufig, so als ob er seine Zigaretten am Kiosk bezahlen würde. Dann fragte der Notar mich, ob ich meinen zukünftigen Mann schon kenne. Ich hätte gerne nein gesagt, stattdessen nickte ich jedoch gehorsam. Noch immer blickte ich auf Abdullah, doch er hatte sich zur Seite gedreht.

Es wurden die Zeugen gefragt, ob sie mit der Ehe einverstanden seien, auch sie bejahten. Nach einer kurzen Pause schlug der Notar ein zerschlissenes Heft auf, das er vor sich liegen hatte, und begann seinen Text herunterzuleiern: »… In Gottes Namen werden wir heute die beiden hier Anwesenden mit Erlaubnis des Vaters und unter Zeugen einander zu Mann und Frau geben.« Er las die Sätze laut vor, alle nickten, alle waren einverstanden, alle glücklich, alle unterschrieben, und das war es dann.

Die Musik wurde wieder bis zum Anschlag aufgedreht. Die Männer klopften sich auf die Schultern, und die Frauen stießen ihren Triller aus: Jujujuju. Dann umarmten und küssten sie den Bräutigam und beglückwünschten ihn: »Deine Frau soll dir Glück bringen.« Der Handel war getätigt. Ich wurde weder geküsst noch beglückwünscht. Unauffällig schlich ich mich in die Ecke des Wohnzimmers, in der die Frauen sich versammelt hatten, und hatte das Gefühl, mit der ganzen Sache wenig zu tun zu haben. Sie schnatterten und erzählten von ihren eigenen Hochzeiten, keine richtete ein Wort an mich.

Sogar an einen Fotografen hatte mein Vater gedacht und einen Mann mit Fotoapparat bestellt. Kaum hatte ich mich zurückgezogen, fing der Vater an zu dirigieren, wer sich wo hinzustellen und was zu tun habe. Das frisch vermählte Paar sollte in den beiden vorbereiteten Sesseln Platz nehmen: Ich in Weiß und Abdullah in Blau, er lässig, die Beine übereinandergeschlagen, ich kerzengerade, Blick nach innen. So nah waren wir uns die ganze Woche über noch nicht gekommen. Die Männer und Frauen standen im Halbkreis um uns herum. »Freundlich lächeln«, ging es mir durch den Kopf, »ich muss das Beste draus machen und mich heute an der Abwechslung freuen.« Da wurde auch schon geknipst, ich zog meine Mundwinkel nach oben, die Kinder bekamen Bonbons, und die Frauen riefen wieder ihr schrilles Juju.

Wie die Geier fielen die Familienmitglieder und Nachbarn nun über das Essen her, das meine Mutter und ein paar Nachbarinnen aus der Küche anbrachten. Man verschlang Berge von Marka, Couscous, Fleisch, Gemüse, Salaten und Kuchen. Drei Schafe wurden aufgetischt: Der edle Spender und Bräutigam konnte sich sehen lassen, das bekam nicht jede Frau zur standesamtlichen Trauung. Sogar ich aß ordentlich viel und prostete Abdullah schüchtern mit dem Teeglas zu. Als später die Frauen ihre Trommeln holten, tanzte ich mir die Seele aus dem Leib. Ich wollte mich freuen. Wenn ich gewusst hätte, dass es der Anfang einer langen Leidenszeit werden würde, hätte ich noch mehr getanzt.

Das Fest dauerte bis zum frühen Abend, ich war die ganze Zeit in der Frauenecke geblieben, Abdullah mit den Männern in der anderen. Normalerweise feiern Männer und Frauen in getrennten Häusern, da der Bräutigam aber kein Haus in der Stadt besaß, war das große Haus meiner Familie ein Kompromiss.

Als gegen Abend die Schüsseln geleert waren, verabschiedete sich Abdullahs Familie, er wollte sie nach Hause bringen. Da fasste ich mir ein Herz, stellte mich neben ihn und hörte mich fragen: »Kommst du noch einmal vorbei, bevor du nach Deutschland fährst?« – »Warum? Das habe ich nicht geplant.« – »Willst du mich nicht mehr sehen?« – »Doch!«, sagte er, aber das klang so gereizt, dass er genauso gut nein hätte sagen können. Ich spürte, dass ich nicht weiterfragen durfte.

Er hatte, was er wollte. Den Ehevertrag, auf mehr hatte er kein Recht. Ganz in Abdullahs Besitz würde ich erst nach der offiziellen Hochzeit übergehen. Bis dahin bleibt die Braut im Haus ihres Vaters. Der Bräutigam erledigt alle Formalitäten, besorgt Kleider und Schmuck, hat aber nicht das Recht, seine Angetraute anzurühren. »Ich werde dir aus Deutschland schreiben«, sagte er. Ob er wusste, dass ich ihm nicht antworten würde, weil ich kaum Lesen und Schreiben gelernt hatte?

Am Tag vor seiner Abreise nach Deutschland kam er doch noch einmal völlig unerwartet bei uns vorbei. Es war ruhig im Haus, so ruhig, dass die Straßengeräusche und die quäkende Musik aus den Radios der Obstverkäufer hereindrangen. Den Regen vom Vormittag konnte man noch riechen, es war der erste nach dem heißen Sommer. Ich öffnete Abdullah die Tür. Dieses Mal kam er nicht in Anzug und Krawatte, sondern in beigebraunen Gabardinehosen und einer grauen Trainingsjacke. Ich freute mich sogar, sagte keck: »Hallo, Bräutigam, bist du extra wegen mir gekommen?« Er lächelte, sagte ja, ging aber an mir vorbei: »Kann ich deinen Vater sprechen?« Er beachtete mich nicht weiter, sondern bat meinen Vater um Erlaubnis, mich zu einem Freund am anderen Ende der Stadt mitzunehmen. »Ich werde einen Kollegen besuchen, der mit mir in Deutschland arbeitet und jetzt in Tunesien ist.« Kein Ton zu mir, ob ich mitfahren möchte, nur an den Vater. – »Du weißt, dass sie dir erst richtig gehört, wenn ihr vor Allah geheiratet habt«, antwortete der. – »Ja, ich bin so stolz auf deine schöne Tochter.« – »Ich werde sie dir mitgeben unter der Bedingung, dass die jüngere Schwester mitfährt und aufpasst.«

Wir Mädchen wurden nicht gefragt, aber wir hatten auch nichts gegen einen Ausflug. Ich rannte hoch in meine Kammer und zog ein luftiges Sommerkleid an. Ich pfiff sogar vor mich hin. Dann fischte ich einen kleinen Handspiegel unter meinem Bett hervor, ich hatte ihn dort zusammen mit anderen Schätzen verwahrt. Und zum ersten Mal in meinem Leben umrahmte ich meine Augen mit einem dunklen Kajal. Ich wollte Abdullah schöne Augen machen und seinem Freund auch. Denn wenn mein Bräutigam erst mit mir angeben könnte, dann würde er mich vielleicht ein wenig freundlicher behandeln und ein paar Takte mit mir reden, schoss es mir durch den Kopf, als ich mich im Spiegel betrachtete.

Woher diese plötzliche Eingebung? Ich zuckte vor meinem Bild zurück, wie kam ich auf diese verrückte Idee? »Pass auf, sie kommt gleich raus«, hatte meine Großmutter immer gesagt, wenn ich mich als Kind im Spiegel betrachtet hatte. Das war eine Drohung. Meine Schwester grinste verschwörerisch, als ich endlich aus dem Haus kam. Sie stieg nach hinten ins Auto, ich hüpfte auf den Beifahrersitz. Abdullah, der noch mit dem Vater sprach, warf mir einen schrägen Blick zu, den ich nicht deuten konnte.

Er verabschiedete sich umständlich, dann startete er das Auto, fuhr los, und es war wie die Tage vorher. Er schwieg, es gab nichts zu besprechen. Ich schaute ihn von der Seite an. Permanent, penetrant, ich ließ keinen Blick von ihm, er starrte geradeaus. Plötzlich wurde mir übel. Ich biss mir auf die Lippen und legte mir die Hände beruhigend auf den Bauch. »Wann wirst du mich nach Deutschland holen?«, fragte ich. »Nächstes Jahr.« – »Im Frühjahr?« – »Weiß noch nicht.« – »Ist Deutschland weit weg?« – »Ja.« Es war keine Unterhaltung, Abdullahs Stimme klang gelangweilt. Dabei hätte ich gerne von ihm gehört, dass er mich schön findet und Sehnsucht nach mir hat. Mädchenträume eben.

Es muss vor einer Ampel gewesen sein. Unvermittelt, wie wenn man von einer Mücke gestochen wird, die man vorher weder gehört noch gesehen hat, beugte er sich plötzlich zu mir herüber, drückte seine Lippen auf meine Wange und griff mit seiner Hand zwischen meine Schenkel. So überraschend, dass ich aufschrie vor Schreck. So etwas hatte ich noch nie erlebt, ich wusste kaum, was ein Kuss ist. Nie war ich von meinen Eltern in den Arm genommen oder geküsst worden, ich konnte mich zumindest nicht daran erinnern, auch von der Großmutter nicht.

»Nein!«, schrie ich. Ich kannte diesen Mann nicht, nur seine bis dahin gleichgültige Tour. Ich lehnte mich so weit wie möglich zum Autofenster hinaus, die feuchte Hitze schlug mir wie Moder entgegen. Ich wollte weg, er machte mir Angst. Die Ampel schaltete auf Grün, und Abdullah fuhr los wie ein Irrer, bremste jedoch gleich wieder mitten auf der Straße mit quietschenden Reifen ab. Er wollte es noch einmal wissen, riss mich mit Gewalt vom Fenster weg und küsste mich – was heißt küsste –, er drückte mir zum zweiten Mal seine Lippen mitsamt Zähnen ins Gesicht. »Lass mich«, rief ich voller Panik. Wenn der Vater das erfahren würde, würde er mir nicht nur Vorwürfe machen, sondern mich windelweich hauen. Es wäre die Hölle, denn ich bin schuld, obwohl ich doch nichts dafür kann. »Was stellst du dich so an?«, brüllte Abdullah. »Kleines Biest.« Meine Schwester hinten im Auto machte keinen Mucks, aber ich schrie laut, so laut, dass es die ganze Straße hörte: »Hol dich der Teufel.«

Da startete Abdullah wieder durch, den Gang hatte er sowieso nicht herausgenommen, trat mit voller Wucht aufs Gas: »Was fällt dir ein, dich deinem Mann zu verweigern?«, tobte er. »Du wagst es, mich zu beschimpfen und mich vor allen Leuten lächerlich zu machen? Warte nur, bis wir erst richtig verheiratet sind, mach dich auf alles gefasst.« Dann holte er zum Schlag aus, ich nahm meinen Kopf zwischen beide Arme und duckte mich. Doch Abdullah erwischte nicht mich, sondern drosch mit seiner flachen Hand auf das Lenkrad ein. Vier-, fünfmal: »Das werde ich nicht dulden«, schrie er. »Wenn wir erst verheiratet sind, wird dir dein Rumgezicke schon vergehen.« Und plötzlich sehr leise: »Ich werde dich kleinkriegen, verlass dich drauf.« Ich rutschte vom Sitz und kauerte mich zusammen, heulend, ein Nichts, da, um geschlagen, getreten, gezogen, geschoben und gewürgt zu werden. Eine halbe Stunde später lieferte Abdullah meine Schwester und mich wieder beim Vater ab. Mein Bräutigam sagte keinen Ton, ich auch nicht. Sein Tobsuchtsanfall war ein Vorgeschmack auf das, was mich erwarten würde. Am nächsten Tag fuhr er zurück nach Deutschland. Ich versuchte, ihn zu vergessen.

2.
»Pack deine Sachen«

Plötzlich hörte ich seine raue Stimme von der Terrasse her. Abdullah war aus der Stadt zurückgekehrt und unterhielt sich lautstark mit der Frau seines Bruders. »Die Akte von der Botschaft ist da.« – »Wollt ihr nun endlich fahren?« – »Ja, sofort, heute noch, ich bin schon viel zu spät.« – »Wie lange seid ihr unterwegs?« – »Wir fahren nach Tunis, holen das Visum ab, dann weiter mit der Fähre. Anderthalb Tage und mindestens einen Tag von Genua nach Hamburg.«

Ich hörte meine Neffen und Nichten, wie sie um den Onkel herumschwirrten und riefen: »Wohin? Wohin gehst du mit Esma?« – »Nach Deutschland.« – »Was ist das?« – »Ein Land, ganz weit weg.« Es war Anfang September und kochend heiß, die Luft zum Schneiden dick. Ich stand in der dunklen Küche des Flachbaus meiner Schwagerfamilie, zu der wir nach der Hochzeit für ein paar Wochen gezogen waren, und rührte die Gemüsesoße für das Couscous zum Mittagessen. Warum kam mein Mann nicht zu mir und erzählte mir, was er vorhatte? Es betraf mich doch ganz unmittelbar, aber er tat so, als sei ich ein lästiges Anhängsel.

Ihm nachlaufen? Nein, ich hatte keine Lust rauszugehen. Mir war heiß, mit meinem Kopftuch hatte ich die Haare nach hinten gebunden. Jetzt war es so weit. Den Gedanken, dass ich eines Tages aus Tunesien weggehen müsste, hatte ich ein ganzes Jahr lang vor mir hergeschoben. Fast vergessen. Bin ich diesem fremden Mann wirklich versprochen worden? Abdullah, diesem schlaksigen Typen, der ein rotes Auto fährt und in Deutschland arbeitet? Irgendwie hatte ich gehofft, er würde nicht zurückkommen, aber er war wiedergekommen. Um zu heiraten und um mich zu sich zu holen.

Das Jahr nach dem Ehevertrag war vergangen wie alle anderen Jahre vorher auch. Ich hatte meiner Mutter im Haus und mit den kleinen Geschwistern geholfen. Hin und wieder hatte ich auch meine ältere Schwester besucht, die schwanger geworden war und erst kürzlich entbunden hatte. Von meinem Bräutigam in Deutschland habe ich nicht viel gehört. Wenn er schrieb, dann meinem Vater, der richtete einen Gruß an mich aus.

Doch im August war Abdullah tatsächlich gekommen. Ich habe ihn kaum wiedererkannt, mit seinem schmalen Oberlippenbärtchen und den spitzen Schuhen.

Wie ein Ganove sah er aus. Er gefiel mir, aber er machte mir auch Angst. Mein Herz krampfte sich zusammen, wenn ich nur daran dachte, diesem wildfremden Menschen ausgeliefert zu sein. Allein und ohne Rückhalt in der Familie. Mir war bange. Mit ihm in einem fremden Land, in einer fremden Kultur mit fremden Ritualen, Gewohnheiten und Alltäglichkeiten? Alle dachten, ich hätte das große Los gezogen.

Es gab keinen, der meine Ängste verstand. Keinen, mit dem ich hätte sprechen können!

Abdullah hat nicht lange gefackelt. Er wollte die Hochzeit und keine langen Vorreden. »Lass uns etwas zusammen machen, wie willst du es haben?« – Das gab es nicht. Mit mir wurde nicht gesprochen. Mein zukünftiger Mann regelte alles mit meinem Vater, und mir sollte es recht sein. Meine Schwester und ich durften immerhin mit zum Einkaufen. Kleider, Schmuck, Speisen und Getränke für die Hochzeit. Wir haben ausgesucht, er hat bezahlt.

Da wird nicht diskutiert, da wird gehandelt. Was brauchst du? – Was brauche ich? – Hier haben wir's! Ich war die Frau, die zusieht, wie der Mann zur Tat schreitet.

Und wenn ich etwas haben will, besorgt es Abdullah. Zwei Wochen nach seiner Rückkehr aus Deutschland sind wir Mann und Frau. Verheiratet nach arabisch-tunesischer Tradition. Tagelang wird die Braut für ihren Bräutigam geschmückt und schön hergerichtet. Frauen aus der Nachbarschaft begleiten mich ins Hamam, anschließend werde ich drei Tage und drei Nächte mit Henna bemalt. Am letzten Tag gehe ich zur Friseurin, Haare schneiden, glätten, hochstecken, bekränzen, Gesicht und Augen schminken. Knallig wie eine Puppe. Dann erst kommt der Bräutigam, um die Braut zu holen. Abzuholen zur Hochzeitsnacht.

Abdullah schien an diesen Ritualen nicht besonders interessiert. Er feierte eine Woche lang mit seinen Freunden und der Familie. Als er mich abholen sollte, wollte er gar nicht selbst kommen. War ihm zu lästig. Er schickte eine Frau, die mein Vater jedoch abfing. Er ging persönlich zu Abdullah und zitierte ihn weg von seinen Freunden: »Weißt du nicht, dass der Bräutigam seine Braut selbst abholt?« Das habe er vergessen, log er. Er sei mit den Vorbereitungen für die Reise nach Deutschland beschäftigt.

Nach der Hochzeit wollte er so schnell wie möglich nach Hamburg zurück. Musste er wegen seiner Arbeit. Obwohl er sich angeblich das ganze vergangene Jahr um meine Ausreisepapiere gekümmert hatte, waren sie bei der Botschaft in Tunis nicht rechtzeitig fertig geworden. Drei Wochen warteten wir nun schon, Abdullah hatte sogar seinen Urlaub verlängern müssen. Jeden Tag war er in der Stadt unterwegs, telefonierte, organisierte. Aber die Papiere ließen auf sich warten.

Ich schnitt den grünen Paprika für das Couscous, löste die weißen Fasern und die Kerne heraus. Ein Stück der weißen Haut steckte ich mir in den Mund und kaute darauf herum. Es schmeckte nach nichts, wie Schaumgummi. Ich wartete auch, obwohl ich nicht genau wusste auf was. Auf die Zeit mit Abdullah in Deutschland? Wie würde es werden? Ich war unruhig, getrieben wie ein Gecko, der über die weiße Hauswand wuselt, ohne Ziel und Richtung. Gleichzeitig langweilte ich mich, wenn ich nicht gerade mit Hausarbeiten beschäftigt war, die mir meine Schwägerin auftrug.

Ich schaute an mir herunter, mein kariertes Kleid war voller Spritzer vom Tomatenmark, das ich in die Soße gerührt hatte. Ich stellte mich auf die Zehenspitzen und drehte die Flamme am

Gasherd auf volle Stärke. Der Herd stand auf einem Betonsockel, zu hoch für mich, mit einem hohen Topf sowieso. Ich warf eine Handvoll scharfer Pepperoni hinein.

Ich wollte nicht weg, aber hierbleiben wollte ich auch nicht. Nicht mit meinem Mann und nicht in dieser Familie. Für ein paar Tage würden wir hier unterkommen, hatte es geheißen, jetzt dauerte es schon Wochen. Eigentlich sollten es Flitterwochen sein, die stellt man sich schön vor, oder? Doch seit meiner Hochzeit hatte ich nicht eine schöne Stunde erlebt.

Wenn mich mein Mann nicht wie Luft behandelte, schlug er mich. Auch eine Alternative. Die kannte ich ja schon von meinen eigenen Eltern. Schlimmer hätte es nicht kommen können. Gleich nach der Hochzeit fing Abdullah damit an. Ich war todunglücklich. Wäre ich bloß weggelaufen. Aber wohin? Zu meinen Eltern konnte ich nicht mehr. Mein Vater hätte mich umgehend zurückgebracht.

Wenn ich mich wenigstens jemandem hätte anvertrauen können! Erzählen, wie es mir geht, anstatt alles in mich hineinzufressen. Aber hier gab es keinen, der mir zugehört hätte, nicht einmal eine stumme Mutter am Herd. Ich war allein. Abdullahs Schwägerin schikanierte mich, ihre Kinder waren mir fremd. Im Grunde war ich ganz froh, von hier wegzukommen. Raus aus diesem dunklen Holzcontainer, kaum mehr als ein Dach über dem Kopf. Die Familie konnte sich nichts anderes leisten, weil mein Schwager das Geld, das er auf dem Sozialamt verdiente, regelmäßig versoff. Ich mochte sie alle nicht.

Ich horchte auf die Stimmen auf der Terrasse. Meine Schwägerin redete auf meinen Mann ein, dass er erst nach dem Mittagessen aufbrechen solle. »Hol deinen Bruder von der Arbeit ab, wir essen zusammen, dann könnt ihr losziehen.« Abdullah schien einverstanden, denn ein paar Minuten später hörte ich, wie er sein Auto startete und wegfuhr. Er war nicht in die Küche gekommen, um mir unsere Reise anzukündigen. Er hielt es nicht für notwendig, direkt mit mir zu sprechen. Aber das war ich nun ja schon gewöhnt. Wahrscheinlich wusste er, dass ich ihn gehört hatte, und überließ es meiner Schwägerin, mir zu erzählen, was zu tun sei.

Die Soße brodelte und zischte und lief über den Topf. So unerwartet, dass ich meine Hände, mit denen ich mich auf dem Betonsockel abgestützt hatte, nicht mehr zurückziehen konnte. Die kochende Brühe verbrühte mir die Finger, ich schrie, schüttelte meine Hände wie eine Verrückte und tauchte sie in das kalte Wasser, das in einer Plastikwanne im Spültrog stand. Auch das noch, mein Gott, wie weh das tat.

Doch da stand meine Schwägerin schon in der Tür: »Du Arme, hast du dir die Finger verbrannt?«, fragte sie und ohne eine Antwort abzuwarten: »Wie kann man nur so ungeschickt sein?« – »Lass mich in Ruhe.« – »Aus dir wird nie was. Mein Schwager hätte eine intelligentere Frau verdient.«

Ich sah sie nicht an, Wut kochte hoch in mir, und während ich zurück zum hohen Herd ging, erwiderte ich böse: »Bist du eifersüchtig?« – »Auf dich? Das würde mir im Traum nicht einfallen.« – »Hättest ihn wohl selbst gern gehabt. Ich schenk ihn dir.« Das war frech, aber irgendwie musste ich mich wehren. Schöne Flitterwochen waren das: In denen man es nur noch meinen Fingern ansah, dass ich erst kürzlich geheiratet hatte. Sie waren schwarz mit Henna bemalt. Die Nägel schön lang und rot, aber jetzt hatte ich hässliche weiße Blasen auf den Knöcheln. Sie brannten wie Feuer. Während mein Mann lustig in der Stadt herumkurvte, verbrannte ich mir die Finger und musste mir von meiner Schwägerin verächtliche Kommentare anhören.

Ich war müde, fühlte mich steinalt. In Rinnsalen lief mir der Schweiß unter dem Kleid am nackten Körper hinunter. Wenn ich jetzt wenigstens meine Tasche packen und ins Hamam gehen, baden gehen könnte. Doch keiner würde es mir erlauben. Nur eine halbe Stunde kaltes Wasser, ich würde viel darum geben. Stattdessen stellte sich meine Schwägerin direkt hinter mich: »Dein Prinz aus Deutschland kommt dich abholen«, sagte sie kalt. – »Er ist kein Prinz.« – »Klar, stell dich nicht so an.« – »Wenn du wüsstest …« – »Sei zufrieden, Esma, er hat Geld.« – »Aber er behandelt mich wie Dreck.« – »Lieber Dreck als gar nichts«, sagte sie und fragte dann, warum ich das Geschirr vom Frühstück noch nicht abgewaschen habe.

»Ich schwitze, bin schmutzig, stinke nach Knoblauch. Ich will baden und kein Geschirr spülen.« Aber Bad oder Dusche gibt es nicht. Ob ich mir wenigstens auf der Terrasse einen Eimer Wasser über den Kopf leeren könnte? Ging auch nicht. Dort spielten die Kinder. Alles in mir krampfte sich zusammen. Warum, verdammt nochmal, nahm hier keiner Rücksicht auf mich?

»Geh, pack deine Sachen«, sagte die Schwägerin. »Was denn bloß?« Abgesehen von den paar Kleidern, die mir mein Mann zur Hochzeit gekauft hatte, hatte ich nicht viel. Trotzdem schnappte ich mir nun den blauen Plastikkoffer, den mir Abdullah aus Tunis mitgebracht hatte. Mit einer Hand zog ich ihn hinter mir her vors Haus, mit der anderen nahm ich Bluse und Rock, die ich jeden Tag von Hand wusch, von der Wäscheleine, stopfte alles hinein, zuletzt die dünne, helle Popelinejacke. Dann deckte ich den Tisch zum Mittagessen.

Als mein Mann mit seinem Bruder kam, setzten wir uns alle zusammen an den Tisch. Noch immer beachtete er mich nicht, aber ich beobachtete ihn. Sah zu, wie er hektisch ein paar Löffel Couscous in den Mund schaufelte. Sein Kehlkopf sprang auf und ab, während er sie hinunterschlang. Wie abstoßend das aussah, aber das konnte ich ihm nicht sagen. Er war aufgebracht. Ich wollte weg. Die Kinder lärmten und fragten durcheinander, mir schwirrte der Kopf. Ich konnte kaum sitzen vor Aufregung, ich war fahrig. Der Löffel fiel mir aus der Hand, egal, ich bekam sowieso keinen Bissen hinunter. »Fahren wir noch zu meinen Eltern?«, fragte ich und betete stumm, dass Abdullah ja sagen möge.

Ich wollte mich verabschieden, auch wenn ich nicht wusste, wie das geht, ich wusste nicht, was es heißt, sich zu verabschieden. Einen Abschied hatte ich noch nie erlebt. »Ja, ja«, antwortete Abdullah gleichgültig, »muss nur noch ein paar Sachen einpacken.« Es klang so, als würde ich auch zu diesen Sachen zählen.

Und das stimmte ja auch. Mein Vater hatte mich Abdullah übergeben. Er übernahm dort, wo der Vater aufgehört hatte. Mit einem Ruck stand ich vom Esstisch auf, zauderte aber gleich wieder, weil ich nicht wusste, was tun. Ob ich mich umziehen sollte? »Los, los«, kommandierte mein Mann. Doch da rannte ich schon in unsere Kammer und zog mir ein sauberes Kleid an. »Wo bleibt sie denn?«, schrie er durchs ganze Haus, konnte er mich nicht direkt ansprechen? »Esma«, rief die Schwägerin, um ihm zu helfen.

Zum Abschied versammelten sich alle vor dem Haus. Schwager, Schwägerin und fünf Kinder. Wir nahmen uns in den Arm und küssten uns. Obwohl sie in den vergangenen Wochen immer wieder behauptet hatten, ich sei eine von ihnen, hatte ich nicht das Gefühl. Der Abschied war ein Ritual ohne Inhalt. Mein Schwager stapelte meinen Koffer über die anderen Gepäckstücke im Kofferraum von Abdullahs Auto. Dann schlug er die Klappe zu. Ich drückte meine Handtasche aus Kunstleder an mich und zuckte zusammen. »Verdammt nochmal«, der Griff der Beifahrertür war glühend heiß. Um ein Haar hätte ich mir die Finger noch einmal verbrannt. Die anderen lachten. »In Deutschland ist es nicht so heiß«, rief die Schwägerin, »du wirst die Sonne vermissen.«

Bestimmt nicht! Ich setzte mich ins Auto und schwieg. Mein Mann auch, ohne noch etwas zu sagen, fuhr er los. Was bloß in seinem Kopf vorging? Er würde es mir nie erzählen. Ich kurbelte das Fenster herunter und winkte. All das, was mir hier an diesem Ort zwar nicht unbedingt lieb, aber doch vertraut war, würde ich verlieren. Die Familie, die Verwandtschaft, die sandigen Wege, das flirrende Licht, der Geruch von verbranntem Gras – alles weg.

Ich schaute in den Himmel, hoch zu den Dattelpalmen am Wegrand, hörte die Trillerpfeife eines Polizisten, irgendwo roch es nach verbranntem Gummi.

Die Fahrt zum Haus meines Vaters dauerte nicht lange. Keiner erwartete uns, wir hatten uns nicht angekündigt. Ich rannte durch das Gartentor und klopfte an die Haustür. Immer wieder. War denn keiner da? Das konnte nicht sein. Meine Mutter war krank, sie ging nie aus dem Haus. Und wenn sie doch einmal zu meiner großen Schwester ging, dann wurde sie vom Vater geschimpft. Ich wartete. In den vergangenen Wochen hatte meine Mutter das Haus nicht mehr verlassen. Sie litt an starken Depressionen und Wahnvorstellungen. Dauernd fürchtete sie sich vor Einbrechern oder davor, dass jemand den Gashahn aufdrehen könnte und wir alle kläglich zugrunde gingen.

Aber jetzt war ich panisch. Wenn tatsächlich keiner da wäre, was dann? Ich wollte nicht fahren, ohne mich verabschiedet zu haben und ohne zu wissen, ob und wann ich meine Familie je wiedersehen würde. Wie besessen hämmerte ich mit meinen Fäusten gegen die verschlossene Tür. Endlich schob eine meiner kleinen Schwestern den Riegel von innen auf. »Seid ihr schwerhörig? Warum macht ihr nicht auf? Warum lasst ihr mich so lange warten?«, rief ich und stürmte an ihr vorbei. Durch die Küche, den dunklen Flur entlang, die Treppe hoch in die Kammer meiner Eltern.

Es war dämmerig, die Fenster standen weit offen, aber die Fensterläden mit den Holzlamellen waren geschlossen. Zuerst hörte ich nur die Stimme. Eine Stimme, die winselte, nein, sie jaulte wie ein Hund. Es dauerte ein paar Sekunden, bis sich meine Augen an das Licht gewöhnt hatten. Wie stickig es in dem Raum war. Da sah ich meine Mutter unter einem Berg von Kissen und Decken in ihrem Bett liegen. Sie wimmerte. Vor Schmerzen, ich wusste es sofort. Zwei Schritte, dann war ich bei ihr und zog die oberste Decke weg. »Ist doch viel zu heiß, Ummi«, sagte ich. Mehr nicht, ich wusste, sie war geschlagen worden. Wenn meine Mutter solche Laute von sich gab, litt sie unendlich.

Meine beiden jüngeren Schwestern waren mir gefolgt. Jetzt standen sie verschüchtert hinter mir, ohne etwas zu sagen. Nur das Klagen meiner Mutter war in der Nachmittagsstille zu hören. Ich drehte mich zum Fenster, versuchte mit meinem Blick die Schlitze der Holzlamellen zu durchbohren. Wie ein Blitz durchzuckte es mich: Hier lag meine Mutter, aber genauso gut könnte ich das sein. Ich wusste, wie es ihr ging. Mir würde es genauso ergehen, das Gleiche stand mir bevor. Der blanke Horror. Ich wollte im Boden versinken.

Einen Vorgeschmack auf das, was mich erwartete, hatte ich schon erlebt. Ein paar Tage nach der Hochzeit: Ohne dass ich danach frage oder überhaupt eine Ahnung davon habe, was es ist, drückt mir meine Schwägerin eines Nachmittags ein buntes Magazin in die Hand. »Du hast doch keine Erfahrung mit Männern«, sagt sie. »Schau dir das mal an.« Ein Pornoheft. Das ist wohl ihre Art der Aufklärung. Ich bin geschockt, so etwas habe ich noch nie gesehen. Das will ich auch nicht sehen, mein Gott, ist mir das peinlich. »Aber nein, das ist doch nichts für mich«, flüstere ich wahrscheinlich mehr, als dass ich es sage. Für wen hält sie mich denn? Ich schäme mich und lege das Heft weg, ohne es durchgeblättert zu haben.

Doch abends, kaum ist mein Mann zu Hause, erzählt ihm die Schwägerin kichernd, dass sie mir ein Pornoheft gegeben habe. »Und hat sie sich die Schweinereien angesehen?« – »Hmmm, glaube schon.« Wie ein wild gewordener Stier geht Abdullah da auf mich los, schreit und schlägt um sich. »Du Hure, dass du dich nicht schämst.« – »Das stimmt doch nicht, ich habe nichts gesehen«, rufe ich, »ich wollte das gar nicht.« Aber da hat er mich schon erwischt. Mit beiden Händen schlägt er mir ins Gesicht und auf den Kopf. Wie ein Besessener. Als ich den Kopf zwischen die Arme nehme, trifft mich seine Faust im Rücken. Ich falle, ohne etwas zu spüren, rolle mich auf dem Boden zusammen und krieche in eine Ecke. Doch das reicht Abdullah immer noch nicht. Mit beiden Händen packt er mich an den Hüften, zieht mich hervor und drischt weiter auf mich ein.

Alles tat weh, mir war hundeelend. Was hatte ich getan? Ich konnte mir selbst nicht mehr in die Augen sehen und wusste nicht einmal, warum. Weil ich das dumme Heft, das mir meine Schwägerin in die Hand gedrückt hatte, nicht angeschaut hatte? Hätte ich das tun sollen? Oder nicht? Abdullahs Wut war mir unbegreiflich. Egal wie ich mich verhalten hätte, es wäre falsch gewesen. Ich hätte es nicht richtig machen können. Das machte mich hilflos und verzweifelt.

Als mein Mann mich am nächsten Tag fragte, ob ich meine Eltern besuchen wolle, lehnte ich ab. – Er würde mich auch fahren. – Nein. – Am liebsten wäre ich überhaupt nicht mehr aus dem Haus gegangen. So wie ich aussah. Was hätte ich den Eltern sagen sollen? Woher die blauen Flecken kommen? Dass mich mein frisch angetrauter Ehemann geschlagen hat? Sie würden nach dem Warum fragen. Aber das wusste ich ja selbst nicht einmal. So etwas kann man doch keinem erzählen. Wollte ich auch nicht. Ich fühlte mich schuldig, ohne zu wissen, warum. Weil Abdullah mich für schuldig hielt? Es war nicht das einzige Mal in diesen vergangenen drei Wochen, dass er mich geprügelt hatte.

Ich wusste, wie sich meine Mutter unter ihren Kissen fühlte, und ich wusste auch, wie mein Leben in den nächsten Jahren aussehen würde: Heulend und winselnd unter einem Berg von Decken an einem heißen Sommertag. Wie ein Karussell drehten sich Mitleid, Trauer und Wut in meinem Kopf. Ich wandte meinen Blick ab vom Fenster zum Bett meiner Mutter. Eigentlich war ich gekommen, um ihr von meiner Angst vor der Reise in ein fremdes Land zu erzählen. Ich hoffte, sie würde mich trösten, stattdessen brauchte sie nun meinen Trost. Aber ich konnte nicht. Ohne sie anzusehen, machte ich einen Schritt auf sie zu und sagte: »Ich bin gekommen, um mich zu verabschieden, Ummi.« Und dann mit einem Anflug von Galgenhumor: »Soll ich dich mitnehmen?«

Natürlich lachte meine Mutter nicht, sie sagte auch nicht »O ja«, sie schwieg. Kauerte sich noch mehr zusammen und zog die Bettdecke, die ich vorher zurückgeworfen hatte, wieder über sich. Dafür lachten meine Schwestern jetzt und fingen an zu betteln, halb im Ernst, halb zum Spaß. »Bitte, Esma, bitte nimm mich mit nach Deutschland.« Ich sagte nichts mehr. Doch in einem Anflug von Trotz riss ich meiner Mutter die Decke wieder weg, alle Decken, und warf alles auf den Boden. Da lag sie nun in ihrem Nachthemd, ein Häufchen Elend, hilflos und willenlos. Warum hatte sie sich bloß aufgegeben? Ich war wütend auf sie und wütend auf mich selbst. Wenn ich sie brauchte, war sie nicht da. Ohne ein Wort des Abschieds machte ich kehrt und ging aus dem Zimmer.

Von unten drangen Stimmen herauf. Mein Mann hatte den Vater von seinem Polizeiposten abgeholt. Die Tür vom Wohnzimmer war angelehnt, ich hörte, wie sie sich unterhielten, ging aber vorbei nach hinten in die Küche, in der der säuerliche Geruch von eingelegten Tomaten hing. Es war kein Feuer im Herd, also zündete ich den Gasherd an, füllte einen Teekessel aus Email mit Wasser und stellte ihn auf die Flamme. Bevor ich in die Fremde ging, wollte ich hier noch einmal Tee trinken.

Ich suchte nach Sesamkeksen und stellte auf einem Tablett Teller und Tassen bereit. Als ich es ins Wohnzimmer trug, nahmen weder mein Vater noch Abdullah Notiz von mir. Wie immer sprachen sie über Geld. »Du musst daran denken, deiner Frau und den Kindern ein Haus in Tunesien zu bauen«, hörte ich meinen Vater sagen. Abdullah nickte und vergrub seine Hände tief in den Taschen seiner feinen Hose.

Nachdem ich den Tisch gedeckt hatte, drehte ich mich zu meinen Schwestern um, die mir auf Schritt und Tritt gefolgt waren. Mehr aus Verlegenheit rief ich ihnen zu: »Ich bin froh, wenn ich euch los bin.« – »Wie gemein«, riefen sie. »Aber was denkst du, wie froh wir erst sind!« Aufs Stichwort gingen wir gleichzeitig aufeinander los wie junge Hunde, wir schubsten uns und stolperten und fielen hin.

Doch dem Vater war es peinlich, dass wir uns vor Abdullah so kindisch aufführten.

Mitten im Satz unterbrach er sich und fing an zu schreien, dass wir aufhören sollten. Da lief es mir kalt über den Rücken. Konnte er nicht einmal nachgeben? Ich verzog mich in die Küche. Dort brühte ich den Tee auf, goss mir eine Tasse ein und ging mit der heißen Tasse in der Hand noch einmal durchs Haus. Die Stiegen hoch und runter, zu jedem Zimmer machte ich die Tür auf, schaute hinein und zog sie wieder zu. Ich wollte nichts vergessen.

Mein Vater sagte nicht viel zum Abschied, nur: »Ich bin stolz darauf, eine Tochter zu haben, die ins Ausland geht und ihren Eltern Geld nach Hause schickt.« Ich nickte unsicher dazu und knotete mein Kopftuch neu. Als wir durch den Garten hinaus auf die Straße zu Abdullahs Auto gingen, legte Vater seinen Arm um meine Schultern. Das hatte er noch nie getan, er fühlte sich weich an, für einen Moment lehnte ich mich sogar an ihn. Er war mein Vater, den ich liebte, auch wenn er mich geschlagen hatte. Dann sah ich mich um. Sah noch einmal die Bäume, die er gepflanzt hatte, die Orangen und die Zitronen, die bald reif sein würden. Ich begann zu weinen und bemerkte, dass auch mein Vater Tränen in den Augen hatte.

Während meine Schwestern an mir herumzupften und mich mit Wünschen bestürmten, was ich alles aus Deutschland mitbringen solle, wenn ich im nächsten Jahr wiederkäme, Schminkzeug, Haarbänder, Toaster, Brotschneidemaschine, schnäuzte ich mich. Ich war so aufgeregt, dass ich überhaupt nicht richtig zuhören konnte. Doch inmitten des Trubels sah ich plötzlich meine Mutter. In Hausschuhen und Nachthemd stand sie in der Haustür und blickte zu uns herüber. Die Lippen zusammengepresst, die Hände flach auf die Oberschenkel gelegt, ihr langer schwarzer Haarzopf lag wie eine Kette um ihren Hals. Ich wollte zu ihr, doch da war sie schon wieder im Dunkel des Hauses verschwunden. Wortlos. Ich habe sie nie verstanden.

Fahrt ins Fremde

Abdullah saß bereits im Auto und rief nach mir, also drehte auch ich mich um, ging zum Wagen und stieg ein. »Angurten«, befahl er, drehte den Zündschlüssel im Schloss und startete. »Inschallah«, klopfte mein Vater mit seinen Fingerknöcheln auf das Autoblech, »gute Reise.« Abdullah fuhr langsam an, ich winkte dem Vater und den beiden Schwestern. Da herrschte mich mein Mann schon wieder an: »Anschnallen«. Was meinte er? Ich drehte mich auf dem Autositz hin und her und verstand nicht. »Hier, dieser Gurt«, sagte er und fasste nach seinem eigenen, den er um Brust und Bauch gelegt hatte. Woher kam dieses Band? Ich wusste es nicht, er hätte es mir doch sagen können! Vielleicht lag es hinten im Koffer, aber da kam ich nun wirklich nicht dran. »So hübsch, aber keine Ahnung, was ein Gurt ist und wie man sich festschnallt im Auto.« – »Kannst du mir nicht zeigen, wie man das macht?«, fragte ich. »Wenn meine Hübsche das nicht alleine kann, werde ich sie wohl fesseln müssen.« Doch er machte keine Anstalten, anzuhalten und mir zu helfen.

Ich vermisste meine Heimat schon jetzt. Doch anstatt letzte Bilder in mir aufzunehmen, suchte ich nach diesem blöden schwarzen Gurt. Gürtel!, dachte ich. Es dauerte lange, bis ich kapiert hatte, wie ich mich festzurren konnte. Die Tränen liefen mir übers Gesicht, aber ich wollte nicht, dass Abdullah mich weinen sah, und drehte mich weg. Er starrte ungerührt geradeaus und fuhr. Vorbei an den römischen Ruinen, in denen wir als Kinder gespielt hatten. Raus in die weite Ebene. Am Straßenrand standen Büschel von verdorrtem Gras, sonst nur Erde, Steine, Sand. Vom Sommer rot verbrannt, so weit das Auge reichte. Am Horizont sah ich die hohen kahlen Berge, in deren Tälern im Zweiten Weltkrieg das große Gemetzel zwischen Franzosen und Deutschen stattgefunden hatte.

Es war heiß, die Sonne brannte mir durch das Seitenfenster ins Gesicht, auf den Kopf, den Arm, den Oberkörper. Alles fühlte sich klebrig an, der Autositz aus Kunstleder, mein Gesicht, meine Haut zwischen den nackten Beinen. Ich presste sie gegeneinander und spreizte sie wieder, genauso machte ich es mit meinen Handflächen, dann mit den Händen auf meinen Armen. Ein seltsames Spiel, das ich eine Zeitlang spielte, um mich zu trösten.

Ich war noch ein Kind, als ich diese Strecke nach Tunis zum letzten Mal gefahren war. Bei einem der vielen Umzüge, die wir mit unserem Vater machen mussten, wenn er als Gendarm wieder einmal in eine andere Stadt versetzt worden war. Wir haben einen Lkw gemietet, um unsere Möbel zu transportieren. Vater fährt, Mutter sitzt mit dem jüngsten Kind auf dem Schoß neben ihm. Wir anderen Kinder hocken hinten zwischen Hausrat und Möbeln. Der Lastwagen ist mit einer Plane zugedeckt, doch wir legen uns auf den Bauch und heben sie an. Dann sehen wir hinten hinaus auf die lange Straße, die weit in der Ferne im Nichts zwischen blauem Himmel und roter Erde versinkt. Manchmal fährt ein Auto hinter uns, dann winken wir wie die Irren und hoffen, dass der Fahrer zurückwinken würde. Doch meistens hupt der und macht uns unverständliche Zeichen. Wie leicht könnte einer von uns von der Ladefläche fallen, dem nachfolgenden Auto direkt vor die Räder. Aber daran denken wir nicht.

Ich war ein melancholisches Kind damals, manchmal frech, meistens glücklich. Jetzt war ich deprimiert und unglücklich. Ich spürte, wie mir wieder die Tränen übers Gesicht liefen. Ist das das Erwachsenenleben? So fühlt es sich also an. Wenn ich mich nun aus Abdullahs Auto hinausfallen ließe, sinnierte ich. Einfach so, mal sehen, was passiert. Oder ist das kindisch? Hat er mich deshalb mit diesem Gürtel an den Sitz gefesselt? Damit ich nicht wegkann? Warum will er mich unbedingt bei sich in Deutschland haben? Was soll ich dort? Seine Frau sein und mich schlagen lassen? Ich kenne nichts, die Sprache sowieso nicht, kein einziges Wort. Gibt es andere Tunesier dort? Jemanden aus meiner Stadt, den ich vielleicht kenne? Oder würde ich nur mit meinem Mann sprechen können?

Diese wahnsinnige Hitze. Nicht auszuhalten in dem kleinen Auto. Mein Schweiß mischte sich mit den Tränen. Die Sonne knallte auf meine Haut. Und meine Augen brannten vom Weinen. Nie habe ich mich so allein gefühlt. Ich hatte das Bedürfnis, mit jemandem zu reden, und hatte so viele Fragen zu stellen. Aber nicht diesem fremden hageren Mann neben mir, er machte mir Angst. Und für meine Gedanken und Gefühle interessierte er sich sowieso nicht.

Dabei hatte ich es mir trotz einer bösen Vorahnung bei der Schließung meines Ehevertrags vor einem Jahr so schön vorgestellt. Wie sich eben jedes Mädchen seine Ehe vorstellt. Dass alles anders werden würde, wenn ich erst verheiratet wäre. Dass mich mein Mann aus dem Elternhaus befreien und auf Händen tragen würde. Doch Abdullah hatte mir bisher weder Zuneigung entgegengebracht, von Liebe will ich gar nicht sprechen, noch ein nettes Wort an mich gerichtet. Wenn er mit mir sprach, dann indirekt, »Sie soll kommen«, oder im knappen Befehlston: »Wasch mein Hemd«, »Bügle mir die Hose«. Oft überzog er mich mit überheblichen Kommentaren. Für ihn war ich nicht viel mehr als ein Geschäft, keine Partnerin, die ihn interessierte und mit der er gemeinsam etwas unternehmen wollte. Was er wollte, holte er sich.

Und er wollte jede Nacht etwas von mir. Tagsüber existierte ich nicht für ihn, nachts kam er und wollte mit mir schlafen. Wenn ich müde war. Ist das normal? Er behandelte mich wie ein Handwerker seine Maschine. Wenn ich nicht auf Anhieb funktionierte, half er mit Fußtritten nach. Die Hochzeitsnacht, es war ein Schlachtfest, das Schlimmste, das man sich nur vorstellen kann.

Sieben Tage. Am Abend des letzten Tages führt der Bräutigam die mit Tüchern und Bändern geschmückte Braut in sein Haus. Da Abdullah keines hatte, mietete er kurzfristig eines. Als wir dort ankommen, ist das Wohnzimmer voll mit Nachbarn und Verwandten. Alle sind da, um die Braut anzusehen. Obwohl ich hundemüde bin, muss ich auf der Terrasse Platz nehmen. Unbeweglich wie eine Statue. Und mich anstarren lassen. Von Kindern und Jugendlichen, von Alten und Jungen, die zusammengelaufen sind, weil sie die Trommelmusik und schrillen Triller der Frauen gehört haben. Stundenlang muss ich ausharren wie auf einem Altar und darf nicht einmal zur Toilette gehen. Die anderen glotzen, schwatzen, kommentieren die Braut: Was sie anhat, wie sie sitzt, wie sie verziert ist, ob sie hübsch ist, was für eine Frau sich Abdullah ausgesucht hat.

Bis irgendwann nach Mitternacht jemand zu ihm sagt: »Höchste Zeit jetzt, dass du zeigst, dass du ein Mann und deine Frau eine Jungfrau ist.« Man würde warten, bis er getan hat, was er tun muss. Ich verstehe nicht, aber Abdullah erhebt sich. Er zertritt die Zigarette, die er sich gerade erst angesteckt hat, ungeraucht auf dem Boden und schaut mich mit flackernden Blicken an. Dann legt er seinen Arm um meine Taille. Wie eine Zange, denke ich, und erschrecke über das ungewohnte Gefühl. Er zwingt mich ins Schlafzimmer und schließt die Tür mit einem leichten Klacken.

Ich sehe zu Boden. Rot gemusterter Teppich. Ich weiß nicht, was passieren wird. Bis heute kann ich es meiner Mutter und meiner Schwester nicht verzeihen, dass sie mich nicht gewarnt haben. Sie haben doch gewusst, was kommt. Ich nicht. Weiß nicht, wie es ist, mit einem fremden Mann im Schlafzimmer zu stehen und sich ausziehen zu müssen, nicht wie es ist, wenn der Mann eine Frau nimmt. Ich habe keine Ahnung, nicht einmal davon, wie ein Mann aussieht. Kann es mir nicht vorstellen. Zwar habe ich meinen kleinen Bruder nackt gesehen, als er noch jung war, aber nie einen erwachsenen Mann. Nicht in Zeitschriften oder im Fernsehen – und noch schlimmer, ich habe nie etwas mit einem Mann gehabt. Ich weiß nicht, wie es geht.

Und nun steh ich allein mit ihm in diesem dunklen Zimmer, in das das Mondlicht wie gelbgrüne Galle scheint, und habe Angst. Warum hat mich meine Mutter nicht aufgeklärt? Maßlose Wut überkommt mich. Warum nicht? Ich hasse dich!, schreit es in mir. Ich weiß nicht, wo mich hinstellen, was ich machen soll. Bin diesem Mann ausgeliefert. »Du musst«, sagt er, »zieh dein Kleid aus.« Dann streift er sein Hemd über den Kopf. Er atmet laut, und ich höre das Klicken seines Gürtels, dann das Geräusch der Hose, die an seinen Beinen hinunterrutscht. Ich zittere und spüre die Zeit, wie sie sich dehnt.

Ich friere, obwohl mir nicht kalt ist, und drehe meinen Kopf in die andere Richtung. Sehe zur Wand. Ich soll mich ausziehen? Aber ich friere doch! Und schäme mich vor diesem Mann, den ich nicht kenne. Er darf mich nicht nackt sehen, unmöglich, das ist eine Sünde.

Da sagt er wieder: »Weg mit dem Kleid!« Nein!, denke ich. »Nimm endlich den Schleier vom Kopf. Leg dich hin! Nicht oben auf das Bett. Komm hier herunter auf den Fußboden.« – Nein! – »Auf den Teppich.« Ich gehe in die Hocke, doch ich ziehe mich nicht aus. Da fasst er mich, er schiebt mein Kleid nach oben, zerrt an mir, drückt mich, stellt mich, setzt mich, legt mich in die Position, in der er mich haben will. Ich bebe. Ich weiß nicht, wohin mit meinen Händen. Wo? Was? soll ich mit meinen Händen bedecken? Mein Geschlecht, die Augen, den Mund?

Abdullah sucht nicht den Mund, er denkt nicht daran, mich zu küssen. Ein weißes Tuch, ein Nachthemd schiebt er nun unter meinen Körper. Ich presse meine Knie zusammen, er drückt mich mit Gewalt in eine Ecke. Es muss jetzt schnell gehen, die Leute draußen warten. Er reißt schon meine Beine auseinander, spaltet und spreizt sie mit seinen Händen, zwängt seinen hageren, langen Körper dazwischen. Nein! Ich muss mich verschließen, zumachen! Muss mir etwas in den Mund stopfen, damit ich nicht schreie. Erwische ein Stück Bettdecke. Augen zu, ich spüre – nein, will nichts spüren – schaudere, bin taub, mein Fleisch ist taub –, ich spüre, wie ein Panzer in mich eindringt. Augen auf, zu, nein auf. Keiner hat mir gesagt, wie weh das tut. Ich erstarre und sehe, wie es mich zerreißt.

Als meine Mutter und meine älteste Schwester ins Zimmer kommen, kauere ich noch immer in der Ecke. Ich habe nicht bemerkt, dass Abdullah hinausgegangen ist. Die Frauen flüstern leise in der Dunkelheit. Ich höre meinen Namen, Esma, aber antworte nicht. Um mich herum ist es feucht, ich bewege mich nicht von der Stelle. Rascheln von Stoff auf dem Teppich. Meine Mutter tastet sich auf allen vieren zu mir. »Hilfe, Ummi, bitte hilf mir!«, wimmere ich. Da spüre ich, wie ihre Hand nach meinen Beinen greift, wie sie über meine Waden streicht, einmal, zweimal, ein paar Mal, über meine nackten Beine. Ungewohnte Liebkosung, meine Mutter muss gekommen sein, um mir zu helfen, denke ich, als es schon wieder vorbei ist. Sie hat aufgehört, ohne ein Wort zu sagen, jetzt tastet und fasst sie nach dem Tuch. Das Nachthemd, auf dem ich immer noch liege, zieht es mit einem heftigen Ruck, leise vor sich hin grummelnd, unter mir hervor und kriecht zurück zu meiner Schwester. Wieder flüstern die beiden, dann sind sie verschwunden. Wie schwer die Dunkelheit ist. Von draußen höre ich schon das Johlen der Hochzeitsgäste. Sie feiern die blutige Trophäe, die Mutter und Schwester ihnen präsentieren. Eine Scheißnacht.

Eine Autohupe schreckte mich aus meinen Träumen. Wir waren auf dem Weg nach Tunis. Ich leckte mir über meine Lippen, die aufgesprungen und salzig waren. Der fremde Mann neben mir, mein Mann, hatte gehupt, weil ein Schäfer mit seiner Schafherde über die sandige Straße zog. Wir mussten anhalten. Die Schafe blökten laut, ein paar Ziegen mit Glöckchen sprangen hin und her. Ich sah zu Abdullah. Über seine hohen Backenknochen breiteten sich weiße Flecken aus, auch auf seinem sehnigen Hals. Wieder drückte er auf die Hupe. Er fluchte. Gleich würde es dunkel werden. Zu spät für die Botschaft. Meine Papiere würden wir heute nicht mehr abholen können, auch keine Fähre nach Italien mehr erreichen. Wir würden bei seinem Cousin in der Hauptstadt übernachten müssen.

Ich war müde. Die Frau des Cousins hatte Fladenbrot auf den Tisch gestellt und Tee gekocht. Ich hatte Hunger, bekam aber trotzdem nichts hinunter. Der Fernseher lief, während die Familie davor saß, bin ich auf dem Sofa eingeschlafen. Gut so. Ob ich gut schlief oder nicht, Angstträume hatte oder nicht, war nicht mehr wichtig seit meiner Hochzeit. Ob eine Nacht gut war oder nicht, beurteilte ich danach, ob Abdullah kam und etwas von mir wollte oder mich in Ruhe ließ. Es war eine gute Nacht in Tunis.

Am nächsten Morgen musste alles schnell gehen. Wieder kein Bad, nur Katzenwäsche, mein Mann wurde noch einmal zu seiner schönen Frau beglückwünscht, dann fuhren wir los, um meine Papiere zu holen. Zuerst zur deutschen Botschaft, ein quadratischer weißer Villenbau mit Mauer und Stacheldraht im Nobelviertel von Tunis. Abdullah parkte auf offener Straße mitten in der Sonne. Er stieg aus und verschwand, nachdem er ein paar Worte mit den Wachleuten am Eingangstor gewechselt hatte, hinter der

Mauer. Ich blieb im Auto sitzen, was hätte ich auch anderes tun sollen, spürte, wie meine Haare unter dem Kopftuch klebten. Aber ich wartete brav, traute mich nicht, das Auto zu verlassen und ein paar Schritte zu gehen.

Die riesigen Palmen am Straßenrand erschreckten mich. Tunis war mir fremd, obwohl ich als Kind zwei oder drei Jahre mit meiner Familie hier gewohnt hatte. Sogar eingeschult worden war ich hier. Es ist im Frühjahr, die Schule ein zweigeschossiges Gebäude mit großen Fenstern. Davor blüht der Ginster. »Asmahan, Asmahan«, wiederholt der Lehrer meinen vollständigen Namen, als wir Kinder ihm vorgestellt werden. »Asmahan ist eine bekannte syrische Sängerin. Weißt du das? Bist du nach ihr benannt?« Ich schüttle den Kopf, das habe ich nicht gewusst. »Kannst du uns auch ein Lied von Liebe und Leid singen?«, fragt der Lehrer weiter. Schüchtern wie ich bin, erschrecke ich. Ich will nicht singen, ich weiß nicht einmal, was das ist: Liebe? Leid? »Ein Lied«, bohrt der Lehrer weiter, »oder sing uns ein Lied von den Haremsfrauen.« Ich kenne ein paar Lieder, die Schwester meiner Mutter sang uns Kindern manchmal orientalische Lieder vor. Aber in dem Moment, als der Lehrer danach fragt, fällt mir kein Lied ein, nichts. Anstatt zu singen, fange ich an zu weinen. »Dummes Ding«, höre ich den Lehrer sagen, dann beachtet er mich nicht mehr.

Als Abdullah nach zwei Stunden aus der Botschaft kam, war er guter Laune. So hatte ich ihn noch nicht erlebt. »Alors, zum Hafen«, rief er. »Auf nach Goulette. Hast du den Hafen schon mal gesehen?« – »Weiß nicht«, entgegnete ich. Ich war nicht darauf gefasst, von ihm angesprochen zu werden. Meine Gedanken kreisten um die Einschulung und meinen Namen. Davon hätte ich ihm gerne erzählt. Dass ich den Namen einer Sängerin trage, dass der Lehrer in der Schule mich nicht mochte und dass ich nicht das erste Mal in Tunis war, weil mein Vater hier bei der Polizei gearbeitet hatte. Aber ich konnte nicht. Gerade hatte ich noch daran gedacht, nun brachte ich keinen Ton über die Lippen.

Am Hafen war ich noch nie gewesen. Solch riesige Schiffe hatte ich nie gesehen. »Siehst du das große weiße dort? Eine Fähre, damit fahren wir nach Italien«, rief mein Mann, während er nach rechts und links schaute und langsam durch die Hafeneinfahrt fuhr. »Warum Italien und nicht Deutschland?«, murmelte ich. Aber er verstand mich nicht, so laut war es hier. Frachtschiffe dröhnten und wurden beladen, Lastwagen rumpelten aus großen Schiffsbäuchen über Eisenbrücken. Es sah aus, als wollte ganz Tunesien umziehen, nicht nur wir. »Lass mich nicht allein«, sagte ich meinem Mann. »Mach dir nicht in die Hose!«, sagte er, während er das Auto abstellte. Er fingerte aus dem Handschuhfach seine schwarze Tasche und sprang hinaus, um uns einen Platz zu reservieren. Ich wäre gern mitgekommen, aber da war er schon weg.

Was für ein Gestank! Teer, Tang, Schmutz, Abgase, Benzin. Es wehte ein leichter Wind, es roch nach Fisch und Verwesung. Die Möwen kreischten, und die Frachtkräne quietschten erbärmlich. Ich machte die Beifahrertür auf und streckte meine Beine aus. Eines nach dem andern. Es tat gut, raus aus dem heißen Ofen zu kommen, auch wenn die Hitze des Asphalts durch meine dünnen Sandalen brannte. Mir war schwindlig, der Boden bewegte sich wie das Wasser vor der Kaimauer.

Mächtig und weiß lag das Schiff, das uns mitnehmen würde, ein Riesenfisch auf graugrünem Wasser – bereit für alle Menschen und Autos dieses Landes. Ein Hai, dachte ich, der uns alle verschlucken wird. Er wird uns mit in die Tiefe reißen und quer durch die Erdkugel hindurch auf die andere Seite der Welt schwimmen. Und uns dort wieder ausspucken – wenn wir Glück haben. Aber ich will nicht verschluckt werden, ich will überhaupt nicht weg aus Tunesien.

Ich ließ meine Arme hängen, mit leeren Händen stand ich da, und es liefen mir schon wieder die Tränen übers Gesicht. Nichts hatte ich als die Trauer, die ich mitnehmen konnte. Nun gab es kein Zurück mehr. Von weitem winkte mein Mann mit den Papieren, so als wolle er gleich abheben. »Setz dich, es geht los«, schrie er. Am Rande des Parkplatzes hatte ein Eisverkäufer seinen Stand aufgebaut und laut röhrende Musik aufgedreht. Ich hätte gerne ein Eis gehabt, aber jetzt ließ Abdullah sich nicht mehr aufhalten, und ich hatte nicht den Mut, etwas zu sagen. Hinter und vor uns und neben uns ein Riesenknäuel von Lastwagen und Autos, die nur eines wollten: rein in dieses grässliche Schiffsmaul. Ein Durcheinander, egal in welche Richtung ich schaute, nur Müll, Gestank, Geschrei und Autos. Die reflektierenden Sonnenstrahlen verwandelten die glänzenden Blechkisten in Lichterketten. Alle drängelten und fluchten. Schweißgeruch hing in der Luft. Ein paar fliegende Händler, ich weiß nicht, wie sie es schafften, sich zwischen den Autos heil hindurchzulavieren und gleichzeitig ihre Tabletts mit Früchten zu balancieren. Avocados, Kokosnüsse, Datteln, Orangen, Zitronen streckten sie uns durchs offene Autofenster herein. Aber Abdullah fuhr so ruckartig an und bremste wieder, dass ich Angst hatte, er würde ihnen die Arme ausreißen.

Es dauerte eine Ewigkeit, bis wir in den dunklen Schiffsbauch geruckelt waren und Abdullah den Motor abstellen konnte. Die Luft war zum Ersticken, mir war schlecht. Wenn ich wenigstens eine Flasche Wasser gehabt hätte. Aber ich hatte nicht daran gedacht, etwas zu trinken mitzunehmen. Meine Augen gewöhnten sich nur langsam an das Halbdunkel. Kühler war es hier. Aber Chaos. Überall rannten geschäftige Männer durcheinander, kleine Babys plärrten, hysterische Mütter schrien, und aus Lautsprechern dröhnten Befehle, die ich nicht verstand. »Achtung, der Bauch ist voll«, wahrscheinlich oder: »Achtung, Sie befinden sich auf dem Weg ans andere Ende der Welt.« Ich kapierte nichts, hatte aber das Gefühl, dass alle anderen mehr wussten als ich. Alle wussten Bescheid, jeder wusste, was er zu tun hatte.

Männer schlossen ihre Autos ab, ich hörte das Klicken der Schlüssel in den Schlössern, und sie nahmen ihre Frauen und Kinder irgendwohin mit. Meiner auch. Durch ein schlauchiges, dunkles Labyrinth von Gängen folgte ich ihm, blieb ihm dicht auf den Fersen, weil ich Angst hatte, ihn zu verlieren. Was hätte ich auch ohne ihn tun sollen? Es dauerte lange, bis wir auf Deck kamen. Ein Aufenthaltsraum, schön ausgestattet mit farbigen Polstern, Sitzgruppen und kleinen Tischen. Das Meer leuchtete durch die Fenster. Schimmernd und sanft wie Samt, friedlich. Ganz im Gegensatz zu meiner aufgewühlten Verfassung. »Setz dich hierher«, befahl Abdullah. Sofort setzte ich mich und zog meine Tasche auf die Knie.

Von jetzt an hatte er mich in der Hand. Ich spürte keinen Boden mehr unter meinen Füßen, alles fremd, neu, ungewohnt. »Bleib du hier und pass brav auf unsere Taschen auf«, sagte mein Mann, »ich muss noch etwas regeln.« Weg war er. Panisch blickte ich um mich. Es waren keine Taschen da, auf die ich hätte aufpassen können, die hatten wir im Auto gelassen. Aber wenn er sagte »bleib«, konnte ich ihm nicht widersprechen.

Auch wenn ich gerne mitgegangen wäre. Ich wollte nicht alleine sein, sondern die Abfahrt vom Hafen miterleben. Aber wer weiß, vielleicht war es gut so, dieser Abschied hätte mich noch trauriger gemacht. Also saß ich da mit meiner blauen Handtasche auf dem Schoß, die Schultern hochgezogen wie ein flügellahmer Vogel. Nicht einmal aufzustehen traute ich mich, um nach einer Toilette zu suchen. Um mich herum wuselten Kinder mit Fanta- und Colaflaschen. Ich wollte mir etwas zu trinken kaufen, doch mein Mann hatte mir kein Geld dagelassen.

Das Schiff hatte längst abgelegt, weit und breit war kein Land mehr zu sehen, nur ein paar Möwen flogen hin und wieder an den Fenstern vorbei. Ich war in eine Art Trance verfallen, als mein Mann in Begleitung eines Ehepaars plötzlich wieder auftauchte. Wie durch einen Schleier hindurch sah ich sie auf mich zukommen: Abdullah, der mir von Stunde zu Stunde fremder wurde, eine junge Frau, klein, mit dichten Locken, und ein Mann, der ein aufgeregtes Kind an der Hand hielt. Die Frau begrüßte mich sofort: »Schön, dich kennenzulernen. Ich bin Asiya. Wir werden uns alle zusammen eine Kabine teilen.« Ich schreckte auf. Mein Gott, daran hatte ich überhaupt nicht gedacht, wir würden die Nacht auf dem Schiff verbringen. Nicht zu zweit, sondern mit einer anderen Familie. »Freut mich«, sagte ich abwesend und merkte gleich, dass ich mich wirklich freute. Über eine weitere Nacht ohne Qual.

Die Frau redete auf mich ein, fragte, woher wir kämen, erzählte, wohin sie gingen. Ich verstand nur die Hälfte, aber sie war nett und wusste Bescheid, weil sie nicht zum ersten Mal verreiste. »Kannst du mit mir zur Toilette gehen?«, fragte ich. »Natürlich, meine Liebe.« Ein Stein fiel mir vom Herzen, endlich war jemand da, der sich um mich kümmerte.

Dann gingen wir zu fünft los, wieder über lange mit Teppichen belegte Flure durch das Labyrinth des Schiffsbauches, vor dem mir schon viel weniger gruselte. Wir holten unser Gepäck, stellten es in einer Kabine ab, in der es nach Plastik roch, und der Ventilator surrte wie eine Hummel. »Willst du dich nicht frisch machen?«, fragte Asiya und schickte die Männer und ihren kleinen Sohn weg. Endlich in Ruhe umziehen, duschen, ausruhen. »Du musst die Reise genießen«, fuhr sie fort. »Du bist doch in den Flitterwochen. Wenn ich zurückdenke, wie das bei mir war: Mein Mann hat mir jeden Wunsch von den Augen abgelesen.« – »Mein Mann beachtet mich gar nicht.« – »Daran musst du dich gewöhnen, das ist so bei uns.« – »Ich glaube, er liebt mich nicht.« – »Du täuschst dich, warum hätte er dich sonst zur Frau genommen.« Irgendwoher organisierte Asiya eine kalte Cola, sie schmeckte wie Champagner. Ich kannte zwar keinen Champagner, natürlich nicht, überhaupt keinen Alkohol, aber besser konnte Champagner nicht schmecken. Zum ersten Mal fühlte ich mich wohl auf dieser Reise. Ich legte mich auf eine der Gummiliegen und schlief sofort ein.

Eine Stunde später, als die beiden Männer an die Tür klopften, um uns zum Abendessen abzuholen, wachte ich wieder auf. Vollkommen durcheinander, da ich selten tagsüber schlief. Ich hatte die Bilder eines sonderbaren Traums vor Augen: Mein Vater liegt im Bett. Er winselt. So wie ich tags zuvor meine Mutter vorgefunden hatte. Der Vater ist krank, todkrank und ruft nach meiner Mutter: Hani, Hani. Er ruft sie bei ihrem Kosenamen, so nennen normalerweise nur wir Kinder sie. Er ruft nicht laut, aber immer wieder. Sie scheint ihn trotzdem nicht zu hören. Wie immer sitzt die Mutter auf ihrem Stuhl am Herd in der Küche, blickt ins Leere. Ich sitze neben ihr und sehe sie an. Soll ich anstatt ihrer aufstehen und zum Vater gehen? Doch da richtet sie sich auf, stützt sich auf die Stuhllehne, sie macht einen Schritt auf mich zu und lässt sich schwer auf meinen Schoß fallen. Sodass ich kaum mehr Luft bekomme. Wie der Gurt im Auto umklammert sie mich mit ihren Armen. Ich keuche unter ihrer Last und kann mich nicht mehr von der Stelle rühren. Es dauerte eine Weile, bis ich aufwachte und wieder wusste, wo ich war: Auf dem Schiff. In Richtung Europa, nach Deutschland, mit einem Mann, der eiskalt war.

Am nächsten Morgen beim Frühstück in einer riesigen Cafeteria fragte mich Asiya, wie es mir gehe, zum ersten Mal weg von den Eltern, auf der Reise in ein fremdes Land. Ihr Interesse tat mir gut. Sie spürte, wie unsicher ich war. Wenn sie von der Marmelade oder vom Brot nahm, fragte sie mich, ob ich auch etwas haben wolle. Das wäre Abdullah nie in den Sinn gekommen. Ich beobachtete die drei, wie sie mit dem Messer Marmelade aufs Fladenbrot schmierten. Wie elegant, ich hatte bisher nur selten mit einem Messer gegessen, versuchte aber, es ihnen nachzumachen. Asiyas Mann lachte mich an. »In Deutschland wirst du oft mit Messer und Gabel essen, nicht mehr mit den Fingern wie bei uns.« – »Das ist schwierig.« – »Nein, nein, du bist geschickt und wirst es schnell lernen.« Er war nett, und wenn er mit mir sprach, schaute er mir in die Augen. Das gab mir ein Gefühl der Freiheit. Von zu Hause, wo ich als Frau die Augen niederzuschlagen hatte, auch vor meinem Mann, kannte ich das nicht.

Tat es ihm leid, dass Abdullah mich ignorierte? Ich weiß nicht, warum, aber plötzlich fragte er, ob wir bis Hamburg zusammen fahren sollten. Hintereinander im Konvoi und gemeinsam die Pausen verbringen. Ich sagte nichts, war aber froh, dass mein Mann zustimmte. Von Stunde zu Stunde fühlte ich mich abhängiger von ihm. Wer war ich ohne ihn? In meiner Handtasche befand sich schmutzige Wechselwäsche, sonst nichts. Kein Geld, kein Pass, kein Schlüssel, kein Wasser. Mein Mann hatte alles an sich genommen. Ich war niemand, aber eigentlich kannte ich es nicht anders von zu Hause. Was machen ohne Mann? Ich wusste nicht, was auf mich zukommen würde, und wusste nicht, was von mir erwartet würde.

Um die Mittagszeit erreichten wir den Hafen von Genua. Wie Ameisen liefen die Menschen auf dem Schiff nun wieder alle durcheinander: mein Mann vor mir, die neuen Freunde hinter mir. Ich hatte Herzklopfen, doch als ich im Auto saß, legte ich den Gurt fast schon freiwillig an. Auf der Fähre war ich noch in einer Art Zwischenland, zwischen Wasser und Himmel gewesen. Als wir über die Metallrampe ins Freie fuhren, ruckte es. So als würde mein Band zur Heimat nun endgültig zerschnitten. Und ich spürte, jetzt beginnt ein neues Leben. Alles würde anders werden.

Die Luft war feucht, kühl, lange nicht so heiß wie am Tag zuvor in Tunesien. Die Beamten, die uns aus dem Schiff winkten, trugen andere Uniformen und riefen Worte in einer Sprache, die ich noch nie gehört hatte. Die Schrift auf den Straßenschildern war anders, eckige Zeichen, die ich noch nie vorher gesehen hatte. Die Bäume waren anders, die Häuser waren anders, hoch mit dunklen Fensterhöhlen, die uns Ankömmlinge anstarrten. Wüst und unheimlich. Die Farben bleicher, das Rot der Hausdächer, das Grau der Brücke, die sich über die Stadt spannte. Die Autolawine auf der vielspurigen Hafenstraße war anders, dunkel, bedrohlich und breit. Auch die Gerüche waren anders, und die Menschen waren anders.

Wenn nur auch mein Mann sich verändern würde! Wenn er plötzlich aufspringen und laut rufen würde: »Was habe ich bloß für eine schöne, nette, liebe Frau!« Aber er sprang nicht auf. Er blieb sitzen, er blieb derselbe. Er klammerte seine Finger ums Lenkrad, das mit Kunstleder umwickelt war, bis seine Knöchel weiß wurden. Und bahnte sich aggressiv seinen Weg aus dem Hafen. Unsere neuen Bekannten hinterher. Auf die Autobahn. Wieder betrachtete ich Abdullah von der Seite: Er wirkte angestrengt. Aber hübsch mit seinen hohen Backenknochen und den eingefallenen Wangen. Seine schwarzen Haare fielen ihm buschig in die Stirn. Die starken Augenbrauen, seine glasklaren grünen Augen. Warum ist er nur so unfreundlich zu mir? Was habe ich ihm getan? Ich würde viel tun, um ihn glücklich zu machen, aber er behandelt mich wie ein lästiges Insekt – abgesehen vom Bett – uninteressant für ihn. Ein Werkzeug bestenfalls.

Dieser blöde Gurt nagelte mich fest. Wenn ich wenigstens wüsste, wie lange wir noch zu fahren hatten. Waren es Stunden oder Tage? »Wie weit ist es noch bis Hamburg?«, hörte ich mich plötzlich fragen. Die Worte waren aus mir herausgebrochen, weil ich das Schweigen nicht mehr länger ertrug. »Nimm dir eine Landkarte aus dem Handschuhfach und schau selbst«, erwiderte er. Als ob ich wüsste, was das ist: eine Landkarte. Lesen konnte ich sie sowieso nicht. Trotzdem drückte ich auf den silbernen Knopf vor mir.

Doch noch bevor ich ins Fach hineingreifen konnte, hatte sich Abdullah zu mir herübergebeugt und streckte seine Hand aus. Den Blick auf die Straße gerichtet, suchte er darin herum. Um schließlich keine Landkarte, sondern ein Foto herauszuziehen. »Da, schau her«, sagte er und hielt mir das Bild zwischen zwei Fingern vors Gesicht. Seine Stimme klang rauchig. »Siehst du das kleine Mädchen? Ist meine Tochter – hübsch, nicht?« Ich wich zurück. Nein, das konnte nicht sein Ernst sein! Wir waren gerade mal vier Wochen verheiratet, da präsentierte er mir eine kleine Tochter mit einer anderen Frau? Nebenbei, einfach so, auf der Fahrt durch Italien nach Deutschland? Ich war schockiert und brachte keinen Ton über die Lippen.

Demütigt er mich nicht schon durch sein Desinteresse genug, jetzt hat er auch noch ein Kind. »Mit einer Deutschen ...«, sagte er. »Dein Kind ...?«, fragte ich ungläubig, obwohl es keinen Zweifel daran gab. Mir wurde heiß, schon wieder schossen mir die Tränen in die Augen. Das Mädchen hatte seine dunklen lockigen Haare, seine Augen, seine Nase, seinen schmalen Mund, sein Gesicht. Aber es lächelte, was er nie tat.

Abdullah schien nicht zu bemerken, wie weh er mir mit diesem unerwarteten Geständnis tat. Vielleicht war es ihm auch egal, ich glaube, er war sogar stolz auf sein Mädchen und wollte vor mir angeben. »Hör auf rumzuheulen«, sagte er barsch. Und zum ersten Mal, seit wir zusammen waren, erzählte er drauflos. Dass die Mutter des Kindes aus Ostdeutschland komme. Dass sie ihn aber kürzlich verlassen habe, weil er sie nicht heiraten wollte. Konnte er nicht, er war ja Esma versprochen. »Soll sie bleiben, wo der Pfeffer wächst«, sagte er, dafür würde er seine Tochter nun eben nicht mehr besuchen, und den Unterhalt werde er auch nicht für sie bezahlen. Wenn die Tochter wenigstens ein Sohn gewesen wäre. »Aber Söhne kann ich nun ja jede Menge mit dir machen«, sagte er lachend und starrte wieder geradeaus. Ich zitterte. Das war der Gipfel an Demütigung! Wusste mein Vater davon? Ob er mich ihm dann immer noch zur Frau gegeben hätte? Ich ballte die Hände, die in meinem Schoß lagen, zu Fäusten und richtete mich so gerade auf, wie es nur ging. Ich wollte nicht leiden, auch kein Selbstmitleid. Vermutlich hätten auch eine andere Frau und ein Kind meinen Vater nicht davon abgehalten, Abdullah auszusuchen. Mein Großvater hatte drei oder vier Frauen mit Kindern gehabt, und mein eigener Vater hatte vor unserer Mutter einen Sohn mit einer anderen Frau gezeugt. Männer konnten das, Frauen nicht.

Warum um Himmels willen war ich nicht von zu Hause weggelaufen wie meine Brüder? Ich hätte doch wissen müssen, was mir mit einer Heirat blühte. Meine Brüder waren mutiger, sie waren noch jung damals, kaum 15, und wollten die Schläge des Vaters nicht länger ertragen. Lange wusste keiner, wohin sie geflüchtet waren. Es interessierte auch niemanden. Man sprach nicht mehr von ihnen, nachdem sie weg waren. So war der Schmerz leichter zu ertragen. Schon seltsam. Mein Vater war stolz auf seine Söhne gewesen, aber sobald sie die Tür hinter sich zugemacht hatten, schien er sie vergessen zu haben. Verstoßen hatte er sie. Erst spät erfuhren wir, dass ein Bruder nach Libyen durchgebrannt war, der andere nach Frankreich, wo die Tante eines Freundes für ihn sorgte. Mein kleiner Bruder vertrieb sich die Zeit mit Diebstählen und Drogenhandel.

Als Abdullah und die Freunde hinter uns eine Autobahnraststätte für eine Pause ansteuerten, waren meine Augen verquollen, aber die Tränen getrocknet. Es war irgendwo in den Alpen. Die Luft klar und dünn, auf den Berggipfeln lag Schnee. Das hatte ich noch nie gesehen. Was für eine Freiheit dort oben, Allah so nah. Ich wollte nicht mehr weinen wegen meines Mannes, sondern stolz sein. Nicht demütig. Also spielte ich meine Rolle, wie ich es schon als Kind gelernt hatte. Mit einem hohlen, tiefen Lachen, das mich kindlich macht, tat ich so, als sei nichts gewesen. Der Wind pfiff mir um die Ohren, ich fror. Asiya legte mir eine dicke Jacke über die Schultern und hakte sich unter. An warme Kleidung hatte ich überhaupt nicht gedacht, nicht einmal an Strümpfe. Warum hat mir keiner von den Bergen und vom Schnee erzählt? Dafür berichtete mir Asiya jetzt von Deutschland, von riesigen Supermärkten mit kuscheligen Fellmänteln. Mein Mann hatte sich einen Fotoapparat umgehängt und spielte den Charmeur, der uns wie ein Pfau umbalzte und knipste. Die grandiose Aussicht interessierte ihn nicht.

3.
»Ich fragte nichts – er sagte nichts«

Ich weiß nicht mehr, wie lange wir gefahren sind und wie viele Pausen wir gemacht haben. Obwohl ich ständig auf die Uhr sah. Zu Hause hatte ich keine Uhr getragen und die Zeit am Stand der Sonne abgelesen. Aber nun starrte ich auf diese kleine, runde Scheibe wie auf eine Glaskugel, die mir die Zukunft voraussagen konnte. Abdullah machte immer wieder einen Anlauf, ein Gespräch anzufangen, aber ich schüttelte nur den Kopf. Ich wollte nichts von seiner deutschen Tochter wissen, nichts. Wollte er mich noch mehr demütigen? Oder mir etwas von Deutschland erzählen? Aber ich hörte nicht und spielte an meinen Fingern herum.

Draußen trieb der Wind graue Wolkenfetzen aufgetürmt wie Zuckerwatte vor sich her, irgendwann prasselten die ersten Regentropfen. Abdullah stellte den Scheibenwischer an. Noch nie hatte ich dieses gleichmäßig schlurfende Geräusch gehört. Immer im gleichen Tempo, hin und her, links und rechts, auf und ab. Der eintönige Rhythmus lullte mich ein, und meine Gedanken kreisten um einen einzigen Ort: Heim, ich sehnte mich nach Hause zurück, nach Tunesien und zu meiner Familie.

Wie wäre es, wenn ich mich in Hamburg in den Zug oder in einen Bus oder ins Flugzeug setzen würde? Einfach zurückfahren? Das habe ich noch nie gemacht, ich weiß nicht, wie ein Bahnhof aussieht oder ein Flughafen, keine Ahnung, ich bin noch nie verreist. Ganz abgesehen davon, dass ich kein Geld dafür habe. Nicht einmal ein Portemonnaie. Abdullah bezahlt mir den Kaffee an der Autobahnraststätte und drückt mir auch ein paar Pfennige für die Toilettentür in die Hand – die ich dann doch nicht aufbekomme, weil mir der Mechanismus fremd ist. O Gott, und die

Spülung erst! Zu Hause haben wir ein Plumpsklo gehabt, wie soll ich wissen, wie eine Spülung funktioniert? Was hätte ich getan ohne meine tunesische Freundin vom Schiff? Nicht einmal einen Wasserhahn aufdrehen kann ich. Manchmal gab es auch nichts aufzudrehen, sondern das Wasser lief je nach Verrenkung, die ich vor dem Spiegel machte. So kam es mir zumindest vor. Vor dem Waschbecken hatte ich mir angewöhnt, immer alle anderen vorzulassen. Weil ich zusehen wollte, wie die anderen Frauen es anstellten, ihre Hände zu waschen. Manchmal musste ich die Hände direkt unter den Wasserhahn halten, damit das Wasser lief, manchmal rechts davon, manchmal gab es irgendwo einen Knopf, den ich drücken musste. Ich beobachtete und lernte schnell. Auf den Autobahnraststätten habe ich gelernt zu tun, was andere tun, ohne zu verstehen, warum. Leute beobachten und nachmachen. Bis heute lerne ich so: hingucken und nachmachen.

Es war Nacht, die Straßen glitzerten nass. Am Horizont versanken sie im Licht der Straßenlampen. Kein anderes Auto war auf der Straße, nur wir. Mit unseren neuen Freunden hatten wir beim letzten Halt Adressen ausgetauscht und uns dann verabschiedet. Abdullah fuhr langsamer, plötzlich hielt er alle paar Meter: rot, gelb, grün. Geisterhaft blinkten die Ampeln im Dunkel. Ich kniff die Augen zusammen und sah, wie sich rote und grüne Streifen wie Wollfäden ineinanderknäulten. »Hamburg«, sagte mein Mann. Wir waren schon mitten in der Stadt, ohne dass ich es richtig bemerkt hatte.

Sofort war ich wach, schaute mich um und wurde richtig aufgeregt. Die Straßen waren leer. »Warum hältst du an den Ampeln an. Wir sind doch alleine?«, fragte ich. – »Hier ist nicht Tunesien«, antwortete Abdullah. »Wir sind in Deutschland, hier gelten andere Regeln, und alle müssen sich daran halten. Es ist nicht egal, wie und wo man fährt.« – »Was für eine tote Stadt!«, sagte ich. In Tunesien haben die Cafés und Restaurants fast die ganze Nacht auf, Männer sitzen auf der Straße, rauchen und spielen Karten. Hier ist alles ausgestorben.

Aber mir gefielen die hohen, alten, mit Stuck verzierten Bürgerhäuser, die aufgereiht wie Bauklötze am Straßenrand standen, mit ihren vielen immer gleich großen Fenstern mit Gardinen. Dazwischen niedrige Backsteinhäuser, hineingestreut wie rote Perlen, auch mit weißen Gardinen. Es kam mir alles gleich vor, die bunten Autos an den Straßenrändern, brav hintereinander geparkt, keines tanzte aus der Reihe, die Ampeln in regelmäßigen Abständen, Zebrastreifen, Bäume – alles solide, kräftig, verlässlich.

Irgendwo dazwischen würde mein Platz sein – passte ich überhaupt hierher? Ich unselbständiges Gewächs aus dem Süden, das innerhalb ihres Familienclans ihren Ort und ihre Rolle einnahm wie die Mistel ihren Platz in den Zweigen eines Baumes? Was aber, wenn dieser Baum, die Familie, plötzlich fehlt? Durch die Heirat mit einem fremden Mann habe ich nicht nur meine Familie, sondern auch mich verloren. Alles ist fremd: das Land, der Mann, ich mir selbst. Ich würde mich nicht nur in einem neuen Land zurechtfinden, sondern auch selbst neu finden müssen.

Das Grün fiel mir auf und die vielen Parks und Bäume mitten in der Stadt. »Hamburg-Harburg«, zischte Abdullah neben mir und fing an zu fluchen. Ich verstand nicht. Er war bestimmt erschöpft, kein Wunder, nach zwei Tagen Autobahn. »Was ist?«, fragte ich. Keine Antwort. Er lenkte das Auto drei- oder viermal um den gleichen Block, wie ein Hund, der kreisend das Gras platt tritt, bevor er sich setzt.

Plötzlich hielt er vor einem Haus. »Hier, schau her, hier wohnen wir.« – »Wo?« – »Oben, im ersten Stock, über der Bäckerei.« – »Welche Fenster?« – »Bist du blind? Die mit den weißen Gardinen.« – »Ach?« Eine riesige goldene Brezel hing neben den Fenstern und ein Schild, das ich nicht lesen konnte.

Abdullah war schon aus dem Auto gesprungen und hatte die Heckklappe aufgerissen, während ich noch fröstelnd auf dem Sitz kauerte. »Beeil dich, und nimm, so viel du tragen kannst«, rief er und drückte mir ein paar prall gefüllte Plastiktaschen in die Hand. Wie einem Esel, dem man Säcke auf den Rücken packt. Selbst griff er sich zwei schwere Koffer und bugsierte mich dann vor sich her zu einer dunklen Haustüre. Drei hohe Stufen, rechts daneben ein erleuchtetes Schaufenster mit rot karierter Decke, auf der Brötchen und Brote ausgelegt waren. Solches Gebäck kannte ich nicht. Er schloss auf, ich fragte mich, ob das ganze Haus ihm gehörte, weil er den Schlüssel dazu hatte.

Wie gut es roch, nach Brot, und es war warm. Von ganz weit hinten hörte ich Stimmen – später erfuhr ich, dass dort die Backstube war, in der schon mitten in der Nacht gebacken wurde. Dicht neben mir ein Brummen, das mir Angst machte. Es war ein riesiger Kühlschrank, aber richtig gesehen habe ich den erst ein paar Tage später.

Abdullah ging voran, tastete an der Wand entlang, und plötzlich ging ein schummriges Licht an. Ich sah mich um. »Mara«, rief er von oben, »Weib, wo bleibst du?«, und ich stieg die Treppe hinauf. Eine Tür stand halb offen, dahinter brannte Licht. Ich stieß sie ganz auf und stand auf festem Boden. Fester Boden unter den Füßen, ein seltsames Gefühl, das merkte ich jetzt erst, nach so vielen Stunden Schiff- und Autofahrt. Zaudernd machte ich einen Schritt über die Schwelle, dann noch einen, dann ließ ich die Taschen fallen.

Ich stand in einem Flur, klein wie eine Telefonzelle, und wartete. Automatisch, wie ich immer wartete, dass Abdullah etwas sagen würde, damit ich wüsste, was ich zu tun hatte. Ich erhaschte einen Blick ins Wohnzimmer, es hatte bunt tapezierte Wände, rote, gelbe, braune Kreise und Bögen, wie ich es noch nie auf Wänden gesehen hatte. Eine riesige Sofaecke, glänzend blaues Kunstleder, darauf lag eine beige Steppdecke, gegenüber eine dunkle Schrankwand und ein Fernseher. »Mein neues Zuhause!«, dachte ich, ohne irgendetwas zu fühlen. »Schuhe ausziehen!«, hörte ich die Stimme meines Mannes neben mir sagen. Und dass er noch einmal rausgehe, aber gleich wiederkäme. »Mach die Tür zu!«

Gehorsam zog ich die Tür hinter ihm zu und beugte mich hinunter, um die Sandalen auszuziehen. Dann richtete ich mich wieder auf, schüttelte meine Haare nach hinten und streifte das umgebundene Tuch von meiner Schulter. Auf eine Toilette wäre ich gern gegangen, fragt sich nur wo?

Ich fühlte mich fremd, wie auf Besuch. Nichts hatte mir Abdullah von der Wohnung erzählt und auch nichts gezeigt. Nun traute ich mich kaum, mich umzusehen. Ich spürte den weichen Teppichboden unter meinen nackten Füßen, grub die Zehen ein, ein schönes Gefühl, ähnlich wie auf dem Sand zu Hause. Wie ein Streicheln. Durch das Wohnzimmer ging ich direkt auf das Fenster zu. Ich fühlte mich allein. Fasste mit meinen Händen nach der weißen Gardine und hob sie hoch. Dann trat ich vor, ließ sie hinter mir fallen, stützte meine Ellenbogen auf das Fensterbrett auf, legte den Kopf in die Hände und starrte hinaus in die Nacht. Das Fenster war geschlossen, es sollte in den nächsten Monaten zu meinem besten Freund werden.

Kein Mensch war zu sehen. Die Beleuchtung der Bäckerei erhellte einen kurzen Abschnitt der Straße, alles war still. Wo ist Abdullah bloß? Ich mache mir Sorgen, wie noch oft im Laufe der nächsten Monate. Was, wenn er nicht wiederkommt? Ich kenne niemanden in der Stadt, keine Menschenseele, kann die Sprache nicht, habe kein Geld. Er hat mich hier haben wollen, er ist der Einzige, den ich habe, an den ich mich wenden und an dem ich mich orientieren kann. Ich mag ihn nicht, aber ich brauche ihn. Und was tut er? Lässt mich einfach stehen, ohne mir zu sagen, was er vorhat.

Ich fürchtete mich. Wie sollte ich wissen, dass er nur einen Parkplatz fürs Auto suchen und Zigaretten holen gegangen war? Als ich den Schlüssel im Schloss der Eingangstür hörte, drehte ich mich vom Fenster weg. »Wo warst du?«, fragte ich, »ich habe mir Sorgen gemacht.« Anstatt zu antworten, warf Abdullah mit einer lässigen Bewegung eine Packung Zigaretten auf den Couchtisch. Ich senkte den Blick, mein Mann zog die Schultern hoch, als wolle er sagen »Geht dich nichts an«, und verschwand durch die Tür ins Schlafzimmer.

Die Koffer und Taschen standen noch im Flur. Aber es sah nicht so aus, als müssten sie gleich ausgepackt werden. Trotzdem machte ich mich daran zu schaffen. Wollte Zeit gewinnen und alleine sein. Ich nahm die Tüte mit den mitgebrachten Lebensmitteln und suchte die Küche. Sie war links vom Flur, samt kleiner Dusche und Geräten, die mir fremd waren: Brotschneidemaschine, Kaffeemaschine. Ich sah mich um, während ich Brot und Kaffee auspackte, dann machte ich das Licht aus und tastete mich auf Zehenspitzen wieder über die Taschen zurück durch das Wohnzimmer ins gemeinsame Schlafzimmer. Mein Mann hatte die Bettdecke über sich gezogen und atmete gleichmäßig. Er schlief! Allah sei Dank, dachte ich. Wieder eine Nacht, in der er nichts von mir wollte. Mich nicht automatisch und gefühllos nahm, wie er auch seine Zigaretten rauchte. Ich konnte mich nicht dagegen wehren, doch hätte ich einen Wunsch frei gehabt, hätte ich mir ein Leben ohne Nächte gewünscht – nur noch mit Tagen.

In Tunesien hatten alle gedacht, ich hätte das große Los gezogen. Mit diesem Mann, der mich nach Deutschland holt, der gut verdient und mir alles bieten kann. Stimmt ja auch, aber um welchen Preis? Wenn die wüssten. Noch einmal tappte ich zurück ins Wohnzimmer und stellte mich ans Fenster. Der Teppichboden unter meinen Füßen beruhigte mich. Ich bin ihm ausgeliefert, dachte ich. Er ist jetzt meine Familie. Keiner wird mir zu Hilfe kommen, wenn er mich schlecht behandelt, ich würde nicht einmal um Hilfe rufen können.

Ich schaute in die Lichtkegel, die die Laternen auf die Straße warfen. Alleine! Es würde lange dauern, eigene Wurzeln zu schlagen, das spürte ich. Doch es gab kein Zurück mehr, ich musste da durch, immer weiter. Ich drehte mich um und schlich zurück in das Zimmer rechts vom Flur. Es war fast leer. Das Kinderzimmer. Dort zog ich mich aus, faltete meine Kleider zusammen, legte sie auf den Boden und ging leise zurück ins Schlafzimmer.

Am nächsten Morgen wurde ich von Lärm geweckt. Laute Kinderstimmen hallten an den drei- und viergeschossigen Hausfassaden aus dem vorigen Jahrhundert hoch. Ich versuchte, mich mit geschlossenen Augen zu orientieren. Wo war ich? In einem fremden Bett, in einer fremden Wohnung, in einem fremden Land mit einem fremden Mann. Ich schlug die Augen auf. Das Bett neben mir war leer. Die Decke ordentlich zurückgeschlagen, keine Kleider, keine Schuhe lagen herum. Wo war Abdullah? Wir waren doch gemeinsam mitten in der Nacht hier angekommen. Oder hatte ich alles nur geträumt? Schweißperlen rannen mir über den Rücken, voller Panik sprang ich aus dem Bett. Lief ins Wohnzimmer. Die Koffer und Reisetaschen im Flur waren noch ungeöffnet. Ich träumte nicht. Aber ich konnte mir keinen Reim darauf machen, wohin mein Mann hätte verschwunden sein können. Verdammt nochmal, warum sagte er mir nie etwas? Barfuß lief ich zum großen Wohnzimmerfenster, schob die Gardine zurück, rüttelte am Griff. Es war gekippt, ich hätte es gerne richtig geöffnet, so wie ich das von Tunesien her kannte, bloß wie?

Draußen war es regengrau, kleine Kinder mit Schulranzen auf den Rücken trabten im Tross die Straße hinauf. Von Abdullah weit und breit keine Spur. Auch nicht von seinem Auto. Ich wusste nicht, auf welcher Seite des Hauses er es geparkt hatte, aber unwillkürlich suchte ich danach. Wie zerzaust die kleinen Mädchen aussahen im Hamburger Wind. Mir fiel auf, dass die meisten ihre langen blonden Haare offen trugen, keine hatte sie zu Zöpfen gebunden, wie ich es von zu Hause her kannte. Warum nicht? Von meinem Vater habe ich übrigens auch nie gewusst, was er tat und wo er war, ging es mir durch den Kopf. Warum sollte mir Abdullah jetzt Rechenschaft ablegen? – Weil ich Angst hatte und weil ich mir einen anderen Ehemann als meinen Vater gewünscht hätte.

Ziellos tigerte ich durch die Wohnung. Wie in einem Käfig. Nach kurzer Zeit schon kannte ich jede Ecke, jede Holzleiste und jedes Kabel. Was tun? Immer hatte ich gesagt bekommen, was ich tun und lassen soll, jetzt sagte keiner etwas. Von unserem Reiseproviant war noch Brot übrig, auch Tee und Oliven. Ich aß, trank und beschloss zu warten. Doch Abdullah kam nicht. Ich horchte. Hörte nichts, nur die Geräusche der Straße. Ich musste mir selbst eine Beschäftigung suchen: Koffer und Taschen ausräumen. Es fiel mir schwer.

Viel hatte ich ja nicht mitgebracht. Ein wenig Folklore, Tunika, Tücher, Kaftan. Ich zog die Koffer über den Teppich ins Schlafzimmer, löste die Schnüre, die ich darumgebunden hatte, damit sie sicher zublieben. Als ich den großen Wandschrank mit den goldenen Türgriffen öffnete, traf mich der Schlag. Träume ich? Der Schrank war voll mit Kleidern, Blusen, Mänteln und Jacken. Was ist das? Sogar Unterwäsche und Schuhe! Für wen oder von wem ist das alles? Für mich? Hat mein Mann diese ganzen Sachen für mich gekauft? Auch die Nachthemden? Wer hat ihm dabei geholfen? Warum ohne mich? War Abdullah ein orientalischer Prinz, der seine Geliebte mit schönen Kleidern ausstattet?

Ich setzte mich aufs Bett und starrte die Kleiderberge an – unheimlich! Das Haus schien eingeschlafen, aber ich fröstelte, die Zeit war zu lang. Irgendwann schichtete ich meine mitgebrachten Habseligkeiten zu den schon vorhandenen. Mein Mann sorgte für mich, wie er es dem Vater versprochen hatte. Nicht einmal meine eigenen Kleider musste ich mir aussuchen.

Abdullah hatte schon eingekauft, als er nachmittags nach Hause kam. Er war auf Frühschicht gewesen. Obwohl er wegen unserer verspäteten Rückkehr nach Deutschland von Tunesien aus eine Krankmeldung an seinen Betrieb geschickt hatte, musste er sich sofort nach unserer Rückkehr melden und seine Arbeit aufnehmen. Mir das zu sagen, war ihm nicht in den Sinn gekommen. Ich hatte ihn ja auch nicht danach gefragt.

»Armes Mädchen! Musst so viel leiden.« Stundenlang saß ich in den nächsten Wochen und Monaten vor dem großen Spiegel im Schlafzimmer und führte Selbstgespräche.

Selbstmitleidig oder anklagend. »Wieso hat dich dein Mann nicht lieb? Warum will er dich nicht kennenlernen?«, fragte ich mein Spiegelbild. »Du hast nichts anderes verdient. Warum warst du denn so hochnäsig und hieltest dich für etwas Besseres?«, flüsterte es böse. »Selbst schuld. Wolltest ja unbedingt einen reichen Mann heiraten.« Blöder Spiegel! Weiß auch nicht mehr als ich selbst. Aber wenigstens vermittelte er mir das Gefühl, am Leben zu sein. Ich holte mir Trauben aus der Küche, kam zurück, aß sie und spuckte die Kerne im hohen Bogen aus: Mal sehen, ob sie in diesem finsteren Loch Wurzeln schlagen.

»Das ist nun die Strafe für deinen Hochmut. Immer hast du gedacht, du verdienst was Besseres. Das hast du nun davon. Einen Mann, der dich nicht beachtet«, zischte es aus dem Schrank. Dafür hasste ich mich, ich machte mir bittere Vorwürfe: Warum hatte ich mich bloß über alle anderen Männer lustig gemacht, die gekommen waren und um meine Hand angehalten hatten? Mit allen anderen wäre es besser geworden als mit Abdullah, dem Deutschen. Hätte ich einen von den anderen geheiratet, wäre ich wenigstens in Tunesien geblieben und hätte meine Familie um mich gehabt. Wer weiß …

Viele Mädchen in der Nachbarschaft hatten mich um den Mann aus Deutschland beneidet. »Was hast du für ein Glück«, sagten sie, »du kommst raus, wirst viel erleben, viel sehen.« Aber nun sehe ich weder etwas von Deutschland noch von meinem Mann. Wenn die wüssten, wie einsam man sein kann. Ich wünsche es keiner von ihnen. Unendlich einsam!

Die Tage gingen dahin, einer nach dem anderen, immer im gleichen Rhythmus, wie der Scheibenwischer am Auto. Mein Mann war auf Frühschicht, eine Woche später auf Spätschicht, und ich war allein. Die Fenster waren geschlossen. Ich hatte kein Geld und keinen Wohnungsschlüssel, den nahm mein Mann mit. Er schärfte mir ein, nicht aus dem Haus zu gehen, abgesehen davon hätte ich mich auch gar nicht getraut. Nachdem ich Abdullah morgens um halb fünf das Frühstück gerichtet und ein Mittagessen eingepackt hatte, legte ich mich meistens wieder ins Bett und schlief. Oder versuchte zu schlafen. Dann stand ich wieder auf, wusch ein Kleidungsstück oder zwei von Hand, eine Waschmaschine hatten wir nicht, räumte auf, aß ein wenig. Eigentlich hatte ich nichts zu tun. Manchmal schaltete ich den Fernseher an, nur zur Ablenkung und um Stimmen um mich zu haben. Alles im Nachthemd oder Bademantel, angezogen habe ich mich eigentlich nur, um mich gleich wieder umzuziehen. Fast täglich probierte ich meine neuen Kleider. Den Schrank hoch und runter, von links nach rechts und wieder zurück, Kleider, Hosen, Röcke, in allen Kombinationen. Was hätte ich auch sonst machen sollen?

Zwischendurch stellte ich mich vor den Spiegel, tanzte hin und her, betrachtete mich, sprach mit mir selbst und holte meine Schminksachen, die ich auf dem Nachttisch abgelegt hatte. Ohne zu blinzeln, umrahmte ich meine Augen mit schwarzem Kajal und schminkte die Lippen mit knallrotem Lippenstift. Rouge auf die Wangen, auf dem Kopf band ich Tücher zum Turban. Oft mehrere übereinander, rot, blau, weiß – wie es meine Großmutter getan hatte. Nie war die alte Frau ohne fünf Tücher aus dem Haus gegangen, jetzt war sie lange tot. Ich würde es ihr nachmachen, wenn ich je aus dem Haus kam, nahm ich mir vor.

Meistens zupfte ich ein paar Strähnen meines krausen, dunklen Haares unter den Tüchern hervor: War ich nicht hübsch? Meine bernsteinfarbene Haut – ohne Makel. Nicht wie meine Mutter, deren Gesicht und Arme über und über mit dunkelgrünen Tätowierungen bedeckt waren. Sie sollen magische Kräfte besitzen. Die erste Tätowierung, die Ayasha in Kreuzform auf Wangen und Stirn, schützt das Leben. Die Fula, das Dreieck auf dem Kinn, sichert Glück und Wohlstand. Es muss höllisch wehgetan haben. Mit Nadeln hatte man der Mutter als Kind die Tatoos gestochen. Sie sprach nicht gern darüber, und wenn, dann weinte sie. Bis heute will sie ihre Male weghaben.

In der Küche wusch ich meine Schminke am Spülbecken wieder ab, ich zog mich aus bis auf die Unterwäsche, nur den Turban ließ ich auf dem Kopf. So stellte ich mich dann auf die Couch im Wohnzimmer. Wippte auf und ab. Vor zugezogenen Vorhängen. Ich mochte die Vorhänge nicht, sie machten das Zimmer so dunkel, trotzdem nahm ich sie nicht ab. Offensichtlich brauchen die Fenster der deutschen Häuser ihre Vorhänge. Wie den Schleier, den meine Verwandten in Tunesien anlegen. Man darf ihn ihnen nicht einfach wegnehmen. Auch die Vorhänge nicht. Das Fenster war mein Freund, bei ihm blieb ich stehen und versuchte zu erraten, was draußen auf der Straße vor sich ging. Wie schon in der ersten Nacht.

Mein Leben in Deutschland spielte sich in diesem Rahmen ab. Ich schob die Gardine zurück, stützte die Ellenbogen auf das Fensterbrett, legte den Kopf in die Hände und schaute hinaus: Morgens, wenn es noch frostig kühl war, zogen Horden von Schulkindern in ihren dünnen Jäckchen durch die Straße, hoch zur Grundschule am oberen Ende. Wenn sie mittags zurückkamen, baumelten die Jacken lustig über ihren Schulranzen auf den schmalen Rücken. Wie hüpfende Vogelscheuchen sahen sie aus. Dann war die Gasse wieder still. Einmal am Tag brachte ein Lieferwagen Lebensmittel für die Bäckerei unter unserer Wohnung. Ein dicker Mann schleppte schwere Kartons zur Haustür rein und andere wieder raus. Manchmal wechselte er mit dem Straßenkehrer ein paar Worte. Der piekste mit einer langen Stange leere Getränkepackungen und Eispapiere, die die Kinder fallen gelassen hatten, auf.

Es wurde früh Herbst in diesem Jahr. Die grünen Wacholderbüsche auf den schmalen Rabatten vor den Häusern schien das nicht zu stören. Doch die jungen Kastanienbäume, deren Laub sich allmählich rot und gelb verfärbte, gaben ihren Nachwuchs preis und warfen ihre Früchte ab, kleine Igel, die auf den gepflasterten Wegen aufplatzten. Reif und glänzend, aber vom Straßenkehrer weggefegt, bevor sie neue Erde fanden.

Ich hätte vieles darum gegeben, rausgehen zu können. Doch Abdullah erlaubte es mir nicht und ließ mir keinen Schlüssel da. Womöglich ist das der Grund, warum ich es heute noch nicht lange in Wohnungen aushalte, auch nicht in meiner eigenen. Nicht bei geschlossenen Türen und Fenstern. Dauernd laufe ich von einem Zimmer ins andere, immer fällt mir etwas ein, weswegen ich sofort wieder rausmuss. Ich suche nach Möglichkeiten, um außer Haus zu übernachten, bei meinem großen Sohn oder bei einer Freundin. Als wäre ich auf der Flucht. Unterwegs, ich liebe es, unterwegs zu sein, das ist wichtig für mich. Eine Stunde zur Arbeit zu fahren, eine zurück, das ist kein Problem. Obwohl ich mir manchmal abends nach der Arbeit nichts anderes wünsche, als mich vor dem Fernseher in eine Decke zu kuscheln und einzuschlafen.

Mein Mann hatte mir eingeschärft, weder ans Telefon zu gehen, wenn es klingelte, noch die Tür aufzumachen, wenn er weg war. Es konnte ja sowieso nicht für mich sein. Keiner kannte mich, und ich kannte keinen. Was soll's? Was hatte ich zu befürchten? Aber seine Verbote verunsicherten mich. Nicht einmal auf die Toilette, die außerhalb der Wohnung im Treppenhaus lag, traute ich mich zu gehen. Jedes Mal, wenn ich musste, öffnete ich vorsichtig die Tür und schaute erst durch den Türspalt, um mich zu vergewissern, dass ich auch niemandem begegnete. Wie eine Gefangene.

Es war frühmorgens. Tränen liefen mir übers Gesicht, als ich aufstand. Ich hatte schlecht geträumt und schreckliches Heimweh. Als Abdullah zur Arbeit stürmte und die Tür zum Treppenhaus aufriss, schlug mir der warme Geruch von Brot entgegen. Wie jeden Morgen. Aber heute war es anders. Ich hatte Heimweh und wollte – ja warum eigentlich nicht? – zum ersten Mal ein Brot backen. Teig kneten und formen, wie zu Hause. Mich nicht mehr ins Bett legen oder eine Modenschau vor dem Spiegel veranstalten. In Tunesien hatte ich nie gerne gebacken, doch nun spürte ich eine große Sehnsucht danach. Obwohl wir hier gar keinen

Lehmofen hatten, sondern nur einen deutschen Elektroofen, von dem ich kaum wusste, wie er funktionierte.

Aufgeregt riss ich alle Schubladen in der Küche auf, suchte nach Mehl und Salz, fand alles außer Hefe. Nur ein leeres Papier lag im Kühlschrank. Ich faltete es auf und strich es mit meinen Fingern glatt: In einer Bäckerei muss es Hefe geben, dachte ich, sicher würde man mir dort Hefe geben. Ohne zu überlegen, schlüpfte ich in meine Hausschuhe und ging die Treppe nach unten. Die Tür zur Küche zwischen Ladengeschäft und Backstube stand wie immer halb offen. Dort hatte ich die Bäckersfrau schon ein paar Mal mit den Lehrlingen aus der Backstube sitzen und Kaffee trinken sehen. Eine Frau mit kurzen blonden Haaren, zupackend und freundlich, vielleicht zehn Jahre älter als ich.

Ich klopfte. »Herein!« Ich schob die Tür ganz auf und machte einen Schritt vorwärts. Ein paar Leute saßen um eine Eckbank. Denen streckte ich nun das leere Hefepapier, das ich in der Hand hielt, entgegen: »Bitte«, sagte ich, ein Wort das ich auf der Autobahnraststätte aufgeschnappt hatte. Sie schauten mich an, dann schauten sie sich gegenseitig an. Irgendwie betreten. Dann lachten sie: »Hallo, guten Morgen.« In dem Moment, da ich das Papier sinken ließ, sah ich an mir herunter. Und das Wort »Hallo«, das ich mir eingeprägt hatte, blieb mir im Halse stecken: Ich war im Nachthemd. Esma, das tunesische Mädchen, stand morgens in der Backstubenküche, mitten unter fremden Leuten, und trug nichts anderes als ein geblümtes Nachthemd.

Ich weiß nicht mehr, ob ich über mich gelacht habe. Wahrscheinlich bin ich zu Tode erschrocken und wollte nur noch weg. Auf jeden Fall legte ich meine beiden Arme reflexartig über die Brust, als ob ich auf diese Weise etwas verbergen könnte. Ich hatte einfach vergessen, mich anzuziehen. Aber da sprang die Bäckersfrau schon auf und sagte etwas, das ich nicht verstand. Sie legte mir ihre Hand auf die Schulter: »Warte!« Also blieb ich stehen. Ändern konnte ich jetzt sowieso nichts mehr. Es war mir peinlich, aber es dauerte nur wenige Sekunden, bis die Bäckersfrau wieder zurückkam und mir lächelnd einen kleinen Brocken Hefe in die Hand drückte. Ich drehte mich um, sie sagte noch etwas, vielleicht »Herzlich willkommen«, aber da war ich schon weg.

Ein paar Tage später, mein Mann war gerade nach Hause gekommen, klingelte es an der Wohnungstür. Zum ersten Mal, seit ich in Deutschland war. Ich stand in der Küche und briet Fleisch und Zwiebeln. Ich schrak zusammen und wischte mir mit der Hand über die Stirn, der scharfe Geruch trieb mir die Tränen in die Augen. Ich kochte, wie ich immer für ihn kochte, obwohl mir Kochen verhasst ist. Putzen, aufräumen, waschen, nur nicht kochen, nein das kann und will ich nicht. Meine Mutter hat es mir nie gezeigt. Ich glaube nicht, dass sie selbst jemals gekocht hat, oft kochte die Großmutter oder eine Haushälterin, die manchmal zu uns kam.

Ich aß auch nicht gerne, meistens nur eine Kleinigkeit, schon bevor Abdullah nachmittags von der Arbeit kam. Wenn ich ihm dann sein Essen bereitete und im Wohnzimmer vor ihn stellte, rauchte er noch seine Zigarette zu Ende. Pingelig drückte er sie im Aschenbecher aus, bevor er das Essen probierte. Oft blieb ich an der Wohnzimmertür stehen und wartete auf seine Reaktion. Was würde passieren? Würde er den Teller wieder gegen die Wand werfen oder ihn mit seinem Handrücken auf den Boden fegen? Einfach so, ohne Vorwarnung, wie es alle paar Tage vorkam?

»Ungenießbar, was für ein verdorbener Fraß!«, brüllte er nur. Ich stand betroffen da und rieb mich mit meinem Daumen am Ohr, was ich oft tue, wenn ich mich ertappt fühle. Bei was eigentlich? Ich habe nur mein Bestes gegeben. »Putz das weg!«, schrie er, und ich war eine halbe Stunde lang damit beschaftigt, alles wieder aufzuwaschen. Abdullah aß dann nichts mehr, sondern brühte einen Mokka auf und steckte sich eine neue Zigarette an, die er zuvor ein paar Mal auf den Tisch geklopft hatte. Kaffee und Zigaretten reichten ihm, davon lebte er. Das war ihm alles näher als ich.

Manchmal stand er auch auf, packte den vollen Teller, trug ihn in die Küche und warf ihn komplett in die Mülltonne. Ohne ein Wort. »Ist doch schade um den schönen Teller«, traute ich mich einmal zu sagen. »Kann dir egal sein«, schrie er mich an. »Kaufst du einen neuen?«, fragte ich trotzig zurück, es muss mich der Teufel geritten haben. Das ging Abdullah zu weit, er schäumte vor Wut, packte mich mit einer Hand am Arm und schlug mir mit der anderen ins Gesicht, bevor ich meinen Kopf wegziehen konnte. Eine einzige Ohrfeige warf mich zu Boden. Ich zog die Knie ans Kinn und rührte mich nicht mehr von der Stelle. Doch anstatt aufzuhören, schlug und trat er weiter. Viel später versuchte ich aufzustehen, langsam und wimmernd, zog mich am Sessel hoch. Schleppte mich ins leere Kinderzimmer, wo die Vorhänge und Fenster geschlossen waren und die abgestandene Luft nach welken Blättern roch. Dort lag immer eine Decke, die breitete ich über mir aus und spann mich ein wie in einen Kokon, meine geballten Fäuste gegen das Kinn gepresst. So lag ich auf dem Teppichboden. Während Abdullah es sich auf dem Sofa vor dem Fernseher gemütlich machte.

Er fasste mich dann eine Weile nicht mehr an. Tagelang tat ich nur noch das Nötigste und schwieg. Mit Make-up versuchte ich meine blauen Flecken zu überschminken. Doch sobald die Flecken auf meinen Armen und am Rücken gelb wurden, fand mein Mann wieder einen Grund zuzuschlagen. Das Gemüse versalzen oder zu fade, zu warm oder zu kalt, das Hemd nicht richtig gebügelt oder Krümel auf dem Küchenfußboden, seine schmutzige Kaffeetasse nicht weggeräumt. Bald merkte ich, dass er gar keinen Grund brauchte, um mich zu schlagen. Egal, ob ich etwas richtig oder falsch machte, ob ich ihm widersprach oder still war, er schlug zu. Weil er schlagen wollte. Ich konnte machen, was ich wollte, er schlug zu. Ein Mann, der seine Frau schlägt, braucht keinen Grund. Trotzdem sagte er: »Weil du es verdient hast.« Und ich hatte ein schlechtes Gewissen. War ich wirklich eine so schlechte Ehefrau? Dass er mich so demütigen und prügeln musste? Ich schämte mich dafür. Mich jemandem anvertrauen konnte ich nicht. Wem auch?

Als es an diesem Tag klingelte, schob mein Mann den Teller weg, den ich ihm gerade gebracht hatte, und ging zur Tür, um zu öffnen. Ich durfte ja nicht. Unsere Vermieterin, die nette Bäckersfrau, stand im Treppenhaus. Auf ihren Händen balancierte sie ein riesiges Papptablett mit unterschiedlichsten Kuchen und Süßigkeiten. Ich war sprachlos hinter meinen Mann getreten, er bat sie herein. Mit einer Freundlichkeit, die ich nicht an ihm kannte. Wie kann er nur so charmant sein? Zu mir ist er unberechenbar und zornig und zu anderen der zuvorkommendste Mensch, den man sich vorstellen kann. Ich verstehe das nicht. Innerhalb von einer Sekunde knipst er den einen Abdullah aus und den anderen an, so wie man einen Lichtschalter drückt.

Er begrüßte die Bäckersfrau mit einer leichten Verbeugung. Bitte, sie solle sich setzen, bot er ihr an, und ob sie Tee haben möchte? Sie war jedoch in Eile und wollte nur Hallo sagen. Mein Mann nahm ihr das Tablett ab, sprach ein paar Worte mit ihr. Ich stand daneben und verstand nichts. Doch sie sah immer wieder zu mir herüber, und einmal berührte sie mich sogar am Arm. Ich vermute, dass sie gekommen ist, um mich zu begrüßen. Nur nicht setzen, denke ich, mein Mann soll stolz auf mich sein. Wahrscheinlich erzählte er ihr, dass er mich kürzlich erst aus Tunesien mitgebracht habe. Ich will ihn nicht blamieren, und vor allem will ich nicht, dass die Bäckersfrau ihm von meinem Ausflug im Nachthemd erzählt. Sie lacht mich offen an. Ich lächele zurück, nein, ich glaube nicht, dass sie Abdullah verraten würde, wie dämlich ich mich ein paar Tage vorher benommen habe und in welchem Aufzug ich Hefe bei ihr geholt habe. Sie weiß, wie peinlich mir das Ganze ist. Sie würde mir helfen, auch wenn wir uns fremd sind. Die Nachthemd-Geschichte ist unser Geheimnis, sie erzählt meinem Mann sicher nichts davon.

Sie war die erste deutsche Frau, mit der ich mich unterhielt, obwohl ich überhaupt nichts sagte. Aufgeregt war ich, lächelte, nickte, probierte von ihrem Kuchen. Und »Danke«, sagte ich, weil ich das von meinem Mann gehört hatte, »Danke schön«. Ich wollte, dass wir uns gut verstehen. Als sie in der Türe stand und noch ein wenig auf Abdullah einredete, vielleicht um ihm zu sagen, dass er mich gut behandeln solle – aber womöglich hoffte ich das auch nur –, sagte ich schüchtern: »Auf Wiedersehen.« Ohne zu wissen, was es bedeutete. Aber diese beiden Worte hatte ich schon in Tunis in der Grundschule gelernt. »Tschüss, Esma«, antwortete sie. Mein Mann sagte mir, dass sie Sabine heiße.

Kaum war die Tür hinter ihr ins Schloss gefallen, setzte Abdullah wieder sein gleichgültiges Gesicht auf, das ich so gut an ihm kannte. Er schenkte sich Kaffee ein und legte sich auf die Couch vor den Fernseher, rauchte eine Zigarette, dann schlief er ein. Ohne mein Essen angerührt zu haben. Ich stellte ihm Aschenbecher und Kuchen dazu und setzte mich auf die andere Seite des Sofas. Wie jeden Nachmittag. Zu diesem Mann gab es keinen Kontakt. Gleich in der ersten Nacht hatte er eine Mauer zwischen uns aufgebaut. Die konnte ich nicht überwinden.

Ich legte meine Hände in den Schoß und betrachtete ihn: Er war der Mächtige, ich die Ohnmächtige, er der Herr und ich der Knecht. In einer solchen Konstellation geht es schnell, dass man sich unwert fühlt und sich nichts mehr zutraut. Er hat mich benutzt, mir den Mund gestopft, und ich bekam ihn lange nicht mehr auf. Jeden Tag dachte ich: Morgen, morgen wird es anders, ganz bestimmt wird morgen alles anders. Vielleicht kommen wir uns dann näher, vielleicht redet er mit mir, vielleicht werde ich ihm dann meine Fragen stellen. Ich fühlte mich wie die Möwe, die sich in unser Wohnviertel verirrt hatte und vor den Fenstern kreischte. Es war Mitte Oktober, und ich war melancholisch.

Kleine Fluchten

»Willst du mit einkaufen gehen?«, manchmal kam Abdullah nach Hause und fragte mich, ob ich ihn begleiten wolle. Das waren Feiertage für mich. Abwechslung, ein Ausflug, klar, wollte ich, immer. Ich freute mich irrsinnig. Am liebsten wäre ich ihm um den Hals gefallen. Aber nein. Stattdessen zog ich mich um, schnappte mir Jacke und Schuhe, und los ging's. Wie früher als Kind mit meinem Vater. Auch er kam manchmal und fragte: Wer von euch Kindern kommt mit? Einen Kollegen besuchen? Dann schrien wir um die Wette, natürlich wollte jeder mit, und dann liefen wir um die Wette nach draußen, und oft war ich die Schnellste.

Wenn Abdullah fragte: »Kommst du mit?«, rief ich »Ja« und beeilte mich. »Los, komm«, sagte er. »Warte, ich zieh mir nur noch die Schuhe an. Sofort!« – »Ich kann nicht warten!« Dann riss er die Tür auf, schlug sie wieder zu, blieb kurz davor stehen und machte sich aus dem Staub. So ließ er mich meine Abhängigkeit spüren. Zu stolz, um auf mich zu warten. Bis ich ihm dann durchs Treppenhaus hinterhergerannt kam, den Bäckersleuten noch freundlich zugewunken hatte und zur Glastüre hinausgestürmt war, war er oft schon weg. Er machte sich lustig über mich. Und ich kam mir betrogen und abgekanzelt wie ein kleines Mädchen vor.

Ab und zu nahm er mich aber doch mit. Ich liebte es, im Auto zu sitzen. Es vermittelte mir die Illusion, überall hingehen zu können. Raus aus meinem Käfig. Freiheit. »Ich will Autofahren lernen«, sagte ich dann zu meinem Mann, »darf ich?« – »Wer setzt dir denn solche Flausen in den Kopf?« – »Ich selbst.« – »Kommt nicht in Frage.« – »Bitte!« – »Zu teuer!« Er sagte mir nicht, dass er nicht wolle, dass ich selbständig würde. Dass ich überhaupt daran dachte, Auto zu fahren, war schon eine Sünde.

Autos übten schon immer eine große Faszination auf mich aus. Ich muss ungefähr 15 gewesen sein, als mein Vater eines Nachmittags von einem Kollegen nach Hause gebracht wurde. Der Kollege wollte noch auf einen Tee bleiben. Als ich das Haus mit Wasser ausspritze, wie jeden Tag, sehe ich das Auto draußen vor der Mauer stehen. Meine Geschwister spielen im Garten, ich gehe an ihnen vorbei, raus vor die Tür. Der Schlüssel steckt. Einem Polizisten klaut so schnell keiner ein Auto. Ich schleiche um den Wagen herum, das Metall ist warm. »Lass die Finger davon«, ruft mein kleiner Bruder. Aber ich bin schon auf der Fahrerseite, öffne die Tür und steige ein. Setze mich hinter das Lenkrad – welch ein Gefühl! Ich brauche den Schlüssel nur im Zündschloss umzudrehen. Das Auto macht einen Hüpfer nach vorne, ich erschrecke, weiß, dass ich auf eines der Pedale treten muss, das Auto macht noch einen Hüpfer, und der Motor stirbt ab. Ich juble. Weil ich mich traue zu fahren. Gleich noch einmal. Wieder rollt das Auto ein Stück vorwärts. »Bist du lebensmüde?«, höre ich meine Mutter vom Garten aus rufen. »Wenn dein Vater dich erwischt, bringt er dich um.« Aber das stört mich nicht, Hauptsache, ich bin gefahren.

Jetzt wollte ich alles kennenlernen. Mir jeden Weg einprägen. Wie ein gelehriger Hund saß ich neben Abdullah und schaute nach links und rechts und geradeaus. Nach allen Richtungen, irgendwann würde ich unsere Wohnung verlassen, und irgendwann würde ich alleine diese Wege gehen. Ich wagte kaum, mir diese Hoffnung einzugestehen, es war mehr ein Gefühl. Denn in Wirklichkeit dachte ich natürlich nicht daran, alleine rauszugehen. Ich konnte die Sprache nicht und kannte keine Umgangsformen. Ich hatte viel zu viel Angst. Was, wenn mir etwas zustoßen würde? In dieser fremden Stadt? Wen sollte ich anrufen und fragen? Nicht einmal meine Adresse in Hamburg konnte ich sagen.

Wir fuhren zu Aldi, 500 Meter links um die nächste Ecke, oder zu Penny, 500 Meter rechts um die Ecke. Noch heute mag ich diese anonymen Geschäfte, in denen keiner den anderen kennt, keiner etwas von einem will und man sich zwischen mannshohen Regalreihen verstecken kann. Im Hintergrund dudelt leise die Musik. Langsam, ganz langsam gehe ich meinen Weg, ziehe meine Bahnen, das Kopftuch tief im Gesicht. Dann vergesse ich meine blauen Flecke und vergesse alles um mich herum, sogar Abdullah, der den Einkaufswagen neben mir herschiebt. Mit meinem Kopftuch bin ich unsichtbar und schaue keinem in die Augen. Bin niemand! Keiner fragt nach mir, ein Staubkorn im Laden. Nichts macht mir meine Bedeutungslosigkeit klarer als dieses Gefühl, mit allen anderen meine Bahnen zu ziehen und in der Anonymität zu verschwinden. Wie ein Stern am Himmel, einer unter Milliarden. So muss sich Freiheit anfühlen.

Die Geschäfte, die ich in Tunesien kenne, sind öffentliche

Orte, an denen geklatscht und getratscht wird. Ich war immer ganz scharf darauf. Wenn ich zum Einkaufen ging, erfuhr ich Neuigkeiten. Doch wann ging ich schon? Mein Vater hatte es verboten. Trotzdem ergriff ich jede Gelegenheit, um zu entwischen, überhaupt rauszukommen – herrlich. Einmal, ich erinnere mich, brauchte meine Mutter Zucker. Ich bot mich an: »Ummi, ich geh und hol dir Zucker.« Im Laden bei den Nachbarn, die ein paar Lebensmittel verkaufen. Meine Mutter weiß, dass wir Mädchen das Grundstück nicht verlassen und nicht vor die Mauer dürfen, aber sie sagt nichts und lässt mich gehen. Aber mitten auf dem Weg sehe ich schon von weitem meinen Vater auf der anderen Seite der Straße auf mich zukommen. Ich ducke mich, aber auch er hat mich schon gesehen, gleich wird es Schläge geben. Ich renne los, durch das große Tor zurück in den Garten, nach hinten in den letzten Winkel zu den frisch gepflanzten Zitronenbäumchen und warte. »Gleich haut er dich, ich weiß es«, sage ich mir leise und kauere mich in die Ecke. Warte, bis mein Vater mich schlagen wird. Er schlägt mich auch. Mit allem, was im Weg und zur Verfügung steht, mit der Hand, mit dem Gürtel, mit dem Stock und mit dem Gartenschlauch.

Es ist schlimm, ich liege auf der frisch umgegrabenen Erde, schreie. Und nicht zum ersten Mal kommt eine Nachbarin an die angrenzende Grundstücksmauer gelaufen und ruft beschwörend: »Bitte, bitte, Abdelhamid, bitte, Hadsch, bitte, lass deine Tochter, sie ist doch dein Kind!« Das ist ganz falsch, denn nun wird mein Vater noch wütender. Er empfindet es als Schande, dass sich jemand einmischt, und er schlägt noch mehr zu. So lange, bis ich nichts mehr fühle.

Als ich am Abend desselben Tages meinem Vater das Bett zurechtmachen wollte, wie immer bevor er schlafen ging, da habe ich mir in die Hose gemacht. So sehr fürchtete ich mich vor ihm. Er stand an der Tür, ich die Decken in der Hand vor seinem Bett und spürte plötzlich, wie das Wasser an meinen Beinen hinunterlief. Mein Vater schaute mich an und sagte streng: »Das machst du nie wieder!« Dann musste ich mit nassen Kleidern auf die

Knie gehen, um Verzeihung bitten und versprechen, dass ich nie wieder auf die Straße gehe.

Doch ich bin immer wieder weggelaufen. Und immer wieder bereute ich unendlich, was ich getan hatte. Ich habe doch gewusst, wie es ausgehen würde! Ich durfte nicht auf die Straße und gehen, wohin ich wollte. Ich war ein Mädchen und hatte die Ehre der Familie zu wahren. Und meine Unschuld, von der ich lange nicht wusste, was das heißt, war von größerem Interesse für die Familie als mein Drang nach Freiheit.

Bei Aldi war ich frei, ging die Regalreihen entlang, strich mit meinen Fingern über die Packungen, über jede Tomatendose, jedes Reinigungsmittel, über Keksrollen und Marmeladengläser, nahm das eine oder andere Ding zur Hand. Ich wägte ab, legte es zurück oder in den Wagen. Lesen konnte ich nicht. Abdullah war großzügig, er verdiente gut, das wollte er zeigen. Schnell durfte ich selbständig nehmen, was wir brauchten und was ich wollte. Alles, Lebensmittel oder Kosmetikartikel, Make-up, Badesachen, Schokolade, Naschereien. Ein kleines Paradies. Ich suchte aus, er schob den Wagen, und am Schluss bezahlte er.

Abdullah hatte sich Zeit gelassen mit dem Heiraten. Als er mit mir aus Tunesien zurückkam, war er stolz. Endlich eine Frau! Die er in den ersten Wochen, solange sie noch neu war, allen Landsleuten in Hamburg vorführen wollte. Obwohl ich dadurch aus dem Haus kam, war es grauenhaft für mich. »Zieh deinen Kaftan an, den mit der roten Stickerei«, herrschte er mich dann an, »und ziehe das blaue Kopftuch dazu an.« – Warum der Kaftan?, wollte ich fragen, fragte aber nicht, fragte stattdessen: »Zu wem gehen wir?« – »Zu einem Landsmann aus Tunesien.« – »Hat er Frau und Kinder?« – »Ja, aber das geht dich nichts an. Frag nichts, erzähl nichts, sei einfach da.«

Wie ein Mitbringsel aus Tunesien! Deshalb sollte ich dieses folkloristische Kleid anziehen. Nicht, dass es mir nicht gefallen hätte, ich hatte es sogar selbst ausgesucht. Aber hier in Deutschland? Nein, hier wollte ich es eigentlich nicht anziehen. Keiner lief so herum, niemand ging damit auf die Straße. Ich bin jung, modern, schön und nicht zum Verstecken. Was sollen denn die Leute von mir denken? Dass ich aus dem hintersten Winkel des Orients komme?

Das Kopftuch binde ich gerne um – wenn ich will. Als gläubige Muslimin. Aber jetzt will ich gehen wie alle anderen Frauen in Tunesiens Großstädten und wie die Deutschen, die ich vom Fenster aus beobachte. Ich will sein wie alle. In Jeans und T-Shirt und hochhackigen Schuhen. Was soll ich in diesem weiten Kleid?

Doch Abdullah bestand darauf. »Ich will stolz auf dich sein!« Angeben wollte er mit mir, nichts weiter: »Schaut mal, ich habe eine Frau mitgebracht, etwas ganz Schönes, etwas Originales. Da guckt ihr, was? Das Püppchen gehört mir, mir allein. Hättet ihr das eurem alten Abdullah zugetraut?«

Ich hasste diese Besuche, zu denen ich mich ausstaffieren sollte wie diese Puppen in Landestracht, die gerne von Touristen gekauft wurden. Für wildfremde Menschen, die ich nicht kannte, sollte ich mich schön machen. Dabei ging es mir nicht gut, ich erlebte die schlimmste Zeit meines Lebens und wollte nur noch meine Ruhe haben. Am liebsten hätte ich mich eingegraben und wäre erst wieder herausgekommen, wenn der ganze Ehespuk vorbei gewesen wäre. »Du musst aber«, sagte Abdullah, wie er von Anfang an immer wieder sagte: »Ob es dir passt oder nicht. Du musst.«

Es war in dieser Zeit, als ich anfing zu schauspielern. Ich spielte die gutgelaunte Esma mit ihren lustigen Geschichten und machte Witze, obwohl ich die elendsten Gedanken hatte. Laut schallend lachte ich oder tief glucksend. Spielte das freche Kind und den Clown, über den man sich amüsiert, auch wenn innerlich meine Tränen wie ein Rinnsal liefen, das nicht mehr abzustellen war. Ich kann gut lachen, und ich kann gut schauspielern, ich kann gut singen, und ich kann gut tanzen. Trotz oder wegen meines ganzen Kummers. Es ist gut so. Denn wenn ich das nicht könnte, ich weiß nicht, was aus mir geworden wäre.

Die Besuche verliefen immer gleich. Die Männer saßen im

Wohnzimmer, redeten, tranken, aßen, sahen fern. Während ich mit den Frauen in der Küche kochen und essen und ein wenig von der Hochzeit erzählen durfte. »Hat dein Mann viel Geld ausgegeben und dir eine schöne Hochzeit ausgerichtet.« – »Jahaaaa.« – »Wie lange habt ihr gefeiert?« – »Eine Woche.« – »Warst du mit den Frauen im Hamam?« – »Sie haben mich gewaschen und gecremt und mit Parfum eingesprüht.« – »Wie war's?« – »Schön, das war schon schön. Auch die Henna-Nächte.« – »Haben sie dich bemalt?« – »Ja, ich sah aus wie eine orientalische Prinzessin, mit weißem Kleid und Schleier.« – »Und wie fühlst du dich so jung verheiratet?« – »Weiß noch nicht, mal sehen.« – »Du kannst zufrieden sein, du hast einen guten Mann abbekommen.« – »Ich kenne keinen anderen.«

Was sie bloß alle an Abdullah fanden? Obwohl, zugegeben, nach außen hin war er höflich, die Liebenswürdigkeit in Person. Wenn ich ihn so kennengelernt hätte, hätte ich ihn auch nett gefunden. Aber so wie andere ihn erlebten, war er nicht, nicht zu mir. Über diese andere Seite konnte ich jedoch nicht reden, sie ging keinen etwas an. Ich schämte mich. Sollte ich den Frauen meine blauen Flecke zeigen? Meine weiten Ärmel zurückschieben und meine Oberarme bloßlegen? Was würden sie denken von mir? Womöglich, dass ich die Schläge verdient habe? Das würde mir noch mehr wehtun. Deshalb schwieg ich lieber: Bloß nicht erzählen, wie ich von meinem Mann behandelt wurde und wie dreckig ich mich fühlte. Vor lauter Selbstmitleid kam ich lange nicht auf den Gedanken, dass auch viele andere Frauen aus Scham darüber schweigen, was hinter verschlossenen Türen passiert.

Wie es mir in Deutschland gefiele, wollten Abdullahs Freunde wissen. Was sollte ich darauf antworten? Dass ich meine Tage trübsinnig im Bett, vor dem Fernseher, vor dem Spiegel und vor dem Fenster verbringe und deshalb nur das Stück Straße vor unserem Haus kenne? Das Fenster war der Rahmen, in den meine Hamburger Welt passte. Nein, ich legte mir eine andere Antwort zurecht: »Viel habe ich noch nicht gesehen, aber was ich gesehen habe, gefällt mir gut. Die Vermieterin ist lieb, die Straße vor dem Haus sauber.« Das reichte meistens schon. Man erzählte mir dann immer, was mich alles noch erwarten würde: Scherereien mit den Behörden, und ich solle mir ja angewöhnen, immer pünktlich zu sein. Manchmal würde, wer kein Deutsch spricht, blöd angemacht. Das sei aber noch lange kein Grund, die Sprache zu lernen.

Wir Frauen unterhielten uns in der Küche und schälten dabei Zwiebeln, Kartoffeln und Äpfel, tischten Essen auf und räumten wieder ab. Wir aßen zusammen mit den Männern oder getrennt, machten den Abwasch. Während unsere Männer im Wohnzimmer über alte Zeiten redeten und über ihre verflossenen Freundinnen. Ich bekam immer nur Satzfetzen mit, hörte aber doch, wie sie sich mit ihren deutschen Freundinnen brüsteten, die sie alle vor ihrer Ehe gehabt hatten. »Schöne Frauen, kluge Frauen, verruchte Weiber, Huren, Nutten.« Die meisten hatten sich von ihren arabischen Liebhabern ein Kind andrehen lassen, für das die Männer natürlich die Vaterschaft abstritten, wie Abdullah auch. Wenn meine Landsleute bei ihren deutschen Amouren wenigstens in der Liebe etwas gelernt hätten! Aber nicht einmal das war der Fall.

Einer von Abdullahs Freunden war Deutscher, verheiratet mit einer Italienerin. Bei diesem Besuch durfte ich in Jeans gehen. Ich war dann aber auch wieder nur Staffage, verstand nichts und bekam auch nichts übersetzt. Also beschränkte ich mich aufs Beobachten und setzte mich in einen Sessel, von dem aus ich einen guten Überblick hatte. Die Szenerie war mir unheimlich: die beiden Männer vor dem Fernseher, Bier und Schnaps in sich hineinschüttend, sich kugelnd vor Lachen. Mein Mann machte Witze, und je mehr er trank, desto deftiger und lauter. Er flirtete mit der Frau seines Freundes, zischte »meine Schöne« durch die Zähne, während sein Adamsapfel auf und ab sprang. Mir war's egal, ich wunderte mich aber trotzdem, dass sein Freund dazu lachte und sogar stolz darauf zu sein schien. Der Abend endete erst, als sich beide Männer auf dem Klo übergeben hatten.

Im Auto neben Abdullah ekelte ich mich. Wie er nach Alkohol

und Zigaretten stank! Er war mir noch fremder als sonst. Wäre er gegen einen Baum gefahren, ich glaube, ich wäre weggelaufen. Weit weg, so weit ich nur konnte. Aber er fuhr gegen keinen Baum, und als ich einmal davonlief, kam ich nicht weit. Zu Hause ging ich sofort ins Bett. Nicht einmal abgeschminkt habe ich mich. Dabei liebte ich es, mir vor dem Zubettgehen mit beiden Händen kaltes Wasser ins Gesicht zu schöpfen, mich mit dem Handtuch trocken zu rubbeln und mich mit beiden Händen einzucremen. Was mache ich bloß? An nichts anderes konnte ich mehr denken: »O Allah, mach, dass ich schlafen darf.«

Schwanger

Meist bin ich abends als Erste ins Bett gegangen. Sobald ich hörte, dass Abdullah den Fernseher ausschaltete, tat ich so, als ob ich schliefe. Manchmal hatte ich Glück, manchmal nicht. Wenn er kam und mit mir schlafen wollte, war ich eiskalt, gewehrt habe ich mich nie. Es war sowieso immer schnell vorbei. Wie ein Gewitter.

Wenn ich ihm sagte, dass ich meine Tage habe, gefiel ihm das gar nicht, und er machte mir Vorwürfe: »Wie kannst du nur?«, oder »Warum wirst du nicht schwanger?« Richtig beleidigt und wütend war er und wollte es nicht dulden. Als ob eine Schwangerschaft in meiner Macht stünde. Dann ging es aber doch sehr schnell. Wie es ist, schwanger zu sein, wusste ich nicht.

Ich war deprimierter als ohnehin alle Tage, und morgens, wenn ich meinem Mann Brot und Tee richtete und sein Essen einpackte, war mir schwindlig. Ich wollte nicht darauf achten. »Was ist los mit dir?«, fragte er mich und schien mich mit seinen grünen Augen zu durchbohren. »Weiß nicht«, antwortete ich achselzuckend. »Wenn du bloß schlauer wärst!«, sagte er. »Vielleicht bist du schwanger und merkst es nicht mal?« Und er beschloss, mich zu einer gynäkologischen Untersuchung zu bringen.

Als er mich nach der Arbeit abholte, um mit mir zum Arzt zu fahren, saßen schon ein Freund und dessen Frau im Auto. »Sie wissen Bescheid und kommen mit zum Frauenarzt«, sagte mein Mann. Ich reichte beiden die Hand und lächelte. Wenn die gewusst hätten, wie unangenehm mir die Situation in Wirklichkeit war? Ich genierte mich so.

Wir kamen in eine große Praxis nur mit Frauen: Frauenärztin, Arzthelferinnen und Laborantinnen. Das war mir recht, ich war zum ersten Mal zu einer solchen Untersuchung in einer Arztpraxis, ein Mann hätte mir sicher große Angst gemacht. Überall standen bequeme helle Sessel, sogar Kaffee und Saft gab es zu trinken, trotzdem roch es anonym. Die Mädchen an der Rezeption schauten uns fragend an, vier Personen kamen selten zu einem einzigen Termin, dann boten sie uns Wasser an.

Mit den Pappbechern in der Hand nahmen wir in einem großen Wartezimmer Platz. Keine der Patientinnen, die dort saßen, blickte aus ihrer Zeitschrift auf. Ich beobachtete eine Neonröhre an der Decke oben, die kurz vor ihrem Ende vor sich hin glimmte. Wir warteten schweigend. Irgendwann klopften sich die Männer Zigaretten aus den Packungen und gingen vors Haus.

In der Zwischenzeit wurde ich aufgerufen. Mir war schlecht vor Angst, ich hatte ganz feuchte Hände, die ich zusammenpresste, als würde ich mich selbst an der Hand nehmen. Man kann sich das nicht vorstellen, wie es ist, wenn man kein einziges Wort versteht, keine einzelne Zeile lesen kann, wenn man taub und stumm gleichzeitig ist. Weder das Wort »Wartezimmer«, noch »Behandlungsraum«, noch »Labor« konnte ich entziffern, keinen Namen auf den Schildchen lesen, die die Mädchen an ihren weißen Kitteln stecken hatten. Mein Gesicht brannte, doch die Frau des Freundes hakte mich unter und begleitete mich ins Labor. Sie übersetzte, was die Arzthelferin sagte: auf die Waage stellen, Blutdruck messen, Blut abnehmen lassen, den Urin abgeben zur Untersuchung.

Keine Ahnung, was diese Untersuchungen zu bedeuten hatten und wozu sie dienten. Aber alle waren freundlich zu mir und verständnisvoll. Sprachlose Ausländerinnen waren ihnen schon öfters begegnet. Keiner machte sich lustig, weil »ich Ausländer, ich nix verstehen«. Und wenn, dann wäre es mir wahrscheinlich gar nicht aufgefallen, so aufgeregt wie ich war. Als ich mit meinem Pappbecher voll mit Urin aus der Toilette kam und nicht wusste, wohin damit, kam ich mir trotzdem ziemlich blöd vor.

Ich fühlte mich fehl am Platz, aber gleichzeitig war ich neugierig, was hier mit mir passierten sollte. Es blieb mir gar nichts anderes übrig, als alles mit mir geschehen zu lassen. Die Freundin führte mich bis zur Tür einer Kabine, sagte, dass ich mich bis aufs Unterhemd ausziehen solle, und verschwand. Ich tat wie geheißen, und nach kurzer Zeit rief mich eine Ärztin in ihr Sprechzimmer. Sie zeigte mit ihrer Hand auf eine Art Liegestuhl und deutete mir an, dass sie mich nun untersuchen wolle. Ich genierte mich, wie ich so halb nackt im Hemdchen vor der bekleideten Frau stand. Trotzdem legte ich mich gehorsam auf den Stuhl. Während die Ärztin meinen Bauch von außen abtastete, redete sie ununterbrochen. Dann vaginal – ich war wie gelähmt vor Angst, aber versuchte trotzdem zu lächeln. Dann mit dem Ultraschallgerät – als sie merkte, dass ich zitterte, nahm sie meine Hand in ihre, führte mich und ließ mich mit dem Apparat selbst meinen Bauch beschallen. Wie eine Blinde.

Sie konnte nicht wissen, wie gut mir das tat, oder doch? Es dauerte nicht lange, und ich durfte mich wieder anziehen. Inzwischen hatte die Ärztin meinen Mann rufen lassen. In einer Wolke von Nikotin kam er ins Untersuchungszimmer hereingeweht, setzte sich und begann, mit der Ärztin zu sprechen. Ich verstand nichts, aber mir war schlecht. Ich setzte mich neben ihn auf einen Stuhl, drückte meinen Rücken gegen die Lehne und schaute zu Boden. Rosa Linoleum mit hellgelben Einsprengseln. Ohne mir etwas zu erklären oder auf mich zu warten, verließ mein Mann schließlich den Raum.

Ich stand auf, holte mein Tuch aus der Kabine, band mir die Schuhe, dann gab ich der Ärztin die Hand und sagte »Danke« und »Auf Wiedersehen«. Auf dem Flur sah ich Abdullah am Tresen stehen und mit der Arzthelferin einen neuen Termin vereinbaren. Er nahm keine Notiz von mir. Dafür kam die Frau seines Freundes auf mich zugestürmt, breitete ihre Arme aus, drückte mich an sich und küsste mich: »Du bist schwanger. Herzlichen Glückwunsch!« – »Nein«, entfuhr es mir, während ich mich ihr umständlich entwand, es war mir peinlich: »Das kann nicht sein, oder? Sag das noch einmal, bitte.« – »Doch, es ist alles in Ordnung, mach dir keine Sorgen. In ungefähr sieben Monaten werdet ihr ein hübsches Baby haben.« Es war wie ein Überfall, ich wusste nicht wohin mit mir, hilfesuchend schaute ich mich nach meinem Mann um. Stimmte das wirklich? Warum hatte er es mir nicht gleich im Behandlungszimmer erzählt?

Abdullah scherzte mit der Arzthelferin und schien in bester Laune. »On y va«, sagte er weltmännisch und schlenkerte sein Täschchen am Handgelenk: »Gehen wir?« Als er an mir vorbei in Richtung Tür ging, streifte er mich am Arm, sonst nichts. Vor dem Labor sahen wir eine ausländisch aussehende Frau hilflos mit ihrem übervollen Becher Urin stehen. Die Männer lachten, es war die Frau eines Kollegen, der unten im Auto auf sie wartete. Ich fand das überhaupt nicht witzig.

Ich war schwanger. Abdullah muss es sofort seinem Freund und dessen Frau erzählt haben. Aber warum mir nicht? Nichts? Gleich im Beisein der Ärztin hätte er mit mir darüber sprechen müssen. Dann hätte ich darauf reagieren können: Fragen stellen, was weiß ich. Es war doch mein Bauch, in dem das Kind wuchs. Doch Abdullah tat, als ob mich das Ganze nichts anginge. Er war der Vater des Kindes, mein Körper gehörte ihm! Aber bin ich nicht die Mutter? Und habe ich nicht als Erste ein Anrecht darauf, zu erfahren, was los ist?

Abdullah hetzte zum Parkplatz vor der Praxis, schloss das Auto auf, auch die Beifahrertür für seinen Freund und die Türen hinten für uns Frauen. Wie üblich startete er mit quietschenden Reifen durch, zwei Minuten später bremste er schon wieder ab und hielt an einer Tankstelle: Zigaretten holen. Mit einem Grinsen im Gesicht kam er zurück. Er hatte eine Packung Gummibärchen mitgebracht, die er verteilte. Sogar wir Frauen bekamen etwas ab. Das war seine einzige Reaktion auf die freudige Nachricht meiner Schwangerschaft.

In den folgenden Wochen sprach Abdullah nicht mehr mit mir als sonst. Aber er sorgte dafür, dass ich genug und regelmäßig zu essen und zu trinken hatte. Wie er sein Auto mit Benzin betankte und samstags auf Hochglanz polierte, so kümmerte er sich auch um mich. Nie war ich hungrig, aber dauernd wollte er mich mit Oliven und Trauben stopfen. Wahrscheinlich sorgte er sogar dafür, dass ich genug Eisen und Magnesium zu mir nahm. Auf jeden Fall löste er immer wieder Tabletten in Wasser auf. Grässliches Gesöff. Aber er hatte ja recht, ich selbst war ahnungslos. Am liebsten trank ich in dieser Zeit Cola – vielleicht sogar aus Trotz.

Dass ich irgendwann einmal schwanger werden würde, hatte ich erwartet. Ob gewollt, unter diesen Umständen und mit diesem Mann – ich weiß es nicht. Auf jeden Fall war meine Freude darüber zwiegespalten. Einerseits freute ich mich wie verrückt auf das Kind, Aziim, mein Liebling, nannte ich es heimlich, andererseits hatte ich Angst vor dem, was auf mich zukommen würde. Woher sollte ich wissen, ob es gut werden würde mit Kind oder nicht? – Doch! Endlich nicht mehr allein sein! Sondern mit jemandem, den ich lieben kann, für den ich Verantwortung übernehmen darf und mit dem ich mich beschäftigen muss. Darauf freute ich mich. Und weil ich erst als Mutter eine vollwertige Frau sein würde. Aber kann ich das überhaupt – Mutter sein?

Die nächsten Monate verbrachte ich wieder zu Hause hinter den weißen Gardinen oder im leeren Kinderzimmer auf dem Teppich. Ab und zu holte ich mir Brötchen aus der Bäckerei. Abdullah legte mir dafür ein wenig Kleingeld auf die Ablage des Wohnzimmerschranks. Aber die meiste Zeit schlief ich. Bis die Ärztin meinem Mann sagte, ich müsse mehr essen und raus und laufen. »Was soll ich machen, wenn sie nichts isst. Ich kann sie nicht zwingen zu essen«, hatte mein Mann ihr widersprochen. »Unternehmen Sie etwas zusammen, was ihrer Frau Freude macht.« – »Wie meinen Sie das?« – »Gehen Sie mit ihr ins Kino.« – »Sie versteht doch kein Deutsch.« Dass ich trotzdem Lust gehabt hätte, etwas anderes zu sehen als meine vier Wände, kam ihm nicht in den Sinn. Alleine durfte ich nicht raus, das geziemt sich nicht für eine Frau, für eine schwangere schon gar nicht. Ein- oder zweimal ist mein Mann mit mir dann die Straße auf und ab gegangen.

Dass es Winter wurde, habe ich kaum mitbekommen. An den ersten Schnee in Hamburg kann ich mich erst erinnern, als die Kinder da waren. Aber der Krokus auf den schmalen Rabatten vor den Häusern meiner Straße, ich kannte diese lila und gelben Blümchen nicht, fiel mir im Frühjahr auf, als ich aus dem Fenster schaute, und später die Tulpen, die ich einmal in einem Katalog gesehen hatte.

Einmal, vormittags, als ich runtergehen wollte, um Brötchen und Cola zu kaufen, schnappte ich den Briefkastenschlüssel vom Haken im Flur. Abdullah hatte ihn nicht wie sonst immer mitgenommen. Ich hatte es gleich bemerkt, nachdem er morgens aus dem Haus war. Jetzt wiegte ich den Schlüssel in der Hand und umschloss ihn mit meinen Fingern. Ein schönes Gefühl – das kühle Metall! Wer den Schlüssel hat, hat die Macht. Auch mein Vater hatte den Schlüssel.

Ich wollte den Schlüssel nehmen, um damit den silbernen Kasten mit dem Namen »Abdelhamid«, der im Flur unten gleich hinter der Haustür angebracht war, aufzuschließen. Zum ersten Mal ein Schloss aufsperren! Auch wenn ich genau wusste, dass mein Mann das nicht gutheißen würde und dass in diesem Briefkasten sicher keine Post für mich liegen würde. Trotzdem, ich wollte jeden Brief einzeln herausnehmen, so wie ich das schon ein paar Mal bei meinem Mann beobachtet hatte, und dann den Schlüssel wieder in den Kasten stecken, umdrehen und zuschließen.

Es waren drei Briefe, die Schrift konnte ich nicht lesen, und eine Werbebroschüre. Mit der Colaflasche und der Post in der

Hand stieg ich langsam die Treppe hoch. Ich war neugierig, hielt die Briefe gegen das Licht und drehte sie hin und her. Oben in der Wohnung holte ich ein spitzes Messer aus der Küche und ritzte die Umschläge auf: drei maschinengeschriebene Formulare. Natürlich waren die nicht für mich, ich hätte sie auch gar nicht lesen können, aber ich wollte die Briefe öffnen und sie anschauen, sehen, wie ein offener Brief aussieht. Schön. Aufgereiht wie ein Kartenspiel habe ich dann alle Papiere auf dem Couchtisch ausgebreitet. Wie meine Schwester die Formulare auf dem Schreibtisch ihres Büros im Sozialamt ausgebreitet hatte.

Als mein Mann nachmittags nach Hause kam und die geöffneten Briefe sah, fand er das überhaupt nicht lustig. Was mir denn einfiele, seine Post zu öffnen, schrie er, seine Privatsphäre zu verletzen, das alles ginge mich einen Dreck an.

»Das darfst du nicht, und davon verstehst du nichts, kapiert?« Dann schüttelte er mich. »Das sind meine Briefe, untersteh dich ja, dich da noch einmal einzumischen.« Ich schaute an die Decke, und er schlug zu.

Geschlagen hat mich Abdullah wie immer. Auf seine typische Art: Er packte mich an beiden Armen, schüttelte mich, wie man einen Sack Getreide ausschüttet, und warf mich weg, zu Boden oder an die Schrankwand, einfach weg. Manchmal gab er mir vorher noch eine Ohrfeige, je nach Laune. Ich fing dann immer an zu schreien: Hilfe, mein Baby! Wie sollte ich es schützen? Ich hatte doch nur zwei Arme. Mit denen umklammerte ich meinen Bauch wie einen Ball. Aber was, wenn er platzen würde?

Da wünschte ich mir, dass mein Kind ein Junge werden würde. Ein Sohn. Wenn ich Abdullah einen Sohn schenkte, dann würde er mich besser behandeln müssen. Davon war ich überzeugt. Er selbst hat nichts dazu gesagt, wir haben auch nicht miteinander über das ungeborene Kind gesprochen, aber ich wusste es. Ich wollte einen Jungen. Damit er es besser haben würde als ein Mädchen.

Kurz vor der Geburt kam Abdullah eines Tages mit einem Kinderwagen nach Hause, nagelneu. »Wo hast du den her?« –

»Ein Sonderangebot im Drogeriemarkt.« – »Was ist ein Drogeriemarkt?« – »Das wirst du schon noch sehen.« Er hatte einen Kinderwagen besorgt, ohne mich mitzunehmen! Warum nicht? Ich wäre gerne dabei gewesen, trotzdem fragte ich nicht: Warum hast du mich nicht mitgenommen? Genauso wenig, wie ich ihn in den folgenden Tagen fragte oder etwas sagte, wenn er nach der Arbeit immer wieder mit neuen Dingen aufkreuzte: Wickeltisch, Windeln, Strampelhosen, Fläschchen, alles, was ein Baby braucht. Alles hat er ohne mich gekauft. Ich machte ihm keine Vorwürfe, aber es herrschte eine Stille zwischen uns, die mir den Atem abschnürte. Als er die Sachen auspackte und in unserem Kinderzimmer abstellte, weinte ich. »Stell dich nicht so an. Sei froh, dass ich an die nötigsten Dinge denke«, sagte er dann ungerührt. »Du hast doch gar keine Ahnung davon, was wir brauchen. Du bist zu blöd dazu.«

Es war im Mai, als die Ärztin bei einer Routineuntersuchung plötzlich sehr besorgt reagierte und sagte, ich müsse sofort ins Krankenhaus. »Zu viel Cola getrunken«, tobte mein Mann, »das hat dem Kind nicht gutgetan.« – »Zu viel alleine«, sagte ich und fasste ihn am Arm. Das war frech, aber wir waren noch in der Arztpraxis, Abdullah konnte mir nichts tun.

Es war warm an diesem Tag, so warm, dass ich sogar ein buntes weites Kleid aus Tunesien angezogen hatte. Ich hatte mich auf den Besuch bei der Frauenärztin gefreut, weil ich wusste, dass sie eine Ultraschalluntersuchung machen wollte. Wiedersehen mit meinem Baby im Bauch: Was strengte es sich an, seine Beinchen zu strecken, obwohl es keinen Platz mehr dafür gab. Ich liebte die Ruhe auf der Liege und dieses weiche Auf- und Abfahren mit dem in glitschiges Gel getauchten Schaller auf dem Bauch. Es war wie Streicheln, während auf dem Bildschirm am Kopfende wundersam die Umrisse des Kindes in Schwarz-Weiß auftauchten.

Doch als die Ärztin dieses Mal mit dem Gerät über meinen Bauch glitt, sahen wir nicht viel. Das Fruchtwasser war dunkel, die Herztöne des Kindes unregelmäßig. »Ich stelle Ihnen eine Überweisung fürs Krankenhaus aus«, sagte sie erschrocken und bat meinen Mann, mir das nicht nur zu übersetzen, sondern mich umgehend dorthin zu fahren. Man müsse die Geburt einleiten.

Ein flaches Backsteingebäude im Grünen, so viele grüne Bäume hatte ich noch nie gesehen. Überhaupt kannte ich keinen Frühling mit Rosen, wie sie zu dieser Zeit überall blühten. Es roch so frisch wie süßes Früchtegelee, das wir in Tunesien kochten, ich war überhaupt nicht beunruhigt. Zum ersten Mal, seit ich in Deutschland war, spürte ich so etwas wie Freude.

An der Pforte des Krankenhauses wurden wir zum Untersuchungszimmer geschickt. Ein langer Gang im ersten Stock, wir suchten nach der richtigen Tür. Dort angekommen, drückte mir mein Mann unvermittelt den Brief, den wir mitbekommen hatten, in die Hand. »Da nimm und gib alles dem Arzt, der dich untersuchen wird.« – »Und du?«, fragte ich überrascht. »Muss zur Nachtschicht«, sagte er, »aber ich komm gleich morgen früh wieder.« Weg war er. Das war doch wohl nicht sein Ernst? Es war doch noch mitten am Tag. Macht der sich einfach aus dem Staub? »Gleich« kann lange dauern. Verdammt nochmal, das hatte ich schon befürchtet: Abdullah hält es nicht für nötig, dabei zu sein, wenn sein Kind zur Welt kommt. Ich kramte nach einem Taschentuch, um mir die Tränen abzuwischen, die mir schon wieder übers Gesicht liefen.

Von den Frauen seiner Freunde hatte ich gehört, dass der Mann bei der Geburt seines Kindes dabei sein könne in Deutschland. Das wünschte ich mir auch, ich wollte, dass Abdullah mir hilft. Er musste! Es war doch schließlich unser erstes Kind. Ich hatte von nichts eine Ahnung, er würde mir wenigstens übersetzen können. Woher sollte ich wissen, was auf mich zukäme? Bei einem Geburtsvorbereitungskurs war ich nicht gewesen, ich wusste nicht einmal, dass es so etwas gab.

Doch mein Mann war verschwunden, so als ginge ihn das Ganze nichts an. Ob er ein paar Sachen für mich holen wollte?

Oder wirklich arbeiten gegangen war? Diese Unsicherheit machte mich verrückt. Warum ist er nicht dageblieben, um mich zu beruhigen? Sollte ich ihm hinterherlaufen?

Mir war schwindlig, die Beine waren schwer, ich hatte Angst. Als eine Krankenschwester vorbeikam, streckte ich ihr müde den Arztbrief entgegen. Sie lächelte und legte ihre Hand auf meinen Arm: immer mit der Ruhe. Ein paar Sekunden, dann eilte sie weiter. Ich suchte einen Stuhl, um mich zu setzen. Legte nun selbst beide Hände auf den Bauch und atmete tief in mich hinein. »Keine Sorge, Baby Amin«, flüsterte ich beschwörend, »wenn du erst da bist, dann sind wir nicht mehr allein.« Den Namen Amin hatte ihm mein Vater gegeben, als Abdullah ihm am Telefon erzählte, dass ich schwanger sei. »Es wird ein Junge werden«, hatte der Vater gesagt. »Er soll Amin heißen.«

Ich schaute auf die Uhr, verfolgte das Vorrücken des Sekundenzeigers, tak, tak, tak, blickte auf die hohen, weißen Wände, die sich links und rechts vor mir auftaten wie Gebirgszüge, verfolgte den Sekundenzeiger, tak, tak, tak. Die Zeit ließ sich weder stoppen noch beschleunigen, aber das Tak, Tak versetzte mich in Trance. »Was soll dir jetzt noch passieren?«, hörte ich mich murmeln, wie ein Gebet. Ich starrte auf meine Hände auf dem Bauch. Bald würde das Kind da sein. Aber »bald« dauerte eine halbe Ewigkeit. »Bald« war auch eine Frau in Weiß, sogar auf dem Kopf trug sie Weiß, es musste die Hebamme sein, die mich in den Kreißsaal begleitete.

Meine Handtasche solle ich ihr geben, bedeutete sie mir und griff danach. Aber nein, das möchte ich nicht, ich drückte sie an mich, den einzigen Halt, den ich hatte. Mich ausziehen solle ich. Sie legte mir ein dünnes weißes Hemdchen zurecht. Ich ging durch den großen Raum nach hinten, wo ich eine Umkleidekabine entdeckt hatte. Es war warm, ich zog mein Sommerkleid über den Kopf, der Schweiß sammelte sich zwischen den Brüsten, ich stopfte meine Unterwäsche in die Handtasche, faltete mein Kleid der Länge nach, hängte es darüber und streifte mir das weiße Hemd über. Dann löste ich das Gummiband, das meine

Haare zusammengehalten hatte, warf sie nach hinten, sodass sie sich mir wie ein Kranz um die Schultern legten. Mit der blauen Handtasche in der einen und den Schuhen in der anderen Hand trat ich aus der Kabine.

Im Kreißsaal war es hell, Sonnenstrahlen drangen durch die schräg gestellten Jalousien und warfen ein Streifenmuster auf den Boden. Ein schöner Tag, um ein Kind zu gebären. Wie einen Thron hatte die Hebamme das hohe Bett in der Mitte des Raumes für mich vorbereitet. Ich setzte mich und ordnete meine wenigen Sachen am Kopfende. Alles still, wir waren alleine. Nur wir beide und das Kind. Vielleicht war es sogar gut so, dass mein Mann nicht hier war.

Ich schlug die leichte Bettdecke zurück und lehnte mich an das hochgestellte Kopfteil. »Ruhig durchatmen«, sagte die Hebamme. Ich begriff, ohne dass ich es verstand. Sie legte mir verschiedene Gurte um den Bauch und schloss mich an Apparate an. Plötzlich vernahm ich den dumpfen, regelmäßigen Herzschlag meines Kindes.

Es dauerte nicht lange, bis ein Arzt kam. Zum ersten Mal ein Mann, der mich untersuchen wollte und mit mir sprach. Ein großer mit weißen Haaren, älter, sympathisch. Ich schämte mich, der soll mich jetzt anfassen? Wahrscheinlich fragte er mich nach Abdullah, aber ich hörte nicht hin. Ich könnte versuchen, mich mit ein paar Worten Französisch verständlich zu machen. Aber dazu bin ich zu aufgeregt. Er hat ja den Brief gelesen und weiß alles.

Ich starre auf seine Hände, als er sich mir nähert. Große Hände. Ich verfolge seine Bewegungen, wie er seine linke Hand mit einem glänzenden Ehering auf mein rechtes Knie legt. Allah, muss das sein? Ich zittere und kann doch nichts anderes tun, als alles über mich ergehen zu lassen. Inschallah! Aber ich will sagen, dass ich Angst habe. Abdullah muss mir helfen. Wo bleibt er nur? Er kommt nicht, wahrscheinlich nicht einmal aus böser Absicht, sondern weil es in Tunesien üblich ist, dass Frauen alleine gebären.

Der Arzt diskutiert mit der Hebamme. Immer wieder sehen sie zu mir herüber. Es geht um mich, aber was ist? Es ist ein schreckliches Gefühl, ihnen ausgeliefert zu sein. Dann kommt die Hebamme, sie zeigt mir einen Gurt, den sie mir um den Arm legen will. Sie arbeitet schnell, bindet mir den Arm ab, ich zittere und denke an den heißen Wind in meiner Heimat, der mir als Kind den Sand in die Augen getrieben hat, bis sie tränten. Mit einer Nadel sucht die Hebamme die Vene und legt mir eine Infusion an. Ein Wehenmittel vermutlich, um die Geburt einzuleiten. Ich bin außer mir vor Angst und strecke ihr meine Hände entgegen. »Hier nimm!«, sagt sie, und ich kralle meine Finger in ihren Arm. Mit zusammengekniffenen Augen verfolge ich die Kurve mit den Herztönen meines Kindes auf dem Monitor. Plötzlich krampft sich mein Bauch zusammen, wellenartig, die Herztöne werden hektischer. Immer wieder, alle drei Minuten, alle zwei. Mit einem feuchten Waschlappen wischt mir die Hebamme den Schweiß von der Stirn.

Ich weiß nicht, ob es Stunden oder Minuten waren, aber wenn ich an die Geburt denke, spüre ich bis heute die unerträglichen Schmerzen, die ich damals litt. Ich weinte nicht, ich schrie auch nicht, aber ich biss mir mit den Zähnen blutige Löcher in die Innenseiten meiner Backen. Schließlich legte mir die Hebamme eine Sauerstoffmaske über Nase und Mund, und ich bekam nicht mehr viel mit: Einatmen, ausatmen, einatmen, pressen. Ich schrie, erst später erfuhr ich, dass sie das Kind mit der Zange geholt haben. Amin war da.

Ein blutverschmiertes Bündel mit schwarzem Haarwuschel lag auf meinem Bauch. In ein weißes Handtuch gewickelt. Wie hübsch er war mit seinen großen, dunklen Augen, die zu mir hochschauten. Ich fühlte, wie eine Welle der Erlösung mich durchströmte: Ein gesunder Junge, seine Augen waren ihm sofort wieder zugefallen, er schlief. Ich war froh, so froh.

So froh wie zu Hause, wenn ich nach der Geburt meiner jüngeren Geschwister meine Mutter wiedersah. Jedes Jahr ein neues Kind. Manche starben gleich nach der Geburt, manche später.

Mir waren die Babys nicht wichtig, aber ich sehnte mich nach meiner Mutter, die im Krankenhaus lag. Mein Vater hatte mich einmal zu ihr mitgenommen. Da versteckte ich mich hinter ihrem Bett, ich wollte nicht ohne sie nach Hause gehen. Ich sei krank, sagte ich, wolle bei ihr bleiben und sie für mich haben. »Lass sie«, bat die Mutter den Vater, und er hörte tatsächlich auf sie und ließ mich da. Eine Nacht im Krankenhaus, wo ich stundenlang neben meiner Mutter sitzen und zusehen durfte, wie sie mein kleines Geschwisterchen stillte. Sogar bei ihr im Bett schlafen durfte ich.

Als Abdullah am nächsten Tag auftauchte, war unser Sohn längst gebadet und schlief friedlich im Kinderzimmer. Man hatte es ihm gezeigt, bevor er zu mir kam. Er hat es sogar aus seinem Bettchen gehoben und ist stolz damit ins Schwesternzimmer marschiert. Mir sagte er nichts davon, als er endlich vor mir stand. Aber er strahlte, sogar einen kleinen Blumenstrauß hatte er mitgebracht. »Mara«, sagte er nur, »Frau, das hast du gut gemacht.« Und dass er Kleider und Toilettensachen für mich dabeihabe. Nacheinander packte er die Dinge aus einer kleinen Tasche aus. Ich sah zu, wie er alles ordentlich in den Schrank räumte. Säfte und Obst stellte er auf den Nachttisch.

»Bist du einverstanden damit, dass das Kind Amin heißt?«, fragte ich. »Ja, natürlich«, sagte er, »dein Vater hat es so bestimmt.« – »Gut.« – »Bist du zufrieden?«, fragte er trotzdem. Ich wusste nicht, was er damit meinte, nickte aber. »Bon, dann fahren wir im August nach Tunesien.« – »Ist das nicht zu heiß für ein Baby?« Ich war erschöpft. Vielleicht wollte er mir mit dieser Ankündigung sogar eine Freude machen, aber im Moment interessierte es mich nicht, ob wir nach Tunesien fahren würden oder nicht. Nicht jetzt. Wir sind dann auch nicht gefahren. Stumm zog ich mir die Decke über den Kopf und drehte mich zur Wand, mit dem Rücken zu Abdullah. Ich weinte. »Wir haben einen Sohn, und du heulst schon wieder?« – »Weil ich an meine Mutter denke.« – »Sie hat sich über jedes ihrer Kinder gefreut, sonst hätte sie nicht so viele geboren.« Ich habe meinem Mann nicht gesagt, dass es anders war und dass meine Ummi nach jedem Kind noch depressiver wurde.

Er war nicht lange da, zehn Minuten vielleicht, wir hatten uns nichts zu sagen. Ich wollte schlafen.

4.
»Wie eine Gefangene«

Eine Holzwiege mit Himmel und Sternenvorhängen. Abdullah hatte sie besorgt und ins Kinderzimmer gestellt. Ich ließ sie stehen, wo sie stand, mitten im Raum. Außer leeren Koffern und einem auf dem Boden aufgestapelten Berg von Hemdchen, Tüchern und Mützchen war das Zimmer immer noch leer. Mein Lieblingszimmer, trotzdem war Amin dort allein. Er hat viel geschlafen zu Anfang, und ich habe dauernd nach ihm gesehen. Schläft er? Atmet er noch? Ist das Kind nicht hungrig? In der Nacht bin ich aufgeschreckt, ich konnte es nicht glauben, dass er nicht mehr in meinem Bauch ist. Spürte ihn bei mir, aber er war nicht da, ich suchte ihn überall.

Ich liebte Amin über alles und konnte es doch nicht zeigen. Nicht einmal mir selbst. Darüber weinte ich jede Nacht. Ich weiß nicht, wo ich meine Liebe und Zuneigung begraben hatte. Weiß nur, dass ich mich selbst um meine Gefühle betrog. Ich schob die Wiege nicht in unser gemeinsames Schlafzimmer. Ich kann mich auch nicht daran erinnern, Amin je mit in unser Bett genommen zu haben. Nicht einmal, wenn er weinte. Ich rannte dann sofort zu ihm, stellte mich auf Zehenspitzen ans Fußende seines Bettchens und schaukelte ihn, aber herausgenommen oder herumgetragen habe ich ihn selten.

Da lag er, eingewickelt in Flügelhemdchen, Strampelanzug und Mütze, wie man es mir im Krankenhaus beigebracht hatte. Stundenlang stand ich an seinem Bett und beobachtete ihn, wie er schluchzte, wie seine Lippen zitterten und ihm die Augen zufielen. Wie sich seine Brust hob und senkte, wie sich seine Augen unter den Lidern bewegten und wie er versuchte, sich die kleinen Fäustchen in den Mund zu stecken.

Amin war da, aber das Leben ging weiter wie bisher. Ich war enttäuscht. Von mir und von dem Kind. Weil ich erwartet hatte, dass nun alles anders werden würde. Aber es geschah nichts, auch mit Kind blieb mein Leben trostlos. Wenn ich darüber nachdachte, spürte ich eine große Leere in mir. Ich war traurig. Warum hatte ich so wenig Kontakt zu meinem Baby? Habe wenig mit ihm geschmust und es kaum gestreichelt. Vielleicht dachte ich, Amin ist noch zu klein, er braucht seinen Schlaf und soll seine Ruhe haben. Ich weiß nicht. Oder habe ich meine Gefühle verdrängt, weil es mir nicht gut ging und das Kind, wie alle anderen auch, unter unwürdigen Umständen gezeugt wurde?

Nach drei Wochen hatte ich keine Milch mehr, um meinen Sohn zu stillen. Ich mochte auch nicht mehr, denn jedes Mal, wenn ich ihn an die Brust legte, hatte ich das Gefühl, dass er mich noch mehr an meine unglückliche Ehe fesselte. Würde ich dieses Leben nie mehr los? Ich gab dem Kind das Fläschchen, setzte mich auf meine Decke zwischen den aufgestapelten Babysachen und wiegte es an meiner Brust. Ich brauchte Amin ebenso sehr wie er mich. Es hätte ewig dauern können. Füttern, sauber machen, jeden Tag baden – Amin war mein Ein und Alles. Trotzdem kuschelte ich wenig mit ihm. Ist das nicht traurig? Ich liebte ihn unendlich und blieb ihm doch fern.

Ich hatte mich so auf ihn gefreut! Mit ihm würde ich endlich zu einer richtigen Frau. Eine erwachsene Frau, die sich um ihr Kind kümmert. Aber ich hatte nicht das Gefühl, dass ich dieser Verantwortung gewachsen war. Ich verstand mich nicht, erwartete mehr von mir. Da hatte ich endlich jemanden, der mich brauchte. Einen kleinen Kerl, den ich mir sehnlichst gewünscht hatte. Und dann spürte ich eine eigenartige Scheu, spürte ich wenig Nähe. Weil ich selbst nie Nähe bekommen habe! Es dauerte lange, bis ich das begriff.

Liebe war ein Fremdwort in unserer Familie gewesen. An ihrer Stelle standen Gebote, Tabu und Ehre. Ich hatte gelernt, meine Gefühle zu verstecken, damit bin ich groß geworden. Gefühle waren wie der Sand, der täglich mit Wasser aus dem Haus gespritzt wurde. Vor die große Mauer, die sich um den Garten zog. Innerhalb dieser Mauern herrschten die Regeln des Vaters. Regeln waren kalkulierbar, Gefühle unberechenbar und deshalb verboten. Wie sollte ich geben, was ich selbst nie erlebt hatte?

Von neun überlebenden Geschwistern war ich die Frechste gewesen, unglaublich frech. Frecher als alle anderen. Man kann sich das nicht vorstellen, aber ich war die Einzige, die sich traute und den Mut hatte, ins Schlafzimmer unserer Eltern zu gehen. Im Dunkeln, wenn beide schliefen, schlich ich mich langsam und auf Zehenspitzen zum Fußende ihres Bettes. Dort hob ich die Bettdecke an einem Zipfel hoch und schlüpfte zu ihnen ins Bett. Zu ihren Füßen lag ich dann, eingerollt auf kleinstem Raum wie eine Katze. Wie warm es dort war! Meine Mutter und mein Vater traten im Schlaf nach mir, aber ich blieb trotzdem. So groß war mein Verlangen nach ihnen. Nach Wärme. Ich habe mir ihre Nähe und Zuneigung erschlichen, sie haben mich nie dabei erwischt.

Meine Mutter kann gar nicht sagen, wie oft sie schwanger war. War es 15- oder 20-mal? Neun Kinder kamen durch, fünf starben, viele Fehlgeburten, manche wurden abgetrieben. Nur eines weiß sie noch genau. Dass sie nach der vierten Schwangerschaft nicht mehr wollte. Das fünfte Kind war ich. Sie hat alles versucht, um mich loszuwerden: Gift geschluckt, mit Nadeln operiert, doch ich blieb. Wenn sie mir das heute erzählt, lachen wir beide darüber, weil wir verstehen, warum. Trotzdem ist sie durch die Hölle gegangen, eine schlimmere als meine. Ich kann nur ahnen, was sie durchgemacht hat.

Ungefähr zwölf sei sie gewesen, erzählt meine Mutter, aber genau weiß sie es nicht, als sie von den Chefs ihres Clans, zwei Onkeln, verheiratet worden war. An einen älteren Mann. Sie hatte noch nicht einmal ihre Tage. Das hat ihn aber nicht davon abgehalten, sich jede Nacht auf sie zu legen und sie zu vergewaltigen. Mein Gott, sie war doch noch ein Kind. Manchmal versuchte meine Mutter nach solchen Nächten zu fliehen. Sie lief weit und versteckte sich dann im Gestrüpp bei den Schafweiden vor dem

Dorf. Aber jedes Mal wurde sie von einem ihrer Onkel aufgegriffen, verprügelt, bis ihr das Blut in Rinnsalen über Rücken und Arme hinunterlief, und zurück zu dem alten Mann gebracht. Erst nach einem Jahr hatte die Familie ein Einsehen mit ihr, und die Ehe wurde geschieden.

Aber auch die neue »Freiheit« meiner Mutter sollte nicht lange dauern. Mit 14 wurde sie zum zweiten Mal verheiratet. Da wehrte sie sich nicht mehr und fügte sich in ihr Schicksal. Ihren ersten Sohn gebar sie mit 15, meinen ältesten Bruder. Ein lieber Mensch, der sehr unter unserem Vater litt. »Männer«, sagt die Mutter heute und lacht, »Männer hasse ich. Alle außer meinen Söhnen.« Uns Kindern hat sie wenig Zuneigung, Vertrauen, Nähe und Wärme entgegengebracht. Das alles ist irgendwo zwischen Vergewaltigung, Demütigung, Schlägen und Depressionen auf der Strecke geblieben. Erst heute können wir uns in den Arm nehmen. Manchmal streicheln wir uns und kuscheln. Als wollten wir nachholen, was nicht nachzuholen ist. Ob meine Mutter je lieben konnte? Um ihr Leiden weniger zu spüren, hat sie ihre Gefühle ausgeknipst. Vor vielen Jahren habe ich ihr Vorwürfe deswegen gemacht. Jetzt weiß ich, dass sie nicht anders konnte.

Die Tage mit Amin vergingen, die Nächte auch. Zunächst lebte ich weiter wie gewohnt. Abdullah schlug mich, ich war allein mit dem Kind. Isoliert und traurig. Und je trauriger ich wurde, desto weiter weg rückte ich von meinem Sohn. Besuch bekamen wir nie. Zu Abdullahs Freunden wollte ich nicht. Keiner sollte merken, wie schlecht es mir ging. Ich wollte mich nicht ausheulen. Es wäre besser gewesen, meinen Kummer jemandem anzuvertrauen, aber ich kannte niemanden.

Mein einziger Kontakt war die Bäckersfrau. Eine lebensfrohe Frau mit Lachfältchen um die Augen. Ich muss ihr leidgetan haben. Oft klopfte sie nachmittags und brachte wie schon beim ersten Mal ein Tablett voll mit Gebäck und Kuchen oder eine Strampelhose für Amin. Aber sie blieb immer nur kurz. Es war uns beiden peinlich, dass wir nicht miteinander sprechen konnten. Manchmal deutete sie auf Gegenstände und sagte mir die deutschen Wörter vor: »Der Kuchen schmeckt gut« oder »Tasse« oder »Tisch«, »schönes Kleid«. Oft schwiegen wir auch. Das war schön, doch wenn es zu lange dauerte, sahen wir uns hilflos an, grinsten. Sie deutete dann zur Tür und schnippte mit den Fingern: Hoppla, ich bin spät dran und muss gehen, runter ins Geschäft, Brot verkaufen. Ich glaube, sie spürte, wie unglücklich ich war.

Amin war gerade drei Monate alt, da wurde ich erneut schwanger. Ich begann mich zu kratzen, die Arme, der Kopf, die Beine, die Haut war trocken, ein Jucken überall. Etwas stimmte nicht. Ich wollte nicht, nicht schon wieder, das konnte nicht sein. Ich bildete mir ein, ich könnte die Augen schließen, schlafen und die Realität ausblenden. Mich taub stellen. Aber es ist schwierig einzuschlafen, wenn die Haut juckt. Abdullah fuhr mich wieder zur gynäkologischen Untersuchung. Ohne seine Freunde diesmal. Zum Schluss diskutierte er wieder mit der Ärztin und schwieg mir gegenüber. Ich ahnte, dass ich schwanger war, wollte aber nichts davon wissen.

Wollte nicht wissen, was ich ahnte. Als wir Tage später, wir hatten bei Aldi eingekauft, der Bäckersfrau im Flur begegneten, unterhielt sich Abdullah mit ihr. Sie schaute mich mitleidig an und drückte mir die Hand, so als mache sie sich Sorgen. In der Wohnung frage ich Abdullah: »Was hast du ihr erzählt, dass sie mich so traurig angesehen hat?« – »Du bist schwanger – nichts weiter. Darüber haben wir gesprochen. Hättest du dir doch denken können.« Da fing ich zum ersten Mal nach Monaten an zu heulen. Ich ging in die Hocke, lehnte mich gegen die Wand, die Tränen liefen mir übers Gesicht. »Nein, ich will nicht, bitte nicht.« Mein Mann zuckte mit den Achseln: »Wie stellst du dich bloß wieder an? Statt dich zu freuen, heulst du wie ein Hund. Ist ein Wunder, dass du überhaupt schwanger wirst. So wenig wie wir miteinander schlafen. Wozu bist du denn hier? Ich will Kinder, deshalb und nur deshalb habe ich dich geheiratet.« Dass ich jetzt kein Kind wollte, nicht mit diesem Mann, das war Nebensache.

Wieder stand ich stundenlang vor dem Fenster, die Gardinen halb zugezogen, starrte gedankenverloren hinaus: Wenn ich als Jugendliche über meine Zukunft nachgedacht hatte, hatte ich mir immer drei Kinder gewünscht, zwei Jungs und ein Mädchen. Wäre das zweite Kind ein Mädchen, würde ich ihm die Haare wachsen lassen und sie nicht zu Zöpfen flechten wie in Tunesien, sondern offen lassen, offen und lang, wie sie die Mädchen in Deutschland trugen. Sie waren so fröhlich, diese Kinder, die morgens und mittags an meinem Fenster vorbeizogen. Bald würden meine Kinder auch in die Schule gehen. Deutsch lernen. Und ich?

Ich wollte raus. Durfte nicht. Fühlte mich eingesperrt. Einmal, Abdullah muss gute Laune gehabt haben, nahm er mich zu C&A mit, um Babykleidung einzukaufen. Es war wie im Paradies. Ich traute mich gar nicht, die Kleider anzufassen, so schön fand ich sie, die Farben und Stoffe. Mein Mann suchte einzelne Pullover und Strampelhosen heraus, lila, hellblau, hellgrün, aus weichem Nickistoff. Ich strich mit den Fingern darüber und bat ihn, sie vor das Kind zu halten, fragte: »Passt dies? Passt jenes?« Amin krähte und grapschte mit seinen Händchen danach. Doch da zog Abdullah die Kleider schon wieder weg und legte sie über seinen Arm. Nehmen wir. Er schlenderte um die Kleiderständer und schlenkerte sein Ledertäschchen, ich mit dem Kind auf dem Arm ihm hinterher. Verstohlen fasste ich nach dem einen oder anderen Teil. Später ließ er mich alleine aussuchen und rauchte in der Cafeteria seine Zigarette, während ich mit Amin die kleine Freiheit zwischen den Kleiderständern genoss.

Nachdem wir bezahlt hatten, steuerte Abdullah in Richtung Damenabteilung. Ich war noch nie dort gewesen. Überhaupt hatte ich noch nie ein Kleidungsstück in Deutschland gekauft. »Such dir was aus«, sagte er jetzt. Mein Gott, wie aufgeregt ich war. Nur auf unserem Markt in Tunesien hatte ich bisher so viele Kleider gesehen. Aber nicht so ordentlich aufgehängt, sondern alle auf einem Haufen. Ich sah nach Abdullah, er griff wahllos in einen Ständer und zog ein langes schwarzes Kleid heraus: »Probier mal an.« Dass er mir das anbot, fand ich seltsam. Wo war eine

Umkleidekabine und wohin mit dem Kind auf meinem Arm? Ich war ratlos und schüttelte den Kopf.

Was ich anziehen durfte, Rock oder Hose, ob ich mit Kopftuch oder ohne unterwegs war, bestimmte er. Ich war sein Beiwerk, nach Lust und Laune garniert und ausstaffiert. So brauchte ich mir selbst keine Gedanken zu machen. Ich dachte, das sei normal und bei allen so. Der Mann versorgt die Familie mit allem, was sie braucht, und er bestimmt auch, was sie braucht. Kleidung oder Essen. Abdullah stopfte uns sogar voll. Und wenn er gekonnt hätte, hätte er wahrscheinlich auch über die Luft, die wir zum Atmen brauchen, bestimmt.

Er nahm mir die Luft, ohne dass ich es richtig bemerkte. Mein Radius war klein. Noch immer kannte ich von Hamburg nicht mehr als die Straße vor unserem Haus. Nachdem ich morgens Amin versorgt hatte, legte ich mich meistens wieder ins Bett und stand nur auf, um zu putzen und zu waschen, ich aß unregelmäßig und war immer zu dünn. Nur ab und zu ließ mich Abdullah alleine einkaufen gehen. Nicht den großen Wocheneinkauf, sondern alltägliche Dinge, die ausgegangen waren. Butter, Milch, Eier, Windeln und Creme. Dann setzte ich Amin in den Kinderwagen und ging um die Ecke zu Penny. Es waren schöne Ausflüge, genießen konnte ich sie trotzdem nicht. Und wenn ich mich inmitten all der Menschen, die ich nicht kannte und mit denen ich kein Wort wechseln konnte, entdeckte, spürte ich meine Einsamkeit umso deutlicher. Kein »Wie geht's?«. Kein »Danke, gut!«.

Dann kam der zweite Sohn. Die Geburt war überraschend leicht und ging schneller als die erste. Wieder setzte mich Abdullah am Krankenhaus ab und kam, nachdem das Kind geboren war. Den Namen überließ er dieses Mal mir. Ich nannte den Jungen Jasin. Er gefiel mir, ich hätte ihn an mich nehmen und küssen mögen, aber wie schon bei Amin überfiel mich wieder diese merkwürdige Zurückhaltung und Scheu. Eine befremdliche Distanz, die mich davon abhielt, in Liebe auszubrechen. Obwohl ich Lust dazu hatte. Wo war meine jugendliche Überschwänglichkeit geblieben? Herausgeprügelt! Oder an einem Ort verbarrikadiert, wo sie unverletzlich war.

Ich legte wieder mein Kind, das mich so viel Kraft und Tränen gekostet hatte, neben mich auf die Kissen und betrachtete es. Wie zart und zerbrechlich es war. Ich strich über sein Gesicht und seine Ärmchen, und es schloss sein kleines Händchen um meinen Finger. Da bekam ich eine Gänsehaut, so schön war es. Ich war nicht glücklich, das ist das falsche Wort, aber ich freute mich. Die Kinder gaben mir einen Sinn. Ich genoss die Zeit im Krankenhaus wie einen Urlaub, in dem ich verwöhnt wurde. Ohne Schläge und Gleichgültigkeit.

In Tunesien bleibt eine Frau traditionell nach einer Geburt 40 Tage im Bett, um sich zu erholen. Ich blieb so lange wie möglich im Krankenhaus. Ich bettelte sogar darum, so groß war meine Angst vor dem Leben mit meinem Mann. Als ich nach 14 Tagen nach Hause entlassen wurde, fand ich die Wohnung unaufgeräumt vor, überall stand schmutziges Geschirr und lag Wäsche herum, und es war kalt. Obwohl Sommer war. Was wollte ich hier? Ich ließ die Tür offenstehen, damit der Duft des warmen Brotes aus der Bäckerei hineinziehen konnte.

»Ich habe mit deinem Vater über ein Haus in unserer Heimatstadt gesprochen«, fing Abdullah eines Nachmittags an. Er lag auf dem Sofa und rührte seinen Nescafé, während ich das Baby fütterte. – »Ja und?« – »Wir werden sparen müssen, um eins bauen zu können.« – »Ich habe kein Geld, das ist deine Sache«, erwiderte ich. – »Weiß ich, aber ich werde mich nach einer kleineren Wohnung für uns umsehen müssen. Eine, die weniger Miete kostet.« – »Ich würde gerne hier über der Bäckerei bleiben.« – »Das können wir uns nicht leisten.« – »Aber für die Kinder ist es schön hier, die Leute sind nett, und ich gewöhne mich langsam an die Gegend.« – »Erinnerst du dich an unsere Freunde von der Fahrt auf dem Schiff nach Hamburg? Sie haben ganz in der Nähe von hier eine billige Wohnung gefunden. Im gleichen Haus gibt es eine kleine Einliegerwohnung im Erdgeschoss. Ohne warmes Wasser, Toilette ist auf dem Flur.« – »Und wie bade ich dort das

Baby jeden Tag?« – »Du stellst dich blöder an, als du bist. Hast du vergessen, wie wir es zu Hause gemacht haben? Wir können uns hier keinen Palast leisten, wenn wir ein Haus in Tunesien bauen wollen.« – »Und wenn ich auch arbeiten würde? Lass mich mithelfen, Geld zu verdienen. Dann könnten wir diese Wohnung behalten.« – »Nein. Kommt nicht in Frage.« – »Warum nicht?« – »Denkst du eigentlich mal an die Kinder? Wer soll sich dann um Jasin und Amin kümmern? Rabenmutter.« – »Nein, viele Frauen arbeiten.« – »Ich habe schon zugesagt. In zehn Tagen ziehen wir um.« – »Was? So schnell?« – »Du kannst anfangen zu packen. Dann hast du genug Arbeit.« Damit war für Abdullah die Diskussion erledigt. Aber zum ersten Mal hatte ich ihm widersprochen.

Es muss die Geburt von Jasin gewesen sein. Sie hatte mich verändert, und ich spürte etwas, das ich bisher nicht kannte. Verantwortung, was immer das war. Meine Kinder brauchten mich. Ich wollte keine kleinere Wohnung ohne warmes Wasser. Nicht wegen mir, sondern wegen der Kinder. Wir zogen trotzdem um. Eine Wohnung gleich um die Ecke. Sie war ebenerdig, kalt und ungemütlich. Die Eingangstür knarzte, die grünlich-gelben Fliesen an den Wänden des Hausflurs hatten Sprünge, der Boden war schmierig. Im ganzen Haus roch es nach einer Mischung aus Urin und Schimmel.

Aber wenn ich aus dem Küchenfenster sah, sah ich direkt in die Kastanienbäume und Birken auf einem Kinderspielplatz. Still lag er da, umrahmt von Buchsbaumhecken. Mitten in einem großen Sandkasten war eine riesige verwitterte Baumwurzel eingegraben. Vom ersten Moment an liebte ich diese Wurzel im grauen Sand. Wie ein rotbrauner Felsblock in der Wüste, nur weicher. Es war Winter, Schneeregen, als wir in die neue Wohnung zogen. Doch noch am selben Tag ging ich mit Amin raus und zeigte ihm den Spielplatz. Er krähte, rannte auf den Sandkasten zu und ließ sich in den Schneematsch fallen. Gleich stand er wieder auf und turnte wie ein Weltmeister über die Wurzel. Auf der einen Seite hoch, auf der anderen kugelte er herunter. Nach kaum fünf Minuten war er von Kopf bis Fuß nass und dreckverschmiert. Aber er lachte und ich auch. Zum ersten Mal war ich mit ihm draußen spielen gewesen, unter freiem Himmel, auch wenn es kalt war. Egal, hier konnte ich atmen, die Kinder sehen, wie sie kletterten, und hören, wie sie schrien. Hier wurde ich selbst ein wenig zum Kind.

Der Spielplatz war von diesem Tag an mein Lieblingsort. Ich nahm meinen sechsmonatigen Jasin und setzte mich mit ihm auf das Holzbrett der Schaukel. Wenn ich uns anstieß, jauchzte er. Es gab aber auch Tage, an denen ich mich viel zu schwer fühlte, um rauszugehen, und nichts von der Ruhe, die der Schnee über die Stadt legte, mitbekam. In mir war ein nervöses Durcheinander von Gedanken. Und mir war kalt, eigentlich immer, trotz des langen braunen Daunenanoraks, den mir Abdullah vom Einkaufszentrum mitgebracht hatte. Ich zog ihn sogar in der Wohnung an, schlüpfte in gefütterte Schuhe, einen Teppichboden hatten wir nicht mehr. Dann stellte ich mich wieder ans Fenster. Sah, wie die Nachbarn ihre Schaufeln zur Hand nahmen und mit ihnen über das Pflaster kratzten, um den Schnee wegzuräumen. Schon frühmorgens, bevor die Schulkinder unterwegs waren. Schraaaap, schraaaap, schraaaap, ein Geräusch, das sich für mich nach Kerzen und Weihnachten anhört und das ich vermisse, wenn ich es einen Winter lang nicht höre. Ein typisch deutsches Geräusch.

Morgens, bevor die Kinder wach wurden, habe ich Holz und Kohle aus dem Keller geholt, um den Herd anzufeuern. Dann stellte ich einen Topf mit Wasser drauf und machte Badewasser für die Kleinen warm. Ich schüttelte das Milchfläschchen für Jasin und fütterte Amin mit Reisbrei, leerte das restliche Wasser in die Plastikbadewanne auf dem Küchenstuhl. Wenn die Kinder sauber waren, wusch ich die Wäsche darin, kochte für Abdullah das Mittagessen. Selbst vergaß ich meistens zu essen.

Es wurde Frühling, 1983, inzwischen war ich fast zweieinhalb Jahre in Hamburg, und ich kannte schon die Krokusse und Primeln, womit die Einfassungen der Bäume bepflanzt waren. »Salam«, grüßte ich sie wie lebendige Wesen. Es war an einem Nachmittag, der Tag war schon warm, als die Frau mit ihrem Sohn zum Spielplatz kam. Ich saß mit Jasin auf dem Schoß auf der Wippe. Obwohl mich die Sonne blendete, erkannte ich sie sofort. Sie war mir ein paar Monate zuvor beim Einkaufen im Penny-Markt aufgefallen. Sie in einem Gang zwischen Regalen, ich im anderen, am Ende standen wir uns gegenüber. Ihr Sohn saß im Kindersitz des Einkaufswagens und quengelte. Da hob sie ihn heraus, küsste ihn und flüsterte ihm etwas ins Ohr, sodass er lachte. Wie sie ihn so schnell beruhigen konnte, wunderte mich. Ich mit meinen beiden, Amin an der Hand, Jasin im Kinderwagen, hätte nicht die Geduld gehabt. Sie wirkte selbstbewusst und offen. Wir schauten einander an, fragend, ohne die Worte laut auszusprechen: »Na, bist du auch Tunesierin?« Beide waren wir unverschleiert.

Wir hatten damals nicht miteinander gesprochen, aber auf dem Spielplatz erkannte ich sie sofort wieder. Die dicken roten Haare, ihr ungewöhnlich blasser Teint, die dunklen Augen. Ihr Sohn war ein spilleriger Junge, zart, mit langen Wimpern, aber ein Lausbub. Er musste ungefähr in Amins Alter sein. Schnurstracks rannte der nun auf meinen Sohn zu, boxte ihn, den Schüchternen, ein wenig, und schon rollten sie zusammen im Sand. Ein Grund, seine Mutter anzusprechen. Auf Arabisch: »Wir haben uns schon bei Penny gesehen.« – »Ja, ich erinnere mich.« – »Du sprichst ähnlich wie ich. Kommst du auch aus Tunesien?« – »Ja, aus dem Südwesten.« – »Ich auch, nicht weit von Sbeitla.« – »Dann sind wir ja Nachbarinnen. Ich bin Karimah.« – »Esma, Esmahene eigentlich, aber ich kürze den Namen ab, ist einfacher.« – »Und hübscher.« Sie lachte offen, und wenn sie lachte, legte sie in einer ungewöhnlichen Mischung aus Ironie und Ernst ihre Stirn in Falten. Das irritierte mich, gefiel mir aber.

Ich war von der Wippe heruntergestiegen und kickte mit meinen Schuhspitzen den Sand auf dem Platz vor mir her. Wir setzten uns auf eine Bank. Im Nu waren wir mitten im Gespräch. Wo wir wohnen und wie lange wir schon hier in Deutschland sind und wie es uns hier geht und überhaupt – alles auf einmal. Einfach das Übliche, wann wir aufstehen, was wir kochen. Ich glaube, es vergingen Stunden. Es war, als ob wir uns schon ewig kannten. Noch nie habe ich mit jemandem so lange gesprochen. Es war wie eine Befreiung. Wir beklagten, dass wir so weit weg von der Familie wohnten, hier so gut wie alleine und traurig waren.

»Seit wann bist du verheiratet?«, fragte ich Karimah. »Bald drei Jahre«, antwortete sie und wiegte den Kopf. »Uuuund?«, fragte ich und dehnte das U in die Länge, da ich nicht unbedingt eine Antwort erwartete. Ich schaute sie an. Karimah reckte den Kopf in die Höhe, sagte nichts, doch plötzlich schob sie mit den Händen die Ärmel ihrer rosa Bluse hoch. Nun sah sie mir direkt in die Augen. »Da, schau!« Sie heftete ihren Blick auf mich, sodass ich ihr nicht ausweichen konnte. Und ich sah die Blutergüsse auf ihren Oberarmen, rot, blau, gelb. »Scheiße«, sagte ich nur, nichts weiter, stand auf und legte das Baby, das ich die ganze Zeit auf dem Arm gehalten hatte und das nun eingeschlafen war, in den Kinderwagen. Dann krempelte ich meinerseits die Ärmel auf, ein wenig langsamer als sie, und verschränkte meine nackten Arme vor der Brust. Als Karimah meine blauen Flecken sah, legte sie ihre Stirn in Falten, einen kurzen Moment nur und brach dann in lautes Gelächter aus.

Es war zu komisch: zwei Frauen, die sich auf dem Kinderspielplatz ihre blauen Flecken zeigten. Aber ich verstand sie nicht sofort. Was hatte sie? Lachte sie mich aus? Ich brauchte eine Weile, dann lachte ich mit. Es war das befreiende Lachen von Schicksalsgenossinnen. Wir kicksten und glucksten. Die blauen Flecken machten uns zu Blutsschwestern, sie waren unser Geheimnis. Plötzlich hatte ich eine Verbündete: Karimah. Mit ihr teilte ich meine Schmerzen. Nie zuvor hatte ich jemanden so nah kennengelernt. Karimah gehörte zu mir, wir gehörten uns, sie war meine

Freundin, mein Mann kannte sie nicht. »Komm mit zu mir«, sagte sie, »ich zeig dir, wo ich wohne.«

Unsere beiden Söhne hatten die ganze Zeit gespielt und waren glücklich zusammen. Ich auch. Karimahs Wohnung war größer als unsere, weniger feucht, sonnig. Wir kochten Tee aus frischer Minze, meine Freundin stellte ein niedriges rundes Tischen auf den Wohnzimmerfußboden, wir legten eine Decke drum herum. Mit einem langen Strahl von hoch oben, damit sich Schaum bildet, gossen wir den Tee in kleine Gläser. Dann setzten wir uns auf den Boden und tranken ihn sehr süß, wie zu Hause.

Beide waren wir zwangsverheiratet worden mit einem Mann, den wir nicht kannten, beide nach Deutschland verfrachtet worden, ohne dass wir es wollten. Karimah und ich konnten gar nicht aufhören zu erzählen. Endlich sprechen, nicht mehr schweigen und alles hineinfressen – das war schon viel.

Mit Abdullah konnte ich nie reden. Das hat mich stolz und trotzig gemacht. Aber mit Karimah lachte ich, lange hatte ich nicht so viel Spaß gehabt. Zum Schluss überlegten wir tatsächlich, wie wir unsere Ehemänner am besten verlassen könnten. Abhauen? Es war ein Witz, aber immerhin dachten wir darüber nach. Natürlich verabredeten wir uns für den nächsten Tag und auch für den übernächsten und für alle Tage auf dem Spielplatz. Karimah brachte etwas zu essen mit, ich habe etwas mitgebracht. Die Kinder spielten im Sand, und wir saßen da und redeten. Es war das schönste Frühjahr, der schönste Sommer und der schönste Herbst, den ich je erlebt habe. Meine ersten Schritte raus aus der Isolation.

Abdullah erzählte ich zunächst nichts von meiner Freundin. Auch Karimah erzählte nichts. Ihr Mann arbeitete in der gleichen Firma wie mein Mann und wie viele andere ausländische Gastarbeiter. Wenn unsere Männer Frühschicht hatten, trafen wir uns vormittags, gingen einkaufen zu Penny. Wenn sie Spätschicht hatten, war es noch schöner. Kaum waren sie weg, waren wir draußen, auf dem Spielplatz oder in der Fußgängerzone von Harburg. Die war nicht weit, vielleicht 400 Meter von unserem

Haus entfernt, aber ich war noch nie dort gewesen. Nun ging ich heimlich an den kleinen Geschäften aus Backstein vorbei, sah in die Schaufenster. Sah zum ersten Mal, dass es nicht nur Supermärkte gibt, sondern Läden, in denen nur Schuhe verkauft werden oder nur Fotoapparate oder Zeitschriften. Meine Freundin kannte sich aus, sie ging dort öfter shoppen. Nie hätte ich mich das getraut. Ganz abgesehen davon, dass Abdullah es mir nicht erlaubt und mir auch kein Geld dafür gegeben hätte.

Geld hatte eigentlich auch Karimah nicht, doch sie war Meisterin im Sparen und im Geldverstecken. Das konnte sie gut. Wenn ihr Mann ihr 50 Mark Haushaltsgeld gab und meinte, das sei für eine Woche, dann hat sie es immer geteilt. Eine Hälfte für sich und die andere Hälfte für Kartoffeln und Brot. Sogar ein Sparbuch hat sie angelegt und über viele Jahre gespart, was sie nicht für Parfum und Süßigkeiten ausgab. Schade, das konnte ich nie. Abdullah ließ mir immer nur ein paar Pfennige da, für alltägliche Kleinigkeiten wie Fencheltee oder Eis für die Kinder. Das Geld, das ich hatte, gab ich sofort wieder aus. Klamotten und Schuhe durfte ich sowieso nicht alleine kaufen.

Viele Monate später erwischte mich Abdullah mit meiner Freundin. Komischerweise hat er nicht viel dazu gesagt. Weil unsere Söhne sich angefreundet hatten und zusammen in den Kindergarten gehen wollten, sahen wir uns dann auch immer öfter mit der ganzen Familie. Die Männer kannten sich, sie übernahmen die Kindergarten-Anmeldung, wie sie alle Formalitäten übernahmen. Ich konnte noch immer kein Deutsch, Schreiben sowieso nicht. Aber ich war froh, dass ich Karimah hatte, bis heute bin ich froh. Sie hat mir ihre blauen Flecken gezeigt, und ich habe ihr meine gezeigt. Wir haben sogar drüber gelacht und unsere Männer zur Hölle gewünscht. Und wir haben unsere Kinder gesehen. Und wir wussten, die blauen Flecken haben nichts zu bedeuten. Für unsere Kinder könnten wir mehr ertragen.

Bestimmt war mein Mann unzufrieden mit mir, es konnte gar nicht anders sein. Er hatte ein Anrecht auf mich, dem ich mich nicht entziehen durfte. So hatte ich es gelernt. Aber wie konnte ich mit ihm schlafen, wenn er mich ständig schlug? Das tat weh, verdammt weh, auch in der Seele. Doch anstatt Abdullah zu sagen: »Ich bin unglücklich mit dir«, sagte ich ihm: »Ich bin nicht glücklich in Deutschland.«

Jasin war knapp zwei Jahre alt, als wir mit den Kindern zum ersten Mal nach Tunesien in Urlaub fuhren. Fast drei Jahre lang hatte ich meine Familie nicht gesehen. Mein Vater hatte uns mitten in der Stadt, nicht weit von dem ausgetrockneten Flussbett entfernt, in dem wir als Kinder immer gespielt hatten, einen Bauplatz gekauft.

Meine um ein Jahr jüngere Schwester, Nora, war inzwischen auch aus dem Haus. Sie hatte eine Ausbildung angefangen, wieder abgebrochen, war verheiratet. Und unglücklich wie ich. Als Kinder waren wir wie Zwillinge gewesen, alles haben wir zusammen gemacht. Als ich die Schule abbrach, hat sie auch abgebrochen, und als mein Vater mich mit 16 kurzzeitig auf eine Haushaltsschule schickte, wo ich Stricken lernte, wollte sie auch Stricken lernen. Nora stand Schmiere, wenn ich über die hohe weiße Mauer, die der Vater ums Haus gezogen hatte, um seine Töchter zu schützen, in Nachbars Garten kletterte. Ich rollte ein Fass in die Ecke, zog mich hoch und sprang drüber. Verboten? Egal. Meistens schürfte ich mir die Hände dabei auf. Und meistens kam ich auch sehr schnell wieder zurück, aber immer mit der Sehnsucht, gleich wieder zu gehen. Ich hatte in diesem Garten nichts zu suchen, trotzdem war Nachbars Garten mein größter Traum: Dorthin zu gehen und dort zu bleiben, an diesem Ort, der so friedlich wirkte, an dem Vaters Regeln nicht galten, ein Ort, an dem keiner streng war und wo es keinen Streit und keine Schläge gab. Nur Freiheit. Nichts weiter wünsche ich mir.

Als pubertierende Mädchen waren meine Schwester und ich die größten Freundinnen und die größten Feindinnen zugleich. Einmal, ich erinnere mich, sie war 14, ich 15, war ich auf ihre langen Fingernägel eifersüchtig. So schön waren die. Nicht rot lackiert, das durften wir nicht, höchstens heimlich, meinen Nagellack hatte ich in einem Stoffsäckchen unter der Matratze versteckt. So sehr beneidete ich Nora um ihre Fingernägel, dass ich sie eines Tages, meine Schwester hatte sich zum Mittagsschlaf hingelegt, mit der großen Schere einfach abschnitt. Mitten im Schlaf. Ich glaubte mich im Recht, schließlich hat sie mich mit ihren Nägeln oft gekratzt. Aber sie war wütend und zornig und sprach viele Tage nicht mehr mit mir. Das tat weh, auch wenn ich so tat, als ob es mir gleichgültig sei.

Die Ferien in Tunesien waren eine Zeit, die ich herbeisehnte und vor der ich gleichzeitig Angst hatte. Die Familie, alle Nachbarn glaubten: »Esma ist reich und glücklich in Deutschland.« Eine Lüge, falsch, alles nicht wahr. Aber soll ich das meiner Familie erzählen? Dass ich in Wirklichkeit alleine bin, klein, unnütz, gedemütigt, geprügelt, gefangen wie ein seltenes Tier? Wen geht es was an?

In Gedanken höre ich meine Schwestern feixen: »Die hochmütige Esma, immer wollte sie was Besseres sein – geschieht ihr recht.« Wahrscheinlich tue ich ihnen unrecht damit. Trotzdem habe ich eine Scheu. Soll ich, »die Deutsche«, ihnen unter die Augen treten, ihnen womöglich in die Augen sehen und sagen: »Alles wunderbar« oder »Alles Scheiße«? Nein, das wollte ich nicht. Mein armer Vater. Er war so überzeugt davon gewesen, dass er mir den besten und den reichsten Ehemann besorgt hatte. Ich kann ihn doch nicht enttäuschen, ihm reinen Wein einschenken und sagen: »Deutschland, schön und gut. Aber die Wohnung ist kalt und modrig, mein Mann behandelt mich wie eine Sklavin und prügelt mich, wie du die Mutter geprügelt hast.« Sicherlich würde er dann die Schuld bei mir suchen: »Du bist keine gute Ehefrau, deshalb geht es dir schlecht.« Nein, niemals.

Ich würde kein Wort sagen. Es würde mir ja sowieso keiner glauben. Und wenn doch? Wäre man schadenfroh? Diesen Triumph will ich keinem gönnen. Doch was heißt hier Triumph, in Wirklichkeit schäme ich mich. Weil ausgerechnet ich es so schlecht getroffen habe. Ungerechte Welt. Also nehme ich mir vor zu schauspielern – wie immer. Was soll's. Indiskrete Fragen mit launischen Sprüchen parieren kann ich doch. »Trägt er dich auf Händen?« – »Nein, aber er fährt mich im Auto spazieren.« Oder: »Lebt ihr gut in Hamburg?« – »In einem Palast mit Angestellten.« Freche Sprüche härten die Seele ab. Das hatte ich schon als Kind gelernt.

Abdullah war stolz auf seine Söhne. Er führte sie zunächst seiner Familie vor, dann setzte er uns drei bei meinen Eltern ab. Alle paar Tage kam er, um nach uns zu sehen. Keine Ahnung, was er sonst trieb. Meistens brachte er Obst und Gemüse vom Markt mit. Während ich dann mit den Schwestern kochte, unterhielt er sich mit meinem Vater: das Haus. Mein Vater hatte ein Konto eingerichtet, auf das sein Schwiegersohn monatlich Geld aus Deutschland überwies. »Es wird Zeit, dass du mit deinem Haus anfängst.« – »Hilfst du mir, Abdelhamid?« – »Ich habe Material und Handwerker bestellt. Sobald du einen Plan gemacht hast, fangen wir an.«

Mit mir wurde darüber nicht gesprochen. Hausbau war kein Frauenthema. Dafür die Heirat. Ich durfte mir Klagen über Mädchen anhören, die schwer unter die Haube zu bekommen waren. »Du hast es gut! Wir haben dir den allerbesten Mann besorgt. Jetzt musst du uns helfen. Kannst du uns nicht jemanden aus Deutschland schicken, der eine deiner Schwestern heiratet?« – »Das ist nicht einfach, ich kenne nicht viele Leute.« – »Ein unverheirateter Landsmann?« – »Fällt mir kein passender ein.« – »Oder einen Deutschen?« – »Weil ich ja so viele Deutsche kenne, die auf tunesische Mädchen stehen.« Ich war bitter, manchmal konnte ich sogar richtig arrogant werden. Wieso waren sie nicht in der Lage, für sich selbst zu sorgen? Hatten sie nichts Besseres zu tun, als auf den reichen Mann zu warten? Und dann auch noch hoffen, dass ich ihnen dabei helfe? Das machte mich wütend. Immer und überall sollte ich helfen, mit Geld und guten Ratschlägen, nur weil ich aus Deutschland kam.

Warum spekulierten diese Mädchen alle auf den reichen Bräutigam? Anstatt sich um eine gute Ausbildung zu kümmern. Aber was soll ich mich aufregen? Ich, die genau auf diesen reichen

Ehemann aus dem Ausland hereingefallen war? Und jetzt, wo man dachte, es ginge mir gut, wollten alle von mir abhaben. Dass es mir überhaupt nicht gut ging, wollte keiner sehen. Und sagen konnte ich es auch nicht, dafür schämte ich mich zu sehr.

Von Deutschland kannte ich nicht mehr als eine Dreizimmerwohnung in Hamburg-Harburg und einen Mann, der mich wie einen Boxsack traktierte und über mich bestimmte wie über einen Kanarienvogel. Aber in Tunesien spielte ich die verständnisvolle Schwester, Tochter und Tante, die alles im Griff hat und sogar noch großzügig Geschenke verteilen kann. Ich war nicht mehr die kleine, kokette Esma, sondern der Gast aus Deutschland. Alle zerrten an mir. Einerseits nervte mich diese Rolle. Andererseits gefiel sie mir, ich genoss sie sogar. Meine Familie umwarb mich wie vor der Hochzeit die Männer. Und es schmeichelte mir, hoffiert zu werden, es tat mir gut und lenkte mich vom bösen Rest ab. Ich lachte, sagte meine Meinung, beglückwünschte und tröstete, je nach Bedarf. Ein schönes Gefühl, das mich für das, was ich in Wirklichkeit erlebte, ein wenig entschädigte. Oder ein schizophrenes Schauspiel, das mich hart machte.

Plötzlich hatte ich etwas zu sagen, nur weil ich im Ausland lebte. Dass ich dort nichts zu melden hatte, spornte mich noch mehr an, in der Familie meinen Mund aufzumachen. Je öfter ich das tat, desto mehr glaubte ich selbst daran, dass ich es wirklich geschafft hatte: Vielleicht bildete ich mir ja auch alles Schlimme nur ein? Vielleicht war das Leben mit Abdullah gar nicht die Hölle? Ich spielte, dass es mir gut geht, so wie es von mir erwartet wurde.

Abdullah lud die ganze Familie ein, zu seinen Brüdern und Schwestern in den Südosten Tunesiens zu fahren. Nicht weit vom Meer hatte seine Familie dort einen Bauernhof, Hunderte von Hektar groß, mit Schafen, Ziegen, Rindern und Pferden. Die Familie war nicht arm, trotzdem war das Gehöft heruntergekommen. Es gab weder Strom noch fließendes Wasser, keine Dusche und keine Toilette, nicht einmal Matratzen für die Kinder. Keine Küche, nur Hütten für jeweils eine Familie. Ein ganzes Dorf voll mit Onkeln und Tanten. Außen herum war eine drei Meter hohe Mauer gezogen. Wie eine Burg. Dahinter ein verwahrlostes schmales Grundstück, vertrocknete Grasbüschel, einige betonierte Flecken, Müll lag herum. Es war heiß, Hochsommer, 40 Grad im Schatten. Wieder einmal fühlte ich mich wie eine Gefangene. Die Kinder auch, die barfuß zwischen Mauer und Hütten hin- und hersprangen. Sie quengelten, weil sie die Hitze nicht gewöhnt waren, und ich rief sie dauernd zurück ins Haus. Aber die Familie freute sich, dass der Onkel aus Deutschland gekommen war.

Der süßliche Blutgeruch von geschlachteten Schafen hing in der Luft, und überall saßen und lauerten die Fliegen. Obwohl ich mich in lange Kleider und Kopftücher gehüllt hatte, fuchtelte ich dauernd um mich, um sie abzuwehren. Wir waren noch nicht lange dort, da fing Jasin eines Morgens an, sich zu übergeben. Wahrscheinlich hatte er die frische Kuhmilch nicht vertragen. Er erbrach sich, es war erbärmlich und hörte nicht mehr auf. Nach kurzer Zeit schon war er so schlapp, dass er kaum noch die Augen aufmachen konnte.

Ich war hilflos und legte dem Jungen feuchte Tücher auf die Stirn und den Kopf. Mehr konnte ich nicht tun, als in einem fort vors Haus zu laufen und Handtücher in einen Eimer Wasser zu tauchen, den ich aus dem Brunnen gezogen hatte. Ich hatte Angst, große Angst, mein Gott, das Kind, es war doch noch so klein! Und ich betete, was ich schon lange nicht mehr getan hatte. Fünfmal am Tag, auf dem Teppich nach Mekka gerichtet, wie es sich für eine Muslimin gehörte.

Abdullah kam abends, wie immer war er unterwegs gewesen, diesmal um getrocknete Datteln für seine Landsleute in Hamburg zu besorgen. Als ich seine Stimme auf dem Hof hörte, rannte ich hinaus und bedrängte ihn: »Bitte, lass uns zurück zu den Eltern zu fahren. Jasin ist krank, ich habe Angst um ihn. Der Vater wird wissen, was zu tun ist.« – »Warum weißt du das nicht?«, fragte er schnippisch, als ob ihn das Ganze nichts anginge. »Wir hätten Jasin nicht die Milch aus dem Stall zu trinken geben dürfen.« –

»Milch hat noch nie einem Kind geschadet.« – »Kennst du einen Arzt hier?« – »Nein.« – »Dann müssen wir zurück. Vielleicht kann ihm auch meine Mutter helfen.« Meine Mutter hatte uns Geschwister öfters von Krankheiten geheilt, später auch meine Kinder. Ich kenne ihre Rituale nicht, weiß nur, dass sie das Heilen von meiner Großmutter gelernt hat. Sie betet, legt den Kindern Kordeln mit Knoten um den Hals und vertreibt böse Geister. Ich glaube fest daran, dass das hilft.

Wir packten unsere Sachen zusammen, füllten Flaschen mit Wasser und fuhren noch in der Nacht zurück. Meine Mutter schüttelte den Kopf, als sie Jasin am nächsten Morgen sah. Sie könne nichts für ihn tun, sagte sie. Wir hatten ihn auf ein Kissen ins Wohnzimmer gelegt. Er trank nichts mehr, die Augen hielt er geschlossen, nur seine Brust hob und senkte sich regelmäßig. Meine Mutter schob ihre hennarot gefärbten Haare zurück, die unter dem Hijab, dem Schleier, hervordrangen, und setzte sich zu dem kranken Kind auf den Boden. Mehr nicht.

Als mein Vater nachmittags von der Arbeit kam und ich ihm Jasin zeigte, wechselte er ein paar Worte mit der Mutter und entschied, zum Arzt zu gehen. Es klingt vielleicht komisch, dass mein Vater diese Entscheidung übernahm, aber Planung und Entscheidung sind Männersache. Auch wenn es darum geht, einen Arzt aufzusuchen.

Abdullah hatte uns wieder alleine gelassen und war zur Hochzeit eines Cousins gefahren. In dem Moment, in dem wir im Hause meines Vaters waren, fühlte er sich nicht mehr verantwortlich. Was mit seinem Sohn geschah, war nun Angelegenheit des Vaters. Ein ungeschriebenes Gesetz.

Inzwischen war es fast Abend geworden, und ich war hysterisch vor Angst. Jasmin röchelte nur noch. Seine Lippen waren aufgesprungen und trocken, er trank nichts. Könnte ich ihn doch nur zwingen! Aber als ich ihm Wasser einflößte, fing er an zu husten. Da nahm mein Vater das Kind auf den Arm, und wir gingen zu Fuß zum Haus eines Arztes. Nicht weit von uns, nur die staubige Gasse hinunter bis zur geteerten Straße. Hühner liefen vor uns her und gackerten. »Sofort ins Krankenhaus«, befahl der Arzt, kaum dass er Jasin gesehen hatte. Er leuchtete ihm in die Augen: »Höchste Zeit. Das Kind braucht eine Infusion.« Wieder nahm es der Vater. Ich ging neben ihm und betrachtete mein Baby. Wie schmal es geworden war, die großen Augen geschlossen, es schlief nur noch. »Der liebe Gott hat's gegeben. Er wird wissen, wann es wieder vorbei ist«, ging es mir durch den Kopf. Ich wundere mich heute, wie schicksalsergeben ich damals war. Natürlich wollte ich mein Kind nicht verlieren und fühlte mich doch unfähig, etwas zu unternehmen.

Es war schon dunkel, als wir im Krankenhaus ankamen, ein zweckmäßiger, nüchterner Neubau. »Wir können Ihnen nicht sagen, ob das Kind die Nacht überstehen wird«, sagte der diensthabende Arzt, während er Jasin eine Nadel in den Kopf stach, um eine Infusion anzulegen. Mir war schlecht, das konnte ich mir nicht ansehen. Ich flüchtete aus dem Behandlungszimmer und kam erst wieder, nachdem eine Krankenschwester ihn in ein Gitterbettchen gelegt hatte. Was für ein hässliches Bett! Komisch, dass mir das in dieser Situation überhaupt auffiel. Die Schwester meinte es doch nur gut und schob das Bett in ein schmutziges Kinderzimmer, in dem der grünliche Verputz von der Wand blätterte.

Ich blieb auf der Schwelle stehen. Es war mir kalt, und ich zitterte, war ausgelaugt. Das hielt ich hier nicht aus! »Was für ein hässlicher Ort.« Ich glaube, ich habe die Worte sogar laut gesagt. Ich wollte nicht mit hinein in dieses Zimmer, unter der Tür drehte ich mich um, lief den dunklen Flur entlang, raus zur Treppe und vor die Eingangstür. Auf die Idee, zu fragen, ob ich über Nacht bei meinem Sohn bleiben könne, wäre ich nie gekommen. Ich war verzweifelt vor Angst und wütend auf Abdullah, der uns in dieser Situation allein gelassen hatte. Mein Vater kam ein paar Minuten später. »Wird schon alles gut werden«, sagte er. Aber ich wollte nichts hören, keinen Trost, nichts denken, nur noch weg von hier, nach Hause und schlafen.

Natürlich habe ich nicht geschlafen in dieser Nacht, keine Minute. Sondern mich auf der Matratze am Boden unseres ehemaligen Kinderzimmers gewälzt und mir die bittersten Vorwürfe gemacht: Warum hatte ich nicht verhindern können, dass wir auf diesem furchtbaren Bauernhof unsere Ferien verbrachten? Wer weiß, woran Jasin sich infiziert hatte? Aber meinen Mann kümmerte das alles nicht. Der machte sich einfach aus dem Staub, wenn es ernst wurde. Voller Wut ballte ich meine Fäuste unter der leichten Decke.

Als ich aufstand und mir am frühen Morgen mit beiden Händen Wasser ins Gesicht klatschte und mich in Vaters Rasierspiegel betrachtete, waren meine Augen rot umrändert und die Lider dick geschwollen. Erst als der Vater rief: »Beeil dich, wir wollen Jasin besuchen«, kam Leben in mich. Ich bürstete mein Haar, schlüpfte in ein kurzes Kleid. Vater hatte seine Polizeiuniform angezogen wie immer, wenn er Eindruck machen wollte. Und oft machte er damit tatsächlich Eindruck, und wir wurden wegen der Abzeichen auf seiner Schulter in öffentlichen Einrichtungen und Ämtern bevorzugt behandelt.

Im Krankenhaus war es still. Schläfrige Stimmung, ein paar Fliegen hinter der Eingangstür taumelten narkotisiert am Boden. Keine Menschenseele war auf den Gängen, die wir hätten fragen können, wie es Jasin ginge. Also drückte mein Vater, ohne zu klopfen, die Klinke zur Kinderzimmertür herunter. Es roch stickig, die Luft war abgestanden. Doch das Bettchen stand noch dort, wo es die Krankenschwester am Abend zuvor hingerollt hatte. Der Infusionsständer daneben war verschwunden, das fiel mir sofort auf. Meine Eingeweide krampften sich zusammen, ich hatte ein Gefühl, als ob ich mich gleich übergeben müsste. Wie schon in der Nacht zuvor blieb ich auf der Schwelle stehen.

Ich konnte nicht weitergehen durch diese Welle der Angst, die über mich hereinbrach und mich wegzuspülen drohte. Ich wollte nicht hinsehen und verfolgte doch meinen Vater mit den Augen: Sehe, wie er langsam auf das Bett zusteuert. Wie er sich darüber beugt und schaut und sich nicht nach mir umdreht. Da weiß ich: Jasin liegt darin – und er lebt. Mir laufen die Tränen übers Gesicht. Etwas wackelig auf den Beinen stolpere ich los und verfange mich mit den Händen im Bett eines anderen Kindes. Es fängt laut an zu weinen und nach seiner Mutter zu rufen, weil ich es geweckt habe, und gleich stimmen noch zwei oder drei andere Kinder mit ein, sodass ein einziges großes Geheule ertönt. Mein Vater flucht leise, aber mich stört es nicht. Ich stehe am Kopfende von Jasins Bettchen. Er ist wach und lächelt mich an: Ein Gefühl, wie wenn man an einem wolkenlosen Tag einen bunten Ballon am blauen Himmel entdeckt.

Die Infusionen hatten meinem Sohn das Leben gerettet. Sobald er genug Flüssigkeit aufgenommen hatte, ging es ihm wieder gut, und noch am Abend desselben Tages durften wir ihn mit nach Hause nehmen. Der Arzt gab uns ein Rezept für Medikamente mit, und so seltsam es klingen mag, zur Apotheke ging ich alleine. »Geh du mit Jasin schon voraus«, sagte ich meinem Vater. »Ich mach die Besorgungen.« Er nickte nur, so froh war er, dass er zu Hause einen fast gesunden Enkel würde präsentieren können.

Welche Ängste hatte ich durchgestanden! »Lieber Gott, ich will solche Sorgen um meine Kinder nicht noch einmal erleben, das ertrage ich nicht«, ging es mir durch den Kopf. Es war, als ob mich die Krankheit meines Sohnes plötzlich aus meiner Starre aufgeweckt hätte: Es reicht! Wozu Kinder, wenn Abdullah in den schlimmsten Situationen so tut, als gingen sie ihn nichts an? Was liegt ihm denn an den Kindern? – Nichts! Aber mir – und ich will solche Ängste nicht erneut durchmachen. Ich würde in der Apotheke nicht nur Jasins Medikamente holen, sondern mir jede Menge Packungen mit der Antibabypille geben lassen. Sie war fast umsonst in Tunesien. Abdullah hatte mich und die Kinder schnöde im Stich gelassen. Damit war Schluss jetzt. Ich wollte keine Kinder mehr. Nicht mit diesem verantwortungslosen Mann.

Ich erwischte eine Apothekerin, die ich gar nicht lange zu überreden brauchte. Ich erzählte ihr von meinem kranken Sohn, der gerade noch einmal mit dem Leben davongekommen sei. Und dass ich nun keine Kinder mehr haben wolle, nicht noch mehr Sorgen. »Ich lebe in Deutschland, ich habe zwei Kinder und kann nicht mehr.« Sie sah mich an, fragte, ob es in Deutschland keine Pille gäbe. »Doch.« – »Und dein Mann …?« – »Mein Mann ist dagegen.« Es war die Frage und die Antwort, vor denen ich mich am meisten gefürchtet hatte, doch nun war es heraus. »Er sieht nicht, wie schlecht es den Kindern und mir geht«, fuhr ich fort, »er denkt nicht an uns. Nur an sich und an die vielen Kinder, die er noch haben möchte.« – »Das kenne ich, der Mann meiner Schwester ist genauso.« – »Und wenn man ihn braucht, ist er nicht da. Er hat mich mit meinem kranken Kind allein gelassen. Tanzt irgendwo auf der Hochzeit eines Cousins, während ich vor Angst sterbe, weil ich nicht weiß, ob mein Kind überlebt.« – »Nicht möglich.« – »Doch, das müssen Sie mir glauben!«

Ich redete eindringlich, es machte mir plötzlich nichts mehr aus, ob noch jemand zuhörte in der Apotheke oder nicht. Ich redete mich in Rage, gestikulierte und nahm die Apothekerin über den Tresen hinweg an die Hand: »Bitte, bitte.« Endlich wusste ich, was ich wollte. Es hatte lange genug gedauert, aber jetzt fühlte ich mich stark, die Angst um meinen Sohn und seine Gesundheit hatten mich selbstbewusster gemacht. Schließlich ging die Apothekerin nach hinten und kam mit mehreren Packungen der Antibabypille zurück. Ich konnte es kaum glauben. Es hat geklappt, so einfach. Weil ich einmal meinen ganzen Mut zusammengenommen habe. Weil ich gesagt habe, wie es mir geht und was ich will. Einer unbekannten Frau. Von diesem Augenblick an wusste ich: Es würde immer wieder schwer werden, aber wenn ich nur wüsste, was ich wollte, würde ich es auch bekommen. Dafür musste ich dann geradestehen, entscheiden, planen und Verantwortung übernehmen. Von diesem Tag an nahm ich heimlich die Pille.

Meine neue Freiheit sollte nicht allzu lange dauern. Es wurde Herbst und wurde Winter in Deutschland. Fast täglich hatten wir Nebel, er stimmte mich melancholisch. Karimah hatte ihr zweites Kind geboren und kam nicht mehr so oft zum Spielplatz. Manchmal ging ich bei ihr vorbei und half ihr beim Baden und Windelnwaschen. Mit meiner Freundin fühlte ich mich wenigstens nicht mehr alleine. Ich wollte kein drittes Kind mehr. Sie bestärkte mich, wir bestärkten uns: »Verweigere dich, setz dich zur Wehr. Lass nicht alles mit dir machen, nur weil du eine Frau bist.« Sobald Abdullah nachts anfing, an mir rumzumachen, gefror ich zu Eis und rollte mich an den äußersten Rand des Bettes. Das Nachthemd zugeknöpft. Ich wollte nicht mehr, oft nahm er mich trotzdem. »Du bist meine Frau, wozu solltest du sonst nütze sein?« Das ließ er mich nicht nur fühlen, das sagte er auch.

Karimah und ich redeten ohne Ende. Wir träumten davon, arbeiten zu gehen, eigenes Geld zu verdienen, Deutsch zu lernen. Wenn nur erst ihr Baby raus aus den Windeln wäre. Dann würden wir es gemeinsam versuchen. Auch wenn unsere Männer nicht einverstanden wären. Wir hatten beide keine Ahnung, aber irgendwie, dachten wir, würden wir es schon schaffen, eine Arbeitserlaubnis zu bekommen. Und dann putzen gehen oder als Verkäuferinnen arbeiten. »Am liebsten in einer Bäckerei«, sagte ich, weil ich unsere erste Hamburger Wohnung so vermisste. Zum ersten Mal in meinem Leben machte ich Pläne, das war neu und stimmte mich optimistisch.

Mein Mann war nicht begeistert von unseren Treffen, obwohl er meine Freundin mochte. »Du gehst nicht mehr ohne mich aus dem Haus«, befahl er mir. »Warum nicht?« – »Weil ich es nicht will.« – »Auch andere Frauen gehen raus, wenigstens einkaufen, das erleichtert uns das Leben.« – »Du hast keine Ahnung, wovon du sprichst. Ein Frau bleibt im Haus, ist für den Mann da und erzieht die Kinder.« Er hatte recht, so hatte ich es gelernt. Je öfter ich jedoch mit Karimah zusammen war, desto weiter entfernte ich mich von ihm. Das spürte Abdullah, und es machte ihn misstrauisch. Auch ich selbst war unsicher. Wohin bewegte ich mich?

Auf jeden meiner Träume folgte ein jäher Absturz. Eigene Pläne zu schmieden, etwas zu wollen oder auch nur daran zu denken, etwas zu wollen, war ungewohntes Terrain für mich. Ein paar Monate vorher hatte ich noch alles ohne Widerspruch hingenommen und nicht nach dem »Warum« und »Wieso« gefragt. Jetzt widersprach ich plötzlich und träumte davon, selbständig zu handeln. Woher kam das? Es war eine Wut in mir, eine irrationale Wut, die sich an kein konkretes Gegenüber richtete. Sie ängstigte mich. Manchmal so sehr, dass ich mich deswegen in der Wohnung verschanzte, um uns vor mir zu schützen. Ich war eine verkorkte Flasche, in der es gärte.

Vom Küchenfenster aus hatte ich direkte Sicht auf den Spielplatz. So konnte ich meine Jungs laufen lassen und sie trotzdem sehen. Ich hörte ihre Stimmen, sie waren wie junge Hunde, die kläfften und sich balgten. Ich beobachtete sie, wie sie ihre kleinen Hände in die nassen, braunen Blätter vergruben, bis sie ihre Finger kaum mehr darum schließen konnten. Bevor der ganze Blattsalat herunterfiel, bewarfen sie sich damit. Manchmal scharrten sie auch in den Blätterhaufen, dass das Laub nur so hochwirbelte und wieder auf sie hinunterregnete. Die Kinder hatten ihren Spaß. Immer wieder kamen sie ans Küchenfenster gelaufen, riefen »Mama« und »Durst« oder »Hunger«. Dann beugte ich mich durchs offene Fenster und gab ihnen eine Tüte Kartoffelchips oder einen Tetrapack mit Saft. Oder ein paar Pfennige, damit konnten sie sich Eis oder Kaugummi in der Bäckerei um die Ecke kaufen.

Fast täglich ging ich zu Penny, Holz holen. Feines Anfeuerholz aus den Holzkistchen der Mandarinen. Ich deutete mit dem Finger darauf, da wussten die Verkäuferinnen gleich, was ich wollte. Kistenweise schleppte ich sie nach Hause. Feuer machte ich gerne. Jeden Morgen schürte ich den Herd. Wie eine Beduinin setzte ich mich dann vor das schwarze Eisenteil und blies in die Glut, legte Holz nach und blies wieder. So lange, bis mir schwindlig wurde und ich nach Luft ringen musste. Ich genoss diesen Zustand der halben Besinnungslosigkeit. Er lenkte mich von meiner Einsamkeit ab – oder trieb mich weiter hinein. Ich weiß es nicht. Dann träumte ich von einem Spaziergang über einen bunten orientalischen Markt und dass ich meinen Kindern kaufen würde, was sie wollten. Mein Mann war nie dabei.

Seit zwei Jahren ging der Große schon in den Kindergarten, der Kleine seit ein paar Wochen. Wenn Abdullah Spätdienst hatte, brachte er sie morgens hin. Es war nicht weit. Er wollte, dass sie selbständig zurückkommen. Mittags ging ich trotzdem öfter hin, um meine Jungs abzuholen. Ein niedriges Holzhaus, ein riesiger Garten mit alten Kastanienbäumen, eine lange Rutsche darunter. In meinen vier Wänden stand die Zeit still, aber hier pulsierte das Leben, wonach ich Sehnsucht hatte. Kaum war ich durch das Gartentor, lebte ich auf.

Es roch nach feuchter Erde. Wenn Lebendigkeit einen Geruch hat, so ist es dieser: feuchte Erde. Meistens war ich zu früh da. In den Kindergarten traute ich mich nicht hinein, aber ich setzte mich dann auf einen der Holzklötze, die herumlagen, und schaute durch die großen Fenster in den Gruppenraum. Dort saßen die Kinder bei ihrer Abschiedsrunde zusammen, fassten sich bei den Händen und sangen. Immer das gleiche Lied. Ich hörte es durch das geschlossene Fenster, mein erstes deutsches Lied, das ich mitsingen konnte: »Alle Leut' gehen 'raus, große Leut', kleine Leut', dicke Leut', dünne Leut'. Alle Leut', gehn jetzt nach Haus.« – »Tschüüühüüüüüs«, bis heute tönt mir dieses langgezogene Tschüs in den Ohren. Es war so vertraut, fast beneidete ich meine Söhne.

Einmal sah ich, dass jedes Kind einen Pappteller mit einem dunklen Kuchenstück mit Smarties drauf vor sich stehen hatte. Das kannte ich nicht und fragte Amin später danach. »Wenn ein Kind Geburtstag hat, bringt seine Mutter einen Kuchen mit, und wir feiern.« Das wusste ich nicht, das hatte ich noch nie gemacht. »Soll ich dir zum Geburtstag auch einen Kuchen backen?«, fragte ich. Amin grinste über beide Ohren und jauchzte: »Bitte, bitte ja, Mama.« Mein Mann war dagegen, aber als Amin Geburtstag hatte, gab ich ihm heimlich eine große Dose Smarties und Kekse mit.

Wie gern wäre ich hier selbst noch einmal Kind gewesen.

Manchmal besuchte ich die Kleinen auch, wenn sie im Garten spielten. Zum ersten Mal wechselte ich ein paar Worte mit einer jungen Erzieherin, Rosie, die selbst zwei Kinder hatte und in der gleichen Straße wohnte wie wir. Es war stürmisch, der Wind jagte graue Wolken vor sich her, es tröpfelte, aber die Kinder johlten und tobten. Sie fragte mich, ob sie meine Buben nachmittags einmal mit zu sich nach Hause nehmen könnte, da sich unsere Kinder angefreundet hatten. Ich verstand sie sogar, lächelte und zeigte auf meinen Ehering: Dass ich erst meinen Mann fragen müsse.

Mit Abdullah gab es nun fast täglich Streit. Er war unzufrieden und aggressiv. Nachts, wenn er von der Spätschicht kam, bedrängte er mich, obwohl ich schon schlief. Nachmittags, wenn er von der Frühschicht kam, war es noch schlimmer, weil die Kinder alles mitbekamen. Er stellte sich ans Küchenfenster, schob den gelben Vorhang halb zur Seite und sah hinaus. Ohne mich anzusehen, fing er an: »Warum wirst du nicht mehr schwanger?« – »Weiß nicht.« – »Du weißt aber ganz genau, dass ich dich wegen der Kinder geheiratet habe.« – »Nein, das weiß ich nicht«, inzwischen traute ich mich immer öfter, ihm zu widersprechen. – »Wie stehe ich denn da, wenn wir im Urlaub nach Tunesien kommen, und ich habe immer noch keine drei Kinder?« – »Dafür hast du ein Haus«, konterte ich.

Das Haus in Tunesien war inzwischen fertig. Ich mochte es nicht. Mit wenig Platz zum Wohnen, dafür mit einer schön geschwungenen Mauer darum herum und zwei Garagen. Für Abdullah, den Autofan. Wenn er schon nicht mit vielen Kindern angeben konnte, dann wenigstens mit seinen deutschen Autos. Angeben und vor seinen Landsleuten protzen, mit der Frau, mit den Kindern, mit den Autos, mit dem Geld. »Seht her, ich habe es zu etwas gebracht«, signalisierte er damit. »Im Gegensatz zu euch hänge ich nicht in Cafés herum, langweile mich nicht und rauche keine Wasserpfeife.« Wenn seine Leute dann etwas vom reichen Onkel aus Deutschland abhaben wollten, spielte er gern den großzügigen Gönner.

»Von dem Haus profitierst du genauso wie ich«, schnaubte er und zeigte mit seiner Zigarette auf mich. Er zitterte, als er sie sich anzündete. Dann folgte ein Vorwurf dem anderen: »Warum hat Amin Schnupfen?« – »Er muss sich erkältet haben.« – »Weil du ihm keine Jacke angezogen hast. Stimmt's?« – »Er wollte keine anziehen.« Meist nahm ich dann die Kinder, die mit großen Augen auf dem Boden saßen und mit Legos spielten, an der Hand. »Los, kommt weg«, und bugsierte sie in unser gemeinsames Schlafzimmer. Sie wehrten sich, aber ich wollte nicht, dass sie dabei waren und sich schuldig fühlten wegen unserer Streitereien.

Amin war vier, Jasin drei, und ich noch immer nicht wieder schwanger. Es war im Frühjahr 1985, die Kinder waren auf dem Spielplatz, als Abdullah eines Tages im Laufe einer Auseinandersetzung das Schlafzimmer komplett auf den Kopf stellte. Zuerst war er zynisch, aber beherrscht: »Nicht einmal aufräumen kannst du«, rief er, »soll ich dir zeigen, wie's geht?« Dann wurde er immer wilder wie ein Sturm, der sich zum Orkan steigert. Er riss die Schranktüren auf, zog Kleider heraus, warf sie zu Boden. Er drehte das Bett um, warf die Matratzen übereinander. Ich stand mit verschränkten Armen im Türrahmen und schaute tatenlos zu: Soll er doch toben. Mir egal, ich weiß nicht einmal den Grund, warum er sich so aufregt. Irgendwann würde er auch wieder aufhören.

»Verdammtes Miststück«, schrie er plötzlich mitten in meine Gedanken hinein. »Du hast mich betrogen!« Triumphierend reckte er seine Faust mit einem Pillenkärtchen in die Höhe: Die Antibabypille. Ich hatte sie zwischen den Handtüchern versteckt. Ohne dass er wusste, wonach er suchte, hatte er sie gefunden. »Undankbares Weib«, schrie er wütend. Seine Augen waren schmale Schlitze, sein Adamsapfel hüpfte auf und ab. Aber ich hatte keine Angst vor ihm: Verdammt nochmal, woher nimmt er das Recht, mir die Pille zu verbieten? Es ist mein Körper, über den ich bestimmen will. Ich spürte seine Schreie an mir abprallen, vielleicht grinste ich sogar ein wenig. »Wie kannst du mir das antun? Ich werde dich verstoßen«, tobte er, rot angelaufen vor Zorn. Er machte ein paar Schritte auf mich zu. »Dir werde ich es zeigen!« Dann konnte ich mich nicht einmal mehr wegducken, so schnell hatte ich seine Hand im Gesicht.

Eine einzige Ohrfeige warf mich zu Boden. Ich schlug mit der Nase an den Bettpfosten. Blut lief mir übers Gesicht, während mein Mann weiter auf mich eintrat. Da war mein leichter Anflug von Rebellion verdampft wie Wasser und machte einem selbstzerstörerischen Gefühl Platz: Selbst schuld – du hast es nicht besser verdient! Warum kannst du deinem Ehemann nicht gehorchen? Und ich wimmerte wie einst meine Mutter unter der Bettdecke.

Mit einem lauten Ratschen riss Abdullah die Pappschachteln der Tablettenpackungen auf, zerfetzte sie in kleine Stücke und streute sie über unser Bett aus. Er lief zum Schrank und wieder zurück. Ich blieb am Boden liegen und zog mir meinen weiten Pullover wie ein Schutzschild über die Knie. Ich hörte ihn mehr, als dass ich ihn sah. Wie er die Kärtchen mit den Pillen packte, wie es knisterte, als er die Tabletten herausdrückte, und wie er die Wohnungstür aufriss, hinausstürmte auf den gekachelten Flur, nach hinten im Hof zur Toilette. Und wie er wie ein Irrer an der Schnur für die Spülung zog. Immer wieder hörte ich es leer schnappen, weil er nicht wartete, bis der Wasserbehälter wieder vollgelaufen war.

Es dauerte lange, bis alle Tabletten weggespült waren. Als er wiederkam, hatte er sich scheinbar beruhigt. »Na warte …«, zischte er nur. Ich kannte diese angespannte Ruhe zu gut an ihm, jeden Augenblick konnte er wieder explodieren.

An diesem Tag traute ich mich nicht mehr raus aus dem Schlafzimmer. Erschöpft legte ich mich auf eine Matratze und schlief ein. Keiner schaute nach mir, Abdullah muss den Kindern das Abendbrot gerichtet haben, als sie vom Spielplatz gekommen waren. Es dämmerte, als ich aufwachte, weil die Tür aufging. Scheu kamen Amin und Jasin in Schlafanzügen herein, um sich schlafen zu legen. Ich sagte nicht »Hallo«, auch nicht »Gute Nacht«. Aber ich schlug die Bettdecke, die ich über mich gezogen hatte, zurück und stöhnte. Ich hätte sie heute gerne bei mir gehabt, meine beiden. Aber sie kamen nicht, vielleicht weil sie mich nicht stören wollten. Keine Ahnung, was mein Mann ihnen erzählt hatte. Sie waren verschüchtert, und ich hatte nicht die Kraft, mit ihnen zu sprechen oder sie in den Arm zu nehmen. Lautlos legten sie sich in ihre Bettchen, die am Fußende unseres Ehebetts standen und ein wenig ächzten. Sofort schliefen sie ein.

Wenig später stand mein Mann in der Tür. Das Licht aus dem Wohnzimmer blendete mich. »Stehst du heute gar nicht mehr auf?«, fragte er drohend, und ich sah seine eingefallenen Wangen. »Doch.« Ich wusste, was jetzt kam. Und machte keinen Versuch mehr, mich ihm zu verweigern. Auch in den nächsten Tagen und Wochen nicht. Er nahm sich, was er wollte. Aber er bekam nicht mich, ich war nicht dabei. Bald fing ich wieder an zu kratzen. Ich hatte es geahnt: meine dritte Schwangerschaft. Es war meine schwierigste.

Wenn ich daran denke, kommen mir die Tränen. So unglücklich war ich noch nie in meinem Leben gewesen. Eine Zeit, in der ich nichts mehr aß und nur noch im Bett lag. Mein Mut war weg, meine ersten kleinen Schritte in ein selbstbestimmtes Leben jäh gestoppt. Aus und vorbei. Nie werde ich von diesem Mann loskommen. Nie tun und lassen können, was ich will, nicht in Deutschland und in Tunesien sowieso nicht. Ich war ohne Hoffnung: aus der Traum vom Deutschlernen und vom Geldverdienen.

Die Zeit war bleiern. Ich weinte nicht einmal mehr, war leer. Ich ließ mich gehen, mir war alles egal, nichts interessierte mich mehr, was um mich herum passierte. Gegen Ende der Schwangerschaft hatte ich Wasser in den Beinen. Die Ärztin verordnete mir »Bewegung«, aber ich bewegte mich nicht. Ich war so depressiv und in mir selbst gefangen, dass ich mich nicht einmal mehr richtig um Amin und Jasin kümmern konnte. Ich schickte sie morgens nicht mehr in den Kindergarten, kochte kein Mittagessen, wusch kaum noch Wäsche, ich weiß nicht, wer sich darum kümmerte.

Abdullah regelte alles. Er muss die Jungs in dieser Zeit im Fußballverein angemeldet haben. Ich habe es nicht mitbekommen, nicht einmal gemerkt, dass sie zum Training gingen. Wie konnte mir das nur entgehen? Bis heute weiß ich nicht, wer sie hingebracht und wieder abgeholt hat. Auch die Spiele am Wochenende, es fiel mir nicht auf, wenn sie weg waren. Sie haben Fußball gespielt, ohne dass ich es wusste. Erst viel später sah ich die Kinder auf Fotos in ihren gelb-roten Trikots und konnte es kaum glauben.

Ich frage mich, wer diese Trikots gewaschen hat? Sind das überhaupt meine Söhne? Auf einem Foto lehnen sie lässig mit einem Fußball unterm Stollenschuh am Geländer eines Spielfeldes, so habe ich sie nie gesehen. Es ist an mir vorbeigegangen, als ob ich nicht mit ihnen zusammengelebt hätte. Ein kompletter Blackout. So schade. Wo war ich nur in dieser Zeit?

Meine Tochter wollte nicht auf die Welt kommen. Als ob sie etwas geahnt hätte. Wahrscheinlich hat sie meine Verzweiflung gespürt. Eine schwere Geburt. Als die Kinderkrankenschwester mit dem frisch gebadeten und in weiße Handtücher gewickelten Baby auf mich zukam, wehrte ich sie mit ausgestreckten Armen ab: »Nein, weg, nein. Bitte, ich will nicht.« Ich hatte nicht die Kraft, mein Kind anzunehmen. Die Schwester blieb am Fußende des Bettes stehen. »Eine hübsche Tochter«, sagte sie und sah mich an, wie ich unter meiner weißen, leichten Decke lag, die ich bis zum Kinn gezogen hatte. Und sie verstand mich, obwohl ich nur ein paar Worte gesagt hatte. Sie sah auf das Kind, sah zu mir, presste die Lippen zusammen und machte kehrt. Sie muss mein Entsetzen und meine unendliche Hoffnungslosigkeit gespürt haben. Und sie ließ mich alleine, Gott sei Dank. Sodass ich hemmungslos in mein Kissen heulen konnte, endlich wieder weinen, so lange, bis ich ganz rote Augen hatte. Als die Schwester nach zwei Stunden wiederkam, es war die gleiche, fragte sie nicht lange, sondern legte mir meine Tochter behutsam auf den Bauch. Nein, sagte ich leise und drehte meinen Kopf zur Seite. Ich sah sie nicht, aber ich spürte sie, wie regelmäßig sie atmete, spürte, wie sich ihre Brust hob und senkte, fühlte ihre winzigen, weichen Finger an meinem Hals, als ob sie mich umarmen wollte. Da konnte ich nicht anders und musste sie mir ansehen.

Es war wie ein Geschenk: Ihre blonden Locken und ihre dunklen, großen Augen, die mich ansahen. Ich fuhr mit meinen Händen über ihren Kopf. Wie schön und unschuldig mein Mädchen war. Und sie gehörte zu mir. Amal, dachte ich, und ein leichtes Gefühl, das ich aus den Sommerabenden meiner Kindheit kannte, durchflutete mich. Amal, die Hoffnung, meine Tochter sollte Amal heißen. Eine Freundin aus der Grundschule hatte so geheißen. Von Anfang an hatte ich sie lieb gehabt, obwohl ich keine Freundin haben durfte. Der Vater hatte es verboten, nicht einmal zu ihr gehen durfte ich. »Komm zu mir, ich darf nicht«, hatte ich deshalb eines Tages zu ihr gesagt. Sie kam auch, doch als der Vater spätnachmittags von der Arbeit heimkehrte, schickte er sie weg. Das tat mir so leid, und ich habe das Mädchen nie vergessen.

Raus ins Freie

Amal war ein paar Monate alt, als Abdullah eines Morgens die beiden Jungs schnappte und sie ins Auto setzte. Um sie wie immer zum Kindergarten zu bringen, dachte ich. Ich war damit beschäftigt, mich um das Baby zu kümmern, was nicht einfach war in dieser kalten Wohnung. Ständig musste ich Wasser kochen und wieder abkühlen lassen: für die Wäsche, das Bad, das Fläschchen. Als Abdullah an diesem Tag gegen Mittag nach Hause kam, ich war gerade dabei, Amal zu wickeln, da sagte er unvermittelt: »Soll ich dich hinfahren?« – »Wohin?« – »Zu den Kindern.« – »Sind sie nicht im Kindergarten?« – »Nein, im

Krankenhaus.« – »Was?« – »Ich habe sie zur Beschneidung gebracht. Sie sind wach. Du kannst sie jetzt sehen.« – »Das ist nicht wahr.« – »Doch, du kannst sie jetzt sehen.« Das konnte nicht sein Ernst sein! Er hatte unsere Söhne ohne mich ins Krankenhaus gebracht und den Eingriff vornehmen lassen. Ohne dass ich mich richtig besann, begann ich zu schreien: »Warum hast du das gemacht? Ohne mich. Wie kannst du den Kindern so etwas antun und sie dann alleine lassen? Das kannst du doch nicht machen, herzloses Schwein.«

Immer wieder hatte Abdullah von der Beschneidung Amins und Jasins gesprochen. In Tunesien wird diese rituelle Reinigung normalerweise bald nach der Geburt vorgenommen und mit einem großen Familienfest gefeiert. Doch das wollte mein Mann nicht. Die Verwandtschaft sei zu groß, hatte er eingewandt, man könne nicht alle einladen. Viel zu teuer. Nach meiner Meinung fragte er nicht. Ich hatte auch nichts dazu zu sagen.

Aber jetzt war ich wütend, so wütend, wie ich mich selbst noch nie erlebt hatte. Ich raufte mir die Haare und schrie, sodass Amal zusammenzuckte und zu weinen begann. Ohne Windel, nackt wie sie war, legte ich sie in ihre Wiege im Wohnzimmer. Dann ballte ich die Fäuste und ging auf meinen Mann los. Er setzte sich aufs Sofa und zündete sich eine Zigarette an. Fast schien es mir, dass er lachte. Ich wollte ihn schlagen, aber ich schlug nicht, den Mut hatte ich nicht. Stattdessen schlug ich meinen Kopf gegen die Wand. Einmal, zweimal. »Tu dir nicht weh«, sagte Abdullah höhnend über die Schulter, als er aufstand und in Richtung Tür ging. »Doch, das tut weh«, schrie ich außer mir. »Sei froh, dass ich alles organisiere und dir abnehme! Ich trage die Verantwortung für meine Kinder. Nicht du. Alles klar?«

Dann fiel die Tür ins Schloss.

Er hatte recht, ich hatte es nicht gelernt, Verantwortung zu übernehmen, nicht einmal für mich selbst: Wer war ich? Ein Nichts. Meine Stirn blutete, ich wischte mit der flachen Hand darüber. Es brannte, auch meine Lippen waren aufgesprungen. Ich weiß nicht, wie lange ich einfach so dastand und vor mich auf den Boden starrte. Das Weinen von Amal brachte mich in die Realität zurück. Sie hatte Hunger, und ihr Bett war nass. Reiß dich zusammen, dröhnte es in mir. Du machst jetzt Amal trocken, stellst Wasser auf, löffelst Milchpulver ins Fläschchen, schüttest heißes Wasser drüber. Dann: schütteln, abkühlen lassen, Sauger draufschrauben, fertig. Wie die Verse eines Gedichts sagte ich mir jede einzelne Aktion vor. Denken konnte ich nicht, aber ich funktionierte, Schritt für Schritt. Die Kinder brauchten mich! Ich bezog Amals Bett neu und gab ihr das Fläschchen. Während sie dann über meiner Schulter einschlief, überkam mich eine große Traurigkeit. Warum hat mein Mann mich nicht in seine Pläne eingeweiht und die Kinder mit ihren Schmerzen alleine gelassen? Er tat, als gehörte ich nicht zur Familie.

Abdullah hatte Amin inzwischen in der Schule angemeldet. Er überraschte uns damit, indem er eines Tages mit einem Schulranzen auf dem Rücken nach Hause kam: »Nächste Woche fängt die Schule an, Amin.« Der Junge freute sich. Am Tag der Einschulung hupte Abdullah morgens ungeduldig vor der Tür. Obwohl die Grundschule höchstens 200 Meter entfernt von unserer Wohnung lag, wollte der Vater mit dem Auto fahren. Ein neuer, silberfarbener Mercedes. Angeber! Ich setzte mich mit Jasin und Amal nach hinten, Amin vorne. Er war so stolz.

Die Schule war ein weiter, luftiger Bau inmitten einer grünen Rasenfläche, schwarze Vogelsilhouetten klebten auf den großen Fensterscheiben. Von innen habe ich das Gebäude nie gesehen. Die Abc-Schützen, Eltern und Großeltern standen schon alle im Schulhof, als wir direkt am Zaun vor dem Schulgelände anhielten. Das Gras roch frisch, ein Geruch, den ich zum ersten Mal in Deutschland wahrnahm. Es war am Vortag gemäht und noch nicht zusammengerecht worden.

»Bleibt sitzen«, rief mein Mann über die rechte Schulter, »bin gleich wieder da«, und sprang aus dem Auto. Amin auch. »Inschallah«, rief ich ihm hinterher, blieb aber sitzen wie geheißen. Mit langen Schritten ging Abdullah, er trug ein schwarzes Sakko und

Krawatte, das nahm ich jetzt erst wahr, auf eine Frau zu, die bei den Kindern stand. Er grüßte sie mit Handschlag, es musste die Lehrerin sein, sprach ein paar Worte mit ihr und kam tatsächlich gleich wieder zurück. Ich sah die Kinder und wie sie mit beiden Händen ihre schönen bunten Tüten vor sich hertrugen. Amin stand dazwischen, er war kleiner als die anderen und dünner. Wie er so dastand und ganz, ganz verloren wirkte in seinem weiß-blauen Matrosenanzug. Er war der Einzige ohne Schultüte. »Warum hat Amin keine?«, fragte ich mich. Er tat mir so leid.

Ich musste endlich Deutsch lernen, dann konnte ich meine Kinder selbst ins Krankenhaus oder zur Schule bringen, wenn es notwendig war. Doch als ich Abdullah wenig später nach einem Kurs fragte, wiegelte er ab. »Wozu? – Keine Zeit.« Ich war nur für Essen und Wäsche zuständig. Morgens schmierte ich meinen Kindern die Pausenbrote. Aber wenn sie mittags nach Hause kamen, fragte ich nicht: »Wie war's in der Schule?« Einfache Fragen, die ich nicht stellen sollte. »Was habt ihr heute gelernt?« Wenn meine Kinder mich fragten, ob sie nachmittags zu einem Freund gehen dürften, antwortete ich »Weiß ich nicht« oder »Fragt den Vater«. Wünschten sich meine Kinder neue Schuhe, einen Ball oder Jeans, das Gleiche: »Fragt den Vater« oder »Ich muss euren Vater fragen.« Ich habe nie mit ihnen über Dinge gesprochen, die außerhalb des Hauses passierten. Das hatte mich nichts anzugehen.

Aber ich wollte weg. Raus, nicht mehr die Welt vom Fenster aus beobachten, sondern mit anderen Leuten zusammen sein, Geld verdienen, arbeiten, unbedingt, wenigstens ein paar Stunden. Mit Amals Geburt waren meine Lebensgeister zurückgekehrt. Das Baby war meine Hoffnung, gleichzeitig provozierte es meinen Widerspruch gegenüber Abdullah. Wenn er meinte, er könne mich mit dem Baby ans Haus fesseln, hatte er sich getäuscht. Ich war lange genug depressiv gewesen, jetzt musste sich etwas ändern. Plötzlich hatte ich eigene Wünsche. Auch wenn Amal noch klein war, erst ein Dreivierteljahr alt. Karimah bestärkte mich darin, arbeiten zu gehen, als ich mit ihr darüber redete. Auch wenn sie selbst ganz zufrieden war mit ihren Kindern. Ich wollte selbständig werden und arbeiten und mich auch von Abdullah nicht mehr von meinem Wunsch abbringen lassen.

Immer wieder fing ich damit an und versuchte ihn zu überreden: »Andere Frauen arbeiten auch. Sie haben mir gesagt, dass es einfach sei.« Von den Frauen seiner Kollegen hatte ich gehört, dass es nicht schwer sei, einen Putzjob zu bekommen. Putzen konnte ich. »Jede Frau kann ein paar Stunden pro Tag arbeiten und nebenher den Haushalt machen. Jasin und Amin sind schon groß. Wenn sie zurück aus dem Kindergarten und der Schule sind, können sie auf Amal aufpassen, und ich kann zwei Stunden gehen.« – »Sie sind noch zu klein. Wenn den Kindern etwas passiert, bist du schuld.« – »Es wird nichts passieren. Du bist doch nachmittags auch da, wenn du Frühdienst hast.« – »Nein, du bist die Mutter. Du trägst die Verantwortung.« – »Aber wenn ich arbeiten gehe, kann ich dir helfen, Geld zu verdienen.« – »Brauchen wir nicht!« – »Doch, für eine größere Wohnung und schnellere Autos.« – »Autos sind nicht schlecht.«

Ich wusste, dass ich Abdullah mit diesem Thema packen konnte. Wenn er von Autos sprach, wurden seine Augen ganz groß. Und als ich ihm wieder einmal mit der Arbeit und den Autos in den Ohren lag, hat er ja gesagt. »Aber auf deine eigene Verantwortung.« Da jubelte ich und bat meine Freundin, bei einer Reinigungsfirma anzurufen. Mein Mann besorgte die Arbeitserlaubnis, die er auch unterschrieb. Damit das Geld, das ich verdiente, auch wirklich auf sein Konto geht. Aber das war mir nicht wichtig, ich hatte sowieso kein Konto. Nicht das Geld wollte ich, sondern aus meinen vier Wänden herauskommen.

Putzen. Ich kam unter Menschen, auch wenn es nur zwei Stunden täglich waren. Ich machte mich schön, nahm meine Tasche und stieg mittags in das Auto, einen Firmenwagen, der die Putzfrauen an verschiedenen Stellen des Viertels einsammelte. Meist Frauen mit Kopftüchern, aber selbstbewusste Frauen. Sie haben türkisch gesprochen, und ich war eine von ihnen. War dabei, saß dazwischen. Wir redeten nicht viel, aber jeden Tag fuhren wir miteinander über die Autobahn zum gleichen Bürogebäude mit Ingenieur- und Architektenbüros. Dort wurden wir eingeteilt und eingewiesen. Eimer, Putzmittel, Lappen, Schrubber, Staubsauger: Jede von uns schnappte sich ihr Werkzeug, und nach Feierabend sahen wir uns wieder.

Es gab Leute, die sich gestört fühlten – »Ach du meine Güte, die schon wieder« –, wenn ich putzen kam. Ich habe ihnen das angesehen, auch wenn sie mich nicht ansahen. Nicht einmal »Guten Tag« gesagt haben. Manche haben mich verachtet. Da freue ich mich, dass ich endlich arbeiten darf, und die tun so, als ob ich nicht existiere. Strecken mir, ohne mich eines Blickes zu würdigen, den vollen Aschenbecher rüber. Nach dem Motto: »Mach deinen Job und verschwinde!« Da fühlt man sich natürlich minderwertig und beschissen. Aber wenn mich doch jemand zurückgrüßt und mir sagt, dass er froh sei, dass es eine Putzfrau gibt, die den Papierkorb leert, dann bin ich glücklich. Selig sogar. Denke: Wenigstens einer, der zufrieden ist mit mir und mit dem, was ich mache. Wenigstens einer, der mich sieht. Das tut gut. Und es ist nicht nur einer, sondern viele.

Ich war oft unsicher und wusste nie genau, ob ich alles richtig mache. Staubsaugen zum Beispiel: Gehe ich noch in die Ecke unter dem Schreibtisch oder nicht? Ich hatte keine Erfahrung, und jeder will es anders haben. Saugen und dabei die Leute nicht stören ist nicht einfach. Der eine fährt mit seinem Bürostuhl zurück und sagt: »Hier, bitte schön« und »Danke schön«. Der andere sagt: »Nee, bloß nicht saugen. Lass mich in Ruhe arbeiten.« Obwohl du den Leuten Gutes tust, bist du ihnen lästig, ein komisches Gefühl.

Wenn es zu Hause besonders schwierig war oder mein Mann mich geschlagen hatte, fürchtete ich immer, dass mir jeder ansah, wie unglücklich ich war und was für eine furchtbare Ehe ich führte. Das war natürlich Quatsch, aber ich genierte mich und wünschte mir insgeheim, dass ich jemandem mein Herz ausschütten könnte. Fragte sich nur, in welcher Sprache. Aber es gab tatsächlich den einen oder anderen, der mich jeden Tag fragte: »Wie geht's? Alles okay?« Ich sagte: »Danke, gut. Und wie geht es Ihnen? Schönen Tag noch.« Wunderbare Momente. Bei diesen Leuten fühlte ich mich nicht als Putzfrau, sondern als Mensch. In ihren Büros habe ich länger sauber gemacht als in anderen, habe noch die Blumen gegossen oder die Bücher auf dem Regal abgestaubt.

Eine Frau versuchte immer mit mir zu sprechen. Sie fragte woher und wohin, wie lange schon in Deutschland? Ich verstand nicht viel und konnte nur ein paar Worte antworten, aber auch bei ihr habe ich immer extra sauber gemacht. Den Aschenbecher geleert zum Beispiel, der nicht auf dem Programm stand. Aber es ging nicht lange gut mit der Arbeit, höchstens zwei oder drei Monate. Nicht wegen der Kinder, sondern wegen Abdullah. Jeden Tag hat er gemeckert, gar nichts konnte ich ihm mehr recht machen. Alles war schlecht. Ob die Kinder gebadet waren oder nicht, ob die Suppe versalzen war oder zu fade. Er schimpfte unentwegt: »Du bist einfach zu dumm.« Manchmal glaubte ich fast selbst daran. Es kostete mich enorm viel Kraft, mich seinen Anschuldigungen entgegenzustellen. Irgendwann warf ich das Handtuch und kündigte den Job. Ein Versuch war's wert gewesen. Aber mir fehlte das Durchhaltevermögen, um wirklich etwas zu verändern.

Es war wieder einer dieser typischen Nachmittage meines unglücklichen Ehelebens. »Hast du Amin gesehen?«, fragte ich Abdullah schon in der Haustür, als er um halb drei Uhr nachmittags von der Arbeit nach Hause kam. Amin war noch immer nicht von der Schule zurück, und ich machte mir Sorgen. Bei allen Nachbarn hatte ich geklingelt, mich mühsam vorgestellt, ich kannte ja keinen, und keiner kannte mich, und habe nach Amin gefragt. Ich war im Kindergarten gewesen, um Jasin abzuholen, und habe dort gefragt. War den Weg zur Schule abgelaufen, doch kein Amin. Ich machte Essen. Wo war er bloß? Ich kannte Amins Schulfreunde nicht, ihre Familien sowieso nicht, war nie auf einem Elternabend gewesen. Außer Karimahs Sohn und den Kindern der Erzieherin kannte ich keine Jungs in seinem Alter. Beide hatte ich schon alarmiert. Aber nichts. Amin war nirgends.

»Warum hast du nicht sofort nach ihm gesucht?«, schrie mich Abdullah an. »Hab ich doch.« – »Um ein Uhr war die Schule zu Ende, und er ist immer noch nicht da. Das kann nicht sein, du hättest längst die Polizei rufen müssen.« – »Warum die Polizei?« – »Um ihn zu suchen, mein Gott, wie blöd bist du! Wenn ihm etwas passiert, ist das allein deine Schuld.« Es war März und noch ziemlich kalt. »Aber er hat doch einen warmen Anorak an«, rief ich, als ob die Kleidung das Kind schützen würde. Mein Mann hörte mich nicht mehr, denn er war schon wieder beim Auto, um noch einmal die Wege abzufahren.

Ich blieb vor dem Haus stehen, keine zwei Minuten später sah ich Amin tatsächlich quer über den Spielplatz rennen, direkt auf mich zu. Mit seinem schweren Ranzen auf den schmalen Schultern, mit roter Nase und roten Wangen, aber fröhlich: »Mama, Mama«, rief er. – »Ich hab dich vermisst. Wo warst du, mein Schatz?« – »Oben beim Festplatz ist ein Zirkus.« – »Allein?« – »Nein mit Freunden. Wir waren bei den Tieren, Ponys und einem Zebra. Wir haben die Tiere gestreichelt, und wir durften ihnen sogar etwas zu fressen geben. Aus der Hand.« Mein Kind war im Glück, aber ich weinte. Natürlich fragte ich: »Warum bist du nicht nach Hause gekommen und hast Bescheid gesagt? Wir haben uns solche Sorgen gemacht und dich überall gesucht.« Aber das hörte Amin nicht. Er wollte nur von den Tieren erzählen.

Ich habe ihm den Ranzen abgenommen und seine kalten Hände gerieben. Er plapperte weiter, und ich nahm seine Hände in meine und blies hinein. So standen wir, bis mein Mann zurückkam. Er sprang aus dem Auto, ließ den Motor laufen. »Wo warst du?«, schrie er, als er uns sah. Amin lief auf ihn zu: »Im Zirkus, Papa …« Da sah ich, wie Abdullah Amin mit beiden Händen bei den Schultern packte. Im nächsten Moment würde er zuschlagen, ich sah es vor mir … Mir schoss das Blut in den Kopf, ich spürte, wie es an meiner Schläfe pochte. Angst und Zorn breiteten sich in mir aus. Und ohne zu überlegen, sprang ich auf die zwei zu, griff Amin mit beiden Händen am Arm und riss ihn weg. Nein, unseren Sohn sollte Abdullah nicht schlagen, ihn nicht! Eben hatte der Junge noch gelacht, jetzt schluckte er, sog die Luft ein und schluchzte wie ein Baby. »Geh, bitte«, rief ich, aber da lief Amin schon ins Haus zu seinen Geschwistern. Abdullah schäumte. »Nicht vor allen Leuten ...«, zischte er zynisch. Da zog er mich schon in den Hausflur, warf mich gegen die geflieste Wand und schlug zu. Dann ging er hinaus, um den Motor des Autos abzustellen. Ich schrie nicht, heulte nicht, sagte keinen Ton, ein Nachbar von oben kam die Treppe herunter, wir schauten aneinander vorbei.

In unserem Schlafzimmer legte ich mich auf den Fußboden. Es war kalt, und ich fror, ich wickelte mich in eine Decke, und alles brach von Neuem über mich herein. Ich bin gefangen! Wie lange noch? Muss mich befreien! Wenn es nur nicht so schwer wäre ... Mit trotzigen Bewegungen wischte ich mir meine Tränen aus dem Gesicht.

Als ich die Tür öffnete, lag mein Mann im Wohnzimmer auf dem Sofa, so als ob er den Vorfall schon vergessen hätte. Er schaute fern, die Kinder auch. Wortlos stellte ich jedem einen Teller mit Cornflakes hin, das mochten sie, ich fütterte Amal, wusch sie. »Wer zuerst fertig ist mit Zähneputzen, bekommt morgen ein Überraschungsei«, forderte ich Jasin und Amin auf, sich bettfertig zu machen. Sie trödelten ein wenig, aber ich ließ sie gewähren. Dann brachte ich sie zu Bett und legte mich wie immer zu ihnen, bis sie eingeschlafen waren.

Ich wartete, dann stand ich auf und starrte Löcher in das Dunkel des Zimmers. Ich muss etwas tun, aber was? Weglaufen! Doch wohin? Ich gehe zum Fenster, schiebe die Vorhänge zurück. Ohne zu wissen, was ich tue, mache ich ganz automatisch das Fenster auf und steige hinaus. Ohne klaren Entschluss. Will nur weg. In diesem Moment denke ich nicht an die Kinder, nur weg.

Zuerst lief ich ziellos Richtung Penny-Markt, bog um die Ecke. Die Polizeistation, kam es mir plötzlich in den Sinn, sie war nicht weit. Ich hatte sie oft gesehen, wenn ich einkaufen war. Meistens standen zwei grün-weiße Autos vor der Tür.

Kann ich einfach reingehen? Sagen, was passiert war? Mir

würde schon etwas einfallen. Aber kann ich das? Warum eigentlich nicht! Mit einem Satz nahm ich die beiden Stufen hoch zur Eingangstür und ging an diesem Abend zum ersten Mal zur Polizei. Ich hatte mich getraut! Wenn mein Mann die Polizei wollte, dann sollte er sie haben. Er selbst hatte mich auf die Idee gebracht, als er fragte, warum ich sie nicht wegen Amin geholt hatte. Vorher hatte ich nicht dran gedacht, aber jetzt dachte ich daran.

Polizisten machten mir keine Angst, mein Vater war selbst einer. Als mir ein Mann in Uniform entgegenkam, sprudelten die Worte nur so aus mir heraus. Ich überlegte nicht lange, ich legte los. »Mein Mann schlagen, immer schlagen. Mitkommen, sofort helfen«, so ungefähr stammelte ich. »Alleine – nicht mehr zurück.« Der Polizeibeamte, ein junger Typ mit stoppelkurzen Haaren, guckte ungläubig. Ich hatte ihn überrumpelt. Redete immer weiter, er rief nach einem Kollegen, sie wussten nicht, was sie von mir halten sollten. Sie stellten mir ein paar Fragen, die ich natürlich nicht verstand. Trotzdem sprach ich weiter, immer wieder dieselben Worte: »Mein Mann – schlagen.«

Es klang wahrscheinlich hysterisch, nach ihren Blicken zu urteilen war ich ihnen unheimlich. Was sollten sie mit mir machen? Ein Protokoll konnten sie nicht aufnehmen, dazu erzählte ich viel zu wirr und zu unverständlich. Ich wusste selbst nicht genau, was ich wollte, nur eines wollte ich nicht: alleine nach Hause gehen. Irgendjemand sollte mein Leid sehen und meinen Mann verhaften, damit ich ihn für immer los war. Als ich einen der beiden Beamten am Arm packte und Richtung Ausgang zerrte, merkten sie, dass ich es ernst meinte, und nach einem kurzen Funkspruch setzten wir uns tatsächlich in Bewegung. Wir gingen zu Fuß, ich voraus. Meine Füße waren eiskalt, da ich nur Hausschuhe anhatte.

Sie klingelten an der Wohnungstür. Es dauerte eine Weile, bis Abdullah öffnete. Wahrscheinlich war er vor dem Fernseher eingeschlafen, doch nun hörte ich, wie er langsam durch die Küche ging und den Schlüssel im Schloss umdrehte. Er blinzelte, als er uns sah, seine Nasenflügel zuckten. Man hörte, wie er die Luft ausblies: »Was ist passiert?«, fragte er mich auf Arabisch und suchte mit fahrigen Bewegungen nach seinen Zigaretten. Offensichtlich hatte er noch nicht einmal bemerkt, dass ich aus dem Schlafzimmer verschwunden war.

Ich sagte nichts. »Ist das Ihre Frau?«, fragte einer der beiden Beamten. »Ja.« – »Sie ist vor einer halben Stunde auf der Polizeiwache aufgetaucht. Wenn wir sie richtig verstehen, sagt sie, dass sie von Ihnen geschlagen worden sei.« – »Was? Von wem? Wie kommt sie darauf?« – »Das müssen Sie wissen! Haben Sie sie geschlagen?« – »Nein, natürlich nicht.« Ich merkte, wie Abdullah um Fassung rang: »Oder habe ich dich etwa geschlagen?«, fragte er nun zu mir gewandt, aber auf Deutsch.

Ich sehe in seine Augen, sie sind dunkel, fast schwarz. Nein, unmöglich, ich kämpfe, ich will es ihm ins Gesicht schreien: »Ja, du hast mich im Flur gegen die Wand geworfen und geschlagen.« Aber ich kann nicht. Ich bringe es nicht fertig, nicht vor den Polizisten. Vor lauter Angst. Also zucke ich nur mit den Achseln.

»Wollen Sie eine Anzeige machen?«, fragt einer der Polizisten. Das habe ich natürlich nicht verstanden, fragend wende ich meinen Blick zu Abdullah. »Ob du eine Anzeige gegen mich machen willst, fragen die Polizisten«, übersetzt er mir auf Tunesisch. Er fixiert mich, seine Stimme hat jetzt einen spöttischen Unterton. Dann holt er eine angebrochene Packung Zigaretten aus seiner Hemdtasche, klopft sie auf seinen Handrücken und bietet beiden Polizisten zu rauchen an. Sie sagen nicht nein und lassen sich auch gerne Feuer geben.

Hier hatte ich nichts mehr zu sagen. Stumm blickte ich auf den Boden, ging an den Männern vorbei, durch die Küche ins Schlafzimmer. Ich weiß nicht, was mein Mann den Polizisten noch erzählte, aber nach ein paar Minuten machte er die Tür hinter ihnen zu. Ich hörte, wie er sich ein Kissen im Wohnzimmer aufschüttelte, und wusste, dass er sich dort schlafen legen würde. Ich setzte mich auf die Matratze der Kinder und wiegte mich mit verschränkten Armen: Wieder nichts erreicht. Ich konnte mich nicht gegen meinen Mann zur Wehr setzen, hatte es nie gekonnt. Aber ich spürte, dass ich mir irgendwie Luft verschaffen musste.

An einem der folgenden Tage war ich wieder zu früh dran, um Jasin vom Kindergarten abzuholen. Die Kinder waren draußen im Garten und spielten. Ich stellte mich neben die Erzieherin und beobachtete die Kinder. »Na, geht's gut?«, fragte Rosie eher beiläufig. Unsere Kinder waren inzwischen ein paar Mal bei ihr gewesen. Da drehte ich mich zu ihr, sah in ihr Gesicht. Und wie schon bei der Polizei brach es wieder aus mir heraus: »Nicht gut – mein Mann – mich schlagen!« Ich schob meinen linken Ärmel zurück und zeigte ihr die blauen Flecken auf meinem Oberarm. Sie wich zurück, so entsetzt war sie. »Nein«, sagte sie, »das darf nicht sein. Du darfst dir das auf keinen Fall gefallen lassen. Geh zur Polizei.« – »Polizei tut nichts«, antwortete ich ihr. »Dann musst du weg von deinem Mann«, sagte sie resolut, »mitsamt den Kindern. Ihr dürft nicht länger bleiben.« – »Wohin.« – »Es gibt ein Haus für Frauen, die geschlagen werden. Ich bringe euch hin. Dein Mann wird euch dort nicht finden.«

Noch am gleichen Tag fuhr sie mich und die Kinder mit ihrem alten VW-Käfer ins Frauenhaus. Doch kaum dort angekommen, spürte ich, dass ich das nicht durchstehen würde. Ich hatte Panik, war allein. Was würde nur alles auf mich zukommen hier? Auch die Angst vor meinem Vater kam wieder hoch, der mich immer bestraft hatte, wenn ich weggelaufen war. Was würde er dazu sagen? Er hatte mich Abdullah gegeben, ich gehörte meinem Mann. Wer war ich ohne ihn? Nichts. Wie sollte ich ohne ihn zurechtkommen? Und die Kinder? Wie sollten wir ohne Geld und ohne die Sprache zu beherrschen durchkommen? Es ging mir wie vielen Frauen, ich hatte nicht einen Funken Selbstbewusstsein und fürchtete mich. Noch am gleichen Abend ließ ich mich von Abdullah wieder abholen. Er machte mir eine Szene, schlug aber nicht zu.

In diesem Sommer machte ich in Tunesien den Führerschein. Erst als wir im Herbst wieder zurück in Deutschland waren, habe ich es Abdullah gesagt. Zunächst war er sprachlos. »Hätte ich dir nicht zugetraut«, sagte er. Dann: »Wann und wie hast du ihn gemacht?« – »Der Vater hat ihn mir bezahlt. Du warst ja nicht da.« Ich war lange mit den Kindern zu Hause, über zwei Monate. Abdullah hatte es so arrangiert, dass ein Landsmann uns schon im Juli mitnehmen konnte. Er selbst wollte später nachkommen, wenn er Urlaub hatte. »Kannst du in Deutschland nicht einen Führerschein brauchen?«, hatte mich mein Vater gleich in den ersten Tagen gefragt. Er war milde geworden, wenn er helfen konnte, war nichts mehr von seinem Jähzorn zu spüren. »Doch ja, bestimmt. Warum?« – »Du könntest ein Auto nach Tunesien fahren, das wir dann hier verkaufen oder für uns behalten.«

Der Traum meines Vaters war ein deutsches Auto. Wie es der Traum aller unserer Bekannten, aller Nachbarn und der ganzen Verwandtschaft war. Normalerweise fahren wir mit Bus oder Taxi. Das ist nicht teuer, kostet nicht einmal einen Dinar, und es geht gut. Eigentlich brauchen wir kein Auto, keiner kann sich eines leisten. Bis heute nicht. Aber wer ein Auto besitzt, ist besser dran als andere. Ist ein angesehener Mann. Deshalb war Abdullah auch eine gute Partie gewesen. Dass ich nicht lache!

Ich freute mich trotzdem über Vaters Vorschlag. Von selbst wäre ich nicht darauf gekommen, aber natürlich war ich einverstanden mit einem Führerschein. Abdullah brauchte ich diesmal nicht zu fragen. Wenn mein Vater etwas vorschlug, konnte er nichts dagegen haben. Außerdem war er nicht da und bekam es nicht mit.

Nicht einmal, als er nachkam. Mein Vater hatte mich bei einer Fahrschule angemeldet, und ich nahm Fahrstunden. Wieder wusste ich nicht, wo mein Mann sich herumtrieb. Bei seiner Familie, Brüdern, Schwestern? In unserem neuen Haus verbrachten wir jedenfalls kaum eine Woche gemeinsam als Familie. Obwohl es für die Kinder schön gewesen wäre, unten am Fluss zu spielen. Aber ich hatte keine Lust dazu, weil ich mich bei meiner Familie wohler fühlte. Dort hatte ich Abdullah nicht ständig um mich. Meine Mutter war in den vergangenen Jahren gesprächiger geworden. Meine Schwestern und Brüder, auch wenn sie inzwischen alle verheiratet oder sonst wie ausgezogen waren, kamen fast täglich vorbei, um mich mit meinen Kindern zu besuchen.

»Das Geld hätte sich dein Vater sparen können«, reagierte Abdullah nun sehr abweisend. »Warum hat er nicht zuerst mit mir darüber gesprochen? Weißt du, dass es hier gar nicht erlaubt ist, mit einem tunesischen Führerschein zu fahren?« – »Aber ich habe doch das Papier.« – »Das nützt dir leider gar nichts. Früher ja, da musste man in Deutschland nur die Theorie nachmachen, dann durfte man fahren. Heute nicht mehr. Du musst den Führerschein komplett neu machen.« Ich wurde wütend, warum hatte mir das keiner vorher gesagt? »Dann werde ich eben den Führerschein hier noch einmal machen. Das kann doch nicht so schwer sein.« – »Nicht schwer, aber teuer. Woher willst du das Geld nehmen?« – »Willst du es mir nicht geben?« – »Nein.« Nun rückte ich mit der Idee meines Vaters heraus: »Aber ich könnte dir beim Autofahren helfen.« – »Wie das denn?« – »Wir könnten in Deutschland ein zweites Auto kaufen, dann mit beiden nach Tunesien fahren. Eines könntest du dort wieder teuer verkaufen. Du weißt, wie begehrt deutsche Autos sind. Wir könnten viel Geld damit verdienen.«

Abdullah ließ sich nicht beim ersten Mal überzeugen, auch nicht beim zweiten Mal. Doch nach ein paar Wochen kam er mit Büchern, die er auf den Küchentisch knallte: »Hier, schau da rein. Ich weiß nicht, wie du das hinkriegen willst, aber bitte schön – wenn du unbedingt einen Führerschein machen möchtest … Steht alles drin, was du brauchst.« Damals kannte ich nicht einmal die deutschen Buchstaben. Trotzdem, ich weiß nicht wie, habe ich es gelernt. Abdullah hat mir gezeigt, was wichtig ist, mir Fragen und Antworten vorgelesen. Er hat die Texte übersetzt, und ich habe alles auswendig gelernt. Auf den Fragebögen habe ich mir die Zeichen eingeprägt, gewusst, das ist die Frage, und dazu gehört diese oder jene Antwort. Was mir fremd vorkam, war falsch, was ich wiedererkannte, war richtig.

Die theoretische Fahrprüfung habe ich dann auch tatsächlich

sofort bestanden, nur die praktische nicht. Ich hatte den Kopf nicht frei und war viel zu unkonzentriert. Auch wenn ich gerne fuhr. So war ich wenigstens weg von zu Hause. Ich konnte fahren, gut parken, alles, was mir der Fahrlehrer sagte, nur selbständig konnte ich gar nichts. War viel zu aufgeregt. Nach ein paar Metern Fahrt mit dem Prüfer sagte er: »Bitte fahren Sie rechts ran.« Das war's dann.

5.
»Vergiss die Kinder«

»Ich habe Tickets für euch besorgt«, kam Abdullah eines Tages nach Hause.« Es war Sommer 1990. »In einer Woche fliegt ihr.« Er sagte nicht wie sonst: »Wir fahren«, sondern »Ich habe Tickets besorgt«. Nicht »für uns«, sondern »für euch«.

Was soll das heißen? Dass wir nicht alle zusammen in Urlaub gehen, sondern nur die Kinder und ich? Ohne ihn. Abdullah hatte immer den Urlaub organisiert, so wie es ihm passte. Aber dieses Mal war es anders. Ich stand am Spülbecken, wusch Wäsche. Spülte seine schmutzigen Arbeitshosen mit klarem Wasser, nachdem ich sie in der Lauge auf dem Herd gekocht hatte. Ungläubig sah ich ihn an. Alleine mit den Kindern, das hatte ich noch nie gemacht. »Und du? Kommst du nicht mit?« – »Doch, ein paar Tage später, ich bringe Möbel fürs Haus.« Unser Haus, in dem ich so selten war, weil ich wenigstens in den Ferien meine Ruhe vor ihm haben wollte.

Meistens waren wir mit dem Auto gefahren. Über die Autobahn bis Genua, was langweilig für die Kinder war. Aber auf dem Schiff hatten sie ihren Spaß. Sie stöberten in allen Ecken herum und rannten auf Deck auf und ab. Ich lag in einem Liegestuhl, wenn ich ihre Stimmen nicht mehr hörte, stand ich auf und suchte sie. Doch sobald ich den einen gefunden hatte, war der andere wieder weg. Ich fuhr gern mit dem Schiff und genoss diese schaukelnde Annäherung von Europa und Afrika. Die Fahrt von meinem neuen in mein altes Leben. Obwohl ich in Wirklichkeit gar kein neues Leben führte, sondern nur das alte Leben an einem anderen Ort fortsetzte. In Tunesien hatte der Vater über mich bestimmt, in Hamburg mein Mann. Dort war die Mauer um unser Haus die Grenze gewesen, in Hamburg waren es Wohnungstür, die deutsche Sprache und die Menschen, zu denen ich keinen Zugang hatte. Nicht mein Leben hatte sich verändert, nur der Ort.

»Richte schon mal die Kleider für die Kinder her und pack die Koffer«, fuhr mein Mann fort, während er sich an den Tisch setzte und die Beine lässig ausstreckte. »Brauchen wir noch kurze Hosen oder T-Shirts? Überleg dir, was fehlt, dann gehen wir einkaufen.« Er hatte mich noch nie selbständig irgendwohin gehen lassen. Jetzt plötzlich sollte ich allein mit den Kindern fliegen. Warum? Er weiß doch, dass ich mich auf einem Flughafen nicht zurechtfinde, weil ich die Hinweise nicht verstehe und keine Schilder lesen kann.

Ich wrang die Hosen aus und hängte sie über den Wäscheständer im Wohnzimmer. Fürs Kinderkriegen und Wäschewaschen bin ich gut, für alles andere ist mein Mann zuständig. Ich brauche für nichts zu sorgen und nichts zu entscheiden. Sogar das Denken nimmt Abdullah mir ab. Aber ich habe mich arrangiert mit meinem Leben, das mir nicht gehört, und bin auf dem besten Weg, wie meine Mutter zu werden. Ich mache, was er mir sagt. Verantwortungslos und willenlos.

Und jetzt soll ich selbständig fliegen? »Warum solltest du nicht einmal selbständig in den Urlaub fliegen?«, meinte Abdullah, als ich aus dem Wohnzimmer zurückkam. Konnte er Gedanken lesen? »Fliegen ist weniger anstrengend für die Kinder als Autofahren.« – »Aber das habe ich noch nie gemacht. Wie soll ich das können? Was tun, wenn ich ein Kind beim Umsteigen auf dem Flughafen verliere? Oder wenn eines fällt und sich wehtut?«, fragte ich und spielte unruhig mit meinen Fingern in den offenen Haaren. Im Notfall würde ich meine Kinder nicht schützen können. Ein Albtraum.

»Ich habe alles organisiert. Wird schon nichts passieren. Und in Tunis holt euch dein Vater vom Flughafen ab«, sagte er und zündete sich eine Zigarette an. Diskussion beendet. Ich hatte panische Angst, aber es hatte keinen Sinn, ihm zu widersprechen. Auf dem Weg zum Flughafen saß ich bei meinen Söhnen auf der

Rückbank des Autos. Amal hatte ich auf den Schoß genommen. Trotz Bauchschmerzen. Der Himmel war grau, in mir war es grau. Die Kinder waren ängstlich und drückten sich an mich. »Ich komme mit dem Auto nach«, sagte mein Mann mehr zu sich selbst oder zur Windschutzscheibe als zu uns. Ich biss die Zähne zusammen.

Nur noch ein paar Stunden, und ich würde meine Familie wiedersehen. Jedes Jahr sehnte ich mich nach diesem Moment und hatte ein Kribbeln im Bauch. Würde ich es in diesem Sommer endlich übers Herz bringen zu erzählen, wie es mir in Deutschland wirklich ging? Würde ich meinem Vater sagen: »Du hast den Falschen für mich ausgesucht. Es ist die Hölle mit Abdullah«? Vielleicht würde es mir der Vater aber auch ansehen. Müsste er eigentlich. Er kannte mich doch, wie ich einmal war, und sah, was von mir noch übriggeblieben war. Wie meine Mutter. Obwohl sie sich wenig um uns Kinder kümmerte, sah sie, dass es mir nicht gut ging. »Mein Mädchen, was bist du nur noch Haut und Knochen?«, flüsterte sie mir immer ins Ohr, wenn ich kam. »Abdullah sorgt nicht gut für dich. Ich habe es gleich gewusst, der Schweinehund, kein guter Ehemann.«

Mein Vater hat mir nie in die Augen gesehen, genauso wenig wie ich ihm. Immer hielt ich demütig den Kopf gesenkt. Aber selbst wenn er gesehen hätte, wie es mir ging, hätte er nicht darüber gesprochen. Fehler zugeben konnte er nicht. Aber ich freute mich auf ihn. Mit dem räumlichen und zeitlichen Abstand verblassen schlechte Erinnerungen, und es bleiben die guten.

Als Kind war ich überglücklich gewesen, wenn mich der Vater auf kleine Ausflüge mitgenommen hatte. Immer habe ich so lange mit Hundeblick an der Haustür gestanden, bis er mir einen Schubs gab: »Na, los geht's.« Und ich rannte zum Auto, das er sich für besondere Fahrten geliehen hatte. Das war Abenteuer pur. Einmal im Frühjahr, zur Zeit der Schafschur, fuhren wir über die Dörfer. Ich sah Männer auf den Dorfplätzen, die Schafe scherten, verstand aber nicht, was sie machten, und fragte den Vater: »Warum rasiert man Schafe?« Da lachte er und erklärte mir, dass man die Wolle für die Mäntel der Männer, für die Kaschabias, brauche. So habe ich gelernt, dass Mäntel aus Schafwolle gefilzt sind.

Abdullah kam eine Woche später. Typisch für ihn, ohne sich anzukündigen, hielt er vor dem großen Hoftor. Nicht zu übersehen, er fuhr das neueste Auto, einen dicken, dunklen Mercedes, und wirbelte Staub auf. Da kam mein Vater gelaufen, alle Nachbarn, der ganze Ort. So ein Auftritt. Nur ich beachtete meinen Mann nicht. Ich wollte nicht. Trotz war das Einzige, womit ich mich manchmal gegen ihn zur Wehr setzen konnte.

Im Schneidersitz saß ich auf dem Teppich im Wohnzimmer und bürstete meine Haare. Die Frau meines großen Bruders, die Friseurin war, hatte sie mir mit einem heißen Eisen geglättet. Wie schön und glatt sie waren. Bei meiner Hochzeit vor zehn Jahren hatte das Haar bis ans Kinn gereicht. Wenn ich jetzt meinen Kopf ein wenig neigte, fiel es mir wie ein Schleier über Gesicht und Brust bis hinunter zu den Beinen. Ich hatte es mir nicht einmal schneiden lassen inzwischen, war nie in Hamburg beim Friseur gewesen. Mit der flachen Hand strich ich meine zehn Jahre alten Locken auf den Oberschenkeln glatt.

Normalerweise trug ich sie zum Zopf geflochten. Manchmal hatte mich Abdullah daran durch die Wohnung gezogen, wie mein Vater die Mutter. Zehn Jahre waren vergangen, ohne dass ich es gemerkt hatte. Zehn Sommer und Winter. Was hatte ich getan in all dieser Zeit? Drei Kinder geboren – und sonst? Unglücklich bin ich geworden!

Abdullah kam herein, grüßte kurz und fragte, ob ich etwas für die Kinder brauche. Ein Anstandsbesuch. Ich roch sein billiges Rasierwasser, widerlich, ich konnte ihn nicht riechen. Ohne aufzusehen, schüttelte ich den Kopf, sodass die Haare flogen. Dann sah ich hinüber auf die Kommode mit den ganzen Familienfotos: unsere Kinder brav frisiert, in blauen Matrosenanzügen, und unser Hochzeitsbild. Wie naiv ich aussah, so fahl im Gesicht, ich hob mich kaum vom Überzug des blassgelben Sessels ab. Abdullah hatte den Fernseher eingeschaltet und spielte nervös mit seinem Schlüsselbund. Das kannte ich schon: Er würde nicht lange bleiben. »Wollt ihr mitkommen ins Haus?«, fragte er. »Nein, nein, es geht uns gut hier.« – »Okay, dann werde ich in Ruhe an der Garage weiterbauen. Mörtel und Dreck sind sowieso nichts für euch.« Er war unruhig, tigerte durch die Wohnung, begrüßte die Kinder. Aber es dauerte nicht lange, und er machte sich wieder aus dem Staub. Ich war froh um jeden Tag ohne ihn.

Auch wenn zu Hause wie so oft schlechte Stimmung herrschte. In den ersten Tagen, als wir aus Deutschland gekommen waren, hatten sich alle über mich und die Kinder gefreut. Aber dann verfiel die Familie schnell wieder in ihren dumpfen Trott. Die Mutter lag im Bett oder saß auf ihrem Stuhl in der Küche, die kleine Schwester vor dem Fernseher, der Vater war bei der Arbeit oder im Café. Gesprochen wurde wie immer nicht viel. Eisiges Schweigen lag diesmal in der Luft. Ein paar Wochen zuvor hatte der Vater meine große Schwester verflucht, weil sie sich scheiden lassen wollte: »Sie ist nicht mehr meine Tochter.« Und nun hatte sich auch noch meine jüngere Schwester, Bashma, in einen jungen Mann verliebt, der ihr Nachhilfe in Mathematik gegeben hatte. Der Vater war sowieso immer gegen die Nachhilfe gewesen. Als er hinter Bashmas Liebelei kam, schlug er sie windelweich. Sie ist aus dem Haus gelaufen und hat sich bei Nachbarn versteckt. Wie ein wütender Tiger brüllte der Vater dann auf der Straße nach ihr, den sandigen Weg hinauf und hinunter. Was für eine Schande! Alle haben es gehört, dass der Hadsch, der nach Mekka pilgerte und in der Moschee vorbetete, seine Tochter nicht unter Kontrolle hatte. Man hatte Angst vor ihm, und die Nachbarn brachten ihm das Mädchen gehorsam zurück. Wie sie zitterte, meine Arme, ich hätte ihr gern geholfen.

Aber keiner durfte mit ihr sprechen. Mein Vater traktierte sie mit den Fäusten, bis sie aus Mund und Nase blutete, riss sie an den Haaren. Nichts hatte sich geändert, seit ich verheiratet und weg von zu Hause war. Keiner durfte Bashma helfen, sie wurde im Kinderzimmer eingeschlossen, wo sie einen ganzen Tag und eine ganze Nacht kauerte und weinte. Ich konnte ihr Wimmern noch vor der Tür hören. »Bashma«, rief ich durch die Wand, als der Vater abends noch einmal weg auf der Arbeit war. »Schwester, bitte steh auf.« Da hörte ich sie noch lauter schluchzen.

Nun hämmerte und trommelte ich gegen die Tür und beschwor Bashma, dass sie doch mit mir nach Deutschland kommen solle, dass das Leben dort schön sei und dass wir zusammen mit den Kindern wohnen würden. Ohne Männer. Was sollten wir mit unseren Männern? »Vergiss deinen Freund. Komm mit mir.« Natürlich waren das Träume. Wie sollte sie ohne Papiere mit mir kommen? Sie hatte keine Ausbildung und keinen Beruf. Wer würde in Deutschland für sie sorgen?

Doch darüber brauchte ich mir nicht länger meinen Kopf zu zerbrechen. Schon ein paar Tage später hatte der Vater einen Bräutigam für sie gefunden. Als Bashma und ich in der Nacht zusammen auf Matratzen und Decken in dem Zimmer schliefen, in dem wir schon als Kinder geschlafen hatten, fassten wir uns an den Händen. Sie tat mir leid, ich strich ihr über die Wange, die Haare aus dem Gesicht. »Wird schon alles gut«, flüsterte ich, »du bekommst bestimmt einen lieben Mann. Wirst sehen, der Vater hat dir einen guten ausgesucht.« Doch sie wollte alleine sein und drehte sich von mir weg zur Wand. Wie sollte sie mir glauben? Ausgerechnet ich wollte ihr helfen und sie trösten? Sie wusste, dass es mir schlecht ging. Es gab keinen Trost in dieser Situation. Auch sie wurde mit einem Mann verheiratet, den sie noch nie vorher gesehen hatte. Als sie sich ein paar Jahre später von ihm trennen wollte, stach er sie mit dem Messer nieder.

Es hatte sich einiges geändert, seit ich in Deutschland lebte. Die Nachbarn hatten ihre Häuser ausgebaut und noch ein paar Mauern gezogen, aus einer eher provisorischen Ansiedlung, in der Höfe und Gärten offen lagen, waren streng umfriedete Einfamilienhäuser geworden. Jeder blieb für sich. Weiß getüncht und kühl. Aber der gelbe Sand auf der Straße, die vertrockneten Grashalme am Rand, der bunte Plastikmüll in den Mauernischen, der stahlblaue Himmel, die heiße Luft, in die sich der saure Geruch von vergammelter Milch mischte, waren noch wie früher. Manchmal saß ich auf den Stufen vor der Gartenmauer in der Sonne und unterhielt mich mit den Nachbarn, die ich noch von früher kannte. Als verheiratete Frau durfte ich mich endlich auf der Straße aufhalten. Jedes Mal, wenn ich nach Hause kam, genoss ich diese kleine Freiheit vor dem Hoftor, von wo aus ich hinauf bis zu einer Weggabelung und hinunter bis zur steinig grauen Steppe vor der Stadt sehen konnte.

Auch die Kinder fühlten sich wohl. Wenn ich auf der Straße war, ließ ich sie mit den Nachbarskindern spielen, Fangen oder Verstecken. Wenn sie essen wollten, holte ich einen Granatapfel aus dem Garten und brach ihn mit den Händen in drei Stücke. Vor allem Amal liebte diese blutroten Körner. Wenn sie hineinbiss, troff ihr der rote Saft aus den Mundwinkeln. Dann nahm ich sie in den Arm und leckte ihr über die Wangen wie eine Katze. Ich liebte diese Freiheit. Keiner war da, der mich kritisierte, keiner, der mich vor vollendete Tatsachen stellte oder etwas von mir wollte, was ich nicht wollte. Als Abdullah einmal vorbeischaute, habe ich ihm den Vorschlag gemacht, er solle mich mit den Kindern in Tunesien lassen und uns Geld aus Deutschland schicken. Aber da hat er mich angeschrien, dass es meine Pflicht als Ehefrau sei, für ihn zu sorgen. Und ich dachte tatsächlich, er käme nicht ohne mich zurecht.

Ein paar Tage vor unserem Rückflug kam er. In der Mittagszeit, die Kinder hatten sich schlafen gelegt. Im Haus war es still, Mutter döste vor dem Fernseher, den sie lautlos gestellt hatte, der Vater war bei der Arbeit. Die Türen standen offen, sodass ein leichter Luftzug durch die Räume wehte. Vor dem Hoftor gackerten Hühner. Als Abdullah vorfuhr, stoben sie auseinander.

Im Schummerlicht der Küche wusch ich das Geschirr vom Mittagessen ab. Hatte mir starken, schwarzen Kaffee eingegossen und Kardamompulver darübergestreut. Süß wie ein Dessert. Ich war melancholisch, schaute in Vaters Spiegel über dem Spültisch. Das Ende der Ferien stand bevor: zurück in die Ehehölle. Ich wollte nicht, lieber wäre ich geblieben, auch wenn ich hier in Tunesien als Frau genauso unfrei wie in Deutschland war. In einer Atmosphäre des Zwangs und der Wut, in der jedes Gefühl aus Frauen herausgeprügelt wird. In einem Land, in dem Frauen zwar das Wahlrecht haben, alle Berufe erlernen dürfen und laut Gesetz Männern gleichgestellt sind, aber in Wirklichkeit öffentlich unsichtbar und Menschen zweiter Klasse sind. Sie haben sich unterzuordnen, dem Vater, dem Ehemann, der Schwiegermutter, dem Glauben. Brechen sie aus, sind sie verloren.

Plötzlich stand Abdullah neben mir. »Hallo«, sagte er. »Wie geht's?« und »Lange nicht gesehen«. Ungeschickt wischte ich mir die Hände an meinem Sommerkleid ab. »Machst du mir auch einen Kaffee?«, fragte er, bevor ich ihn begrüßen konnte. Ich füllte Wasser und Kaffeepulver in ein kleines Kännchen und stellte es auf die Gasflamme. »Was gibt's Neues?«, fragte er. »Warst du mit den Kindern im Haus?« Ich schüttelte den Kopf, mein Zopf baumelte am Rücken.

Mit einem langen Schluck leerte er seine Kaffeetasse und stellte sie auf den Tisch. »In vier Tagen fliegt ihr zurück nach Hamburg. Ich brauche die Tickets und die Pässe, um die Flüge zu bestätigen.« – »Was heißt Flüge bestätigen?« – »Da heißt, dass ich mit Flucktickets und Pässen, deinen und denen der Kinder, ins Reisebüro gehe und mich erkundige, ob der gebuchte Flieger wirklich fliegt. Und ich sage dort, dass ihr mitfliegen wollt.« – »Du hast unsere Papiere doch immer, warum fragst du mich danach?« – »Weil du mit den Kindern hierhergeflogen bist und Ausweise und Tickets bei dir hattest.« – »Ach ja.«

Daran hatte ich nicht mehr gedacht. Trotzdem fühlte ich mich von seiner Frage überrumpelt. Nicht wirklich überrascht, aber ich fand es komisch, dass Abdullah mich fragte. Normalerweise holte er sich, was er brauchte, und fragte nicht lange.

Ich leerte die Kaffeetasse, Abdullah drängte mich nicht. Dann gingen wir zusammen ins Kinderzimmer, in dem die Kinder in Kleidern auf Matratzen am Boden schliefen. Mein Mann schien sie gar nicht zu bemerken. Hatte er überhaupt nach ihnen gefragt? Es war mir schleierhaft, warum er Kinder und Familie haben wollte, obwohl wir ihn in Wirklichkeit nicht interessierten.

Was waren wir überhaupt für ihn? Prestige? Demonstration seiner Männlichkeit?

Ich ging zum Schrank neben der Tür, den mein Vater in die Wand hatte einbauen lassen. Unsere Habseligkeiten waren hier verstaut. Die Dokumente mussten in meiner blauen Reisetasche sein. Ich hatte sie gleich nach unserer Ankunft geordnet und in Plastikfolie gepackt. Mein Mann lehnte neben der Tür an der Wand und blickte zum gegenüberliegenden Fenster. Die Läden waren geschlossen, durch einen schmalen Schlitz fiel ein Lichtstreifen auf Amal, irgendwo surrte eine Mücke.

Mir war heiß, ich fächerte mir mit der Hand Luft zu und holte die Tasche aus dem Schrank. Leicht und leer, ich stellte sie neben die Matratze. Der Reißverschluss war offen, ich ging in die Knie, griff ins Seitenfach und zog die Papiere heraus. »Hier bitte.« Ohne das Paket näher zu betrachten, reichte ich es meinem Mann, der inzwischen neben mich getreten war. Er öffnete die Folie und blätterte Ausweise und Tickets durch.

Ich beobachtete die schlafenden Kinder. Ich war froh, dass sie sich mittags schlafen legten, so hatte ich sie abends länger um mich. »Eins, zwei, drei … und wo ist der vierte?«, hörte ich Abdullah plötzlich flüstern. »Welcher vierte?«, fragte ich leise zurück. »Der vierte Ausweis fehlt.« – »Kann nicht sein!« Ich spürte, wie ich rot wurde. »Ich habe alle vier zusammen in die Tasche gesteckt.« – »Aber ich sehe hier nur drei«, wisperte Abdullah nun fast mitleidig. Als Zeichen dafür, dass er die Wahrheit sprach, streckte er mir die Pässe entgegen. »Schau selbst, ein Pass fehlt.«

Ich bin viel zu erschrocken, um die Papiere zu nehmen. Kann nicht sein, denke ich, nein, wo soll der vierte Ausweis denn hingekommen sein? Ich habe ihn doch gar nicht mehr in der Hand gehabt. Nicht mehr woanders hingeräumt. Er muss da sein. Ich knie mich neben die Tasche, fasse wieder hinein. Vielleicht klebt der Ausweis ja an der Plastikwand? Hektisch streiche ich am Boden und an den Seiten entlang. Aber nichts. Ich sehe Abdullah an, dann die Tasche, drehe sie um. In mir dreht sich alles, das darf nicht wahr sein. Mein Mann hat mir die Papiere anvertraut, und nun ist ein Pass weg!

Es juckt, ich fange an, mich zu kratzen, der Schweiß läuft mir an den Beinen herunter. Ich stelle die Tasche auf den Kopf und schüttele sie aus wie einen Teppich. Schlage und klopfe, aber nichts. Wo ist bloß dieser verdammte Ausweis? Er kann doch nicht weg sein. Ich erinnere mich genau, dass ich alle Papiere zusammen verstaut habe. Sorgfältig, weil mein Mann sie mir zum ersten Mal, seit wir verheiratet waren, in die Hand gegeben hatte. Ich weiß, wie wichtig sie sind. Mir bleibt die Luft weg.

Abdullah hat die Arme über der Brust verschränkt, seine buschigen Augenbrauen hochgezogen. »Immer mit der Ruhe«, sagt er leise, während er die Pässe und Tickets in seiner Hand wiegt. Lächelt er mich an? Nein, bitte lieber Gott, lass das nicht wahr sein! Ich gehe zum Schrank, wühle in unseren Kleidern, dann in den Rucksäcken der Kinder, die vor dem Schrank abgestellt sind. Nichts. Ich gehe zurück, wieder auf die Knie, schüttle wieder die Tasche aus. Sitze auf dem Boden, wühle, schüttle, wühle. Morgens hatte ich noch unbeschwert mit den Kindern gespielt und ihre Hände mit Henna bemalt. Und jetzt? Eine Katastrophe. Die Kinder hatten sich über meine schönen Schnörkelmuster auf ihrer Haut gefreut und wollten sie unbedingt ihren Hamburger Freunden zeigen.

Ich sehe, wie mein Mann einen Pass nach dem anderen durchblättert: »Das ist der von Amin, hier der von Jasin und noch der von Amal. Deiner fehlt.« Nicht zu fassen. Gleich wird er mich umbringen. Aber Abdullah tut nichts, im Gegenteil. »Wenn du hierbleiben willst, dann sag es doch gleich«, seine Stimme klingt höhnisch, während er die Pässe gegen seine Schenkel klopft. Das kann nicht sein Ernst sein. Als ob ich jemals auf den Gedanken käme, meine Kinder alleine nach Deutschland gehen zu lassen! Er lenkt auch gleich ein: »Komm mit raus auf den Flur, damit wir die Kinder nicht wecken. Dort kannst du in Ruhe nachdenken, wo und wann du deinen Ausweis zum letzten Mal gesehen hast.« – »Aber ich habe ihn doch zusammen mit den anderen …«, will ich antworten. Aber da ist er schon draußen, und ich laufe ihm hinterher.

Warum schimpfte er nicht? Das irritierte mich. Nicht einmal Vorwürfe machte er mir. Stattdessen zeigte er Verständnis, wie ich es nie von ihm erwartet hätte. »Wenn du ihn verloren hast, dann müssen wir einen neuen beantragen.« – »Ich habe den Pass nicht verloren, wie denn, wo denn?« – »Es sieht aber ganz danach aus.« Das war eine Unterstellung, ich erinnerte mich doch ganz genau, dass ich alle Papiere zusammen in eine Folie gelegt und in das Seitenfach geschoben hatte. Trotzdem sagte ich: »Ich werde noch einmal gründlich suchen, wenn die Kinder wach sind.« – »Ja, mach das. Ich nehme die anderen Pässe an mich, damit sie nicht auch noch verloren gehen.« Während er das sagte, steckte er sie in seine schwarze Tasche, die wie immer an seinem Handgelenk baumelte. Mein Flugticket drückte er mir in die Hand. »Damit kann ich im Moment nicht viel anfangen. Deinen Flug zu bestätigen hat ja wohl keinen Sinn.« Wollte er damit sagen, dass ich hierbleiben musste? Und nicht mit nach Deutschland reisen konnte? Es musste doch eine Möglichkeit geben, die notwendigen Papiere zu beschaffen. Irgendwie, schon wegen der Kinder, sie brauchten ihre Mutter. Mein Vater sollte seine Beziehungen spielen lassen. Wie Blitze zuckten die Gedanken durch meinen Kopf.

Abdullah strich sich seine Haare aus der Stirn. »Wird schon alles gut werden«, sagte er ruhig. Ranziger Schweißgeruch stieg mir in die Nase, mir schwindelte. »Ich kümmere mich darum.« Mit diesen Worten drehte er sich um und ging zur Tür. Er hatte nicht gewütet, kein einziges böses Wort gesagt. Wie locker er durch den Garten ging! Unter dem Pfirsichbaum bückte er sich und sammelte ein paar Früchte auf. Was war los mit ihm? Er konnte mich doch nicht alleine lassen, bitte nicht in dieser Situation!

Ich rannte ihm hinterher, er saß schon im Auto, ich fasste an das heiße Blech. Ich wollte, dass er etwas sagte, und genervt tat er mir den Gefallen: »Wie konnte ich nur so blöd sein, dir die Papiere zu überlassen?« Ich hielt ihn auf. »Ich wusste genau, dass ich dir die Unterlagen nicht geben darf, und habe es doch getan. Wie konnte ich nur so vertrauensselig sein und glauben, dass du alles im Griff hast?« – »Aber ich hab doch …« – »Verloren hast du ihn, deinen eigenen Pass verloren! Und wie willst du jetzt nach Deutschland kommen?« – »Mein Vater …« – »Dein Vater, was ist mit ihm? Der kann so schnell auch keinen Pass für seine Tochter herzaubern. Aber gut, vielleicht werden wir mit ihm zusammen eine Lösung finden. Aber stell dir das bloß nicht so einfach vor.« Er werde gegen Abend wiederkommen, sagte er noch, wenn der Vater da sei. Dann fuhr Abdullah los.

Was mein Vater wohl dazu sagen würde? Ich ging zurück, schwitzte, in der Hölle konnte es nicht heißer sein. Ich tauchte meine Arme in einen Wassertrog, der auf der Terrasse neben vertrockneten Geranientöpfen stand. Ging unruhig durchs Haus, wie im Fieberwahn ins obere Stockwerk hinauf und wieder hinunter und hinaus durch den Hintereingang. Dort, wo ich immer in Nachbars Garten geklettert war, lehnte ich mich an die Mauer. Ich spürte meinen Puls, ich atmete noch. Aber die Luft stand still. Sicher ist alles nur ein Traum. Ein Hitzetraum. Ein Wüstenwahn. Ich habe oft von verzweifelten Suchaktionen geträumt. Gleich würde ich aufwachen. In der Gasse hinter dem Haus, dort wo ein paar Olivenbäume wachsen, ist das Meckern von Ziegen zu hören, und von der Straße weht milchsauer der Gestank vom Müll, den die Leute vor ihre Häuser gekippt haben. Ich starre in den Himmel, stechendes Blau. Es ist kein Traum. Mein Pass fehlt. Meine Kinder würden nach Deutschland reisen, und ich würde nicht mitkommen.

Jasin, Amin, Amal – sie schliefen noch. Ich musste die Zeit nutzen und noch einmal nach meinem Pass suchen. Die Schranktüren standen weit offen, die Schubladen waren herausgezogen. Nun holte ich alle Kleider und Schuhe heraus, Taschen und Tücher, unser ganzes Gepäck, warf alles auf den Boden, breitete es auf den Matratzen aus, drehte jedes Stück um, packte wieder ein, riss alles wieder heraus.

Langsam stieg eine Angst in mir hoch, die ich aus meiner Kindheit kannte. Die »Wenn-der-Vater-nach-Hause-kommt«-Angst. Panik vor dem Menschen, dem ich alles beichten müsste. Weil er sowieso herauskriegen würde, was ich wieder ausgefressen hatte. Also lieber alles gleich sagen und dann warten, ob er den Gartenschlauch holt. Wahrscheinlich würde er mich verdreschen wie früher. Dann würde ich mich in eine Ecke verkriechen und mich erst wieder hervortrauen, wenn der Vater im Bett lag. Was sollte ich ihm überhaupt sagen? Dass ich meinen Pass nicht mehr finde. Verloren habe. Und wenn er mir nicht glaubte?

Wieder wühlte ich in den Sachen, schüttelte T-Shirts und Hosen aus, griff in jede Tasche, faltete alles wieder zusammen. Viermal, fünfmal. Vielleicht hatten die Kinder ja mit den Papieren gespielt und sie irgendwo versteckt. Doch als sie aufwachten, wussten sie von nichts. Ich schickte sie hinaus zur Großmutter, die irgendwo im Haus werkelte: »Raus, raus«, schrie ich, als sie nicht gleich hörten. Am liebsten hätte ich sie geschlagen, um meinen ganzen Frust abzuladen. Bei ihnen, die bestimmt am allerunschuldigsten an der Sache waren. Stattdessen schlug ich die Tür hinter ihnen zu.

Es kann nicht sein. Ich habe meinen Pass nicht verloren. Ausgerechnet meinen und die anderen Ausweise nicht, lächerlich. Gleich nach der Kontrolle am Flughafen habe ich alle Papiere zusammen in die Tasche gesteckt und zu Hause bei den Eltern noch einmal kontrolliert. Vielleicht hat ihn ja jemand weggenommen? Aber wer aus der Familie sollte auf eine solche Idee kommen? Wozu und weshalb? Ich war verzweifelt.

Irgendwann hörte ich meinen Vater kommen. Allah hilf, ich muss beten, dass ich das Ganze gut über die Bühne bringe. Wie immer rief er zuerst nach den Enkelkindern. Egal ob sie schliefen oder wach waren, er wollte sie sehen und die Geschenke, die er mitbrachte, verteilen. Er liebte sie, anders als meine Geschwister und mich, ohne sie zu schlagen. Er schrie einfach: »Amin, Jasin, Amal. Genug geschlafen, wo seid ihr, sofort herkommen. Ich hab euch etwas mitgebracht.«

Die Kinder lärmten im Wohnzimmer. Ich hatte Zeit, kochte Tee. Mit einem Glas in der einen und der heißen Kanne in der anderen Hand stellte ich mich dann an die Wand im Flur, so wie ich es oft als Kind getan hatte. Die Tür zum Wohnzimmer stand offen. Ich sah die Kinder mit einem Kreisel spielen, den ihnen der Großvater geschenkt hatte. Er lag auf der Seite, ausgestreckt auf der Couch, lang und knochig, immer noch ein schöner Mann, seinen Kopf hatte er in die Hand gestützt, die Augen waren ihm zugefallen. Er war beliebt bei den Nachbarn und Kollegen, immer da, wenn jemand ihn brauchte.

In dem Maße, in dem ich seinen Zorn fürchtete, bewunderte ich ihn auch. Den Weisen, der nach Mekka reiste. Er war stark, aber auch unerbittlich und gewalttätig. Trotzdem: Ich musste jetzt hinein, ihm alles sagen, bevor Abdullah wiederkam! Mit einem Ruck stellte ich das Glas auf dem Tisch ab und goss den Tee mit einem langen Strahl ein. Es schäumte. »Bitte, könnt ihr rausgehen, geht draußen spielen«, bat ich die Kinder außer Atem, als ob ich einen schnellen Sprint hingelegt hätte, obwohl es doch nur der Anlauf für eine Beichte war.

»Warum sollen die Kinder draußen spielen?«, schreckte der Vater auf. »Willst du sie dem Großvater wegnehmen? In den wenigen Tagen, an denen ich sie noch hier bei mir habe?« Wie nett er zu seinen Enkelkindern war. Er bemühte sich dauernd um sie, spielte sogar mit ihnen. Vielleicht versuchte er auf diese Weise gutzumachen, was er bei seinen eigenen Kindern versäumt hatte. Ich konnte schon sehen, wie er am Ende der Ferien wieder mit den Tränen kämpfte, weil er sich von ihnen trennen musste.

»Komm, setz dich zu mir«, sagte er nun. Das konnte ich nicht. Aber ich ging langsam zurück zur Tür, schloss sie und lehnte mich dagegen. Sollen die Kinder bleiben, sie würden sowieso alles erfahren. Vielleicht war es sogar besser so, dann würde mir mein Vater wenigstens nichts antun können. Für Minuten blieb ich stumm. Es fiel mir schwer zu sprechen, mein Hals war rau: »Meine Papiere sind verschwunden. Baba, bitte kannst du mir helfen?«, fing ich an. Er blinzelte, umständlich setzte er sich auf. »Was meinst du mit meine Papiere sind verschwunden.« – »Mein Pass, er ist nicht mehr da.« – »Was heißt nicht mehr da?« – »Es ist zum Verzweifeln, ich habe überall gesucht, aber ich finde ihn nicht mehr.« – »Das kann nicht wahr sein. Frag Abdullah, er muss ihn doch haben.« – »Nein, ich habe ihn aufgeräumt, und nun finde ich ihn nicht mehr. Alle Papiere sind da, nur mein Ausweis fehlt.« – »Wie willst du ohne Pass nach Deutschland fliegen? Das geht nicht.« – »Ich weiß.«

Nervös stand der Vater auf. »Hat Abdullah ihn verschlampt?« – »Nein, ich hatte ihn, und jetzt ist er nicht mehr da.« – »Eine Katastrophe«, rief er, sprang auf und warf seine Arme in die Luft. »Bist du sicher? Wo hast du ihn verloren?« – »Ich habe ihn nicht verloren, sondern mit den Papieren der Kinder und den Flugtickets zusammen in meine Tasche gepackt.« – »Willst du damit etwa sagen, dass jemand aus der Familie ihn weggenommen hat?« – »Nein, warum denn?« – »Warum sind die Ausweise und Tickets überhaupt bei dir? Die haben nichts bei dir zu suchen. Dein Mann trägt die Verantwortung dafür.« – »Aber er wollte, dass ich mit den Kindern hierher nach Tunesien fliege. Deshalb hatte ich sie.« – »Und jetzt hast du deinen Pass verloren.«

Mein Vater ging hin und her, zum Rhythmus seiner Schritte klatschte er in die Hände. Ich hatte Angst vor ihm, aber er war nicht böse, nicht so, wie ich es erwartet hatte. »Kannst du mir nicht helfen?«, fragte ich. »Von heute auf morgen, das denkst du dir so. Ich weiß nicht, wie du dir das vorstellst. Ein neuer Pass braucht Zeit. Dann noch das Visum, das kann Monate dauern.« – »Und deine Beziehungen?« – »Nützen gar nichts, unsere Behörden arbeiten langsam. Du wirst hierbleiben müssen und warten.« – »Aber die Kinder?« – »Das hättest du dir vorher überlegen sollen. Bevor du deinen Ausweis verlierst. Ich weiß nur so viel, ein neuer Pass kostet Zeit und Geld.«

Die Tränen liefen mir übers Gesicht. Zehn Jahre hatte ich geschwiegen, noch nie hatte ich meinem Vater vorgeworfen, dass er mich ausgerechnet mit diesem Mann verheiratet hatte. Nie hatte ich ihn um etwas gebeten. Nun musste er mir helfen! Ich schluchzte und schlug die Hände vors Gesicht, an dem lange Haarsträhnen klebten. Jetzt konnte ich nicht mehr.

Als Abdullah abends kam, saß die Familie beim Essen. Alle hatten mitbekommen, was los war, aber keiner außer mir schien sonderlich bekümmert. »Bleib halt da«, war der Kommentar meiner Mutter, wie immer hatte sie ihre Hände gefaltet und in den Schoß gelegt. Meine jüngere Schwester sagte gar nichts. Man hatte sich auf der Terrasse rund um eine große Holzschüssel mit Couscous niedergelassen, aß mit den Fingern und packte das Gemüse zwischen große Fladenbrotstücke. Mir war schlecht, ich konnte nichts essen. Merkte, wie mein Mann mich belauerte. Er schien bester Laune zu sein, zog seine Schuhe aus, stellte sie ordentlich zusammen an die Hauswand. Ich brachte ihm Brot. »Geht's gut in Deutschland?«, fragte der Vater. – »Ja, sicher«, entgegnete er, während er sich auf die Teppiche zu den anderen setzte. »Erzähl, was macht die Arbeit und das Geld?« – »Alles gut, auch wenn es für uns Gastarbeiter schwieriger geworden ist, nicht mehr so einfach ist wie früher.« – »Aber du bist doch gut im Geschäft? Sieht man doch an deinem Auto.« – »Klar, ich bin seit über 15 Jahren in derselben Firma. Die rechte Hand des Chefs. Aber die goldenen Zeiten sind vorbei. Wir Ausländer waren immer für jede Arbeit gut. Doch seit mehr Menschen aus dem Osten kommen und nach Jobs suchen, haben viele Landsleute Angst, arbeitslos zu werden.« – »Wer kommt aus dem Osten?« – »Deutsche aus Ostdeutschland. Bis vor einem halben Jahr waren der Westen und der Osten durch eine Mauer getrennt. Jetzt kommen viele in den Westen, weil dort die Löhne höher sind. Jeder von uns fürchtet um seinen Job.« – »Aber ihr habt doch gute Arbeit gemacht?« – »Ja, aber wir Ausländer sind nicht mehr so gerne gesehen. Plötzlich heißt es, wir würden den Deutschen die Arbeit wegnehmen. Die Situation hat sich verändert.« – »Trotzdem ist sie besser als hier.« – »Ja, nicht zu vergleichen. Aber mit Aufenthaltsbewilligungen ist man geizig geworden. Nicht mehr jeder kann nach Deutschland kommen und gehen, wie er will.«

Ich hörte nur mit halbem Ohr zu. Was meinte Abdullah damit? Dass ich womöglich nicht mehr nach Deutschland kommen kann? Ich ärgerte mich, ich hatte keinen Pass, und die beiden Männer hatten nichts Besseres zu tun, als sich über Politik zu unterhalten. Nie hat jemand mit mir über Politik gesprochen, vielleicht hätte sie mich sogar interessiert. Aber ich weiß nichts von einem Kanzler, und von einer Mauer in Deutschland habe ich sowieso noch nie etwas gehört. Aber nun war ich doch hellhörig geworden. Wenn es zu viele Leute in Deutschland gibt, würde ich womöglich nicht mehr einreisen können? Will man mich nicht mehr haben? Und die Kinder?

Nach einer halben Stunde kamen die Männer endlich auf meine verschwundenen Papiere zu sprechen. »Warum hast du eure Papiere Esma gelassen?«, fragte mein Vater vorwurfsvoll, »sie sind doch wichtig.« – »Ich dachte, sie könne darauf aufpassen.« – »Ausweise haben nichts bei einer Frau zu suchen, merk dir das. Du hättest sie lieber bei dir gelassen oder mir gegeben.« – »Die Zeiten haben sich geändert, Abdelhamid, die Frauen werden selbständiger. Und dass jemand seinen Pass verliert, kann ja mal passieren.« Jetzt nahm mein Mann mich auch noch in Schutz. Während er sprach, fuhr er sich mit seinen Fingern durch die Haare, er war sich seiner sehr sicher. Seine Haare waren lang. So wirkte sein Gesicht noch spitzer. Wie die jener wilden Hunde, die auf den Straßen in den Abfalltonnen wühlen, die die Gemeinde irgendwann aufgestellt hatte, die aber nie geleert wurden. Ich erkannte Abdullah nicht wieder, so aufgeräumt und weltmännisch, wie er sich benahm.

»Ich werde alles tun, um für Esma so schnell wie möglich die notwendigen Papiere zu bekommen«, fuhr mein Vater fort. Doch mein Mann beschwichtigte: »Lass, Abdelhamid. Ist nicht nötig. Ich werde mich von Deutschland aus darum kümmern. Hier halten doch bloß alle die Hand auf. Du kennst doch unsere Behörden. Langsam und unzuverlässig. Ich will nicht, dass du dich mit solchem Kram belastest.« Der Vater ließ sich von seinem Schwiegersohn beruhigen. »Esma wird vorerst hierbleiben müssen. Es wird nicht lange dauern. Bei euch ist sie gut aufgehoben.« Dagegen konnte mein Vater wirklich nichts haben. »Lass auch Amal da, sie ist ja noch klein«, schlug er vor. »Dann werden wir sie hier einschulen.« – »Okay, aber Jasin und Amin nehme ich mit. In einer Woche fängt in Hamburg die Schule an. Die Jungs können unmöglich bleiben.«

Beschwörend sah Abdullah zu mir herüber. Ich saß auf einem Plastikstuhl vor dem großen, weißen Eingangstor, das mit blauen Fischen verziert war. Jede Familie hat ein anderes Symbol an ihrer Tür. Warum es bei uns ausgerechnet Fische waren, weiß ich nicht. Nie hatte meine Familie etwas mit Wasser zu tun gehabt. Wir kamen aus dem Süden, aus der Wüste, dem Land der Berber. Ich hatte einen trockenen Mund und schluckte.

»Ich werde eine vorläufige Aufenthaltsbewilligung für Esma beantragen müssen. Das geht schnell, sie werden schon wegen der Kinder eine Ausnahme machen«, meinte Abdullah und fixierte mich weiter. Wahrscheinlich um zu sehen, wie ich reagierte. In Deutschland hätte ich ihm widersprochen, aber nicht hier vor meinem Vater. Ich vertiefte mich weiter in das Fischsymbol. Was es wohl bedeutete? Schutz vor bösen Geistern? Vielleicht gab es eine Oase dort in der Gegend, aus der Vaters Familie stammte.

Nun kamen Jasin und Amin, sie setzten sich neben mich auf den Boden, und ich kraulte sie im Haar. Ich fragte in diesem Moment nicht: »Was ist, wenn sie mich vermissen?« Sagte auch nicht: »Ich werde sie vermissen.« So weit konnte ich nicht denken. Überhaupt konnte ich mir nicht vorstellen, von meinen Kindern getrennt zu sein. Aber ich fühlte einen dunklen Abgrund, der sich unter mir auftat und der mich fast unmerklich aufsog.

Obwohl ich in Deutschland einige selbständige Schritte unternommen hatte, fiel ich hier in meine alte Rolle zurück. Ich war wie gelähmt und kam gar nicht auf die Idee, mein Anliegen selbst in die Hand zu nehmen. Ich hätte bei der deutschen Botschaft nach einem vorläufigen Visum fragen können. Sicher hätte man ein Einsehen mit mir gehabt und gesagt: Die Kinder brauchen ihre Mutter. Im Nachhinein weiß ich, dass ich sogar sofort ein Visum bekommen hätte, auch ohne Ausweis. Aber die Männer hatten entschieden, dass ich hierbleiben und warten soll. Nicht im Traum wäre mir eingefallen, diese Entscheidung in Frage zu stellen.

Ich betrachtete die Jungs und brachte es nicht übers Herz, ihnen zu sagen: »Habe meinen Pass verloren, tut mir leid, aber ihr müsst ohne Amal und mich nach Hamburg zurückfliegen. Ihr beide alleine, weil Abdullah ja mit dem Auto gekommen ist und damit auch wieder zurückfahren muss.« Während ich die beiden immer noch in den Haaren kraulte, wandte sich mein Vater an sie und erklärte den beiden, dass sie ohne ihre Mutter nach Deutschland zurückfliegen müssen. Er fürchte sich aber alleine, entgegnete Jasin und umschlang meine Beine. »Das schaffst du mit deinem großen Bruder. Ihr seid alt genug.« Nun fing auch Amin an zu weinen, und ich fühlte mich schuldig und schlecht. Warum tat ich ihnen das an?

Die Zeit bis zum Abschied war kurz. Ein Samstag, der schlimmste Tag meines Lebens. Früh fuhr Abdullah mit dem Auto vor. Er hatte es eilig, wollte zuerst die Jungen zum Flughafen bringen, dann mit dem Auto zur Fähre. Der Himmel war milchig, glänzte lila, angestrahlt von der Sonne, die gleich über der flachen Steppe aufgehen würde. In den Akazienbüschen an den Straßenrändern zwitscherten die Regenpfeifer, von der Moschee rief der Muezzin zum Gebet. Ich weckte die Kinder mit einem flauen Gefühl im Magen. Es zerriss mir das Herz, als ich sie so friedlich liegen sah, mit ihren dünnen Beinchen, mit denen sie sich im Schlaf von der Bettdecke freigestrampelt hatten. Ich wollte sie bei mir behalten, nicht gehen lassen. Ich würgte, stürzte aufs Klo, gelbe Galle kam hoch.

Die Koffer und Rucksäcke der Kinder hatte ich am Abend zuvor schon gepackt. Ich musste nur noch Kaffee kochen. Doch jede Bewegung fiel mir schwer, so als hätte ich Blei in den Händen. Ich wollte meine Kinder nicht loslassen und fühlte doch, als würde ich von einer Welt mit Kindern in eine Welt ohne Kinder gesogen. Allein in einem Boot, das sinkt und mich mit nach unten zieht, bis ich nichts mehr sehe.

Mein Vater war schon auf den Beinen, die Mutter schlief noch. Abdullah drängelte, aber der Vater wollte, dass die Jungen frühstücken, bevor es losgeht. Fladenbrot eingetunkt in Olivenöl. Sie mochten es nicht, ihr Gemecker riss mich aus meinen dunklen Gedanken. »Warum gibt's hier keine Snacks oder Cornflakes«, jammerte Jasin. »Ich bin froh, wenn wir wieder in Deutschland sind und Schokoflakes essen können«, sagte Amin. »Ja«, entgegnete ich, »dort bekommt ihr alles, was ihr wollt.« – »Auch Pizza und Spaghetti?« – »Klar, alles.« – »Kaufst du mir ein Überraschungsei?« – »Sicher!«

Wie werde ich das bloß überstehen? Die beiden Jungs hatten noch immer nicht richtig begriffen, dass sie alleine fliegen sollten. Ich trug ihre Taschen ins Auto, zupfte an den beiden herum. »Wenn ihr in Hamburg ankommt, holt ihr gleich eure Jacken aus dem Rucksack und zieht sie an. Dort ist es immer kälter als hier«, ermahnte ich sie. »Nicht dass ihr einen Schnupfen bekommt.« Abdullah verlor nicht viele Worte, er wollte den Abschied so schnell wie möglich hinter sich bringen. »Beeilt euch«, trieb er sie an.

Als die Kinder ins Auto steigen, habe ich das Gefühl, als würden mir Arme und Beine abgetrennt. Mit dem Messer, saubere Schnitte. Tatenlos muss ich dabei zusehen, ich bin taub vor Schmerzen. »Und du, Mami, wann kommst du?«, rufen die beiden. Ich stehe am Gartentor und schlucke und schlucke. Bringe kaum ein »Komme bald nach« über die Lippen. Ich sehe mich nach meiner Mutter um, die in einem tiefblauen Nachtkleid in der Haustür steht, ihre Mundwinkel verächtlich nach unten gezogen. Und in dem Moment, als ich den Satz »Ich komme bald« sage, weiß ich, dass er nicht stimmt. Amal, die neben mir steht, fängt an zu weinen. Ich nehme sie auf den Arm, obwohl sie schwer ist. »Hör auf«, fahre ich sie an, dann blicke ich auf meine nackten Füße, die in Badelatschen stecken, und beiße die Zähne zusammen, bis sie knirschen.

Würde ich bloß endlich den Mund aufmachen und schreien: »Nein, ich will meine Kinder hierbehalten, hier bei mir. Wir bleiben zusammen, bis ich weiß, wie es weitergeht.« Aber ich schreie nicht. Sage keinen Ton. Amal legt ihren tränennassen Kopf an meine Wange. Sie zuckt, ich schrecke zusammen. Ich rieche ihre Hilflosigkeit und spüre ihr Leid. Sie tut mir leid, alle Kinder tun mir leid. Ohne zu wissen, was ich tue, drücke ich Amal meinem Vater in den Arm.

Ich kann die Jungen nicht so gehen lassen! Hustend reiße ich die Autotür auf und lasse mich zu Amin und Jasin auf die Rückbank fallen. Ich will mit, keiner wird mich davon abbringen können mitzufahren. »Aussteigen«, ruft mein Mann erbost, weil er starten will. »Sei doch vernünftig, du kannst Amal nicht alleine lassen.« – »Ich weiß, aber ich will auch Amin und Jasin nicht allein lassen«, schreie ich. »Ich steige nicht aus!« – »Du bist verrückt, du weiß doch genau, dass du nicht mitkommen kannst. Es dauert nur zwei, höchstens drei Wochen, dann kommt ihr nach.« – »Ich komme aber jetzt mit.« – »Das geht nicht, los, steig aus. Wir müssen fahren, sonst verpassen wir den Flieger.« Abdullah ist weiß im Gesicht, seine Augen grau wie Gischt. Amal, die mein Vater inzwischen wieder auf den Boden gestellt und an die Hand genommen hat, weil sie in seinen Armen zu sehr zappelte, schreit und weint: »Mama, Mama, ich will mit!«

Ich will sie nicht hören, das ist doch nicht auszuhalten, was Allah oder Abdullah oder wer auch immer da von mir verlangen. Ich schlage die Autotür zu. »Dann nimm mich wenigstens mit bis zum Flughafen«, brülle ich. In den Ferien hatte sich Abdullah kaum um die Kinder gekümmert, und nun will er sie mir einfach wegnehmen. Sang- und klanglos. Das kann nicht richtig sein! Nein! Aber jetzt fangen auch noch Amin und Jasin an zu weinen. »Mama, bleib hier bei uns, komm mit!« Sie halten mich mit ihren kleinen Händen an meinen Armen und klammern sich fest, weil sie denken, ich würde wieder aussteigen. Gleichzeitig fürchten sie sich vor ihrem Vater, der mich loswerden will. Es ist bitter. Abdullah steigt noch einmal aus, ich spüre seine unterdrückte Wut in jeder seiner Bewegungen. Wie er mit kurzen Schritten ums Auto herumgeht, meine Tür aufreißt, den Kopf hocherhoben, und zu meinem Vater sagt: »Hadsch, sag du ihr, dass sie aussteigen soll. Sieh doch Amal, wie sie weint.«

Doch Vater reagiert anders als erwartet. Unser Schmerz hat ihn milde gestimmt, und zum ersten Mal stimmt er seinem Schwiegersohn nicht zu. »Warum? Es ist doch verständlich, dass der Mutter der Abschied von ihren Kindern schwerfällt. Lass sie mitkommen«, sagt er, und zu Amal gewandt: »Ummi kommt heute Abend wieder. Komm, wir gehen Ball spielen, darfst mit dem Opa spielen. Oder möchtest du etwas essen?«

Es zerreißt mich. Ich beuge mich nach vorne, klemme meine Hände zwischen die Knie, starre stumm in meinen Schoß. Das Weinen der Kinder klingt wie eine Anklage in meinen Ohren. »Bleib bei mir«, tönt es von Amal. »Lass uns nicht allein«, von Amin und Jasin. Doch Abdullah startet das Auto, der Motor heult auf, und die Räder drehen durch, als er auf dem sandigen Weg losfährt und beschleunigt.

300 Kilometer bis zum Flughafen. Nach einer halben Stunde schliefen die Kinder erschöpft ein. Gedankenverloren blickte ich aus dem Fenster, aufgewühlt bis ins Innerste. Ich sah die Landschaft an mir vorbeiziehen, Kamele zur Tränke traben. Sah die steinig rote Steppe, wo dicke Büschel von Espartogras wuchsen, das Frauen in bunten Gewändern und weißen Tüchern über Kopf und Schultern schon früh am Morgen geerntet hatten und nun in Bündeln auf ihren krummen Rücken nach Hause trugen, um es dort zu Körben und Matten zu flechten. Warum konnte ich nicht hierbleiben mit meinen Kindern und Körbe flechten wie diese Frauen? Meinen eigenen Lebensunterhalt verdienen?

Als wir durch die Stadt der Teppiche fuhren, tönte mir der Muezzinruf wie eine Warnung in den Ohren: »Ohne Mann und Kinder bist du nichts.« Und als wir an den frisch geschlachteten und gehäuteten Schafen, die vor den kleinen Häuschen am Straßenrand zum Verkauf hingen, vorbeikamen, meinte ich ihr Meckern zu hören, bevor sie zur Schlachtbank geführt wurden. Abdullah fuhr wie ein Verrückter, irgendwann hielt er an, um Obst zu kaufen. Orangen, Bananen, Datteln. Die Kinder wachten auf, wir aßen, und ich fragte mich, wann ich wohl das nächste Mal Obst mit meinen Söhnen essen würde? Zwei, drei Wochen hatte mein Mann gesagt. Es fühlte sich an wie für immer.

Die Kinder hatten nur ihre Rucksäcke mit Jacken und etwas zu essen dabei und eine kleine Tasche um den Hals für Pass und Ticket. Das Gepäck wollte Abdullah im Auto mitnehmen. Es war halb elf Uhr vormittags, als wir am Flughafen ankamen. Abdullah ging voran, ich ein paar Schritte hinter ihm, wie immer, die Kinder an der Hand. Vorbei an Cafés, vor denen junge Männer saßen und Wasserpfeife rauchten, und vorbei an Geldwechselstuben. Jasin und Amin waren aufgeregt. »Mama, Papa, was soll ich machen, wenn mir im Flugzeug schlecht wird?« – »Sag der Stewardess Bescheid, sie wird dir eine Medizin geben.« – »Und wenn ich nicht weiß, wo mein Platz ist?« – »Dann fragst du jemand und zeigst ihm deine Bordkarte.« – »Was ist eine Bordkarte?«, und so weiter.

Ich konnte mir nicht vorstellen, wie sich unsere Jungs zurechtfinden sollten. Sie waren so verängstigt. Um mich selbst zu beruhigen, hängte ich an jede meiner Antworten den Satz: »Ihr seid groß genug, ihr schafft das schon.« Abdullah war damit beschäftigt, den Schalter zu suchen und die Ausreiseformulare auszufüllen. Als uns die Frau von Tunis-Air die Bordkarten hinschob, durchzuckte es mich: Ich würde meinen Flug gleich umbuchen lassen. Meinen Mann darum bitten. Also fragte ich ihn leise: »Hier das Ticket, machst du das für mich? Zwei Wochen hast du gesagt?« – »Wie bitte? Wie soll das denn gehen?«, herrschte er mich an. »Schon vergessen, dass dein Pass fehlt?« Mit einer unwirschen Handbewegung drängte er mich weg. Vor all den anderen. Er hatte so laut gesprochen, dass es jeder hören konnte. Alle wussten jetzt, dass ich nicht einmal auf meine Papiere achten konnte, was doch das Wichtigste war, wenn man im Ausland lebt.

Ich schämte mich, schaute hoch zu den orientalischen Lüstern an der Decke, dann ins Leere und zog mein Tuch, das ich an diesem Tag umgebunden hatte, tiefer in die Stirn. Gleichzeitig straffte ich trotzig die Schultern. Irgendwann würde ich es allen zeigen.

Als wir fertig waren, musterte Abdullah die Menschenschlange hinter uns. Er fand tatsächlich jemanden, den er flüchtig aus Hamburg kannte. Es war Ferienende, deswegen nicht unwahrscheinlich, dass andere Tunesier ebenfalls aus ihrem Urlaub zurückkehrten. Unter Landsleuten kennt man sich. Mein Mann ging auf einen sympathisch aussehenden rundlichen jungen Mann zu, neben dem eine Frau mit Tuch um die Schultern stand. Sie begrüßten sich mit Handschlag, dann deutete Abdullah auf unsere Söhne und schien zu verhandeln. Ich verstand nicht viel, dachte mir aber, dass er sie fragte, ob die beiden während des Fluges ein Auge auf unsere Kinder haben könnten. Wahrscheinlich hat er auch gefragt, ob sie Jasin und Amin irgendwo hinbringen könnten, wenn sie in Hamburg ankämen. Ich weiß nicht, vielleicht hat er ihnen auch eine Adresse zugesteckt, vielleicht aber auch nur gesagt, wem sie am Flughafen unsere Söhne übergeben sollten.

Er selbst konnte sie ja nicht erwarten, da er erst drei Tage später ankommen würde. Seltsam, dass mir dieser Gedanke erst jetzt kam. Im letzten Moment. Wo würden die Kinder unterkommen, während Abdullah mit dem Auto unterwegs nach Hamburg war? Sie waren doch lange vor ihm da. Wer würde sie abholen und nach Haus bringen? Wer sie versorgen? Ihnen das Essen machen, ihre Wäsche waschen, sie ins Bett bringen? In meiner Verzweiflung hatte ich daran überhaupt nicht gedacht. Ich zitterte. Sollte ich meine Freundin anrufen, obwohl wir uns in den vergangenen Monaten wenig gesehen hatten?

Doch wie ich Abdullah kannte, hatte er sicher andere Pläne. Als er uns nun zu den Landsleuten heranwinkte, fragte ich sofort: »Wer versorgt Amin und Jasin, wenn ich nicht da bin?« – »Da denkst du aber spät dran. Wundert mich, dass du jetzt erst danach fragst. Natürlich werde ich sie versorgen, oder meinst du, dass ich das nicht kann?« – »Doch, aber die Kinder sind in drei

Stunden in Hamburg, du brauchst drei Tage mit dem Auto. Wie willst du dich da um die Kinder kümmern?« – »Ich sorge schon dafür, dass sie nicht auf der Straße stehen, mach du dir da keine Gedanken. Kümmere dich lieber um dich selbst.« – »Wo sind sie, wenn du nicht da bist?« – »Bei Freunden, du kennst sie nicht, geht dich auch nichts an. Lass das meine Sorge sein. Meinst du wirklich, du kannst auf deine Kinder aufpassen, wenn du nicht einmal auf deinen Pass aufpassen kannst?«

Da schwieg ich, wieder hatte Abdullah so gesprochen, dass unsere Landsleute alles mithören konnten. Ich schaute nach den Kindern. Was war ich bloß für eine dumme Mutter. Im Nachhinein kann ich es mir weder erklären noch verzeihen, dass ich mich so wehrlos fügte.

Zu sechst standen wir vor der Halle, die zu den Terminals führte, ein großer Durchgang, dahinter eine Stellwand, sodass man nicht in den Raum sehen konnte. Links und rechts zwei Grenzbeamte, die oberflächlich die Ausreiseformulare kontrollierten. Amin und Jasin standen unschlüssig herum: »Kommt mit«, sagten die jungen Landsleute aus Hamburg. »Ihr müsst gehen«, sagte ich, und es war, als würde ich mir eigenhändig ins Fleisch schneiden, bis es blutete. »Wir sehen uns bald wieder.« – »Wann?«, fragten sie und wirkten so kindlich. Wie dünn sie immer noch waren. Ich legte meine Arme um sie, ganz fest, wollte sie nicht mehr loslassen, drückte sie mitsamt ihren Rucksäcken, ließ dann doch los und drehte mich um.

Ich taumelte und sah nicht, ob sie links oder rechts herum um die Stellwand gingen. Was, wenn einer von beiden zurückgelaufen käme? Bestimmt, sie waren viel zu klein, um alleine nach Hause zu fliegen. Für eine kurze Sekunde klammerte ich mich an diese Hoffnung. Meine Augen füllten sich mit Tränen, und mein Blick verschleierte sich. »Willst du nicht nach Hause? Ist ein langer Weg«, hörte ich da schon meinen Mann sagen, der mit hastigen Schritten vorauseilte. Sollte er doch gehen, ich konnte nicht so schnell, ich stützte mein Gesicht in beide Hände, und auf einen Schlag war ich unendlich müde. »Willst du hier Wurzeln schlagen? Komm, gehen wir«, forderte er mich noch einmal auf. Ich blickte ihn an, die Tränen strömten mir übers Gesicht: Wie fremd er mir war. »Wohin willst du gehen?«, fragte ich hilflos. »Fährst du mich nach Hause?« – »Nein, bestimmt nicht. Du musst alleine zurück. Ich hab's dir gesagt, aber du wolltest ja unbedingt mit.« – »Wo fährst du hin?« – »Wohin, mein Gott, das weißt du doch. Zum Hafen, zur Fähre.« – »Kann ich mit?« – »Wenn du unbedingt willst.«

Ich wollte nicht weg von ihm, ich heulte, Abdullah war meine einzige Verbindung zu den Kindern. Außer ihm hatte ich niemanden. An wen hätte ich mich denn wenden sollen, wen um Hilfe bitten. Bis zum letzten Moment wollte ich von meinem Mann hören, dass es den Kindern gut gehe und dass er sich um sie kümmern werde, bis ich sie wiedersehen würde. »Bitte, kannst du mich mit zum Hafen nehmen? Von dort aus finde ich einen Bus oder ein Sammeltaxi.«

Er nahm mich tatsächlich mit. Es war nicht weit, 30 Minuten vielleicht zu fahren. Die Straße führte schnurgerade über den künstlich aufgeschütteten Damm am Meer, entlang der Bahngleise und vorbei an Hochspannungsmasten. Am Horizont sah ich, wie riesige blaue Containerschiffe, auf denen »Hamburg« stand, von Kränen beladen wurden. Warum zum Teufel konnte ich nicht mit? Quietschen und Ächzen war die Antwort. Blanke Metallteile, die aufeinanderrieben. Abdullah fuhr an endlos grauen Lagerhallen aus Beton vorbei in den Fährhafen hinein. Wie schon vor Jahren, als wir zum ersten Mal hier angekommen waren, stellte er sich in die Autoschlange vor der Ablegestelle. »Endstation«, sagte er. Wie zynisch. Ich presste die Hände aufeinander, sie waren steif und kalt wie Steine. Ich hatte Angst. Wie vor Jahren. Damals musste ich mit, jetzt musste ich bleiben. Endstation.

Mit einem Ruck öffnete ich die Autotür und stieg aus. Jetzt erst merkte ich, wie verschwitzt ich war. Feuchtes Hemd und feuchte Hose, ein tränenüberströmtes Etwas aus Haut und Knochen. Nichts hatte ich bei mir, kein Geld und keine Handtasche.

So wie ich mich morgens angezogen hatte, mit Jeans und langem T-Shirt, war ich zu den Kindern ins Auto gesprungen und nicht mehr ausgestiegen. Jetzt schämte ich mich. Ein Nichts war ich.

Unsicher machte ich die Tür zu, ging um den Wagen herum bis zur Fahrerseite. Mein Mann hatte das Fenster heruntergekurbelt und den Arm aufgestützt. Ich sah ihn nicht an, sondern geradeaus auf die Autos vor uns: »Ich habe kein Geld, um nach Hause zu kommen«, sagte ich tonlos. »Das hättest du dir früher überlegen sollen«, entgegnete Abdullah hämisch. »Kannst du mir trotzdem etwas geben?« Er zögerte, schimpfte vor sich hin. Dann aber langte er doch ins Handschuhfach und zog seine Tasche heraus. Ich sah ihm durch das Fenster zu, wie er sie zwischen seine Beine klemmte. Der Reißverschluss war offen, die Tasche klaffte ein Stück weit auseinander. Und plötzlich ... ich hätte schwören können ... nein, es war bestimmt keine Einbildung ... ich kann es beschwören, dass ich meinen Pass in dieser Tasche sah! Mein Pass zusammen mit seinem und dem von Amal! Drei graue Heftchen. Ich konnte es nicht glauben, das musste eine Einbildung sein. – Mein eigener Mann? Nein, der konnte es nicht gewesen sein. Nicht er!

Ich hatte den dritten Ausweis nicht wirklich gesehen. Vielleicht mehr gefühlt, aber mit jeder Faser meines Körpers gespürt: Da drin sind meine Papiere. – Aber warum? – So etwas würde mir mein Mann doch nicht antun? Mir den Pass stehlen? Warum sollte er? Ohne dass es mir bewusst wurde, wusste ich: Mein Pass ist in seiner Tasche, er muss ihn mir weggenommen haben. Aber wie? Mein eigener Mann! Warum sollte er mich betrügen? Doch, er hinterging mich! Ließ mich absichtlich in Tunesien sitzen. Alles, nur das nicht! Es gab doch keinen Grund. Er brauchte mich für die Kinder!

Er liebte mich nicht. Er hat mich geprügelt, vergewaltigt und gedemütigt. Aber mir meine Papiere wegnehmen? War ich nicht schon unselbständig genug? Du musst ihn fragen, dachte ich: »Hast du meinen Pass?« Nein, ich wich zurück. Nicht fragen. Bloß nicht riskieren, dass er mir vor lauter Wut keine neuen Papiere besorgt! Er würde toben vor Zorn. Alles abstreiten, klar. Abdullah hatte mich in der Hand, und an diese Hand klammerte ich mich. Mit den Kindern als Pfand, ich hatte sonst nichts.

Ich sah ihn an, aber er erwiderte meinen Blick nicht, sondern schaute in die Tasche. Um seine Augenwinkel zuckte es nervös, und ich roch seinen Atem, den er zwischen gelben Zähnen und aufgesprungenen Lippen hinauspresste.

Hat er mir meine Identität gestohlen? Schlimmer als all seine Schläge empfand ich dieses plötzlich aufkeimende Misstrauen. Diesen furchtbaren Verdacht, den ich für mich behalten musste. Vielleicht war ja alles gar nicht wahr.

In dem Moment, in dem ich die offene Tasche mit den drei Ausweisen vor Augen hatte, war das Bild auch schon wieder verschwunden. Wie eine Sinnestäuschung, ein Blitzlicht. Im Moment des Hellwerdens schon wieder dunkel. Ich wollte es nicht wahrhaben, deshalb verschwand es sofort wieder. So als hätte ich nichts bemerkt. Erst viel später erinnerte ich mich wieder daran.

Abdullah kramte tief in seiner Tasche, aber er schüttelte sie nicht und leerte sie auch nicht aus. Vielleicht weil ich sonst gesehen hätte, was ich nicht sehen sollte. Schließlich drückte er mir eine Hand voll Dinare in die Hand, Münzen. »Hier bitte, mehr hab ich nicht«, sagte er und legte die Tasche wieder ins Handschuhfach. Ich habe das Geld genommen, und dann bin ich einfach weggegangen. Ohne noch ein Wort zu sagen.

Verzweifelt

Wohin? Irgendwohin. Die Münzen in meiner Hand waren kühl, ich rieb und knetete sie wie Steine, das Metall beruhigte mich, und ich konnte mich daran festhalten. Ziellos quälte ich mich die lange Rampe zur Abfertigungshalle hoch. Hielt mich am hellblau gestrichenen Geländer fest. Orientalische Musik dudelte mir aus

Lautsprechern entgegen. Alles verglast, ich sah durch die Fensterscheiben der Wartehalle wie aus einem Aquarium hinaus aufs Meer. Setzte mich auf einen knallroten Plastiksessel zwischen zwei Säulen. Sah Rauch aus rot-weiß gestreiften Fabrikschloten in der Ferne aufsteigen, das Wasser war grünviolett, Himmel und Wolken hatten einen Gelbstich wie ein altes Gemälde. Hier konnte ich nicht bleiben.

Du hast nichts mehr, alles verloren, von dem du je geträumt hast. Hast keinen Mann, keine Kinder, keine Papiere und keine Illusionen auf ein besseres Leben mehr, dröhnte es in meinem Kopf. Und vor allem hatte ich kein Taschentuch, um die Tränen wegzuwischen. Ich war verzweifelt, schwitzte und weinte, alles auf einmal. Durstig war ich, hatte aber nichts zu trinken, und so lief ich los, als würde ich um mein Leben laufen.

Es dauerte lange, bis ich ein Taxi fand. Dem erstbesten, das ich von weitem sah, winkte ich. »Ich will nach Hause. Können Sie mich zum Busbahnhof fahren?« Der Fahrer merkte sofort, dass ich am Ende war. »Immer mit der Ruhe«, sagte er, »steig ein.« Er sah mich mitleidig an und reichte mir eine Packung Taschentücher. »Was ist denn passiert? Wo ist denn dein Zuhause?« Wie ein Vater sprach er mit mir. Das tat gut, ich schnäuzte mich, und verschränkte die Arme vor meinem Körper wie ein Schutzschild, umklammerte mit beiden Händen meine Oberarme. Als ob ich mir selbst Halt geben wollte.

Als wir am Flughafen vorbeifuhren und ich die abfliegenden Flugzeuge sah, brach ich erneut in Tränen aus. Ein Heulkrampf schüttelte mich, so schlimm, dass ich nicht mehr aufhören konnte. All der Schmerz, den ich vor meinen Kindern und meinem Mann zurückgehalten hatte, brach nun aus mir heraus. Dem Taxifahrer tat ich leid. »Wie kann ich dir bloß helfen?«, fragte er hilflos. »Komm mit zu uns, zu meiner Frau und meinen Kindern, ich nehme dich mit, dort kannst du dich ausruhen. Meine Frau kocht für dich, du wirst essen und schlafen und morgen weiterfahren.«

Ich schüttelte den Kopf. Das war gut gemeint, aber ich wollte nicht. Keinen Trost. »Bitte zum Bahnhof«, bat ich schluchzend und weinte, weinte, weinte. Selbst schuld, hämmerte es in meinem Kopf: Daran, dass meine Welt zusammengebrochen war und dass da oben am Himmel ein Flugzeug mit meinen Söhnen auf dem Weg nach Deutschland unterwegs war. Ganz allein meine Schuld.

Auf dem Busbahnhof herrschte ein riesiges Chaos. Reisende aus allen Ecken des Landes mit Taschen, Kindern und Tieren trafen sich hier zwischen Bussen mit verwirrenden Aufschriften. Ein Lärm, nicht auszuhalten. Gegacker hier und Geplärr dort. So verheult, wie ich war, fiel ich wenigstens nicht auf. Meine verquollenen Augen, meine rote Nase, mein schweißnasses Haar, das in Strähnen unter dem Kopftuch hervorhing. Der Taxifahrer stieg aus, um sich zu erkundigen, mit welchem Bus ich fahren konnte. Ich blieb auf dem Beifahrersitz sitzen. Mit einer Packung Kekse und Wasser kam er zurück. Ich trank, essen konnte ich nicht. Als ich ihm die Fahrt bezahlen wollte, sagte er: »Kostet nichts, mein Zähler spinnt.« In meiner Hand hielt ich immer noch fest umschlossen die paar Münzen, die mir Abdullah gegeben hatte. Die streckte ich ihm nun hin und bat ihn, sich ein Geldstück herauszunehmen. Er nahm nicht viel, sagte: »Pass gut auf dich auf, Gott sei mit dir«, und dann stieg ich aus.

Von Neuem stürzten mir die Tränen aus den Augen. Ich setzte mich auf die Straße neben dem Taxistand wie eine Beduinin vor ihr Zelt und legte meine Arme mit den Handflächen nach oben auf die Oberschenkel. Schmutzig grau waren die Hände, ich fuhr mir übers nasse Gesicht, auf dem die Tränen schwarze Schlieren bildeten. Strich unter den Augen entlang, starrte auf den dreckigen Asphalt: Kein Mensch wird mich vermissen, wenn ich jetzt verschwinden würde. Überrollt von einem Bus, verscharrt wie ein streunender Hund. Versunken in dem schwarzen Loch, das sich vor mir auftut. Eine schrille Hupe weckte mich. Ich sprang auf und schüttelte mich. Amal fiel mir ein. Meine Süße. Sie würde mich vermissen. Ganz sicher. Würde im ganzen Haus nach mir rufen und untröstlich weinen. Wie heute Morgen, als ich wegfuhr.

Alle haben geschlafen, alles war dunkel im Haus, als ich ankam. Ich legte mich sofort ins Kinderzimmer zu Amal und vergrub mich in der Bettdecke, die mir viel zu heiß war. Wie gut meine Tochter roch. Ich kuschelte mich an ihren Lockenkopf. Ich muss schrecklich gestunken haben nach dieser irrwitzigen Odyssee. Erst weit nach Mitternacht war ich nach Hause gekommen. Bis Kairouan mit dem Bus, weiter hatte mein Geld nicht gereicht. Es war schon dunkel, als ich mich an irgendeine Ausfallstraße stellte, um zu trampen. Verboten in Tunesien, für Frauen sowieso, aber ich wusste mir nicht anders zu helfen. Ziemlich bald hatte mich dann eine Polizeistreife aufgegriffen und mit auf die Wache genommen. Scham ist nur ein schwacher Ausdruck für meine Gefühle in diesem Moment. Die hielten mich für ein leichtes Mädchen.

Mein Vater holte mich ab, nachdem die Beamten ihn angerufen hatten. Er sagte kein Wort, so wütend war er, weil man ihn mitten in der Nacht herausgeklingelt hatte. Erst zu Hause schnaubte er: »Du bringst mich noch ins Grab mit deinem Dickkopf – warum musstest du unbedingt mitfahren?« In dieser Situation konnte ich ihm nicht gut erzählen, dass ich Abdullah in Verdacht hatte, meinen Pass gestohlen zu haben. Überhaupt nichts konnte ich erzählen. Er hätte es mir auch nicht geglaubt. Ich habe ihm nie etwas davon erzählt.

Ich hörte ihn mit den Türen schlagen, drei Türen hintereinander, so verärgert war er. Scheißtüren! Während meiner ganzen Kindheit hatte ich mich hier eingesperrt gefühlt. Und jetzt wieder, hinter diesen Türen und Mauern. Aber ich spürte Amals regelmäßigen Atem an meiner Schulter, und die Tränen liefen mir übers Gesicht. Ein tiefes Verlangen packte mich. Ich hatte Sehnsucht nach einer Mutter, nach meiner Mutter.

Eine Mutter, die mich tröstet, die mir vertraut, die mich in die Arme nimmt und der ich alles sagen kann. Eine Mutter, die mir heiße Milch bringt oder eine Wärmflasche ins Bett legt. Aber eine solche Mutter hatte ich nie gehabt. Meine Mutter war nicht einmal morgens aufgestanden, wenn ich zur Schule musste. Immer war sie müde gewesen, taub und gleichgültig. Ich spürte, wie sich die Kälte des Hauses vom Fußende der Matratze nach oben hin breitmachte.

Am nächsten Morgen hat mich meine Tochter früh geweckt. »Wo ist Amin?«, war ihre erste Frage, »Mama, wo ist Jasin?« Ich drehte mich zu ihr, halb wach, und dachte: Wie soll ich einer Fünfjährigen einen Albtraum erklären? Die Bettdecke habe ich über uns gezogen, sie gestreichelt und ihr gesagt, dass sie mich jetzt für sich alleine haben könne. »Darüber kannst du dich doch freuen, oder?« – »Warum warst du dann gestern den ganzen Tag nicht da?«, fragte sie stattdessen. »Weil ich mich von Jasin und Amin verabschiedet habe. Es wird eine Zeit lang dauern, bis wir sie wiedersehen.« – »Warum hast du mich nicht mitgenommen, ich habe geweint.« – »War's nicht schön bei Opa?« – »Doch, aber ich will bei dir sein.« Da drückte ich sie an mich und versprach, nie wieder von ihr wegzugehen. Ich versprach auch, mit ihr auf den Spielplatz zu gehen, obwohl es gar keinen Spielplatz in der Stadt gab. Und Gummibärchen, alles, was sie sich wünschte.

Ich konnte nichts tun. Die Zeit schlich und verging doch nicht. Ich wartete. Wieder saß ich vor dem Haus. Wenn jemand vorbeikam und mich fragte, warum ich immer noch hier in Tunesien sei, suchte ich nach einer Ausrede. Das schöne Wetter oder ich wolle warten, bis die Granatäpfel reif seien, oder einfach: Weil es mir hier gefalle. Keiner fragte genauer nach. Fragen ist nicht üblich. Ich war am Verzweifeln und versank immer tiefer in mir.

Drei Tage, vorher hatte es keinen Sinn in Hamburg anzurufen, vorher würde mein Mann nicht dort sein. Auch meine Kinder nicht. Doch wenn nicht in Hamburg, wo waren sie dann? Drei Tage zum Verrücktwerden, diese Ungewissheit. Ich vermisste meine Söhne unsäglich und machte mir die größten Sorgen, konnte aber mit keinem darüber reden. Was, wenn sie nicht angekommen waren? Von hier aus würde ich nicht einmal nach ihnen suchen können. Dieser Gedanke machte mich wahnsinnig. Ich hatte Angst anzurufen, konnte es aber gleichzeitig kaum erwarten. Es gab nur die Möglichkeit, von der Post aus zu telefonieren. Während der Öffnungszeiten von 8 bis 18 Uhr. Wenn die eine von zwei öffentlichen Telefonzellen nicht funktionierte, nahm man die nächste. Meistens waren beide kaputt.

Das erste Mal ging ich vormittags, 20 Minuten Fußweg. Der Mann hinter dem Tresen wechselte mir Geld. Eine dunkelbraune Schwingtür, ich wählte, es klingelte, unzählige Male, keiner nahm ab. Nach zehn Minuten wieder, zehn Minuten später noch einmal und 20 Minuten später wieder. Jedes Mal ließ ich es viele Male klingeln, aber am anderen Ende rührte sich niemand. Der Telefonhörer in meiner Hand fühlte sich glitschig an. Die Kinder sind in der Schule, mein Mann sicher auf der Arbeit, dachte ich. Ich war deprimiert. Irgendwann machte ich mich auf den Rückweg.

Am nächsten Tag wollte ich es nachmittags versuchen. Lief wieder die 20 Minuten zu Fuß. Ich rief an, keiner meldete sich, ich wartete, rief wieder an, und immer so weiter. Mein Herz schlug bis zum Hals, und dann geschah nichts. Wie ein Luftballon, der zerplatzt, bevor er aufgestiegen ist. Die Spannung war unerträglich. Jeden Tag ging ich nun los. 20 Minuten bis zur Post, dann nichts, keiner da. Vormittags dachte ich immer, Abdullah müsste doch zu Hause sein. Nachmittags hoffte ich, dass die Kinder da wären. Sollten sie normalerweise auch, aber sie waren es nicht.

Ich fing an, Selbstgespräche zu führen. Wie eine Irre bin ich gelaufen, die Hände gefaltet und vor mich hin betend. »Sie sind da, gleich wirst du mit ihnen sprechen, es geht ihnen gut, gleich wirst du mit ihnen sprechen, es geht ihnen gut.« Als könnte ich Jasin und Amin mit Beschwörungsformeln herbeireden. Manchmal heulte ich auch, und meine Sorgen wuchsen himmelhoch. Ich habe mir vorgestellt, dass meine Söhne gar nicht in Hamburg, sondern woanders gelandet wären, entführt seien und mein Mann auf der Suche nach ihnen.

Nach einer Woche sprach ich mit meinem Vater. »Wir müssen

es abends versuchen«, meinte er. »Von einer öffentlichen Telefonzelle aus.« Da ich als Frau abends nicht alleine auf die Straße gehen konnte, wollte er mitkommen. Es war schon dunkel, immer noch warm. In den Cafés und den kleinen Läden gingen die Lichter an. Männer in dunklen Lederjacken waren in Grüppchen unterwegs. Mein Herz raste. Als ich die Nummer tippte, fing ich dreimal von vorne an, weil ich Angst hatte, mich zu verwählen. Das Rufzeichen tönte, einmal, zweimal, dann klickte es: »Hallo, hallo, hier ist Mama«, sagte ich auf Deutsch und »die Ummi, hier ist Ummi, salam, salaaaaam« auf Tunesisch. Ohne jemanden zu hören und ohne auf eine Antwort zu warten, stammelte ich immer wieder das Gleiche in den Hörer, so als hätte ich viele Worte nachzuholen.

Erst als ich eine Atempause machte, drang eine Stimme zu mir durch. Eine fremde Stimme, mit der ich nicht gerechnet hatte. »Doch verwählt …«, ging es mir spontan durch den Kopf, während die Stimme fragte, »Hallo, wer ist denn dran? Hier ist El Hemla.« Eine Frauenstimme, ganz fremd, oder doch nicht? Ich kannte sie, war aber zu aufgeregt, um etwas dazu zu sagen, nur: »Kann ich meine Kinder sprechen, ich will mit Amin und Jasin sprechen.« – »Das geht nicht, sie schlafen schon. Das müsstest du als Mutter doch wissen.« – »Ich vermisse sie aber. Wie geht es ihnen?« – »Lass sie in Ruhe. Sie stehen früh auf morgens und gehen zur Schule.« – »Hol sie mir trotzdem, ich will mit ihnen sprechen.« – »Nein, geht nicht.« – »Und wo ist mein Mann.« – »Auf Arbeit.«

Ich war geschockt. Meine Kinder oder meinen Mann hatte ich am Telefon erwartet, nicht diese Frau. Was bedeutete das? Trotzdem traute ich mich nicht zu fragen: »Was machst du denn bei uns?« oder »Warum bist du da?« Es war eine Algerierin, wir hatten sie irgendwann bei Aldi kennengelernt. Ein paar Landsleute standen um sie herum, weil sie weinte. Ohne Geld, auf der Straße, erzählte sie, ihre Mutter habe sie hinausgeworfen. Mitleid hatten wir, die Arme, und dieses Gefühl, »wir Ausländer stehen zusammen«. Ich lud sie sogar ein vorbeizukommen. Sie kam auch ein paar Mal, als mein Mann da war. Aber ich dachte mir nichts dabei.

Nun genierte ich mich, sie nach meinen Kindern zu fragen. Mein Magen krampfte sich zusammen, und sofort war dieses Gefühl wieder da, das ich auch am Hafen beim Abschied von Abdullah gespürt hatte: das Misstrauen und dieses »Jetzt-bloß-nichts-Falsches-sagen-sonst-siehst-du-deine-Kinder-nie-wieder«. Ich zwang mich sogar, freundlich zu sein. Aber meine Stimme war mir fremd, als ich zögernd sagte: »Na dann, dann ruf ich ein anderes Mal wieder an.« – »Kannst du versuchen, ja«, hörte ich sie und dann nichts mehr. Aufgelegt, das war's.

Als ich aus der Telefonzelle kam, kläfften die Straßenhunde wie immer in der anbrechenden Nacht, und irgendwo antwortete das gellende Wiehern eines Esels. Die Töne kamen von weit her und lullten mich ein. Ich war ganz benommen, doch mein Vater packte mich am Arm und wollte sofort wissen, was war. »Die Kinder schlafen, es geht ihnen gut«, antwortete ich einsilbig. »Und?« – »Abdullah war nicht da, aber eine Frau war am Telefon, die hat's mir gesagt.« – »Was für eine Frau?« – »Ich kenne sie nur flüchtig. Sie war ein paar Mal bei uns, weil sie Hilfe brauchte.« – »Ist doch gut, dass jemand für die Kinder da ist. Abdullah wird sie engagiert haben, damit sie sich kümmert, wenn er bei der Arbeit ist.« – »Ja, wahrscheinlich.« In dieser Nacht legte ich mich nicht zu Amal auf die Matratze, sondern schloss mich stundenlang auf der Toilette ein, dem einzigen Raum im Haus, der abzuschließen war, und kauerte auf dem kalten Fliesenboden. Was war mit meinen Söhnen?

Am nächsten Morgen ging ich wieder zur Post. Wenn mein Mann auf Spätschicht war, musste er doch vormittags zu Hause sein. Müsste er eigentlich, dachte ich, war er aber nicht. Wieder ließ ich es bis zum Besetztzeichen klingeln, wieder nahm keiner ab. Und wie immer juckte meine Haut, weil ich mich so wahnsinnig aufregte. Ich kratzte mich blutig, zuerst am Ohr, dann die Arme. Hatte da jemand den Telefonstecker herausgezogen? Die wollten ihre Ruhe haben. Aber warum?

Ein paar Tage lang wieder nichts. Kein Telefon, keine Post, das machte mich krank. Ich weiß nicht, wie ich es überlebte. Nur noch im Tran. Bis eines Abends das Nachbarskind völlig außer Atem an unserem Hoftor klopfte: »Esma, Esma, schnell, ein Anruf für dich, aus Deutschland.« – »Ich komme.« – »Mama sagt, er ruft gleich noch einmal an, in fünf Minuten.« Ich renne los, ohne Schuhe und ohne Kopftuch. Von der Gartentür des Nachbarhauses aus höre ich schon das Klingeln, ich stürme die Stufen hoch in den Flur. Ich weiß sofort, dass Abdullah dran ist.

Er legt auch sofort los, ohne eine Begrüßung, ohne ein »Wie geht's?«. Sagt nur: »Was soll das? Warum rufst du dauernd bei uns in Deutschland an. Lass das sein. Lass uns in Ruhe.« Ich habe noch nicht einmal richtig Luft geholt, da dringen die Sätze wie eine Strafpredigt in meine Ohren. Als ob ich etwas falsch gemacht hätte. Darauf bin ich nicht gefasst. Ich sacke zusammen, es zieht mir den Boden unter den Füßen weg. Dann halte ich mir ein Ohr zu, um genauer zu hören. Was schimpft er da? Wie kommt er dazu?

»Ich muss doch wissen, wie es meinen Kindern geht«, rufe ich ins Telefon. »Warum soll ich nicht mit ihnen telefonieren? Zwei Wochen ohne Nachricht. Ich bin fast gestorben vor Angst. Bitte gib mir wenigstens die Kinder. Es sind doch meine.« – »Nein, hier ist schon jemand, der sich um sie kümmert«, tönt es mir entgegen. Wie soll ich das verstehen, das ist doch nicht möglich? »Wieso? Warum? Wie meinst du das?« – »Dass – du – wegen – der – Kinder – nicht – mehr – anzurufen – brauchst. Hier – ist – schon – jemand – der – für – sie – sorgt«, betont Abdullah Wort für Wort. »Brauchst – du – gar – nicht.« – »Nein, bitte, was soll das denn heißen?« – »Dass du die Kinder nicht wiedersehen wirst. Kannst du gar nicht. Du kannst nicht kommen ohne Pass.« – »Aber du wolltest doch …«

Ich stocke, die Zeit bleibt stehen, und ich höre mich nur noch brüllen: »Was habe ich denn getan, sag mir, was ich getan habe, dass ich nicht mehr zu meinen Kindern kommen darf?« Atemlos. »Ich will sofort mit Jasin und Amin sprechen. Was ist mit den

Kindern?«, schreie ich. Ich höre kaum, was Abdullah am anderen Ende der Leitung sagt, ich rufe nur immer wieder nach meinen Söhnen. Doch er lässt mir keine Chance. Er will mich loswerden, endlich kapiere ich es, er sagt es klipp und klar: »Vergiss einfach, dass du je in Deutschland warst. Vergiss, dass du Kinder hast, aus, vorbei. Anssi lau led! – Vergiss die Kinder!«

Tüüüt, tüüüt, tüüüt, tüüüt, tüüüt, wie von weit her höre ich dieses Tuten. Aus einer anderen Welt. Langsam hänge ich den Hörer ein, vorsichtig, ich will doch das Telefon der Nachbarn nicht kaputt machen. In meinem Kopf dreht sich alles, die Gegenstände um mich verschwimmen, wie im Nebel sehe ich die Nachbarin, wie sie auf mich zustürzt, als ich zu Boden gehe. Ihr gellender Schrei, »Hilfe!«, dann ist nur noch Leere, alles schwarz.

Meine Erinnerung setzte erst wieder ein, als mir die Frau Wasser ins Gesicht schüttete und panisch rief: »Esma, was ist mit dir? Esma, wach auf.« Sie schlug mir ins Gesicht. Kniete direkt neben mir. »Was ist passiert?« – »Was ist mit dir?« – »Mach die Augen auf!« – »Was ist mit den Kindern?« Ich konnte nicht antworten, lieber wollte ich sterben.

Von weitem hörte ich meine Mutter. Plötzlich habe ich sie vor Augen, wie im Traum, diese kleine, gebückte Frau, die einmal schön war, aber viel zu früh alt geworden ist, sodass ich ihre Augen vor lauter Falten nicht mehr sehen kann. Ich höre sie, wie sie schimpft, mit ihrer plärrenden Stimme, vor sich hin meckert: »Alles die Schuld der Männer, an allem sind die Männer schuld. Abdullah, dieser Hund, seine Schuld. Ich konnte ihn von Anfang an nicht leiden. Hab es gleich gesagt. Was tut er meinem Mädchen an? Was tun uns die Männer an, ich hasse sie.« Noch immer habe ich die Augen geschlossen, ich will sie nicht aufmachen, nie wieder. Meine Ummi ist nun ganz nah bei mir: »Wäre besser für dich zu sterben, als so zu leiden. Lieber Tod als Leiden. Lebt sie noch, oder ist sie tot?« Mitleidig hört sich diese Frage inmitten ihrer Lamentiererei an. Als ob beides möglich sei.

Mich so zu sehen, erinnerte sie an ihr eigenes Leiden, und es tat ihr in der Seele weh. Mit beiden Händen begann sie mich nun zu streicheln, über meine Wangen hoch bis zum Scheitel und nach unten zum Kinn. »Ist nicht schlimm«, murmelte sie. »Nicht schlimm. Die Männer sind fürs Drama da, sonst für gar nichts. Sie machen die Familien kaputt, und wir Frauen leiden. Nicht schlimm.« Als ich die Augen aufschlug, sah ich, wie blass sie war, sie zitterte, kein schöner Anblick. Die Mutter mit ihren vielen Tüchern um Kopf und Körper. Keine Frau, sondern ein Knäuel aus Stoffen. Was muss sie erst gelitten haben!

Ich hatte meine Söhne verloren. Mehr noch, neben dem Schmerz kroch nun auch Scham in mir hoch. Alle hatten es mitgekriegt, die Nachbarschaft, die Familie, die Verwandtschaft: Esma wurde von ihrem Mann verlassen. Abdullah hat sie verstoßen und die Kinder mitgenommen. Als ob es meine eigene Schuld sei. Ich schämte mich, fragt sich nur wofür? Ich hatte doch überhaupt nichts Schlimmes getan, Schlimmes war mir angetan worden! Aber ich wusste, dass alle mich dafür verurteilen würden, dass mein Mann mich verlassen hatte. Keiner fragte nach mir und wie es mir ging. Nie trägt der Mann die Schuld, immer ist es die Frau. Die nicht gehorsam war, nicht demütig genug oder zu viele eigene Wünsche hatte.

Ich litt und schämte mich gleichzeitig. Weil ich in den Augen der anderen Unrecht getan hatte. Aber verdammt nochmal: Abdullah hatte mir alles, was ich hatte, genommen. War nicht mir Unrecht widerfahren? Es wäre besser, tot zu sein, meine Mutter hatte schon recht. Ich wünschte wirklich, ich wäre tot. Wollte nie mehr aufstehen, mich nicht mehr rühren. Wollte nicht mehr, konnte nicht mehr. Ende, aus.

»Bleib bei uns«, sagte die Mutter »Vergiss diesen Hurensohn in Deutschland. Er hat dich verlassen und deine Kinder entführt. Jetzt soll er sehen, wie er damit zurechtkommt. Sind doch seine Söhne, auch wenn er das bisher nie gezeigt hat. Lass sie, wo sie sind. Bau dir hier ein neues Leben auf.« Meine Mutter wollte mich trösten, aber mir die Kinder ausreden zu wollen war das Schlimmste, was sie machen konnte. Was sollte das, Amin und

Jasin gehörten zu mir! Ich konnte mir keine Zukunft ohne sie vorstellen. Wusste meine Mutter das nicht? Nein, das spürte sie nicht. Nicht mehr. Das Leben hatte sie so abgestumpft. »Nein«, schrie ich wild. »Nicht ohne meine Kinder.«

6.
»Ich werde kämpfen«

Wie sollte ich die Tage überstehen, ohne meine Söhne? Die Monate und Jahre, bis sie erwachsen waren. Sie dann erst wiedersehen? Wenn sie mich dann überhaupt noch sehen wollten. Würden sie nach mir suchen? Fehlte ich ihnen? Jetzt schon? In den folgenden Tagen saß ich stundenlang mit Amal auf dem Schoß. Ich drückte sie an mich und wiegte sie, bis sie wegrannte, weil ich mich zu sehr an sie klammerte. Ich wollte nicht begreifen, was passiert war, immer wieder schüttelte ich den Kopf. So sah das Ende aus.

Wie dumm war ich eigentlich gewesen, dass ich nicht bemerkt hatte, was mein Mann plante? Nicht der leiseste Verdacht war mir gekommen. Und nun hatte er vor meinen eigenen Augen die Kinder entführt. Immer wieder hallten seine Worte in meinen Ohren: »Vergiss Deutschland! Anssi lau led! – Vergiss die Kinder!« Wie ein Todesurteil. Ich hörte Abdullahs Stimme tagsüber, da zuckten seine Worte wie Blitze in mir, nachts überfielen sie mich wie ein Unwetter. »Vergiss die Kinder!«

Ich kann sie nicht vergessen! Nie. Hatten sie mich am Ende schon vergessen? Woran würden sie sich erinnern? Was war ich für Amin und Jasin? Ich hatte ihnen Essen gemacht, sie angezogen und ins Bett gebracht. Ich war ihnen nicht wirklich nah gewesen. In meiner Einsamkeit war ich plötzlich überzeugt davon, dass ich mich zu wenig um meine Kinder gekümmert hatte. Jetzt, wo sie weg waren. Diese Einsicht kam spät. Aber ich hatte doch so gut ich konnte für sie gesorgt! Und stand nun mit leeren Händen da.

Haben Amin und Jasin sich von mir geborgen und geliebt gefühlt? Was würden sie sagen? Ich habe ihnen nie gesagt, dass ich sie liebe. Warum nicht? Weil es mir nicht bewusst war …

Im hintersten Winkel unseres Gartens hockte ich auf der Erde, die Beine angezogen, mein Kleid über die Knie gezogen. Es wurde Herbst, die Steppe hatte sich feuerrot gefärbt, alles Gras war verbrannt. Aber ich nahm nichts um mich herum wahr. Zerrte an den vertrockneten Pflanzen in den Blumentöpfen. Bis auf die Wurzeln brach ich die Ästchen und Zweige ab, zermahlte sie zwischen den Fingern zu Staub und verstreute ihn um mich. Wenn ich jetzt für meine Kinder kämpfe, bin ich dann eine liebende Mutter, wie ich es von mir selbst erwarte? Wollen mich meine Kinder überhaupt? Ich will meine Kinder, weil sie zu mir gehören.

Ich liebe sie, das spüre ich. Zu spät? Vielleicht würde ich ihnen niemals mehr sagen können, dass ich sie liebe! Und dass ich für sie da sein möchte. Meine Gedanken drehten sich im Kreis. Ich hatte versagt. Das tat weh. Nachts konnte ich nicht schlafen. Zum ersten Mal beneidete ich meine Mutter, die immer schlafen konnte. Auch tagsüber. Weil sie sich daran gewöhnt hatte, den Schmerz zu ignorieren. Aber ich? Ich war noch nicht so abgestumpft, sondern quälte mich. Dann schlüpfte Amal wieder zu mir und nahm mich bei der Hand, um mich aus meiner Ecke zu holen. Sie war mir geblieben. Amal heißt Hoffnung. Daran habe ich mich geklammert, 24 Stunden am Tag. Ich musste sie immer um mich haben. Und wenn ich sie spürte, wusste ich, dass die Kinder ein Teil von mir waren. Ich musste für sie kämpfen.

»Esma, wo bist du?«, rief mich mein Vater. »In Gedanken«, wollte ich antworten, blieb aber stumm. Er stand am Hoftor, groß und abgemagert, er kam vom Beten, hatte einen Schal um seine Schultern liegen. »Esma, ich will jetzt von dir wissen, warum Abdullah dich verlassen hat?« – »Weiß ich nicht.« – »Aber es muss doch einen Grund dafür geben. Sag mir warum?« Mein Vater hatte meinem Mann immer vertraut und ihn wie einen Sohn behandelt. Jetzt war er enttäuscht. Er konnte nicht verstehen, dass Abdullah mich so mir nichts, dir nichts hatte sitzenlassen. Er verschränkte seine Arme. Für ihn war die Schuldfrage klar. Ich spürte, was er hören wollte. Ich sah es in seinen Augen, die mich fragend anschauten. Nicht liebevoll, sondern streng: Die

Frau war schuld, wenn der Mann ging! Ich wusste, dass er das dachte. Ich sagte nichts, stand aber auf, lief ihm durch die Bäume bis zur Terrasse entgegen, senkte meinen Blick und starrte auf die Steinfliesen. Sandfarben mit grünen Einsprengseln, die grauen Fugen dazwischen verliefen ins Unendliche. Als Kind hatte ich manchmal die Augen zusammengekniffen, dann hatten die Linien angefangen zu flimmern und wie Wasserwellen zu laufen. Auch jetzt wogten sie auf und ab.

»Er ist wie mein Sohn, als Ehefrau musst du ihm gehorchen«, hörte ich den Vater sagen. »Hast du nicht auf ihn gehört? Du musst doch etwas falsch gemacht haben.« Ich schüttelte den Kopf, was hätte ich ihm antworten sollen? Er tat mir weh mit seinen Unterstellungen. »Was willst du von mir wissen?«, fragte ich ihn forsch. »Du weißt doch sowieso schon alles. Du hast mich schuldig gesprochen, warum soll ich mich verteidigen? Wie soll ich mich verteidigen?«

Da wurde er laut: »Dass du den Pass verloren hast, ist unverantwortlich. Wer kümmert sich jetzt um die Söhne? Dein Mann war nicht zufrieden mit dir und hat dich deswegen verlassen. Warum war er unzufrieden, dafür muss es doch einen Grund geben.« Ich schwieg. Wie sollte ich ihm erklären, was mir selbst unerklärlich war. War mein Mann unzufrieden mit mir, weil ich ihm zu selbständig geworden war? Weil ich arbeiten gehen und Geld verdienen wollte? Weil ich eine Freundin hatte, den Führerschein machte oder weil ich mich ihm verweigert und die Polizei geholt hatte?

Es war eine unerträgliche Atmosphäre, voller gegenseitiger Vorwürfe. Ich fühlte mich fremd. Ich war auf Urlaub nach Tunesien gekommen und nicht darauf eingestellt zu bleiben. Die Regenzeit hatte eingesetzt, ich fror. Aber woher das Geld nehmen, um Amal und mir Kleider zu kaufen? Ich hing in der Luft. Sollte ich hierbleiben und einen Job suchen, den es nicht gab? Nicht für mich, denn ich hatte ja nichts gelernt. Nicht einmal lesen und schreiben konnte ich, um ein Formular auszufüllen. Keiner würde mich beschäftigen. Eine Frau, die von ihrem Mann verlassen wird, hat keine andere Wahl, als zu den Eltern zurückzukehren. Und sie hat Glück, wenn die Eltern sie dann nicht verstoßen.

Eines Abends, wir saßen im Wohnzimmer vor dem Fernseher, fing der Vater unvermittelt wieder mit dem Thema an: »Esma, du musst um deine Kinder kämpfen. Du musst zurück nach Deutschland, zu deinen Söhnen, du gehörst zu ihnen. Oder hol sie hierher. Wenn du es willst, schaffst du das auch.« Ich goss ihm Tee ein, der so vertraut nach Minze roch, und wunderte mich. Woher dieser plötzliche Stimmungsumschwung? Nicht ein Tag war vergangen, an dem ich nicht daran gedacht hatte: Wenn mein Vater mich jetzt unterstützen würde, würde ich meine Kinder wiedersehen. Das wusste ich. Was aber, wenn er mich nur trösten wollte? Ich trank den süßen Tee, ich freute mich, wollte es mir aber nicht anmerken lassen. Fast beiläufig fragte ich: »Ohne Pass und Visum? Wie soll das gehen? Abdullah will mich nicht haben.« – »Dann soll er dir wenigstens deine Söhne überlassen und dir einen Unterhalt bezahlen. Dafür musst du kämpfen. Von hier aus kannst du das nicht, fahr nach Hamburg!« – »Und die Papiere? Ich brauche nicht nur einen Ausweis, sondern auch eine Einladung aus Deutschland, um ein Visum zu bekommen. Abdullah wird mich nicht einladen.« – »Wir werden einen Weg finden und einen neuen Pass beantragen. Ich wäre nicht dein Vater, wenn ich dir dabei nicht helfen würde.« Ich wusste nicht, ob ich ihm glauben sollte, dachte, lass ihn einfach reden.

»Esma soll hierbleiben und die Kinder dem Vater lassen«, mischte sich da meine Mutter ein. Wir hatten sie nicht kommen hören. Plötzlich stand sie neben mir und legte mir ihre Hand auf die Schulter. »Abdullah trägt die Verantwortung. Esma soll hier ihr eigenes Leben leben.« Ich sah, wie die Lippen meines Vaters anfingen zu zittern, mit einem Ruck stellte er das Teeglas, das er zum Trinken angesetzt hatte, ab. Ich sprang auf, schüttelte wütend ihre Hand von meiner Schulter und blickte in ihr faltiges Gesicht. »Was soll das schon wieder? Wie kannst du nur im Ernst denken, dass ich meine Kinder ihrem Schicksal überlassen werde. Was bist du bloß für eine Mutter?«, fauchte ich sie an. Ihre Gleichgültigkeit konnte sie doch nicht auf mich übertragen. Aber sie ließ sich nicht von meiner heftigen Reaktion beeindrucken, schüttelte ihren verhüllten Kopf, deutete auf den Vater und presste ihre Lippen zu einem Strich zusammen. Was hätte sie dafür gegeben, ihren Mann loszuwerden? In ihren Augen hatte ich Glück: Der Schläger war gegangen und hatte mich freigegeben. Das war doch das Beste, was mir hatte passieren können. Sie selbst war dem Mann ausgeliefert, abhängig, krank und seit über 30 Jahren gefangen. »Halte du dich da raus, die Kinder gehören zur Mutter, nirgendwohin sonst«, herrschte der Vater sie an.

Ich stellte den Fernseher ab. Der Vater hatte recht. Ich musste nach Deutschland zurück. Nur dort konnte ich etwas für uns erreichen. Ich wollte meine Kinder spüren, riechen, sehen. Lieber heute als morgen. Nicht einmal anrufen durfte ich und hatte keine Ahnung, wie es ihnen ging.

Amal war inzwischen fünfeinhalb Jahre alt und schulpflichtig. Ich wollte sie einschulen, egal ob wir nach Deutschland zurückkehrten oder nicht. Der Gedanke tröstete mich. So konnte ich wenigstens etwas tun, während ich wartete. Meine Tochter sollte alles lernen, was ich selbst nicht gelernt hatte. Damit sie später selbständig durchs Leben gehen würde. Unabhängig von jedem Mann und frei.

Aber ich hatte nichts, kein Geld, keine Kleidung, keine Schulsachen. Mein Vater musste mir helfen und mit uns einkaufen gehen. Er ließ sich nicht lange bitten. Wann immer es um seine Enkelkinder ging, war er großzügig. Es schmerzte ihn, dass wir Amin und Jasin so einfach verloren hatten. Wir gingen auf den Markt in der Stadt, wo die Händler ihre stinkenden Pick-ups vor den Markthallen stehen haben. Ein wogendes Meer aus bunten Tüchern, Früchten, Gewürzen und Gegenständen. Dazwischen Amal. Sie genoss es, auf der Suche nach Jacken, Kleidern, Strümpfen, Schuhen, Heften, Schultasche und Mäppchen die Holzstege zwischen den Ständen entlangzupoltern. Wenn ich ihr dann die

Kleider vor Bauch und Brust hielt, um zu sehen, ob sie passten, leuchteten ihre Augen, und sie trippelte ganz aufgeregt mit den Füßen. Blaues Röckchen, weiße Bluse, bunte Bänder für ihr krauses Haar. Wie stolz sie war, plötzlich zu den großen, zu den Schulkindern zu gehören. Ich auch. Zum ersten Mal in meinem Leben kaufte ich Schulsachen für mein Kind. Amal hüpfte und tanzte an meiner Hand.

Am Tag der Einschulung war ich mindestens so aufgeregt wie sie. Aufgeregter als an meinem eigenen ersten Schultag. Ein eisiger Wind trieb vertrocknete Grasbüschel vor sich her, und in den Straßen der Stadt wirbelten faulige Orangenschalen, Papierfetzen, Sand und vergammelte Plastikbecher durch die Luft. Aber ich sah nur meine Tochter, so stolz war ich. Zum ersten Mal begleitete ich mein Kind zur Schule. Amin und Jasin hatte ich nie zur Schule gebracht. Das wollte ich jetzt nachholen. Ich hatte Amal herausgeputzt wie einen Weihnachtsbaum und sie sogar zu einem Fotografen gebracht. Sie war die Hübscheste von allen. Die Kinder lärmten und tobten in dem kleinen Schulhof, der von einer baufälligen Ziegelmauer umgeben war. Doch Amal stand ganz schüchtern und still neben mir, sie hielt sich an meinem langen Rock fest. Alles war ihr fremd. Ich sah in ihre großen ernsten Augen, lachte sie an, griff nach ihrer Hand: Sie würde es einmal besser haben als ich. Nicht unbedingt hier, sondern in Deutschland oder Frankreich, egal wo, davon war ich überzeugt.

Als die Lehrerin ein paar Mal in die Hände klatschte, verstummten die Kinder. Die Größeren stellten sich im Halbkreis auf und sangen ein Lied. Ich sah meine Tochter, ihre runden, geweiteten Augen, und plötzlich sah ich wieder Jasin und Amin. Wie sie hinter der Stellwand am Flughafen verschwinden, die Rucksäcke auf ihren schmalen Rücken, und wie sie sich nicht einmal umdrehen. »Vergiss die Kinder!«, tönte es in mir. Das hielt ich nicht aus, ich wandte mich ab und fing an zu weinen.

Seit sechs Monaten hatte ich nichts von meinen Jungen gehört. Ein halbes Jahr ohne Lebenszeichen. An manchen Tagen wollte ich überhaupt nicht aufstehen, so deprimiert war ich, dann wieder weinte ich nur noch. Wir hatten einen kleinen Heizlüfter ins Wohnzimmer gestellt. Frostig war es, das Haus ohne Heizung kalt wie immer im Winter. Wie um einen Altar saßen wir um den Ofen herum und streckten ihm abwechselnd unsere Füße und Hände entgegen, die doch nicht warm wurden. Unsere Körper hatten wir in Decken eingewickelt. »Esma, dein neuer Pass«, rief der Vater an einem dieser kalten Tage, als er von der Arbeit kam. Endlich! Ich konnte kaum glauben, was das bedeutete. Mit einem Ruck warf ich die Decke zu Boden und lief zur Mutter, die in der Küche Gemüse frittierte. In der Luft hing der ranzig-rauchige Geruch von heißem Öl. Der Vater trat hinzu und reichte mir den Ausweis wie eine kostbare Reliquie. »Pass darauf auf. Dieses Papier erst macht jemanden aus dir.« Ein Ich! Meine Existenz hing daran. Es war ein Gefühl, als würde ich zum zweiten Mal geboren.

Ich freute mich, packte meine Mutter mit beiden Händen an der Schulter und tanzte ein paar Schritte durch die Küche. »Nein«, rief sie. »Und jetzt willst du gehen?« – »Ja! Endlich.«

Aber der Pass allein nützte mir noch gar nichts. Um nach Deutschland zu kommen, brauchte ich ein Visum von der Botschaft, und das wiederum bekam ich nur, wenn ich eine offiziell bestätigte Einladung aus Deutschland vorlegen konnte. Meine Freundin Karimah! Ob sie eine besorgen könnte? Wenn ihr Mann einverstanden wäre – bestimmt. Ich zitterte, als ich am nächsten Morgen ihre Telefonnummer wählte. Auf diese Idee hätte ich schon viel früher kommen können! Sie nahm auch gleich ab, ich rief aufgeregt ein paar Worte in den Hörer: »Karimah! Ich bin's – Esma.« Doch am anderen Ende blieb es still. »Sag etwas, Karimah. Bist du das, oder habe ich mich verwählt? Wir haben so lange nicht miteinander gesprochen. Hallo.« – »Warum rufst du jetzt erst an?«, kam es zögernd. – »Bitte Karimah, kannst du dir das nicht vorstellen? Weil ich viel zu deprimiert war. Ich bin so verzweifelt, seit mein Mann mit Jasin und Amin abgehauen ist.« – »Warum verzweifelt?« Warum klang meine Freundin nur so zurückhaltend? Ich hatte das Gefühl, dass sie am liebsten sofort wieder aufgelegt hätte. Aber dann fing sie doch an zu reden: »Dein Mann hat uns erzählt, du hättest einen anderen und wolltest nichts mehr von uns wissen.« – »Was, wie bitte?« – »Dass du einen anderen Mann in Tunesien hast. Hast du einen?« – »Nein, wieso? Warum soll ich einen anderen Mann haben? Das wäre das Allerletzte, was ich mir vorstellen könnte. Ich habe die Nase voll von Männern.« – »Aber Abdullah hat gesagt, er sei mit den Jungen alleine zurückgekommen, weil du nicht mitkommen wolltest. Wegen eines anderen. Deswegen hast du auch deine Kinder verraten.« Das war ein Schock. Unmöglich! Wie ist Abdullah bloß darauf gekommen? – Ich? – Meine Kinder verlassen wegen eines anderen? – Nicht einmal denken kann ich so etwas. Das ist das Allerletzte. So eine abgrundtief gemeine Lüge! Abdullah hatte mir meine Kinder genommen und mir das Wichtigste im Leben geraubt, was ich hatte. Und jetzt behauptete er das Gegenteil. Ich spürte, wie eine maßlose und ungeheuerliche Wut in mir hochstieg.

»Abdullah hat mich hier ohne Pass sitzenlassen und ist mit den Söhnen abgehauen«, schrie ich ins Telefon. Mir war heiß, und auf meinem Hals breiteten sich rote Flecken aus. »Mein Ausweis war verschwunden, wer weiß, vielleicht hat er ihn sogar verschwinden lassen. Er wolle mir einen von Deutschland aus schicken, hat er gesagt. Alles Lüge!«, rief ich. »Verdammt, und ich hab nichts bemerkt. Nun wohnt er mit einer Algerierin zusammen und will nichts mehr von mir wissen. Nicht einmal anrufen darf ich. Stell dir das vor: Ich weiß nicht einmal, wie es den Jungs geht. Seit einem halben Jahr höre ich nichts von ihnen, kein Lebenszeichen. Kannst du dir eigentlich vorstellen, wie beschissen es mir geht? Schlecht, schlecht! Ich habe nicht mit den beiden gesprochen. Wer weiß, vielleicht haben sie schon vergessen, dass sie überhaupt eine Mutter haben. Aber sie fehlen mir so sehr. Abdullah hat mich verlassen und meine Söhne entführt.«

Ich wurde immer lauter. Endlich konnte ich meinen Zorn aus mir herausschreien. Alle Trauer, in die ich mich monatelang eingeigelt hatte, war wie weggeblasen. Karimah war die einzige Person, die mich verstehen konnte. Und wenn nicht, so war es mir auch egal. »Sag, dass das nicht wahr ist«, stammelte sie, »das tut mir so leid!« Sie fand kaum Worte für ihr Entsetzen und ihr Mitleid. »Du kennst mich doch«, rief ich, »niemals würde ich meine Kinder alleine lassen, freiwillig niemals.« – »Ja, ich weiß. Es kam mir ja auch ziemlich komisch vor. Und ich habe gleich gesagt: So etwas tut Esma nicht. Sie trennt sich nicht von ihren Kindern.« – »Hast du Amin und Jasin gesehen?«, fragte ich nun. – »Nein, sie sind nie wieder zum Spielplatz gekommen.«

Wir sprachen lange miteinander. Karimah erzählte, dass sie unsere Jungen nur einmal kurz nach dem Urlaub gesehen habe, dann nicht mehr. Die Lügengeschichte meines Mannes von meinem angeblichen Freund in Tunesien hatte sie über ein paar Ecken mitbekommen. Auch dass Abdullah mit einer anderen Frau zusammenlebte. Aber aus Not, so hatte er es wohl dargestellt, weil er jemanden brauchte, der seine Söhne versorgt, wenn sich die Mutter nicht um sie kümmert. Was für hundsgemeine Lügen. Ich war so entsetzt, dass ich es gar nicht mit Worten beschreiben konnte. Gleichzeitig schämte ich mich auch noch. Wegen seiner verdammten Lügen. Wie hat er mich dargestellt? Als Rabenmutter und Ehebrecherin. So konnte ich mich nie wieder nach Hamburg trauen.

Und schon gar nicht meine Freundin nach einer Einladung fragen. Ihr Mann würde dem nie zustimmen, weil er Abdullah nicht in den Rücken fallen wollte. Nicht wegen einer Frau, die womöglich fremdgeht und deshalb ihre Kinder vernachlässigt. Mir wurde schlecht, wenn ich nur daran dachte. Karimah fragte nicht, ob ich zurück nach Deutschland kommen wolle, als wir auflegten.

»Du musst gehen!« Mein Vater hatte für mich entschieden. Auch wenn mein Mann mir verboten hatte zu kommen. Ich musste kämpfen. Aber hatte ich überhaupt eine Chance gegen Abdullah? An manchen Tagen schien er mir unüberwindlich, und ich war hoffnungslos, an anderen wollte ich sofort aufbrechen und deutsche Urlauber am Strand um eine Einladung bitten. Doch die Touristen, die ich mit meiner Schwester in Sousse ansprach, hatten andere Dinge im Kopf als die Geschichte einer unglücklichen Mutter, die nicht einmal richtig Deutsch sprach.

Dafür machte Vater einen tunesischen Autohändler mit Wohnsitz in Dortmund ausfindig. Jeder kannte ihn. Er war der einzige Mensch in der Stadt, der einen roten Porsche fuhr. Vater lud ihn nach Hause zum Essen ein, erzählte ihm meine Geschichte, und der Geschäftsmann sagte sofort: »Geh zur Botschaft in Tunis, und schildere dort den Fall. Die werden einer Mutter, deren Kinder entführt worden sind, nicht die Einreise nach Deutschland verwehren. So herzlos ist dort keiner. Das wäre ja gelacht. Wenn dir einer helfen kann, dann die Botschaft.« Das war eigentlich naheliegend. Dass wir nicht selbst daran gedacht hatten …

Ich hatte Angst, doch mein Vater sagte: »Nimm deinen Pass und fahr nach Tunis. Du bist jetzt erwachsen und selbständig.« Noch am gleichen Tag bestellte er mir ein Sammeltaxi, und einen Tag später war ich tatsächlich auf dem Weg zur Botschaft. Zum ersten Mal alleine. Ein Regentag, das Land versank im gelbgrauen Morast aus Staub und Wasser. Aber ich hatte kaum Augen für die ebene Landschaft, in der sich die Straße ohne Kurven, Steigungen oder Neigungen kilometerweit schnurgerade wie ein mit dem Lineal gezeichneter Strich zog. Wie konnte man als Straßenbauer nur so gerade Straßen bauen? Irgendwo traf man doch immer auf Hindernisse, die umgangen oder weggeräumt werden mussten.

Ich war voller Hoffnung, fast übermütig. Endlich konnte ich etwas tun. Das Blut stieg mir in den Kopf, ich glühte, so wie ich als kleines Mädchen immer geglüht hatte, wenn ich mich vors Haus auf die Straße geschlichen hatte. Ich fühlte mich stark, weil ich wusste, was ich wollte.

Vor dem weißen Botschaftsgebäude standen zwei Wachleute, die Maschinengewehre geschultert, dazwischen eine lange Menschenschlange. Offensichtlich wollte halb Tunesien das Land verlassen. Sogar Algerier waren darunter, ich erkannte sie an ihrem

Dialekt. Kommen die aus Algerien angereist, weil man hier in Tunesien leichter ein Visum für Deutschland bekommt? Haben die auch entführte Kinder im Ausland? Oder bin ich die Einzige? Ich musste lauthals über meine Gedanken lachen: O Allah, die Algerier holen sich nicht nur unsere Tomaten, sodass wir unser Couscous ohne rote Soße kochen müssen, jetzt holen sie sich auch noch unsere Visa. Wie absurd, dachte ich, während sich die Leute in der Schlange nach mir umdrehten. Meine gute Laune war ihnen nicht geheuer. Und wer hat sich meinen Mann geschnappt? – Naaa, wer wohl? – Ist doch logisch, eine Algerierin! Ich weiß nicht, wie lange ich nicht mehr so gelacht hatte.

Als ich an der Reihe war, es hatte ewig gedauert, ich war fast die Letzte, legte ich sofort los: »Meine Kinder wurden nach Deutschland entführt …« Gleich nahm mich der Beamte am Schalter zur Seite und schickte mich in einen separaten Raum. Er war kahl mit hellgrünen Resopaltischen, die ihre beste Zeit bereits hinter sich hatten. Während ich saß und wartete, spielte ich mit meinen Fingern an den angestoßenen Tischecken herum. Hatten die kein Geld für neue Möbel? Als ein Mann in Uniform eintrat, sprang ich sofort auf und redete wild drauflos. Gebrauchte alle deutschen Worte, die ich kannte.

»Langsam, langsam«, beruhigte mich der Beamte auf Tunesisch. Mir fiel ein Stein vom Herzen, weil er meine Muttersprache sprach. So konnte ich mir die ganze Geschichte viel leichter von der Seele reden, und ich erzählte alles, was passiert war, dass ich kein Visum habe, dass mein Mann alleine mit den Kindern in Deutschland sei und dass ich unbedingt zu ihnen fliegen wolle. Warum ich denn nicht sofort gekommen sei, fragte der Mann. Ich glaube, er hatte Mitleid mit mir. Ich schaute irgendwo Richtung Fenster: »Ich habe einfach nicht gewusst, was zu tun ist. Ich war verzweifelt, unsicher, unselbständig.« Dann aber fixierte ich ihn. Auf keinen Fall wollte ich jetzt schüchtern wirken. Vorbei! So etwas würde ich nie mehr mit mir machen lassen. Und wegschicken würde ich mich schon gleich gar nicht lassen. »Wenigstens vier Wochen, Sie müssen mir ein Visum für vier Wochen geben.

Ich will meine Kinder sehen, das müssen Sie mir glauben.« Meine Geschichte schien Eindruck auf ihn zu machen. »Immer mit der Ruhe«, meinte er und legte seine Hand auf meinen Arm, »Sie bekommen mehr als einen Monat!«

Dann wollte er Adresse und Alter der Kinder wissen. Was mein Mann mache, ob wir verheiratet oder geschieden seien, alles Mögliche. Ich war vorbereitet, mein Vater hatte mir das Notwendigste auf einen Zettel geschrieben. »Lassen Sie Ihren Ausweis da«, sagte der Beamte weiter. »Ich werde heute noch in Deutschland anrufen und Ihre Angaben prüfen. Wenn alles in Ordnung ist, können Sie morgen Ihr Visum abholen. Ist das okay?«

Was? So einfach? Und dafür habe ich so lange gewartet? Ich hatte geglaubt, es gäbe keinen Weg zurück nach Deutschland, und nun sagte er mir, dass ein einziges Telefonat genügte, um von hier wegzukommen. Am liebsten wäre ich ihm um den Hals gefallen. Als ich aus der Botschaft kam, tanzte und lachte ich. Es regnete immer noch, aber ich lief ohne Schirm. Einfach geradeaus, mitten in die Stadt hinein bis zum Bazar, wo ich für meine Kinder orientalische Schuhe kaufte.

»Viel Glück damit«, wünschte der Beamte, als er mir am nächsten Tag das Besuchervisum aushändigte. »Drei Monate, reicht das? Ich hoffe, dass Sie in dieser Zeit eine neue Aufenthaltsbewilligung bekommen.« Ich schwebte vor Glück, plötzlich war alles ganz einfach. Ich wusste, ich würde es schaffen. Endlich. So glücklich war ich selten gewesen. Ich hatte einen Pass und ein Visum, das Wertvollste, was ich je in Händen gehalten hatte.

Ich ging auf einen umzäunten Park zu. Vor dem Tor saß ein Mann. Schon von weitem rief ich ihm zu: »Können Sie mir helfen?« – »Wobei?«, fragte er, ohne von seinem Kohleofen aufzublicken, auf dem er in einem alten Blechkännchen Tee kochte. Er war schmächtig, ein kleiner Kopf auf einer mächtigen Kaschabia, zwei große Hände, Gummistiefel, so saß er auf seinem Hocker über das Feuer gebeugt. »Wenn ich deine Tochter wäre?«, fragte ich, »würdest du mich dann in diesen wunderschönen Park gehen lassen?« Er zögerte einen Moment, wiegte stumm den Kopf,

»eigentlich nicht«, sagte er dann. »Ein junges Mädchen spaziert nicht mitten in der Woche alleine durch den Park. Normalerweise kommen Familien am Sonntag, um hier zu picknicken, keine einsamen Mädchen.« Er erhob sich, er war bestimmt einen Kopf kleiner als ich. »Du bist nicht von hier, das erkenne ich an deinem Dialekt. Was machst du hier?« – »Ich habe einen schweren Weg hinter mir und möchte heute noch nach Hause. Ich will mich nur einen kurzen Moment ausruhen.« Ohne etwas darauf zu entgegnen, öffnete er den einen Flügel des Eisentores für mich: »Geh und such dir einen schönen Platz, aber verirre dich nicht«, sagte er. »Danke, Väterchen.« Mit diesen Worten war ich schon weg, sog die kühle, feuchte Frühlingsluft ein und rannte eine kurze Strecke. »Ich darf zu meinen Kindern«, rief ich den Vögeln zu, die durch die Luft schwirrten und sich im nächsten Moment in Wasserpfützen am Wegrand aufplusterten. Dann setzte ich mich auf eine Bank. Erst als ich die Feuchtigkeit des Holzes durch meine Kleider spürte, erhob ich mich und ging zurück.

Zu Hause verkaufte der Vater ein paar Tage später einige Schmuckstücke meiner Mutter, um genug Geld für mein Flugticket zu haben. Die Mutter schimpfte, aber das beachtete ich nicht. Dass es ihr schwerfallen würde, sich von ihrer goldenen Kette, einem Erbstück ihrer verstorbenen Schwester, zu trennen, kam mir gar nicht in den Sinn. Wenn nur Amal nicht so totunglücklich gewesen wäre! Sie tat mir leid. Ich hatte ihr geschworen, sie nie wieder alleine zu lassen, und jetzt musste ich. Aber ich konnte sie nicht mitnehmen, weil Abdullah ihre Papiere an jenem denkwürdigen Nachmittag an sich genommen und eingesteckt hatte. Selbst wenn ich gewollte hätte, ohne die Unterschrift des leiblichen Vaters konnte ich keinen neuen Pass für sie beantragen. Es war so schlimm: Ich musste meine Tochter zurücklassen, um meine Söhne zu sehen.

An dem Morgen, als ich abreiste, ging Amal nicht zur Schule. Sie wollte mich nicht fahren lassen, klammerte sich an mich, schrie und tobte. Doch ich habe mich losgerissen und bin gegangen. Ohne mich noch einmal umzudrehen. Mit einem Gefühl, als würde es mich zerreißen. Amals Schreien und Weinen begleiteten mich den ganzen langen Weg vom Hoftor bis hinunter bis zur Wegbiegung.

Wieder in Hamburg

Der Abend war lau – einer von den Vorfrühlingsabenden, wie ich sie in Deutschland so liebe –, als ich mit dem Flieger in Fuhlsbüttel landete. Nicht heiß oder kalt wie in Tunesien, sondern prickelnd. Keiner wusste, dass ich zurückkommen würde. Zwiegespalten zwischen Furcht und Freude ging ich durch die Flughafenhalle, die Hände schwitzig, heiß das Gesicht. Ich erinnerte mich genau, wie ich hier ein halbes Jahr vorher zum ersten Mal gestanden hatte, unsicher, an jeder Hand ein Kind. Jetzt war ich alleine und wusste nicht, ob mich meine Söhne überhaupt noch sehen wollten.

Im Flugzeug hatte ich schon Ausschau nach Landsleuten gehalten und tatsächlich jemanden aus Hamburg-Harburg erkannt. Er kannte mich nicht, ich sprach ihn nicht an, aber ich wollte ihm folgen. Das Gleiche tun wie er. Geld für ein Taxi hatte ich nicht. Also ging ich ihm hinterher, ich kam mir ein wenig albern dabei vor. Ich ließ ihn nicht aus den Augen. Wie er nahm ich den Bus und die U-Bahn. Ich glaube, er hat mich nicht bemerkt, wie immer war ich gut im Nachmachen.

Mein geliebter Spielplatz vor dem Haus: Ich erkannte ihn sofort. Grau und verlassen an diesem Abend, aber egal. Ich nahm meine Reisetasche, trug sie zu der Wurzel im Sandkasten und setzte mich. Sind die Kinder und mein Mann überhaupt da? Oder umgezogen? Ich komme wegen Amin und Jasin, sagte ich mir: Wegen – der – Kinder! Sie sind mein Ziel. Meine Angst vor Abdullah war Nebensache. Ich wollte die Kinder, nichts anderes.

Es dämmerte, ich saß lange. Um mich herum zeterten die Amseln, um ihren Nachwuchs zu schützen. Irgendwo lauerte eine Katze. Zwei Wochen lang füttern Amseleltern ihre Jungen auf dem Boden, bevor sie richtig flügge sind. Wie gefährlich in dieser Gegend. Ich verstehe nicht, dass sie trotzdem immer wieder hier ihre Nester bauen und ihren Nachwuchs aufziehen. Bis die Katzen kommen und sie wegfressen. Es hatte mir immer leid getan, wenn ich die Vögel so laut schimpfend von der Küche aus gehört hatte. Nun freute ich mich fast über die vertrauten Laute.

Die Schritte fielen mir schwer, die Stufe hoch zur Haustür, wie ein steiler Berg, das Öffnen der Tür, die Hauswände wie eine Trutzburg. Der Geruch von Schimmel, Feuchtigkeit und Beklemmung machte sich in mir breit. Mein Herz klopfte bis zum Hals. Ich weiß nicht, welcher Eingebung ich folgte, aber plötzlich lenkte ich meine Schritte nicht nach rechts zu unserer Wohnung, sondern nach links zur Tür der Nachbarin. Klingelte. Bebte.

Die Frau, die aufmachte, eine Türkin, ich kannte sie nicht gut, nur flüchtig vom Grüßen im Flur. Sie erschrak. »Mann und Kinder hier?«, fragte ich. »Ja«, nickte sie, »aber andere Frau.« Ohne viel zu erklären, konnte ich ja auch nicht, drückte ich ihr meinen Ausweis in die Hand. »Bitte – aufbewahren!« Der sollte nicht noch einmal auf unerklärliche Weise abhanden kommen. Dann bat ich die Frau, mitzukommen. Nein, ich befahl es ihr: »Komm mit.« Sie tat es gern.

Es war nicht leicht, die Scheu zu überwinden, aber mit einem Mal konnte ich mir eingestehen, dass ich Unterstützung brauchte. Diese Einsicht hat mir auch später geholfen. Wenn ich nicht weiterwusste, habe ich mich nie lange in meinem Elend vergraben, sondern nach Hilfe gerufen.

Die Nachbarin zog ihre Schürze aus und stellte sich neben mich, als ich an unserer Tür klingelte. Neun Sekunden zählte ich – ich richtete mich groß auf, diesmal würde ich mich nicht abwimmeln lassen –, bis die Algerierin öffnete und zu Tode erschrak: »Bissmillah erahman erahim«, stieß sie hervor. »In drei Gottes Namen, bist du das?« – »Ja, ich.« Sie machte einen Schritt zurück, als habe sie ein Gespenst gesehen, und taumelte gegen die Wand. »Gut, dass du mir den Weg frei machst«, rief ich. Meinen ganzen Mut hatte ich zusammengenommen, stieß die Tür auf und stürmte an ihr vorbei in die Küche, ins Wohnzimmer, dann ins Schlafzimmer: die Jungs, endlich! Amin und Jasin, meine Jungen, lagen im Etagenbett. Sie schliefen schon. Aber sie waren da.

Ich sah von einem zum andern, mein Ältester mit seinem abgeschabten Stoffhund im Arm, der Jüngere hatte seinen Kopf vollkommen im Kissen vergraben. Jasin und Amin, die ich so sehr vermisst hatte. Sie schliefen in Straßenklamotten, aber sie waren da. Ich sah sie an, ein paar Minuten lang habe ich sie nur betrachtet, ich wollte ganz sicher sein. Aber warum trugen sie keine Schlafanzüge? Kümmerte sich keiner um sie? Ich strich ihnen mit der Hand übers Gesicht, über die Wangen. Wie lang die Haare gewachsen waren. Dann fuhr ich mit beiden Händen über die Bettdecke. Ich wollte meine Kinder spüren, ich beugte mich über sie, drückte sie vorsichtig an mich. Den Größeren und den Kleineren und wieder den Größeren und wieder den Kleineren. Ich nahm ihre Hände in meine Hände, und Tränen schossen mir in die Augen. Unter ihren Fingernägeln saß schwarz der Schmutz, niemand schien darauf zu achten, dass sie sich regelmäßig wuschen. Sie waren vernachlässigt, aber ich hatte sie wieder. Nur das zählte. Ich würde sie schon wieder aufpäppeln.

Was um mich herum passierte und wer da oder nicht da war, es war mir alles egal in diesem Moment. Mein Mann oder diejenige, die mir am Telefon meine Kinder nicht geben wollte, egal. Ich war nicht traurig, war nicht wütend, war nur froh, dass ich meine Kinder wiedersehen und festhalten konnte. Diese Minuten leben und spüren. Beide da, beide gesund.

Ich weiß nicht, wie lange ich so bei ihnen gestanden, gelegen und gekniet habe, plötzlich hörte ich Stimmen im Flur. Abdullahs Stimme, El Hemla musste ihm Bescheid gegeben haben, auch fremde Stimmen. Er war nicht allein. Sie unterhielten sich. Das Wort »illegal« hörte ich. Was sollte das? Mein Mann schien den Leuten zu erzählen, dass ich illegal eingereist sei. Dann riefen sie mich. Erst wollte ich nicht hören, doch schließlich drehte ich mich langsam um und ging Richtung Flur.

Als Erstes sah ich zwei Polizisten, mein Mann musste sie mitgebracht haben. Sie standen an der offenen Eingangstür. Komisch, Abdullah daneben erkannte ich kaum. Er trug eine Brille, wirkte seriös und hatte sich seinen Oberlippenbart abrasiert. Gut sah er aus, aber um die Kinder kümmerte er sich nicht. Viel Zeit zum Staunen hatte ich jedoch nicht.

»Können Sie uns bitte Ihre Papiere zeigen?«, forderte mich einer der beiden Beamten auf. Ich verstand ihn nicht sofort, aber mein Mann übersetzte. »Deine Papiere wollen sie sehen.« Wenn er über mein Kommen erstaunt war, so verbarg er seine Überraschung gut: Er strotzte vor Selbstsicherheit. Jetzt bloß nicht klein beigeben, dachte ich: Es kann dir nichts passieren. Ohne jemanden anzusehen, ging ich an dem Grüppchen vorbei und klopfte noch einmal bei der Nachbarin, die sich schon wieder zurückgezogen hatte. Sie kam auch gleich und brachte meinen Pass.

»Bitte schön, alles in Ordnung«, befanden die beiden Beamten, die nur oberflächlich in dem Dokument geblättert hatten. Dann fragten sie die Nachbarin, ob sie mich kenne. »Ja.« Und bezeugen könne, dass ich hier in der Wohnung lebte und dass die beiden Kinder meine seien. »Ja«, sagte sie noch ein paar Mal und nickte. Das war Abdullah gar nicht recht, und er mischte sich ein. Ich verstand nicht viel von dem, was er sagte, aber immerhin, dass sie mich mitnehmen sollten, weil ich eine Diebin sei, dass er mich nicht mehr haben wolle und dass seine Söhne mich auch nicht mehr sehen wollten. Hatte er zu Anfang noch souverän gewirkt, so verlor er nun zusehends die Kontrolle.

Zum Schluss schrie er mich an: »Was willst du hier? Sechs Monate lang hast du dich nicht um deine Kinder gekümmert, so egal sind sie dir. Und jetzt kommst du hier an und bringst alles durcheinander. Hier hast du nichts mehr zu suchen. Barra imschi – verschwinde, oder lass dich von der Polizei mitnehmen.« Doch davon wollten die Polizisten nichts wissen. »Sie hat ein Recht, hier zu sein«, meinten sie, ich sei doch schließlich die Mutter. Unsere privaten Streitereien gingen sie nichts an.

Inzwischen waren Amin und Jasin aufgewacht. Der Lärm hatte sie erschreckt. Verschlafen kamen sie durch die Küche gewankt, mit großen Augen. So viele Leute mitten in der Nacht: Die Mutter, die sie so lange nicht gesehen hatten, der Vater, der sie hinauswerfen wollte, die Polizisten, die versuchten den Vater zu beruhigen, die Nachbarin und die Ersatzmutter, alle im Hausflur. Was für ein Auflauf, war die ganze Welt verrückt geworden?

Amin drückte sein Kuscheltier fest vor seine Brust, Jasin schniefte und versteckte sich hinter seinem Bruder. Jetzt schrie Abdullah auch sie noch an: »Ihr habt hier nichts verloren, geht sofort wieder ins Bett und schlaft weiter.« Aber die beiden reagierten nicht, sondern starrten mich ungläubig mit ihren dunklen Augen an. Dicht neben mir standen sie, direkt vor der offenen Eingangstür. »Kommt, wir gehen zusammen ins Bett«, sagte ich so ruhig wie möglich, obwohl ich hätte heulen können, heulen vor Freude, dass ich sie wiederhatte. Sollten die anderen sich weiter streiten, mich ging das Ganze nichts an. Amin rieb sich die Augen, dann schob er seine Hand in meine. »Wo warst du so lange?«, fragte er, als wir ins Schlafzimmer zurückgingen. »Bei Opa«, antwortete ich. »Jetzt bleibe ich aber hier bei euch.« – »Wirklich?«, fragte Jasin. »Jetzt schlaft schön, wir sprechen morgen weiter«, versuchte ich sie zu beruhigen. Sie waren verunsichert, aber ich tat so, als bemerkte ich es nicht. Ich deckte sie zu, streichelte über die Bettdecken und war einfach nur froh, dass ich wieder da war. Während ich noch ein ums andere Mal flüsterte, wie sehr ich sie vermisst hatte, schliefen sie schon wieder ein. Als alles ruhig war, setzte ich mich auf den Boden und lehnte mich müde gegen das Bettgestell.

Mein Mann hatte sich mit seiner neuen Freundin ins Wohnzimmer zurückgezogen. Der Fernseher lief. Ich hörte ihre Stimmen durch die dünne Wand. Hörte, wie sie redeten und diskutierten. Kein Zweifel, dass sie etwas miteinander hatten. Als ob sie es mir beweisen wollten, waren die Geräusche später eindeutig. Wie Schuppen fiel es mir von den Augen, zwischen den beiden lief schon lange etwas, und mein Mann hatte unsere Trennung und die Entführung der Kinder konsequent geplant. Das hätte ich ihm nie zugetraut. So ein Mistkerl. Wie hinterhältig und gemein. Am liebsten wäre ich aufgesprungen, ins Wohnzimmer gestürzt und hätte ihm meine ganze Enttäuschung und Wut ins Gesicht geschrien. Aber das konnte ich nicht, ich wollte nicht riskieren, dass er mich mit Gewalt vor die Tür setzte. Irgendwann vernahm ich Schritte im Flur. Da muss die Frau wohl gegangen sein.

Alles in mir rumorte. Dennoch wartete ich und öffnete die Tür erst, als ich das Gefühl hatte, dass auch mein Mann eingeschlafen war. Ich schlich in die Küche und sah mich um. Weder schmutziges noch abgespültes Geschirr. Es hatte nicht den Anschein, als ob hier täglich gekocht worden sei. Ich öffnete den Kühlschrank, da war nichts außer Margarine und Marmelade. Auch die Lebensmittelschränke waren leer. Nur ein vertrocknetes Brot im Toaster. Ich fragte mich, ob die Kinder überhaupt etwas gegessen hatten, bevor sie zu Bett gegangen waren. Dieser Gedanke machte mich noch wütender.

Die Küche hatte sich verändert. In einer Ecke war eine kleine Dusche eingebaut. Dort hinein setzte ich mich nun und zog den Duschvorhang um mich, schlang die Arme um die Knie und starrte auf den Boden. Wie würde es weitergehen? In meiner Not fing ich an zu beten: Allah hilf. Soll Abdullah doch zu seiner Freundin ziehen und mich mit den Kindern alleine hierlassen. Allah hilf!

»Verschwinde«, fuhr mich Abdullah am nächsten Morgen an. »Mach dich aus dem Staub. Ich will dich nicht mehr sehen.« Ich ließ ihn reden und dachte: Wirst dich dran gewöhnen müssen, dass ich hier bin. Etwas Schlimmeres als mir meine Kinder wegzunehmen konnte er mir nicht antun. Und das hatte er schon getan. Sollte er nun wüten, wie er wollte, ich ließ mich nicht mehr einschüchtern. Das schien er zu merken, und weil ich nicht reagierte, sagte auch er nichts mehr.

In den folgenden Tagen kam und ging Abdullah, wie er wollte. Ich dagegen traute mich kaum aus dem Haus, weil ich nicht wusste, ob ich auch wieder hineinkäme. Die Jungen freuten sich, dass ich wieder da war. Jeden Tag kamen sie nach der Schule sofort angestürmt und ließen mich den gesamten Nachmittag und Abend nicht mehr aus den Augen. Sie hingen an mir, sie wollten mit mir waschen, einkaufen, die Wohnung sauber machen. Alles nur, damit ich ja dabliebe. Ich spielte mit ihnen und erzählte von Amal. Sie selbst sprachen nicht viel von den vergangenen Monaten. Ich fragte auch nicht. Sie hatten genug durchgemacht, warum sie unnötig daran erinnern?

Ich wollte bleiben, von Tag zu Tag wurde es mir klarer. Was immer mein Mann dazu sagte. Ich war entschlossen: Soll er mich schlagen und beschimpfen, wie er will. Ich werde unsere Tochter herholen und mit meinen Kindern hier leben. Mit Abdullah oder ohne ihn.

Aber dafür brauchte ich Amals Papiere. Ich wollte Abdullah nicht danach fragen, aber sobald er außer Haus war, durchwühlte ich die Schränke, seine Taschen, jede Schublade, sogar die in der Küche, aber ich fand nichts. Einen Aktenkoffer, der abgeschlossen war, versuchte ich mit einem Messer zu öffnen. Umsonst. Das machte mich rasend. Je mehr ich suchte, desto wilder wurde ich. Eines Nachmittags riss ich sogar die Wohnzimmergardinen herunter, nur um zu sehen, ob Abdullah den Pass dazwischen versteckt hatte. Ich war außer mir. Wütend rannte ich in die Küche, holte das Fleischerbeil aus der Schublade und begann, die Schlösser der abgeschlossenen Schrankwand im Wohnzimmer zu bearbeiten. Das Holz splitterte, wie eine Furie hieb ich darauf ein, auf bekam ich die Schränke trotzdem nicht. Als Amin ins Zimmer kam und mich auf die Schlösser einschlagen sah, erschrak er zunächst. Dann fragte er, ob er die Uhr an der Wand klein hacken dürfe. »Ich hasse diese Uhr«, sagte er. Da gab ich ihm das Beil.

Spätabends, als Abdullah nach Hause kam, saß ich am Küchentisch und legte Wäsche zusammen. Eine Arbeit, die ich immer gerne gemacht hatte. Weil ich dabei ruhig wurde, und nun musste ich mich irgendwie beruhigen und auf andere Gedanken kommen. »Was hast du mit der Schrankwand im Wohnzimmer gemacht?«, fragte mein Mann und musterte mich. »Ich wollte Brennholz daraus machen«, entgegnete ich kühl. »Es ist kalt in der Wohnung, und der Schrank hat mir sowieso nie gefallen.« Ich provozierte Abdullah, ich wunderte mich über mich selbst. Gleich würde es einen Riesenkrach geben. Doch er blieb ganz ruhig. »Sollen wir es noch einmal zusammen versuchen?«, fragte er wie aus heiterem Himmel und nahm mir ein Wäschestück aus der Hand. Darauf war ich nicht gefasst. Was war plötzlich in ihn gefahren? Ein paar Tage vorher macht er noch mit seiner Algerierin rum, und jetzt spielt er wieder Familie? Das passte nicht zusammen. Was sollte ich ihm antworten? Dass er ein Schwein sei, weil er mir meinen Pass geklaut hat? Ich tat, als hätte ich seine Frage nicht gehört, und faltete ein Handtuch zusammen.

»Wie bist du überhaupt hierhergekommen?«, fragte er. Er hatte das Wäschestück wieder auf den Tisch geworfen, sich mir gegenüber gesetzt und rollte nun nervös einen Zipfel der Tischdecke auf. »Mit Pass und Visum von der deutschen Botschaft in Tunis«, entgegnete ich, als sei es das Selbstverständlichste auf der Welt. »Sag bloß, dass du dir das selbst besorgt hast.« – »Ja, hab ich. Und wenn wir schon beim Thema sind«, fuhr ich fort, »ich würde gern Amal zu uns holen?« – »Und?« – »Du hast ihren Pass. Wenn du ihn meinem Vater schickst, wird er ein Flugticket für sie besorgen und sie in ein Flugzeug setzen.« – »Willst du sie etwa alleine fliegen lassen?« – »Ja, warum nicht. Die Jungs haben es doch auch geschafft.« – »Gut, ich überleg's mir.«

Ein paar Tage später kam Abdullah mit drei Landsleuten von der Arbeit. Ich kannte sie von früher, als ich frisch aus Tunesien gekommen war. Ich kochte Tee und trug ihn ins Wohnzimmer. Dichter Zigarettenqualm hing in der Luft. »Bleib«, sagte Abdullah, als er sah, dass ich gleich wieder in die Küche verschwinden wollte. Er goss seinen Landsleuten den Tee ein, dann schaute er zu mir. Ich hatte mich mit dem Rücken an die Fensterbank gelehnt, die Gardinen waren zugezogen. »Ich habe drei Freunde mitgebracht«, sagte Abdullah, »die bezeugen sollen, dass ich mich wieder mit dir versöhnen möchte.« – Sich noch einmal mit mir versöhnen? Wie sollte ich das verstehen? – Ich sah von einem zum anderen. Was ist von einem solchen Gesinnungswandel zu halten? Ist das wirklich sein Ernst? Und die algerische Freundin? Ich sah in Abdullahs hageres Gesicht, in seine grünen Augen, die glasklar und doch undurchdringlich waren. Will er sich wirklich ändern und alles wiedergutmachen, was er angerichtet hatte? Würde ich ihm je wieder trauen können, nachdem er mich auf so schäbige Weise in Tunesien hatte sitzenlassen? – Nein! – Was soll ich sagen? »Gut«, sagte ich. Wenn er sich aussöhnen wollte, mir recht. Es war mir alles recht, wenn er mir nur Amal nach Deutschland holen würde.

Ich wollte die Familie wieder beisammen haben, nichts anderes. Als die Männer gegangen waren, wickelte ich mich in eine Decke ein und setzte mich zu Abdullah auf die Couch. Es war schon spät, die Luft zum Schneiden dick. Da stand mein Mann auf, musterte mich von oben bis unten und blies den Rauch seiner Zigarette seitlich aus den Mundwinkeln. Ich könne doch wieder bei ihm hier im Wohnzimmer schlafen, meinte er nun. Ruhig sagte er das, als sei nie etwas zwischen uns gewesen.

Er war mir unheimlich. Was wollte er von mir? Was ging bloß vor in ihm? »Wollen wir es nicht noch einmal mit unserer Ehe versuchen?«, fragte er unvermittelt. »Wieder eine richtige Familie sein, Vater, Mutter, Kinder?« – »Und deine Freundin?« – »Die schicke ich zum Teufel«, sagte er wegwerfend, drückte seine Zigarette auf dem Fensterbrett aus. Dann öffnete er das Fenster und schnippte die Kippe in die Dämmerung hinaus. »Und Amal?«, fragte ich. »Die holen wir zu uns. Ist doch klar, sie gehört zu uns, zu ihren Eltern.« Ich wurde nicht schlau aus diesem Mann. Immer tat er genau das Gegenteil von dem, was ich erwartete. Warum war er plötzlich so nett? »Und ihr Reisepass?«, fragte ich. »Den schicke ich nach Tunesien, gleich morgen.« Ich glaubte ihm kein Wort und hätte doch alles getan, um Amal hierher zu holen.

Das wusste er. Es war wie ein Arrangement. Er konnte von mir haben, was er wollte, wenn er nur unsere Tochter zurück nach Deutschland holte. Ich wollte vergessen, was passiert war, und legte mich zu ihm.

Nicht lange, und ich spürte, dass ich wieder schwanger war. Dieses Mal freute sich Abdullah aber ganz und gar nicht. Das passte irgendwie nicht in seinen Plan. Zum ersten Mal sprach er gleich nach der Untersuchung bei der Frauenärztin mit mir darüber. Was heißt sprach? Noch auf dem Parkplatz vor der Praxis begann er mir Vorwürfe zu machen. »Warum verhütest du nicht? Noch nie was davon gehört? Wie konnte es nur so weit kommen?« Es war nicht zu fassen. Früher hatte er getobt, weil ich heimlich die Pille genommen hatte, jetzt tobte er, weil ich sie nicht nahm. Immer war es verkehrt, und im ersten Moment meinte ich tatsächlich, mich für die Schwangerschaft rechtfertigen zu müssen. »Es gab in Tunesien keinen Grund für mich, die Pille zu nehmen. Und jetzt kommst du zu mir ins Bett, ob's mir gefällt oder nicht, ob ich das möchte oder nicht ... Und ich soll dafür verantwortlich sein?«

Das verschlug mir fast die Sprache. Wieder als Familie zusammenleben? Dass ich nicht lache! Als ob davon nie die Rede gewesen sei. Was für ein Wechselbad der Gefühle, nicht auszuhalten. Abdullah ist unberechenbar und ich bin ihm ausgeliefert. Abdullah benutzt mich. Nie weiß ich, was er vorhat. Wenn ich jetzt in Tunesien wäre, würde ich einfach weglaufen. Aber hier? Wohin? Wie soll ich mich allein mit drei Kindern in Deutschland durchschlagen? Ich kann kein Deutsch, nicht lesen und nicht schreiben. Wie soll ich für uns sorgen?

Es nieselte, und der Wind jagte die Wolken vor sich her. Abdullah saß schon im Auto, die Scheibenwischer wischten in ihrem regelmäßigen Takt und fegten die Tropfen von der Windschutzscheibe. Ich stieg ein. Trotz meiner Angst vor ihm. Noch mehr Angst hatte ich davor, alleine zu sein.

Ich war früh aufgestanden. Hatte wieder einmal das Gefühl, nicht geschlafen zu haben. Die Wolken hingen über der Stadt wie achtlos über die Leine geworfene Wäsche, dazwischen lugte die Morgensonne durch. Ich stand am offenen Fenster in der Küche und schaute über den Spielplatz. Die ganze Nacht über hatte ich mir den Kopf zermartert. Noch ein Kind, unmöglich. Sollte ich zu meiner Ärztin gehen und sagen, es geht nicht? Wie soll ich mich um vier Kinder kümmern, wenn ich es mit dreien nicht schaffe? Abgesehen davon, dass ich mich ihr sowieso nicht verständlich machen kann. Abdullah war gegen ein Kind, vielleicht sollte ich mich aus Trotz darauf freuen?

Nach dem Krach auf dem Parkplatz hatte er zwei Tage lang nichts mehr von sich hören und sehen lassen. Im Nachhinein weiß ich, was er in dieser Zeit tat. Er war im Reisebüro gewesen und hatte mit seiner Freundin Pläne gemacht. Dann war er plötzlich wieder da. Wir haben kein Wort miteinander gesprochen. Ich fragte nicht einmal, ob er Amals Papiere endlich nach Tunesien geschickt habe.

Ein paar Spatzen flatterten auf, als ich die Brotkrümel vom Brettchen hinaus auf das Fensterbrett klopfte. Höchste Zeit zum Frühstücken. Ich hatte Amin und Jasin geweckt, wollte Pausenbrote für die Schule schmieren. Gähnend kamen sie nacheinander in die Küche. »Frisches T-Shirt«, forderte ich Jasin auf, während Amin sich schon an den Tisch setzte und Cornflakes aus der Schüssel löffelte.

Abdullah kam dazu, stand ein paar Minuten im Türrahmen und beobachtete uns, dann stellte er Wasser auf und brühte sich einen Nescafé. Ich wunderte mich, dass er noch nicht bei der Arbeit war. Seltsam, warum frühstückte er mit uns? Als ob er meine Gedanken lesen könne, sagte er plötzlich: »Ich fahre die Kinder heute zur Schule.« 200 Meter? Überrascht schaute ich zuerst ihn an, dann die Kinder. Vielleicht wollte er mit der Lehrerin etwas besprechen, keine Ahnung. Alles, was die Schule anging, war mir immer noch völlig fremd.

Die Jungs freuten sich, dass der Vater sie absetzen wollte. Auf das Auto waren sie immer stolz gewesen. So ein schickes hatten nicht alle Kinder ihrer Klasse. »Beslema«, verabschiedeten sie sich, »Tschüs«, und ich half ihnen, die Schulranzen auf den Rücken zu packen. »Bis heute Mittag, viel Spaß in der Schule«, rief ich, als sie zur Haustür gingen. Abdullah war schon vorausgegangen, das Auto zu holen. Mit einer Hand schickte ich den beiden einen flüchtigen Kuss nach. »Gut, dass du wieder bei uns bist«, rief Jasin und hatte schon die Straße zum Spielplatz überquert.

Ich lehnte an der gekachelten Wand im Hausflur. Eine ältere Dame mit Dackel, sie musste wohl eine neue Mieterin sein, kam die Treppe herunter. Sie grüßte, ich grüßte zurück, trat aber einen Schritt zurück. Sie lachte: »Der Hund ist absolut harmlos.« Ob Jasin und Amin den Dackel schon kennen? Immer haben sie sich einen Hund gewünscht. Was sind sie doch für liebe Kerle. Dass ich es nur so lange ohne sie ausgehalten habe!

Gegen Mittag kam kein Jasin nach Hause, auch kein Amin. Vielleicht waren sie auf dem Weg aufgehalten worden? War wieder ein Zirkus in der Nähe? Oder waren sie mit anderen Jungs nach Hause gegangen? Ich machte mir Sorgen, wartete, eine halbe Stunde und mehr, stellte mich ans Fenster, riss die Wohnungstür auf, rief nach ihnen, machte die Tür wieder zu. Noch immer traute ich mich nicht alleine aus dem Haus. Als ich im Flur Schritte hörte, riss ich von Neuem die Tür auf: Abdullah.

»Die Kinder sind noch nicht von der Schule zurück«, rief ich ihm entgegen. »Kannst du schauen, wo sie bleiben?« Er blieb stehen, legte die Stirn in Falten, klopfte eine Zigarette aus der Schachtel, zündete sie an und ging an mir vorbei in die Wohnung. »Komm rein und mach die Tür zu«, sagte er. Mein Blut pochte in den Schläfen. »Hast du mich nicht verstanden? Amin und Jasin sind nicht da, ich mache mir Sorgen«, schrie ich ihn an. Noch immer reagierte er nicht, stattdessen hob er den Deckel vom Topf, der auf dem Herd stand, um zu sehen, was ich gekocht hatte. »Sag mir, was los ist. Du hast die beiden doch zur Schule gefahren. Wo hast du sie zuletzt gesehen?« Eine unheimliche Ahnung stieg in mir hoch, ich zitterte plötzlich, hatte Angst. Hat es einen Unfall gegeben, sind sie im Krankenhaus? Abdullah muss es doch wissen. Warum sagt er mir nichts?

Die Sekunden dehnen sich, ich starre ihn an, verfolge seine Bewegungen, will ihn packen, mit beiden Händen, eine Antwort aus ihm herausschütteln. Da greift er langsam nach seiner goldenen Uhr, um sie ein wenig unter dem Ärmel seines Jacketts hervorzuziehen. Er schaut auf das Zifferblatt. »Ja«, sagt er und seine Stimme klingt fast mitleidig. »Nun müssten sie eigentlich schon gelandet sein.« – »Waaaaas? Wer – sie? Was meinst du damit? Wo gelandet?« – »In Tunis. Ich habe die Jungen mit dem Flugzeug nach Tunesien geschickt.«

Der Atem stockt mir. Nein!, will ich schreien, aber kein Ton kommt aus meinem Mund. »Ja«, fährt Abdullah lässig fort, »mein Bruder hat sie wahrscheinlich abgeholt, und nun sind sie unterwegs nach Hause.«

»Nach Hause?«, schreie ich. Das kann ich nicht glauben. So gemein ist mein Mann nicht, das kann nicht sein. Welches Spiel spielt er mit mir? »Nein«, rufe ich nun doch, und meine Stimme überschlägt sich, »du lügst mich an! Ich glaube dir kein Wort. Nie hätte ich dir etwas glauben sollen. Du bist krank.« Ich tobe. Ich weiß nicht mehr, was ich tue. Soll er mich doch umbringen, endlich umbringen. Das wäre nicht schlimmer als diese Folter. Die Kinder zum zweiten Mal entführt – das halte ich nicht aus. Ich renne zum Fenster, mache es auf, reiße mir das Kopftuch herunter, das ich in letzter Zeit immer trage. Hinausschreien will ich es, so laut ich nur kann: Mein Mann ist ein Schwein. Er hat meine Kinder entführt. Lieber will ich sterben, als das auszuhalten.

Ich schreie. Die ganze Welt soll wissen, dass er ein Verbrecher ist und welche Schmerzen ich leide. »Bring mich doch um, das ist es doch, was du willst, mich loswerden. Los, schlag mich«, brülle ich. Alle sollen es hören, wenn er mich prügelt, wenn er mich totschlägt und das ungeborene Kind auch. Ich hasse den Mann, ich hasse das Kind, und am allermeisten hasse ich mich selbst. Weil ich mich noch einmal auf sein dreckiges, fieses Spiel eingelassen habe.

Doch da packt mich Abdullah schon von hinten, zieht mich an meinen langen Haaren, wirft mich zu Boden und drückt mir die Hand auf den Mund. Wie von Sinnen beiße und trete ich nach ihm. Er schlägt mir ins Gesicht und drückt fester zu. Zischt zwischen zusammengepressten Zähnen hervor: »Wenn du weiter schreist, wirst du deine Kinder nie wieder sehen! Hörst du? Nie wieder!« Sein voller Ernst – das spüre ich und erschauere. Von einem Moment auf den anderen bin ich still.

Halb betäubt blieb ich liegen. Minuten oder Stunden. Ich weiß es nicht. Ich musste eingeschlafen sein. Als ich wieder aufwachte, fror ich, meine Beine zuckten. In der Wohnung war es dunkel und totenstill. Meine Augen waren dick geschwollen vom Weinen. »Wo bin ich? Wer bin ich?«, wie eine graue Wolke dehnten sich die Fragen in meinem Kopf aus. Ich war mir fremd, und es dauerte eine Weile, bis ich die Gegenstände um mich herum wiedererkannte.

Abdullah war weg, das Telefon hatte er mitsamt dem Stecker herausgerissen und mitgenommen. Mühsam rappelte ich mich auf, kochte Tee, schlief wieder ein. Tagelang dämmerte ich vor mich hin – das Gefühl für Zeit hatte ich verloren. Ich starrte gegen die Wände und sah aus den Augenwinkeln die Sachen der Kinder herumliegen. Warum hat Abdullah mich nicht totgeschlagen? Ich konnte nicht aufstehen, keinen klaren Gedanken fassen. Alles war zerstört. Und doch konnte ich nicht glauben, dass meine Söhne schon wieder weg waren. Irgendetwas in mir wehrte sich dagegen. Vielleicht hatte Abdullah sie für ein paar Tage zu seiner Freundin gebracht, um mir einen Schrecken einzujagen? Sicher würden sie gleich zurückkommen.

Drei oder vier Tage verbrachte ich in diesem merkwürdigen Zustand der Schwebe, war ziel- und orientierungslos, zeitlos, im Nichts. Konnte nur daran denken, dass die Kinder bestimmt sofort zurückkämen. Gleich, gleich würden sie klingeln und hereinstürmen. Ich fixierte die bunt gemusterte Tapete im Wohnzimmer und sah inmitten von Schnörkeln einen Teufel auftauchen. Wo bin ich? Sind da nicht Schritte auf dem Flur? »Vergiss die

Kinder«, dröhnte es in meinem Kopf. Ich wartete, setzte keinen Schritt vor die Tür. Wenn sie kämen, wollte ich das auf keinen Fall verpassen.

Irgendwann klingelte es tatsächlich. Ich erschrak zu Tode. Die Kinder? Abdullah? Nein, er würde nicht klingeln. Ich stand auf, zog mir einen Bademantel über, schleppte mich zur Tür und öffnete. Karimah? Ich muss ausgesehen haben wie ein Gespenst, bleich, abgemagert, die Augen rot und blau von Abdullahs Schlägen. Als ich meine Freundin sah, ließ ich mich auf den Boden fallen und brach in Tränen aus. »Was ist los mit dir? Um Himmels willen, du siehst ja furchtbar aus.« Ich konnte nichts antworten, schluchzte nur. Da setzte sie sich zu mir und fing an, mir über den Rücken zu streicheln. Sie war erschüttert, in abgehackten Sätzen versuchte ich ihr zu erzählen, was ich wusste: »Die Kinder sind weg, verschwunden – in Tunesien, hat Abdullah gesagt – wieder entführt – er hat gesagt, ich würde sie nie wieder sehen – aber sie kommen bestimmt gleich zurück.« Karimah nahm mich in den Arm, zog mich langsam in die Wohnung zurück und schloss die Tür. Sie wollte nicht glauben, was passiert war.

Wir hatten uns, seit ich zurück in Hamburg war, nicht oft gesehen. Nachdem sie tagelang unzählige Male versucht hatte, bei mir anzurufen und keiner das Telefon abgenommen hatte, wollte sie nach mir sehen. Und fand ein Häufchen Elend. Die Arme, mich in diesem heillosen Zustand anzutreffen, hatte sie nicht erwartet. »Komm mit zu mir«, sagte sie nach einer Weile. »Du darfst dich nicht länger in der Wohnung verschanzen, hier gehst du zugrunde. Deine Kinder kommen bestimmt nicht zurück. Ich lass dir ein Bad ein und koche uns etwas zu essen.« Ich wollte nicht, so verstört war ich immer noch. Aber Karimah hatte Geduld, wie auf ein kleines Kind sprach sie auf mich ein. »Bitte komm mit! Dann kannst du auch in Tunesien anrufen und fragen, ob die Kinder wirklich dort sind.« Immer wieder: »Komm mit mir.«

Sie legte mir Kleider zurecht, sodass ich nur noch hineinzuschlüpfen brauchte, dann verließen wir zusammen die Wohnung. Nicht ohne die Tür einen Spalt breit offen zu lassen, da ich keine Schlüssel hatte. Draußen fiel Schneeregen, Aprilwetter, aber es tat gut, rauszugehen. Nach dem Bad bei Karimah und einer heißen Suppe fühlte ich mich viel besser. »Willst du jetzt in Tunesien anrufen?«, fragte sie. »Ja, ich muss wissen, was los ist und wo meine Kinder sind.«

Meine Eltern hatten sich inzwischen ein Telefon angeschafft. Ich zitterte, als ich den Hörer zur Hand nahm. Was würde mich erwarten? Und wenn die Eltern auch nicht wussten, wo Amin und Jasin waren? Ich würde sie vielleicht erschrecken. Der Vater war am Apparat. »Esma, wo bist du? Was machst du? Warum kann ich dich nicht erreichen. So oft habe ich versucht, dich anzurufen«, überschüttete er mich gleich mit einem Wortschwall. Er habe sich Sorgen gemacht, mit mir sprechen wollen, aber keiner sei ans Telefon gegangen.

Meine Stimme versagte immer wieder, als ich ihm nun erzählte, dass Abdullah unsere Söhne zum zweiten Mal entführt habe. »Baba, ich weiß nicht, wo sie sind. Sind sie in Tunesien? Ich dachte, sie gehen zur Schule, aber nachmittags kamen sie nicht zurück. Abdullah sagte mir, dass er sie nach Tunesien geschickt habe. Seitdem habe ich nichts mehr von Amin und Jasin gehört.« Ich merkte, wie mein Vater am anderen Ende still wurde, er schwieg. »Tochter …«, sagte er dann und brach wieder ab, als ob er überlege. »Baba, was ist? Sag was, bitte.« – »Abdullah ist in Tunesien. Er war gestern hier und hat auch Amal geholt. Alle drei Kinder sind bei seinem Bruder auf dem Hof.« – »Nein, das ist nicht wahr«, rief ich. »Nicht auch noch Amal.« – »Doch, es tut mir leid, so leid. Aber wir konnten nichts dagegen tun. Abdullah kam und sagte, dass du nicht in der Lage seist, dich um die Kinder zu kümmern. Er kam mit einem gerichtlichen Beschluss, wo immer er ihn so schnell herbekommen hat. Er habe das Sorgerecht, sagte er, schwarz auf weiß. Im Übrigen habe er schon die Scheidung eingereicht. Wenn die durch sei, gehörten die Kinder sowieso ihm, und Amal solle mit ihren Brüdern aufwachsen.« – »Warum hast du sie ihm gegeben?« – »Ich konnte nichts dagegen tun.«

Ich wusste nicht, was ich darauf sagen sollte. Jetzt hatte ich alles verloren. Und keine Kraft mehr, mich zu wehren, nicht gegen diesen Mann. Abdullah hatte das Sorgerecht und ich nichts. Meine Familie hatte machtlos zusehen müssen, wie er meine Tochter in sein Auto setzte und mitnahm. Es musste furchtbar für sie gewesen sein. Erst wird sie von der Mutter allein gelassen, dann kommt der Vater, reißt sie aus ihrer gewohnten Umgebung und bringt sie in die verwahrloste Hütte zu Tante und Onkel.

Ich war einfach nur still. Dass ich für die Kinder kämpfen müsse, hörte ich meinen Vater sagen, jetzt erst recht. Doch seine Worte zogen wie Landschaften am Zugfenster an mir vorbei. »Komm nach Tunesien«, sagte er. »Was hält dich jetzt noch in Deutschland?« – »Nichts, aber ich habe kein Geld für den Flug. Ich habe überhaupt kein Geld, woher denn. Ich habe keine Kinder, kein Geld, keinen Mann und keine Heimat mehr. Nichts mehr.«

Ich wollte nur noch alleine sein. »Ich komme morgen mit Essen vorbei«, rief mir Karimah hinterher, es war ihre Art, mich zu trösten. Ich irrte durch die Straßen. Plötzlich bemerkte ich, dass ich auf dem Weg zur Freundin meines Mannes war. Ich kannte die Adresse, dort gewesen war ich noch nie, aber es war nicht weit. Abdullahs Auto stand vor der Tür. Das Telefon lag auf dem Rücksitz. Ich stieg die Treppen hoch zur Wohnung von El Hemla, klingelte. Sie öffnete, ich fragte, wo Abdullah sei. Wisse sie nicht, war ihre Antwort. Ohne ihr eine Szene zu machen, kehrte ich um.

Wieder in Tunesien

Zwei Monate war es her, dass mich mein Vater nach Hamburg geschickt hatte, jetzt sollte ich wieder zurück nach Tunesien kommen. »Komm heim zu deiner Familie«, hatte er am Telefon gesagt. »Was hast du noch in Deutschland zu suchen? Wir kämpfen um die Kinder.« Was war das für ein absurdes Spiel, das die Männer da mit mir trieben? Ich kam mir wie eine Spielfigur vor, die nach

Lust und Laune bewegt wird. Wenn die Spieler nur wenigstens wussten, was sie taten. Ich wusste es nicht.

Wieder zu Hause in Harburg, legte ich mich sofort ins Bett. Ich weiß nicht mehr, wie lange ich dort blieb – Stunden oder Tage. Ich hatte die Gardine ein Stück weit zurückgezogen, lag auf dem Rücken, die Bettdecke bis zum Kinn, starrte auf den Fensterausschnitt. Meine kleine Draußen-Welt, von der ich so gut wie nichts kannte.

Im Moment wollte ich nie wieder aufstehen. Aus dem grauen Himmel vor dem Fenster rieselten Schneeflocken. Weiß und leicht. Auf dem Asphalt würden sie sich schnell in eine eklige graubraune Soße verwandeln. Ich fror, konnte mich aber nicht entschließen, Feuer zu machen. Wenn ich mir Tee kochte, hüllte ich mich in die Bettdecke ein wie in einen Mantel. Trotzdem war es eisig kalt.

Karimah kam vorbei und brachte mir zu essen. Als ob ich krank sei. Widerwillig nahm ich einen Löffel und zermatschte gekochte Kartoffeln und Zucchini. Vom Spielplatz her hörte ich die Stimmen der Kinder. Wie Hohngelächter tönte es in meinen Ohren. Ich verstand Abdullah nicht. Er musste alles von langer Hand geplant haben. Er hatte von einem Neuanfang gesprochen, obwohl er vorhatte, die Kinder nach Tunesien zu entführen. Oder wollte er wirklich neu mit mir anfangen, und seine Geliebte hat ihn unter Druck gesetzt? Oder hatte er Angst vor mir, vor meinen Wünschen, vor der neuen Schwangerschaft? Warum hat er seinen Kindern, die er angeblich liebt, die Mutter genommen? Nur weil er mich loswerden und zerstören wollte?

Wir hätten zusammen überlegen können, wie wir alles arrangieren. Ich hätte ihm den Neubeginn gerne geglaubt. Habe ihn sogar noch bestärkt darin. Weil ich keine andere Möglichkeit sah. Ich wollte meine Kinder haben und eine Familie, ich wollte arbeiten gehen und mit verantwortlich sein. Gemeinsam alt werden, auch wenn mein Mann mich belog und betrog und grün und blau prügelte.

»Was für eine bescheuerte Illusion«, sagte Karimah.

Ich schlief tagelang, sobald ich aufwachte, hatte ich starke Kopfschmerzen. Ein Gefühl völliger Ohnmacht. Doch eines Abends, es dämmerte, als ich das Fenster öffnete, auf dem Spielplatz war es still, da packte mich das Heimweh nach meinen Kindern, gleichzeitig spürte ich eine Hoffnung. Es gab keinen anderen Weg, als um meine Kinder zu kämpfen. Ich konnte sie nicht dem Onkel überlassen. Dort ging es ihnen nicht gut. Ich musste nach Tunesien zurück, in ihrer Nähe sein, den Kindern zeigen, dass ich für sie da war. Nicht länger warten, dieses Mal wollte ich schneller handeln.

Ich sog die frische Luft ein. Mein Herz raste, und ich wurde von einer Nervosität ergriffen, wie ich sie zuletzt an dem Tag erlebt hatte, als ich zur deutschen Botschaft in Tunis gefahren war. Ich konnte kaum einschlafen, spürte meine Glieder schwer wie Güterzüge und leicht wie Flügel zugleich. Am nächsten Morgen zog ich mir mein blaues Leinenkleid an, eines, das Abdullah nie gemocht hatte, band mir ein weißes Tuch ins Haar, tuschte meine Wimpern und machte mich auf den Weg zu Karimah. Sie musste mir das Geld für ein Flugticket leihen.

Es war warm, ein paar Katzen sonnten sich auf der Straße vor dem Haus, es wurde Frühling, und ich war beschwingt. Los, los, dachte ich. Gut, dass ich nicht wusste, wie lang der Weg werden würde. Karimah überlegte nicht lange und gab mir das Geld. Über Jahre hinweg angespart, jetzt war es auf einmal weg. Sie freute sich mit mir. Sie kannte sogar ein tunesisches Reisebüro, wohin sie mich begleitete. Ich muss schrecklich ausgesehen haben. Hatte kaum etwas gegessen in den vergangenen Tagen, war abgemagert, blass, mit dunklen Ringen unter den Augen. Es kam mir vor, als hätte ich seit Jahren nicht mehr gelacht.

Doch jetzt bebte ich vor Erwartung. »Sei froh, dass die drei in Tunesien sind und nicht in irgendeinem anderen Land«, sagte Karimah. »Schlimm genug. Aber ich werde um das Sorgerecht kämpfen. Ich habe keine Arbeit, kein Geld, kein Konto, keine Versicherung, nicht einmal eine Wohnung. Ich weiß nicht, wie ich für die Kinder sorgen soll. Aber ich muss es versuchen.« – »Nicht einfach, bei der Scheidung wird das Sorgerecht automatisch deinem Mann zugesprochen.« – »Er hat sie doch sowieso schon.« – »Aber sie leben nicht bei ihm, sondern bei seinem Bruder.« – »Das ist es eben, was ich nicht verstehe. Wenn er die Kinder will, warum stellt er sie dann bei seinem Bruder ab?« – »Die Kinder sind Besitz der Familie.« – »Ich liebe sie. Das ist das Einzige, was ich weiß.«

Es war ein angespannter Empfang in Tunesien. Mein Vater holte mich am Flughafen ab. Er war inzwischen in Rente, abgesehen von wenigen Ausnahmen ging er aber trotzdem jeden Tag zu seiner Arbeit. Grau war er geworden. Ob er sich Vorwürfe machte, dass er sich so in seinem Schwiegersohn getäuscht hatte? Er würde es mir nicht sagen – und ich würde ihn nicht fragen.

Ich hätte nicht gedacht, meine Heimat so schnell wiederzusehen. Es war warm, an den Straßenrändern blühte es gelb, auf kleinen Verkehrsinseln grasten Schafe, und in der Luft hing der Duft von Orangenblüten. »Kann ich das Auto fahren?«, fragte ich den Vater. Der sah mich ungläubig an, das gehörte sich nicht für eine Tochter, aber er wusste, dass es mir guttat, und ließ mich. Wenigstens hier in Tunesien wollte ich das Steuer in der Hand halten. Vater nickte melancholisch. Es muss ihn schwer in seiner Ehre gekränkt haben, dass der Schwiegersohn, auf den er so große Stücke gehalten hatte, mich und die ganze Familie so kalt abserviert hatte.

Er fing an zu erzählen: Wie es war, als Abdullah so unerwartet vor der Tür gestanden und nach Amal gefragt hatte. Der Vater war aus allen Wolken gefallen. Gerade noch hatte er gedacht, Abdullah und ich hätten uns versöhnt. Er rechnete damit, dass er Amal bald nachschicken konnte. Und dann präsentierte ihm mein Mann triumphierend das Papier mit der gerichtlichen Verfügung des einstweiligen Sorgerechts für die Kinder. »Es hat keinen Wert mehr, Abdelhamid. Deine Tochter macht mir das Leben zur Hölle. So kann ich nicht mit ihr leben und die Kinder auch nicht«, hatte er gesagt, ohne auf Einzelheiten einzugehen. Die gab es ja auch nicht. Der Vater war schockiert. Hatte er nicht alles getan, um zu helfen? Sogar Mutters Schmuck versetzt, nur damit ich wieder bei meiner Familie sein konnte. Und nun stand der Schwiegersohn vor der Tür und sagte »Alles vorbei«, und dass seine Enkelkinder bei einem Bruder in Tunesien aufwachsen sollen. Ohne Mutter! »Deine Tochter vernachlässigt ihre Kinder. Sie geht arbeiten und lässt die Kinder allein zu Hause. Das ist nicht gut. Bei meinem Bruder werden sie es besser haben.« – »Das kann ich mir nicht vorstellen«, habe er entgegnet. Aber Abdullah wollte sich auf keine Diskussion einlassen, stattdessen pochte er auf den gerichtlichen Beschluss. Den musste der Vater akzeptieren, als Beamter sowieso. »Soll Esma sehen, wie sie alleine zurechtkommt in Deutschland«, setzte Abdullah noch eins drauf. »Jetzt kann sie in Ruhe arbeiten gehen.« Wie scheinheilig, er wusste ganz genau, dass ich meinen Kindern sofort nach Tunesien hinterherreisen würde.

»Komm mit!«, habe Abdullah dann Amal befohlen. Ohne Vorwarnung und Abschied, nur ihre Schulsachen durfte sie mitnehmen. Kurz und schmerzvoll. Das Mädchen hat überhaupt nicht verstanden, was mit ihm geschah. Als mein Mann sie ins Auto gepackt hatte, habe sie mit großen, entsetzten Augen aus dem Rückfenster geblickt. Die ganze staubige Straße hinunter, nicht gewunken, erzählte der Vater mit Tränen in den Augen.

Wegen der Scheidung hatte der Vater einen Anwalt eingeschaltet. Den suchte ich gleich am nächsten Tag auf und bat ihn, alle Hebel in Bewegung zu setzen, damit das Sorgerecht mir als Mutter übertragen würde. Es war ein älterer, dicklicher Mann, ein Parteikollege meines Vaters. Kopfschüttelnd murmelte er: »Wird ein langer Kampf werden, das Sorgerecht für dich zu bekommen. Schwierig, schwierig, aber nicht unmöglich. Zunächst einmal kämpfen wir für das Besuchsrecht, das hast du nämlich bisher auch nicht.« – »Wir schaffen das, oder?«, schwankte ich zwischen Hoffnung und Niedergeschlagenheit. »Wie willst du dich um deine Kinder kümmern?« – »Ich weiß noch nicht, wir werden sehen, wenn es so weit ist.« – »Hast du Wohnung und Geld?« – »Ein Haus, das wir gebaut hatten. Aber es läuft auf Abdullahs Namen.« – »In Deutschland kannst du deinen Mann auf

Unterhalt verklagen, von hier aus ist das schwierig.« – »Er hat die Kinder bei seinem Bruder untergebracht. Ich weiß nicht wie, aber ich werde allen zeigen, dass ich eine gute Mutter bin.« – »Das glaube ich dir, aber das wird dauern.«

Zu Hause war es unerträglich. Wie in einem Gefängnis. Der Vater hatte angefangen, die Gartenmauer aufzustocken, als ob es etwas in der Familie zu verbergen gäbe. Teile des Gartens legte er mit Betonplatten aus. Die seien leichter zu pflegen, sagte er. Die Mutter saß im Haus und machte mir Vorwürfe: »Hab ich dir nicht gleich gesagt, dass du mit Amal hierbleiben sollst? Hättest du doch Mann und Söhne in Hamburg gelassen und wärst hier zufrieden gewesen, der Vater hätte euch schon versorgt. Das hast du nun davon, nun ist deine Tochter auch noch weg. Was willst du jetzt machen?« – »Ich will nichts anderes, als alle meine Kinder wiederhaben!« – »Und dann?«

Ich musste wissen, wie es den dreien ging. So schnell wie möglich, mit oder ohne Besuchserlaubnis. Selbst wenn sie die Hunde auf mich hetzten. Das war mir egal. Ich wollte nachsehen, ob sie wirklich auf dem Bauernhof des Schwagers waren. Und ich wollte ihnen zeigen, dass sie nicht meinetwegen dort waren, sondern weil es der Vater so haben wollte.

Es war Sonntag, ein paar Tage nachdem ich angekommen war. Alles war ruhig, das Land frisch und farbig. Ich hatte mir Jeans und einen weißen Poncho übergezogen und machte mich schon sehr früh morgens auf zur zentralen Bushaltestelle. Vier Stunden Busfahrt. Kalter Wind blies mir ins Gesicht, wie sonst nur im Januar. Im Spiegel eines Café-Fensters sah ich, wie Nase und Wangen rot angelaufen waren. Wie würde ich meine Kinder dieses Mal vorfinden? Wenn sie überhaupt da waren. Bitte, Allah, lass sie da sein. Ohne sie kann ich nicht leben. Was würde ich nicht alles tun, um sie zurückzuholen und ihnen zu zeigen, dass ich sie liebe. Ich weiß nicht, was Abdullah ihnen über mich erzählt hat, aber sie sollen wissen, dass ich für sie da bin.

Im Bus setzte ich mich extra auf einen der vorderen Sitze und ließ mich durch die Scheiben von der Sonne wärmen. Ich döste, träumte, wie ich als Kind die Pfirsiche aus Nachbars Garten geholt hatte, obwohl wir doch selbst welche hatten. Nie hatte mich einer dabei erwischt. Den Ort am Rande der Wüste erkannte ich sofort wieder. Ein Hafenstädtchen. Nur einmal war ich dort ausgestiegen, sonst immer mit dem Auto durchgefahren. Der Leuchtturm am Meer, der Gewürzmarkt, der Fischmarkt, das Dröhnen der Schiffshörner und die Möwen, die wie in Hamburg über dem hübschen kleinen Touristenhafen kreisten. Aber ich war viel zu aufgeregt, um das alles wahrzunehmen. Verschwitzt war ich aus meinen Tagträumen aufgewacht.

Am Bahnhof stieg ich aus. Der Hof des Schwagers lag eine halbe Autostunde entfernt im Hinterland. Ich musste ein Taxi nehmen, eines von jenen gelben Autos, die nicht viel kosten. Wer in Tunesien ein Taxi besitzt, ist ein gemachter Mann. Jeder, der kein eigenes Auto hat, fährt Taxi. Ich nannte dem Fahrer die Adresse, mehr sprachen wir nicht miteinander. Einen halben Kilometer vor dem Haus bat ich ihn, anzuhalten. Ich wollte das letzte Stück des Wegs zu Fuß gehen. Entlang der weiß gekalkten Mauer, die das Anwesen umschloss. Ich kann gar nicht beschreiben, wie aufgeregt ich war. Ich versuchte mir meine Kinder vorzustellen. Jasin mit seiner Brille und den krausen Haaren, die sein Gesicht wie eine dicke Pudelmütze einrahmten, Amin in seinem Matrosenanzug, der ihm so gut stand. Und Amal, die Ernste mit ihrem traurig-trotzigen Blick? Sie wussten nicht, dass ich kommen würde.

Ein Eselsfuhrwerk, das taufeucht geschnittene Kakteenblätter nach Hause kutschierte, begegnete mir. Ich grüßte nicht, obwohl das üblich ist auf dem Land. Je näher ich dem großen Tor kam, desto nervöser wurde ich. Gibt es eigentlich eine Steigerung für nervös? Mein Gesicht brannte, dauernd wischte ich mir meine feuchten Hände an der Hose ab. Ich spürte, wie meine Knie weich wurden. Wenn jetzt gleich die Hunde anfangen zu bellen, mache ich auf der Stelle kehrt, dachte ich. Ich drehte mich um, keiner sollte mich sehen.

Die Versuchung umzukehren war groß, doch dann lehnte ich

mich mit dem Rücken gegen die Mauer und rutschte hinunter bis zur Hocke. Der raue Verputz schob meine Jacke nach oben und kratzte meine nackte Haut wund. Das tat weh. Vor meinem inneren Auge tauchte das letzte Bild von Amal auf. Wie sie geschrien und geweint hatte, als ich vor drei Monaten nach Deutschland aufgebrochen war. Bis zur Wegbiegung hatte ich sie gehört, noch heute habe ich ihr Weinen im Ohr. Mein Rücken brannte. Verdiente Schmerzen, dachte ich. Dafür, dass ich meine Tochter alleine in Tunesien gelassen und dafür, dass ich mir meine Jungen vor meiner Nase weg hatte entführen lassen. Wie blöd war ich nur gewesen? Alles wollte ich jetzt wiedergutmachen. Meine Augen wurden feucht. Ich richtete mich auf, atmete tief aus und schlang mit beiden Händen mein Kopftuch zu einem Turban.

Da sah ich meine Schwägerin aus dem Tor kommen. Links und rechts an der Hand ihre beiden Kinder, dahinter tauchten nacheinander Amin, Amal und Jasin auf. In dieser Reihenfolge, meine Tochter mit einem zu großen Kleid, das ich nicht kannte, die Haare wirr im Gesicht. Amin trug einen dunklen Burnus, wie ihn die Männer im Süden tragen, und hatte einen Stock in der Hand, Jasin war barfuß, seine spindeldürren Beine ragten aus knielangen Hosen, er machte ein paar Hüpfer und hielt seine kleine Schwester an der Hand.

Darauf war ich nicht gefasst, ich war so aufgeregt, dass mir schwindlig wurde. Da waren meine Kinder, alle drei. Sie sahen mich nicht und kamen doch direkt auf mich zu. Ich stand wie angewurzelt, meine Kehle zugeschnürt. Die Worte, die ich mir noch fünf Minuten vorher zurechtgelegt hatte, hatten sich verflüchtigt wie Motten, wenn das Licht ausgeht. Ich wollte etwas sagen, brachte aber nichts heraus.

Jetzt! Sie hatten mich gesehen, Jasin streckte seinen Arm nach mir aus – oder deutete er auf mich? Ungläubige Überraschung spiegelte sich in den Gesichtern der Kinder. Ich versuchte zaghaft zu lächeln, machte ein paar Schritte auf sie zu und richtete dann meinen Blick auf die Schwägerin. Raja, die Hübsche, die ihr dunkles, glattes Haar zum Zopf geflochten trug, den sie wie eine Krone um den Kopf geschlungen hatte. Wir hatten uns immer gut verstanden. Jedes Mal, wenn wir die Familie meines Mannes besucht hatten, war ich mit ihr und den Kindern zusammen zum Strand gegangen. Auch wenn wir Erwachsenen nicht gebadet haben, wir Frauen konnten sowieso nicht schwimmen, war es immer ein schöner Ausflug. Die Kinder hatten ihren Spaß und planschten. Raja und ich, wir waren ungefähr im gleichen Alter, saßen auf einer Decke und haben stundenlang geredet. Wie es uns in der Ehe mit den Brüdern geht, die Kinder, unsere Unselbständigkeit. Beide waren wir mit gewalttätigen Männern verheiratet worden, beide wurden wir geschlagen, sie in Tunesien auf dem großen Bauernhof, ich in der kleinen Hamburger Wohnung.

Ihr Mann arbeitete als Taxifahrer, war ständig unterwegs, wenn er doch zu Hause war, beschimpfte er Frau und Kinder, wie Abdullah es mit uns in Hamburg gemacht hatte. Auch über die unverheiratete Schwester der beiden Brüder sprachen wir. Sie lebte mit ihnen im Haus, führte das Regiment und hatte mehr zu sagen als Raja. Später erfuhr ich, dass meine Kinder von ihr bespuckt und geschlagen worden waren.

Raja war Sozialarbeiterin, berufstätig, eine gebildete Frau eigentlich. Anderen Menschen konnte sie helfen, sich selbst nicht. Sie war zart und litt unter den Erniedrigungen ihres Mannes, trotzdem blieb sie bei ihm. Ich kannte sie gut genug, um zu wissen, dass sie nicht glücklich war über die Situation. Sie musste wissen, wie es mir ging. Da war ich mir sicher. Und bestimmt hatte sie mit ihrem Mann deswegen gestritten.

Mit großen Augen sah sie mich jetzt an. Nicht wirklich überrascht, eher verwundert darüber, dass ich mich traute zu kommen. Sie hatte einen langen Umhang um Kopf und Schultern geworfen, wie ihn Frauen tragen, wenn sie aus dem Haus gehen. Den fasste sie nun mit ihrer rechten Hand und zog ihn enger um sich. »Hallo, ich bin's, Esma«, brachte ich hervor, als ich schon ganz nah vor der Gruppe stand. »Salam«, grüßte sie und streckte mir ihre Hände entgegen, als wolle sie mich in den Arm nehmen.

Wollte sie mir das Wiedersehen erleichtern? Trotzdem, ich wich zurück und hatte das Gefühl, etwas Verbotenes zu tun. Mit einer tiefen Stimme, als sei ich eben erst aufgewacht, murmelte ich: »Bitte, ich möchte meine Kinder besuchen.« Die Kinder starrten mich mit offenem Mund an. Keines machte einen Mucks. Kein »Mama, Mama«, wie sonst. Nur gespanntes Schweigen. Amin sah mich an, als würde er ein seltenes Tier sehen, das ihm zufällig über den Weg gelaufen ist. Sie waren völlig verschüchtert.

Und ich traute mich noch immer nicht, die Kinder direkt anzusprechen. Wie angenagelt stand ich und wandte mich noch einmal an die Schwägerin: »Ich bin nur gekommen, um meine Kinder zu sehen. Kann ich ein wenig bleiben?« – »Ja klar, warum denn nicht«, antwortete Raja. Ihre Worte wirkten auf mich wie eine Erlösung. Endlich. Ich hätte weinen können. Ich stürzte mich auf die Kinder, beugte mich zu ihnen, nahm alle drei gleichzeitig in den Arm. Ein wenig unbeholfen, aber glücklich. »Wo wollt ihr hin?«, stammelte ich. »Störe ich euch?«

»Nein«, hörte ich Raja sagen, »ich verstehe dich. Natürlich kannst du eine Weile bleiben und deine Kinder besuchen.« Jetzt erst wagte ich es, sie richtig anzusehen. Wie verschreckt sie waren. Was hatte man ihnen bloß über mich erzählt? »Salam, meine Süße«, begrüßte ich Amal, die scheu einen Schritt zurück hinter ihren großen Bruder trat. Was ging wohl in ihrem Köpfchen vor? »Wie geht's euch, meine Großen?«, fragte ich, schüttelte sie ein wenig an den Armen, an denen ich sie gepackt hatte. Ich ging in die Hocke und lachte so herzlich, wie ich nur konnte. Einfach weglachen wollte ich unseren Kummer. Doch die Kinder blieben misstrauisch. Vermutlich hatten mein Mann und seine Familie kein gutes Haar an mir gelassen. Ich musste vorsichtig sein und wich zurück.

»Komm mit, wir gehen zurück ins Haus«, meinte Raja. Sie war mutig, aber das erfuhr ich erst später. Während wir an der hohen Mauer entlanggingen, versuchte ich Amals Lockenkopf zu kraulen, wie ich es immer gemacht hatte. Sie ging mir aus dem Weg, doch plötzlich drehte sie sich um und fragte vorwurfsvoll:

»Wo warst du? Warum bist du weggegangen und nicht wiedergekommen?« – »Ich wollte ja, aber ich konnte nicht.« – »Papa hat uns gesagt, du willst nicht mit nach Tunesien kommen«, mischte sich nun auch Jasin ein. Und auf einen Schlag hatte ich alle drei Kinder an meiner Hand, sie drängten sich um mich und bestürmten mich mit Fragen. Ich war so durcheinander, dass ich nur die Hälfte verstand, aber ich war glücklich. Nie hatte ich mich ihnen inniger verbunden gefühlt als jetzt.

Das große Eingangstor quietschte und hing schräg in den Angeln. Es war nicht leicht zu öffnen. Die Kinder drückten sich dagegen, dann überquerten wir in fünf Schritten das heruntergekommene Grundstück bis zum Haus. Kein Platz zum Spielen, dachte ich, nur Müll, alte verrostete Eisenarmierungen, Betonschrott, am Rand stachelige Kakteen, in denen sich Abfall verfangen hatte. Die Gräser, die zwischen den Betonplatten wucherten, waren windzerzaust.

Die Kinder zerrten mich ins Wohnzimmer, sie wollten erzählen. Dass der Vater ihnen Geld aus Deutschland schicken würde und ob ich das jetzt auch tun wolle. Warum ich nicht gleich mitgekommen sei? Dass die Lehrer in der Schule viel strenger seien und dass sie geschlagen werden. Mir kamen die Tränen. Ich drehte mich weg, ich wollte nicht, dass sie mich so sahen, und schaute auf die kahlen Wände, die braun verputzt waren. Kein Bild, kein Foto, keine Plastikblume im Zimmer, alles war grob und freudlos. Auf dem Boden lagen Matratzen ohne Überzug. Wie hielten es die Kinder nur aus hier?

Vom Flur her hörten wir die Schwester meines Mannes lamentieren. »Was hat Esma hier zu suchen? Hat Abdullah nicht gesagt, dass wir ihr das Haus verbieten sollen? Was will sie von den Kindern?« – »Sie möchte sie nur sehen«, antwortete meine Schwägerin. »Aber sie schadet ihnen. Sie ist keine Mutter, anstatt sich um die Kinder zu kümmern, treibt sie sich herum. Das gehört sich nicht für eine verheiratete Frau. Die Kinder brauchen eine strenge Hand wie bei uns.« Ich sah sie nicht und hatte deshalb auch keinen Grund, ihr Rede und Antwort zu stehen. Sie kam nicht herein, vielleicht musste sie zu den Tieren. Ich war froh darüber.

Mein Schwager war nicht im Haus, deshalb hatte uns Raja mitnehmen können. Als Taxifahrer hatte er alle Hände voll zu tun. Es war die Zeit im Frühjahr, in der die ersten Touristen von der tunesischen Küste aus in die Wüste gebracht werden wollen. Die Kinder und ich zogen unsere Schuhe aus, und wir ließen uns auf die Matratzen fallen, alle drei auf meinem Schoß. Wie dünn sie waren! »Bekommt ihr auch genug zu essen?«, fragte ich. Sie nickten, nur nicht so viel Süßigkeiten wie in Deutschland. Alle redeten durcheinander, bis ich endlich fragte: »Wie gefällt es euch hier in Tunesien? Bei der Tante und dem Onkel? Mit den Cousins?« – »Ganz gut«, antwortete Jasin und drehte sich weg.

Ich wusste, dass das nicht stimmte. Mein Schwager war aus dem gleichen Holz geschnitzt wie mein Mann. Er prügelte, auch die Kinder. Nicht umsonst hatte Abdullah die Kinder gerade dorthin gebracht. Ich strich ihnen über die Köpfe. Scheu wie Katzen wichen sie aus, um sich im nächsten Moment noch mehr an mich zu drängen. »Und die neue Schule?«, fragte ich. »Wir lernen jetzt Französisch«, rief Amin, »ganz toll.« Da konnte auch Amal mitreden. Immerhin lernte sie schon länger als ihre Brüder. Stolz erzählte sie, dass sie schon viel besser Französisch spreche als Jasin und Amin. »Und besser Arabisch schreiben kann ich auch.«

Meine armen Jungs, sie mussten alles neu lernen. Bisher waren sie ja nur in Deutschland zur Schule gegangen. »Farid, du weißt schon, dein türkischer Freund aus Hamburg, lässt dich grüßen. Ich soll dir sagen, dass er dich vermisst«, sagte ich zu Amin. Ich log, ich hatte Farid gar nicht gesehen, aber irgendwie wollte ich meine Kinder daran erinnern, dass ihr eigentliches Leben in Hamburg stattfand. Was ihre Schulfreunde dort wohl dachten? Bestimmt wurden die Jungen vermisst. Ob Abdullah sie an der Schule abgemeldet hatte? Erst jetzt dachte ich daran.

»O ja, mir fehlt Farid auch«, antwortete Amin. »Aber sag ihm bitte, dass ich im Moment nicht kommen kann, weil ich nicht mehr bei meinen Eltern lebe. Sie müssen beide für uns arbeiten und können sich nicht um uns kümmern.« Das hatte ihm Abdullah also erzählt. Wie vernünftig und verständnisvoll mein Großer schon war. Trotzdem drehte sich mir der Magen um, als ich diese Ausrede hörte. Ich nahm Amin in den Arm und knuffte ihn. Er war so zerbrechlich mit seinen zehn Jahren. Ich wusste genau, dass die Kinder hier auf dem Bauernhof mithelfen mussten und nicht viel zu essen bekamen.

Aber ich konnte im Moment nicht mehr tun, als ihnen zu zeigen, dass ich sie nicht vergessen hatte. »Bleibst du jetzt hier?«, wollte Amal wissen und schmiegte sich an meinen Hals. Ich schaute zu meiner Schwägerin, sie zog die Schultern hoch und ließ sie wieder fallen. Dann verschwand sie in die Küche, um Tee zu kochen. Ich wusste, was das hieß. Sobald ihr Mann nach Hause käme, würde er mich verscheuchen. Die Tränen schossen mir in die Augen, und plötzlich war es die kleine Hand von Amal, die mir das Kopftuch vom Kopf zog und in meinen Haaren wühlte, wie ich es sonst immer bei ihr getan hatte. »Nicht traurig sein, Mami«, sagte sie. »Ich verspreche dir, dass ich ganz fleißig in der Schule bin. Ich lerne schnell, und wenn ich fertig bin, komme ich zu dir.« Jetzt weinte ich erst recht. Diesen Moment werde ich nie vergessen. Sie wollte mich trösten wie eine Mutter. Dabei war sie doch erst knapp sechs Jahre alt.

Raja brachte uns Couscous, das wir mit Fingern aßen. Wie früher, alle zusammen, ich kann mich nicht erinnern, dass hier je etwas anderes gekocht worden wäre. Es war gut, fast hätte ich vergessen, dass meine Zeit begrenzt war. »Abdullah hat verboten, dass du die Kinder besuchst und mit ihnen sprichst«, sagte Raja. – »Aber er hat sie mir weggenommen. Ich muss sie doch wenigstens sehen können« – »Ich weiß, dass du leidest und was du durchmachst. Aber ich kann nichts dagegen tun.« – »Warum soll ich keinen Kontakt zu meinen Kindern haben? Ich bin doch die Mutter.« – »Das bedeutet gar nichts, die Familie des Vaters zählt. Am besten wäre es, du ließest sie ganz in Ruhe.« – »Könntest du das?« – »Nein, natürlich nicht.«

Ich ging mit den Kindern vor die Mauer auf die Straße. Das durften sie sonst nie. Wir spielten Reifen drehen. Aus einem Haufen Müll hatten die Jungen einen Eisenreifen hervorgezogen, ein krummes, verbeultes Ding, aber das trieben wir nun mit Stöcken den steinigen Weg rauf und runter. Einer nach dem anderen. Derjenige, bei dem der Reifen nicht umfiel, hatte gewonnen. Ein Spiel, das sonst nur Jungs spielen. Ich war selig, dass meine Kinder es mit mir spielten und auch noch ihren Spaß dabei hatten. Sogar Amal, die immer so ernst war, lachte laut schallend, so vergnügt hatte ich sie selten gesehen.

Wieder zurück auf dem Hof, kam gegen Abend Abdullahs Bruder von der Arbeit nach Hause. Ein schmächtiger Mann, dem das Taxifahren den Rücken gebeugt hatte. Er schimpfte, als er uns im Wohnzimmer sitzen sah. Aber das hatte ich erwartet, ich tat gleichgültig, als wäre ich nicht gemeint. Wütend blickte er mich aus seinen grünen Augen, wie auch mein Mann sie hatte, an: »Was tust du hier? Scher dich heim zu deiner Familie.« Gleichzeitig fuhr er seine Frau an: »Wie konntest du sie nur hereinlassen? Sie hat kein Besuchsrecht. Wer hat dir das erlaubt? Mein Gott, du weißt doch genau, dass Abdullah das nicht will. Das ist gegen die Abmachung.« Er packte Raja am Arm und bugsierte sie wie eine Puppe aus dem Raum. Ich solle mich sofort aus dem Staub machen, schrie er mich an. Wie ich es nur habe wagen können, ins Haus zu kommen?

Ich stand auf, eine unbekannte Wut überkam mich. Ich hatte nichts mehr zu verlieren! Sollte er doch toben, wie er wollte. Ich schaute auf meine Kinder, die uns ängstlich beobachteten, und verschränkte provozierend die Arme vor der Brust. Der Tag mit ihnen war zu schön gewesen, weil ich ihnen endlich zeigen konnte, wie sehr ich sie liebte. Und sie mich! Ich würde mich nicht vor ihren Augen von meinem Schwager hinauswerfen lassen. Angst hatte ich keine vor ihm, nicht mehr.

Aber es tat mir leid, dass die Kinder den Streit mit anhören mussten, deshalb sagte ich so ruhig wie möglich: »Du kannst mich jetzt nicht raus in die Nacht schicken. Es ist zu spät, ich bekomme kein Taxi mehr, und es fährt auch kein Bus, der mich heute Abend noch nach Hause bringen könnte.« Dann setzte ich mich wieder und zog Amal zu mir. Sofort legte sie ihren Kopf auf meine Knie. Sie war warm, und ich fühlte mich sicher. »Ich bleibe bis morgen«, sagte ich, »egal ob es dir passt oder nicht.« Da merkte der Schwager, dass er diese Runde verloren hatte.

Er stieß noch ein paar böse Verwünschungen aus, schlug mit der flachen Hand an die Wand und schrie: »Aber deine Söhne schlafen nicht bei dir. Bilde dir ja nicht ein, dass du sie anfassen darfst. Abdullah hat's verboten, komm ihnen bloß nicht zu nahe. Es sind unsere Kinder und nicht mehr deine.« – »Ich werde ihnen nichts tun«, entgegnete ich kühl. »Ich bin die Mutter, und keiner kann mir das Recht nehmen, sie zu sehen.« – »Doch, du hast keinen Zutritt zu ihnen, das ist gerichtlich. Sie sollen nicht hin- und hergezerrt werden. Wer weiß, was du ihnen für Flausen in den Kopf setzen würdest. Du bist nicht in der Lage, dich um sie zu kümmern. Abdullah hat das Sorgerecht, fertig.« – »Das wird sich bald ändern«, wollte ich mich wehren, aber das hörte er nicht mehr, polternd schickte er die Jungs in ein anderes Zimmer zum Schlafen.

»Untersteh dich, ihnen zu nahe zu kommen«, rief er über die Schulter. Als ob er fürchtete, ich könnte sie verhexen. Ach, es war mir egal, was er dachte. Den Tag konnte er uns nicht mehr nehmen. Schade, dass ich mich nicht zu meinen Jungen legen durfte, aber nun kuschelte ich mich eben mit Amal auf den Matratzen im Wohnzimmer zusammen. Raja brachte uns eine Decke, die wir über uns zogen. Als ich Amals warmen Atem an meinem Hals spürte, überkam mich eine große Traurigkeit.

Natürlich konnte ich nicht schlafen, ich glaube nicht, dass ich ein Auge zugemacht habe. Die ganze Nacht hörte ich meinen Schwager im Haus herumgeistern. Er stand auf, legte sich wieder hin. Sein Zimmer lag zwischen dem Kinder- und dem Wohnzimmer. Wahrscheinlich hielt er Wache, damit ich meine Söhne nicht wecke und heimlich mitnehme. Die Kinder entführe wie sein Bruder. Unerträglich, dieses gegenseitige Belauern. Ich hätte sie gerne mitgenommen, aber was dann? Abdullah würde kommen und sie zurückholen.

Die Kinder taten mir leid, sie waren noch so klein und konnten unseren Kampf nicht verstehen. Ich wälzte mich von der einen zur anderen Seite und zermarterte meinen Kopf: Wie würde der Morgen werden, an dem wir uns verabschieden mussten? Ich konnte es mir nicht vorstellen. Ein Albtraum, gerade erst gefunden, musste ich sie schon wieder verlassen. Einfach das Feld räumen. Wer weiß, wann ich sie wiedersehen würde. War es nicht besser für die Kinder, bei der Mutter zu leben als beim Onkel? Das musste doch jedes Gericht einsehen! Doch vorerst musste ich mich beherrschen und so gefasst wie möglich gehen. Erst gegen Morgen fiel ich in einen leichten Schlaf.

Montag. Die Kinder waren früh auf den Beinen, weil sie zur Schule mussten. Amin und Jasin wollten gleich zu mir laufen, wissend, dass es unsere letzten gemeinsamen Minuten waren, aber der Onkel stellte sich ihnen in den Weg. Ich durfte sie nicht mehr in den Arm nehmen. Also stand ich im Flur und beobachtete von dort aus, wie sich meine und Rajas Kinder anzogen. Es war wie früher bei meinen Geschwistern und mir. Jeder holte sich irgendein Kleidungsstück aus dem Schrank. Es gab nicht deine und meine Kleider, sondern Kleider für alle. Die Jungen schnappten sich Hose und Hemd, die Mädchen Kleid und Weste und streiften sich über, was ihnen in die Hand fiel. Was dem einen nicht passte, bekam der andere oder umgekehrt.

Ich stand immer noch im Flur und versuchte mit ihnen zu reden, um ihnen den Abschied leichter zu machen. »Wie toll ihr ausseht in euren Schuluniformen. Ganz schön.« – »Kommst du uns wieder besuchen?« – »Wenn ich darf, sofort. Jede Minute denke ich an euch, auch wenn wir uns nicht sehen.« – »Wirklich?« – »Ja, wir werden uns bald wiedersehen.« – »Wann?« Darauf wusste ich keine Antwort. Ein wenig verstört und mit gesenkten Köpfen gingen Amin und Jasin an mir vorbei. Amal drückte sich für eine Sekunde an mich, dann rannte sie hinter ihren Brüdern her nach draußen. Nur Jasin hat sich kurz umgedreht, um zu winken. Seine winkende Hand in der Luft, seine gespreizten Finger, war das Letzte, was ich von den dreien sah. Schmerz durchzuckte mich. Ich wollte schreien, doch damit hätte ich es den Kindern nur noch schwerer gemacht. Also schwieg ich.

Wie lange wird es dauern, bis ich sie wiedersehe? Wenn mir in diesem Moment einer gesagt hätte, dass es zwei Jahre würden, hätte mich keiner von diesem Hof weggebracht. »Lass dich nicht mehr bei uns blicken, hörst du? Du hast keine Chance«, warnte mich der Schwager. Konnte er mich um Himmels willen nicht in Ruhe lassen? Ich ging an ihm vorbei ins Kinderzimmer. Dort nahm ich die Decken, in die sich meine Söhne zum Schlafen eingewickelt hatten, hob sie hoch, sog ihren warmen Geruch ein und legte sie zusammen. Eine nach der anderen. Ganz langsam.

Dann griff ich mir mein Kopftuch, knotete es um meinen Kopf, bedankte mich für die Gastfreundschaft und lief nach draußen. Lief die Straße an der Mauer entlang, es war kühl, die Morgenluft schwer zu atmen. Hastig und flach zog ich sie ein. Hinter mir hörte ich die Hunde bellen. Der Besuch hat sich gelohnt, dachte ich. Egal wo die Kinder sind, ich will um sie kämpfen. Das war alles, was ich ihnen sagen wollte. Ich glaube, das haben sie verstanden, ich hoffte es inständig.

Nach dem Besuch vergrub ich mich zu Hause. Mir fiel die Decke auf den Kopf, ich war deprimiert und verzweifelt. Am liebsten wäre ich gleich wieder aufgebrochen, doch der Vater warnte mich. »Pass auf, sonst kommt Abdullah auf die Idee und versteckt die Kinder irgendwo in Algerien.« Er hatte recht. Sicherlich gab es dort weitläufige Verwandtschaften, zu denen er sie schicken konnte und die auch bereit waren, gegen gutes Geld ihre Versorgung zu übernehmen. Tagelang heulte ich, ich wollte nichts mehr essen und mit keinem sprechen.

Der Antrag beim Familiengericht auf das Sorgerecht lief. Zu Anfang dachte ich noch, ich könnte das ganze Verfahren beschleunigen, indem ich jeden Tag beim Anwalt aufkreuzte, aber auch er konnte nichts tun. Noch bevor irgendein Richter den Antrag gelesen hatte, machte das Gericht Sommerpause. Das bedeutete warten, lange warten.

Wenn ich nur etwas tun könnte! Alle erdenklichen Möglichkeiten überlegte ich. Der ältere Bruder meines Mannes, Mahmoud, der Mann auf dem Sozialamt, er musste mir helfen. Er hat uns damals schließlich zusammengebracht und trug so etwas wie Mitverantwortung. Er hatte meinem Vater versprochen, dass Abdullah mir ein guter Ehemann sein würde. Darunter stellte ich mir etwas anderes vor. Ich wollte, dass Mahmoud seinen Bruder überredete, mir die Kinder zu lassen. Ich nahm ein Taxi. Es war ein regnerischer, aber warmer Tag. Seit meinen seltsamen Flitterwochen war ich nicht mehr bei Mahmouds Familie gewesen. Die Terrasse, über die ich zur Haustür ging, stand unter Wasser. Ich hatte nur Badelatschen an, meine Füße waren nass. Aber die Erde dampfte, als würde sie neu erschaffen.

»Was willst du?«, fragte mich die Schwägerin. »Mit Mahmoud sprechen.« Sie hatte dunkle Ringe unter den Augen, ihr Gesicht war aufgedunsen, sie schien mir noch frustrierter als damals. Aber sie war freundlich und bat mich in die Küche, das dunkle Loch. Ich setzte mich auf einen dieser stapelbaren, weißen Campingstühle, während sie ihren kleinen Sohn schickte, den Vater zu holen. Der Mann hatte seinen Job verloren und hing nun fast den ganzen Tag im Café herum. Schon nach ein paar Minuten kam das Kind mit Mahmoud im Schlepptau zurück.

»Was willst du noch hier, du …?«, fragte er schroff, während seine Frau Wasser für Tee aufsetzte. Offensichtlich hatte Abdullah seine ganze Familie gegen mich aufgehetzt. »Erinnerst du dich«, schnitt ich ihm das Wort ab, »dass du mich mit deinem Bruder zusammengebracht hast? Du bist verantwortlich für uns. Du hast meinem Vater versprochen, dass du deine Hand für Abdullah ins Feuer legen würdest und dass er ein guter Mann für seine Tochter sei, weißt du das noch? Aber dein Bruder hat meine Kinder entführt. Nennst du das einen guten Vater und einen guten Ehemann?« – »Abdullah sagt, es sei die beste Lösung.« – »Dass die Kinder getrennt von Mutter und Vater aufwachsen? Findest du das in Ordnung?« – »Wenn du nicht in der Lage bist, dich um sie zu kümmern: Ja.« – »Wer sagt das?« – »Abdullah.« – »Dass ich nicht lache. Wer reißt die Kinder aus ihrer gewohnten Umgebung und stellt sie bei seinem Bruder ab? Wer kümmert sich hier nicht um sie? Er oder ich?« – »Er muss arbeiten, um sie zu ernähren.« – »Nein, er lebt, wie er will, und kann nach Herzenslust mit seiner Freundin rummachen. Warum kann ich nicht leben, wie ich will?« – »Das wäre nicht gut für die Kinder.« – »Doch, wenn sie schon keinen Vater haben, der sich um sie kümmert, dann brauchen sie wenigstens eine Mutter. Sie sind hier total fremd, sie gehören zu mir nach Hamburg!«

Mahmoud hatte zugehört, aber er wollte sich auf kein Gespräch einlassen. Für ihn hatte mich Abdullah verstoßen, und fertig. Dass ich jetzt zu ihm kam und um die Kinder bettelte, erniedrigte mich in seinen Augen. Das gehört sich nicht. Eine verlassene Frau schweigt und fügt sich. Und sollte froh sein, wenn sie überhaupt irgendwo unterkommt. Ich war aufgesprungen, nervös lief ich durch die Küche. Mahmouds Haltung machte mich wütend, so wütend, dass ich kaum noch wusste, was ich sagte. »Nimmt sich eine Geliebte, dieses Schwein, prügelt mich grün und blau und lässt mich sitzen, dieses Schwein, unverantwortlich!« Mahmoud, der Kuppler, ist doch schuld an meinem jahrelangen Leiden. Wie scheinheilig er damals im Büro verkündet hat, dass er einen passenden Job für mich habe. Als Frau seines Bruders. Dass ich nicht lache. Ein Job, der mich nicht nur zur Sklavin, sondern zum Haustier degradierte.

Alles kam jetzt hoch. Alles, wofür ich mich schämte und worüber ich nie gesprochen hatte, entlud sich auf einmal. Wenn ich nur daran dachte, wie naiv ich damals in die Ehe gerutscht war. Ich schrie, in meinem Zorn stieß ich sogar das Teeglas um, das mir meine Schwägerin eingeschenkt hatte, und die Flüssigkeit ergoss sich auf den Steinfußboden. Die Tochter kam mit einem Tuch, um es aufzuwischen.

»Abdullah hat die Entführung der Kinder eiskalt geplant und mich sitzengelassen. Schwanger! Hörst du? Er hat mich schwanger sitzenlassen. Ich bin schwanger!« Mit keinem hatte ich bisher darüber gesprochen. Jetzt schleuderte ich Mahmoud die Sätze ins Gesicht. Meine ganze Aggression, die sich gegen Abdullah angestaut hatte, brach aus mir heraus: »Ein Kind der Gewalt!« – »Schwägerin«, sagte Mahmoud süffisant und wischte sich seine Hände an der Hose ab. »Soll ich dir das wirklich glauben? Oder willst du mich nur erpressen?« – »Frag doch deinen Bruder?«, zischte ich und merkte, wie plötzlich alle Luft aus mir heraus war.

Aber da brachte mir meine Schwägerin schon meinen Mantel, den ich an der Garderobe aufgehängt hatte. Gehorsam wie ein Kind schlüpfte ich hinein. Er war zu groß, warf Falten auf den Schultern. Ich drückte mich an meinem Schwager vorbei, trat vor den Spiegel im Flur, ohne mich wirklich darauf zu konzentrieren, dann lief ich durch die Terrassentür hinaus auf die Straße. Jetzt erst spürte ich, wie kalt meine Füße waren. Es roch nach Thymian und Myrte, und das Wasser tropfte aus den Akazienbüschen, als würden sie weinen.

Welche Demütigung! Warum habe ich mich bloß hinreißen lassen, von meiner Schwangerschaft zu erzählen? Was war in mich gefahren, mich dermaßen bloßzustellen? Ich schämte mich und kickte das Wasser in den Regenpfützen vor mir her, als könnte es etwas dafür. Mein Vater, sollte er je von meinem Besuch bei Mahmoud erfahren, würde toben. Die lässt sich nicht nur ihre Kinder entführen, sondern auch noch schwängern, und läuft dann kopflos zur Familie des Ehemanns und bettelt um Hilfe. Wie sollte ich ihm das erklären? Ich konnte doch nicht erzählen, dass ich mich meinen Kindern zuliebe noch einmal auf eine Beziehung mit Abdullah eingelassen hatte. Dass ich mich selbst unter Druck gesetzt habe, weil ich wollte, dass er Amal zu uns holt. Wie konnte ich ahnen, dass er mein Vertrauen so schamlos ausnützen würde?

Ich lief den ganzen Weg von einem Ende der Stadt zum anderen zu Fuß nach Hause. Der Regen hatte wieder eingesetzt, das Wasser troff mir aus den Haaren und übers Gesicht. Es machte mir nichts aus, meine Beine waren nass bis hoch zu den Knien. Das ist das Ende, dachte ich. Keiner mehr da, den ich um Hilfe bitten kann. Kann ich unter solchen Umständen ein viertes Kind bekommen?

»Nein«, sagte meine Mutter hart, »kommt nicht in Frage.« Nach ein paar Tagen hatte ich mich durchgerungen, mich ihr anzuvertrauen. Wir waren allein. Sie saß in der Küche, hatte ihre Hände im Schoß gefaltet, ich zog mir einen Stuhl heran, setzte mich neben sie und sprudelte einfach drauflos. Ich hab sie gar nicht angesehen, weil ich mich genierte, aber ich erzählte alles: von der Hochzeitsnacht bis zu Abdullahs Schlägen, von meiner Einsamkeit in Hamburg, von meiner Abhängigkeit, meinen Depressionen, von meiner Sorge um die Kinder und von meiner neuen Schwangerschaft. So in Fahrt war ich, dass ich gar nicht bemerkte, wie meine Mutter anfing zu weinen. Erst als sie mit ihren Fingern nach meinem Gesicht tastete, unsicher wie eine Blinde, hörte ich auf. Ihre Hände waren weich wie Filz, sie rochen nach Oliven. Ich nahm sie in meine und legte demütig meinen Kopf hinein. Warum hatte ich das nicht früher gemacht?

»Ich werde dir helfen«, murmelte die Mutter. »Keiner soll davon wissen.« Sie wusste, was ich litt. »Kümmere dich um die Kinder, die du hast«, räusperte sie sich und zog geräuschvoll die Luft durch ihre tränennasse Nase. »Du musst für deine Kinder da sein. Musst alleine für sie sorgen.« – »Wie? Ich habe nichts gelernt, nicht einmal zu denken habe ich gelernt.« – »Du wirst es schon schaffen, bist ein kluges Mädchen. Aber nicht hier. Wirst hier nie selbständig und ohne Mann leben können. Du musst zurück nach Deutschland. So bald wie möglich, aber ohne Kind.«

Sie hatte recht. Ein Baby würde ich nicht versorgen können, nicht wenn ich unabhängig sein will und arbeiten. Wenn ich das Sorgerecht für meine drei haben will, muss ich auch für sie sorgen. In Tunesien würde ich keinen Job bekommen, mit einem Baby sowieso nicht. Ich musste zurück nach Deutschland und dort mein Glück versuchen.

Ich weiß nicht wie, aber meine Mutter hat die Abtreibung organisiert. Innerhalb von ein paar Tagen. Ein Arzt außerhalb der Stadt. Nachdem ich ihm meine Geschichte erzählt hatte, ging alles sehr schnell. Irgendwie hätte die Schwangerschaft auch ein Neuanfang sein können. Doch diese Hoffnung war nun endgültig gestorben. In den folgenden Wochen lag ich krank im Bett, hatte Schmerzen in der Hüfte, konnte kaum laufen. Unerträgliche Kopfschmerzen kamen dazu. Meine Mutter kochte Tee, sie brachte mir zu essen, deckte mich zu, setzte sich an mein Bett und sprach mit mir. Alles, was sie noch nie getan hatte. Fast schien es, als habe mein Leid sie ein Stück weit aus ihrer eigenen Hoffnungslosigkeit und Depression herausgerissen. Wenn sie es schon nicht geschafft hatte, aus ihrem abhängigen Leben auszubrechen, so dachte sie wahrscheinlich, dann sollte es wenigstens ihre Tochter schaffen.

Es dauerte trotzdem eine ganze Weile. Immer wieder zog ich mich voller Angst in mein Schneckenhaus zurück. Warum sollte ich wieder zurück nach Deutschland? Auch wenn ich meine Kinder hier nicht sah, so war ich ihnen in Tunesien doch näher als in Hamburg. Ich könnte sie holen und mit ihnen in unser neu gebautes Haus einziehen. – Eine schöne Vorstellung, mehr nicht.

Beim Gericht war das Sorgerechtsverfahren auf Eis gelegt. Die zuständigen Mitarbeiter seien in Urlaub, hieß es. Inzwischen war es Sommer, heiß wie immer, am Spätnachmittag staute sich die Hitze im Haus. »Die Scheidung ist durch«, kam der Vater eines Tages mit einem Brief von seiner ehemaligen Arbeitsstelle, wo er jeden Tag nach dem Rechten sah. Ich stand mit Mutter in der Küche und wusch die Wäsche. Der Vater legte den Brief auf den Tisch: Geschieden! »Jetzt musst du zurück«, sagte er. »Ja, ich weiß.« – »Du darfst deine Aufenthaltsbewilligung nicht riskieren.« – »Und ich muss der Welt beweisen, dass ich meinen Kindern ein besseres Zuhause bieten kann, als sie das bei ihrem Onkel haben.« – »Wenn du Arbeit findest, kannst du sie nachholen, sobald du das Sorgerecht hast.«

Ich wusste nicht, wie der Vater sich das vorstellte. Noch viel weniger konnte ich mir vorstellen, wie das gehen sollte. Von

Hamburg hatte ich all die Jahre nichts gesehen, nur die wechselnden Wohnungen und ein paar Geschäfte. Deutsch sprach ich kaum. Die Kultur kannte ich nicht. Wo sollte ich unterkommen? Wie Geld verdienen? Ich war frei, konnte das Wort Freiheit aber nicht einmal buchstabieren.

7.
»Frei wie noch nie«

Ein Septembertag. Noch heiß in Tunesien, aber kalt in Hamburg. Mit einer Plastiktüte und 50 DM, die mir der Vater gewechselt hatte, war ich losgezogen. Ohne konkrete Vorstellung, wie es weitergehen sollte. Aber in Tunesien konnte ich nichts mehr für meine Kinder tun. Als ich mit festen Schritten die Gangway bis zur Flughafenhalle entlangging, fröstelte ich. Ich hatte nur ein dünnes Sommerkleid mit Stoffjacke an. Einen Pullover hatte ich nicht eingesteckt, überhaupt keine Kleidung. Nicht daran gedacht. Der Beamte an der Passstelle musterte mich von oben bis unten. Ich versuchte, mich mit seinen Augen zu sehen: Wer ist das denn? Gehört die hierher? Eine Fremde? Er schaute in meine Papiere, schaute mich an, schaute in die Papiere. Ich legte meine Hand ans Ohr, damit ich ihn besser verstehen würde, wenn er etwas sagen oder fragen würde. So große Angst hatte ich vor den ersten Worten. Ich konnte noch immer kein Deutsch. Aber er wollte nichts von mir, sagte nur: »Guten Tag.«

Vor dem Flughafengebäude wehte ein leichter Wind, die Sonne war gerade untergegangen und hüllte die kleinen Wölkchen in einen pfirsichroten Umhang. Der verblasste schnell, der Himmel schien alles Licht aufzusaugen. Ich zog meine Jacke fester um mich. Wohin jetzt? Es würde sich schon etwas ergeben, hatte ich in Tunesien gedacht, wenn ich erst einmal in Hamburg war. Jetzt war ich da. Und? Wie weiter? Ich zögerte und stieg in ein Taxi. »Hamburg-Harburg«, sagte ich. Weiß der Himmel, warum gerade diese Adresse. »Harburg«. Ausgerechnet. Mir fiel spontan keine andere Adresse als die meines Mannes ein.

»Halt, aussteigen«, schrie ich den Taxifahrer unvermittelt an, als er bei Aldi um die Ecke bog und ich den Spielplatz erkannte. Er stutzte. »Entschuldigung«, stammelte ich, Gott, war ich aufgeregt, was konnte der arme Mann dafür. Ich drückte ihm 20 Mark in die Hand und schlug die Autotür hinter mir zu. Inzwischen war es dunkel geworden, und die Straßenlaternen brannten. Ohne mich umzusehen, ging ich auf die Haustür zu und stieß sie auf. Dieser erdig-scharfe Modergeruch im Hausflur, o Mann, er war mir verhasst und vertraut zugleich. Ich tastete nach dem Lichtschalter. Mein Gesicht glühte, aber innerlich war ich eiskalt. Ich musterte die Flurwand: Fünf Zentimeter über dem Boden zog sich eine rostrot gezackte Linie an den Fliesen entlang. Putzwasserspuren. Es sah aus, als hätte es eine Überschwemmung gegeben. Als mir der Hausbesitzer aus dem flirrenden Halbdunkel entgegenkam, schreckte ich zusammen. Er schien überrascht. »Guten Abend«, sagte ich forsch. Wenn ich ihm früher begegnet war, hatte er meistens eine Taschenlampe bei sich, um in die eine oder andere Ecke zu leuchten. Das Haus war marode, aber zum Renovieren war kein Geld da. Ich hatte mich öfters mit ihm unterhalten. Ein sonderbarer Mensch, einsam, ohne Frau und Kinder. Hat mir leid getan. Immer suchte er das Gespräch mit den Mietern. Aber jetzt machte er mir schnell Platz, damit ich an ihm vorbeikomme, sagte nur knapp: »Nee, auch wieder da?« – »Och ja«, antwortete ich und steuerte geradewegs auf unsere dunkle Eingangstür zu. Ich klopfte und klingelte gleichzeitig.

Ich hatte nichts zu verlieren, alles, was ich in diesem Moment wollte, war, meinen Mann zur Rede zu stellen. »Aslema«, stieß ich laut und herrisch hervor, als sich die Tür öffnete. Zu laut, noch ehe ich jemanden sah. »Ich will mit dir reden!« Da erschien Abdullah im Türspalt. »Jetzt, sofort!«, schob ich nach. Erschrocken zuckte er zurück. Seine Augen waren weit aufgerissen, und sein blasses Gesicht hatte den Ausdruck einer Katze, bevor sie das Weite sucht. Er schluckte. Mit allem hatte er gerechnet, nur nicht mit mir. Fahrig fuhr er sich mit seinen Fingern durch die Haare. Ich roch sein billiges Haargel. »Was machst du hier?«, bellte er mich an und suchte nach einer Zigarette. Seine Haut spannte sich über seine hohen Backenknochen, sodass seine Wangen noch eingefallener wirkten als sonst. Und noch einmal: »Was machst du hier?« Er klopfte eine Zigarette aus der Packung und zündete sie an. Da sah ich die dunklen Ringe unter seinen Augen, er sah übernächtigt aus. »Wie kommst du hierher?« – »Mit dem Flugzeug.« – »Und was willst du hier?« – »Die Kinder! Lass mich rein«, forderte ich barsch. »Nein«, fauchte er, »du kommst hier nicht rein. Nie wieder.« – »Ich will die Kinder!« – »Du weißt genau, dass die nicht hier sind.«

Dass ich noch einmal nach Hamburg zurückkehren würde, hatte Abdullah nicht für möglich gehalten. Warum auch, die Kinder waren in Tunesien, und wir waren geschiedene Leute. »Warum bleibst du nicht in Tunesien bei deiner Familie?«, fragte er nun, offensichtlich hatte er seine Sprache wiedergefunden. »Meine Familie war hier. Und hier will ich sie wiederhaben, verstehst du? Hier! Vorher gehe ich nicht. Deswegen will ich mit dir sprechen.« – »Es gibt nichts zu besprechen.« – »Das denkst du, aber wir sind noch lange nicht fertig miteinander. Ich will das Sorgerecht.« – »Wirst du aber nicht bekommen.« – »Das werden wir ja sehen. Wo sind die Pässe?« – »Geht dich nichts an!« – »Gestohlen, haa? Wie meinen.« – »Pass auf, was du sagst!« – »Sollte ich mich nicht wenigstens um die Kinder kümmern, wenn du es schon nicht tust? Du lässt sie in diesem Kaff bei deinem Bruder verkommen. Sie sollen wissen, dass sie eine Mutter haben.« – »Bloß was für eine. Nein, kommt nicht in Frage, du wirst sie nicht mehr sehen. Mein Bruder hetzt die Hunde auf dich, wenn du dich dort noch einmal blicken lässt.« – »Ich will meine Kinder haben und für sie da sein. Es sind auch meine Kinder!«

Ich wurde immer lauter, meine Wut, die vorher von Angst und Unsicherheit gedeckelt war, entlud sich nun wie eine Fontäne. »Die drei interessieren dich doch überhaupt nicht«, schnaubte ich, »nicht einen Finger machst du krumm für sie. Denkst nicht einmal daran, wie es ihnen bei deinem Bruder geht.« – »Gut geht es ihnen dort! Da ist keiner, der sie verhätschelt wie du. Dort bläst ein anderer Wind, und sie lernen das Leben kennen. Aber mach dir darüber keine Gedanken, geht dich doch sowieso alles nichts mehr an.« Abdullah ließ mir keine Chance. »Herzloser Hund!«, zischte ich. »Die Kinder sind dir doch egal. Dir geht es nur um Macht.«

»Ich kann auch anders – überleg dir, was du sagst«, stieß er noch einmal drohend hervor. »Mach, dass du fortkommst. Wenn du nicht freiwillig verschwindest, hole ich die Polizei. Du hast hier nichts mehr verloren. Wir sind geschiedene Leute.« Und nach einer Pause: »Ich hab's dir schon einmal gesagt: Vergiss die Kinder.«

Mit einem Mal sah ich, wie die Algerierin hinter ihm auftauchte. Ganz leise war sie herangekommen. Unter ihren Augen die Wimperntusche verschmiert, und – das gibt's doch nicht – sie trug meine Kleider. Ich sah es sofort. Geschmackloser geht es nicht. Viel zu eng. Busen, Hüfte, Schenkel, alles an ihr war drall. »Hübsch, hübsch«, provozierte ich, nachdem ich mich von meiner Überraschung erholt hatte, »deine Freundin schmückt sich mit fremden Federn.« Abdullah lehnte nun mit verschränkten Armen am Türrahmen und hatte Oberwasser: »Lass El Hemla in Ruhe. Und die Kinder auch. Die haben dich sowieso längst vergessen.«

Mit diesem Satz hatte er mich schon einmal getroffen. Ich spürte, wie mir das Blut aus dem Gesicht wich. Jetzt bloß nicht einschüchtern lassen, egal was er sagt, beschwor ich mich. Er lügt, die Kinder brauchen dich! Du wirst sie bekommen. Ich machte einen Schritt auf ihn zu und sah ihm direkt in die Augen: »Guck dich doch an mit deiner Schlampe«, schrie ich. »Du glaubst doch nicht im Ernst, dass die Kinder zu ihr wollen.« Da sah ich, wie seine Augenlider zuckten, aber scheinbar ruhig legte er seinen Arm um die Taille der Algerierin und grinste sie an: »Bring ihr ein paar Kleider, damit sie Ruhe gibt!« Stöckelnd verschwand sie in der Wohnung. Wie schamlos! Wollte er mich wirklich mit ein paar Kleidern abspeisen?

Doch ehe ich mich versah, kam seine Freundin mit ein paar hastig zusammengerafften Kleidungsstücken zurück: Hose, Bluse, Rock, Strümpfe. Eins nach dem anderen reichte sie Abdullah.

Wie eine Vogelscheuche sah er damit aus. »Hier bitte, da hast du, was dir gehört«, rief er und hielt mir die Sachen hin. Aber ich nahm keine Notiz davon, sondern bemerkte so kühl, wie ich nur konnte: »Ohne Koffer?« – »Du übertreibst«, herrschte er mich an, und zu seiner Freundin: »Hol einen!« Er wollte mich loswerden, nichts sonst, und zwar so schnell wie möglich.

Wieder ging El Hemla und kam gleich darauf mit einem blauen Koffer zurück. Sie stellte ihn vor Abdullah, der bückte sich und stopfte alles hinein, während er schnaubte: »Izheb! – Los jetzt, verschwinde, es reicht!« – »Wenn ich das nur schon viel früher gemacht hätte«, gab ich zurück, richtete mich kerzengerade auf und zog mir die Ärmel meiner Jacke über die Hände. »Ich gehe. Aber die Klamotten kannst du behalten. Die schenk ich dir. Brauch ich nicht mehr. Aus, vorbei. Passen mir nicht mehr. Aus denen bin ich rausgewachsen. Gib sie deiner Schlampe!« Mit diesen Worten drehte ich mich um, ging langsam durch den Flur zur Haustür und zog sie auf. Leise fiel sie hinter mir ins Schloss. Draußen war die Welt dunkel.

Allein

Ich lief einen schmalen Fußweg entlang. Mit meiner Plastiktüte in der Hand. Zwischen zwei Häuserblocks hindurch, die sich links und rechts von mir auftürmten wie Gebirgszüge. Ich ging schnell, meine eigenen Schritte hallten mir im Ohr. Ich ging ohne Ziel, als ob jemand hinter mir her wäre, einmal um den Block. Ich lief meiner Wut und den Tränen davon. Es dauerte keine fünf Minuten, bis ich an der Bushaltestelle nicht weit von unserem Haus ankam.

Es musste gegen Mitternacht gewesen sein. Ich war allein, kein Mensch weit und breit auf der Straße. Ich stellte die Tasche auf die Bank und sackte in mich zusammen, plötzlich waren meine Beine schwer, kaum aufrechthalten konnte ich mich noch. Alle Wut war verflogen, da war nur noch Leere, ein abgebranntes

Feuer. Ich hatte Angst, sah nach rechts und sah nach links, setzte mich und wartete. Auf was? Finster war es, alles still. Jedes einzelne Blatt, das zu Boden fiel, konnte ich hören. Jetzt erst merkte ich, dass es nieselte. Die Straße glitzerte nass.

Ausgesetzt an der Bushaltestelle. Im Schein der Laterne spiegelte sich mein Gesicht im Plexiglas: Wer bin ich? 31 Jahre alt, drei Kinder, vor elf Jahren nach Hamburg gekommen, nichts außer den eigenen vier Wänden gesehen, kaum ein Wort Deutsch gelernt, fremd geblieben. Aber ich war frei. So frei, wie ich nie gewesen war. Ohne Kleider, ohne Geld und ohne Worte.

Der Spielplatz, den ich immer geliebt hatte, erschien mir wie eine öde Wüste, und die Kastanienbäume, die mir vertraut wie Freunde waren, wuchsen zu schwarzen Riesen. Ich zitterte. Aber da war niemand, der mich in eine Decke wickelte und einer Mutter auf den Bauch legte. Ich war ein Notfall, aber keiner wusste von mir, kein Mensch würde mich vermissen und nach mir suchen. Jetzt musste ich für mich alleine sorgen.

Ob die Kinder an mich gedacht hatten, als sie an diesem Abend eingeschlafen sind? Ich sehe sie vor mir, wie sie unter diesen bunten Acryldecken, die neuerdings zu Dutzenden auf dem Markt zu kaufen sind, liegen, alle drei aneinandergekuschelt. Amal mit ihrem Plüschhasen zwischen den beiden Jungs. Den Hasen dicht an die Nase gepresst, weil er den Geruch von allem, was sie in ihrem jungen Leben schon erlebt hat, verströmt.

Das Geräusch eines Autos, das durch Wasserpfützen fuhr, schreckte mich auf. Ob jetzt noch ein Bus fährt? Wenn einer käme, wohin sollte ich fahren? Oder sollte ich sitzen bleiben? Und wenn jemand vorbeikame und mich fragte, ob ich Hilfe brauche, was sage ich? Ich habe Angst, unendliche Angst. Wenn ich jetzt verschwinden würde, kein Mensch würde es bemerken. Lieber nicht mehr leben als so ein Leben. Aber ich lebte doch für meine Kinder! Plötzlich riss mich ein dringendes Bedürfnis aus meiner Starre. Ich musste mal.

Karimah! Natürlich. Sie wohnte nicht weit von hier, 200 Meter vielleicht. Ihre roten Haare standen in alle Richtungen vom

Kopf, und die dunklen Augen wurden noch größer als sonst, als sie erkannte, wer mitten in der Nacht vor ihr stand. Ich hatte sie aus dem Schlaf geklingelt. »Wo kommst du denn her?«, fragte sie. Das letzte Mal hatten wir uns im Frühjahr gesehen, als ich auf der Suche nach meinen Kindern nach Tunesien aufgebrochen war. »Ich dachte, du bist in Tunesien bei den Kindern. Was ist passiert?« – »Allah sei Dank, bin ich froh, dass du da bist«, stammelte ich. »Darf ich auf deine Toilette?« – »Komm rein. Wie siehst du aus? Bist ja ganz blau gefroren!« Ich schlüpfte hinein, hier war es warm, die Wohnung war mir vertraut, hier kannte ich mich aus. So heimelig, sogar die Gardinen vor den Fenstern.

Karimahs Kinder schliefen, der Mann auch. »Komm her, wärm dich auf bei uns«, sagte sie. Ob sie wusste, wie gut mir das tat? Ohne viel zu fragen, legte sie mir eine Decke über die Schultern und kochte starken Kaffee, den sie mit vielen Löffeln Zucker süßte. Ich streckte meine Finger über der warmen Herdplatte aus und fing an zu erzählen. Von der Scheidung und von den Kindern, die bei Abdullahs Bruder wohnten. Ich erzählte, wie ich sie gleich nach meiner Ankunft in Tunesien besucht hatte. »Seither nicht mehr.« Weil ich Angst hatte, dass Abdullah sie sonst woanders verstecken würde. »In Tunesien konnte ich nichts mehr tun, deshalb bin ich hierhergekommen. Ich will nach einer Arbeit suchen und später die Kinder zu mir holen.« – »Mutig von dir. Wolltest du nicht zurück zu deinen Eltern?« – »Nein, dort konnte ich nicht länger bleiben. Wozu? Auch wenn ich noch nicht weiß wie, aber ich will für das Sorgerecht kämpfen.«

Ich erzählte Karimah von meinem Besuch bei Abdullah und wie ich ihn und die Algerierin auf meinen Kleidern hatte sitzenlassen. »Seine Augen hätte ich sehen wollen«, lachte meine Freundin plötzlich. Ein befreiendes Lachen wie damals auf dem Spielplatz, als wir über unsere blauen Flecke lachten. Für einen kurzen Moment stimmte ich mit ein. Ich hatte zwar nicht erreicht, was ich wollte, mich aber doch tapfer geschlagen. Wir setzten uns an den Küchentisch, auf dem eine Stoffdecke mit Sonnenblumen lag. Schön, dachte ich und war auf einmal unendlich müde. »Es ist schrecklich, allein auf der Straße zu stehen und nicht zu wissen wohin.« – »Du Arme, und jetzt bist du bei uns gelandet. Bleib eine Weile. Du kannst hier schlafen.« Karimah war ein Engel.

Am nächsten Morgen wachte ich mit Kopfschmerzen auf. Die Kinder waren schon in der Schule. Karimah hatte schon mit ihrem Mann gesprochen und machte mir den Vorschlag, ein paar Tage zu bleiben. Es würde sich dann schon irgendetwas ergeben. Das hoffte ich auch. Aber als ich nach dem Frühstück die Gardine des Küchenfensters zur Seite schob und all die bekannten Wege sah, füllten sich meine Augen mit Tränen. Ich war da und meine Kinder nicht. Ich öffnete das Fenster und sog die Luft ein. Da durchfuhr es mich auf einmal kalt. Mir war, als würde ich die Stimmen meiner Lieben vom nahen Spielplatz hören. Ganz deutlich. Aber das kann doch nicht sein! Auch Karimahs Kinder hörte ich, lachend mit meinen zusammen, wie ich sie früher oft gehört hatte. Unverwechselbar das zarte Kichern von Amal und das schelmische Hohoho von Jasin. Ich beugte mich hinaus, es war kühl, und der Wind blies mir ins Gesicht. Da sah ich einen Jungen in einem rotweißen Fußball-Shirt um die Ecke biegen und hatte plötzlich Amin vor Augen. Und wie aus dem Nichts tauchten neben ihm Amal und Jasin auf. Alle drei ein Eis in der Hand. Capri-Sonne, was sie so gern aßen.

Phantasiere ich? Bin ich verrückt? Oder hat Abdullah die Kinder hergeholt? Das halt ich nicht aus. Ich sehe sie doch ganz genau: dort auf der Straße, Jasin mit dem Roller. Ich will den dreien etwas zurufen: Halt, woher kommt ihr? Aber da sind sie schon wieder verschwunden, wie in Luft aufgelöst. Alles pure Einbildung.

Meine Kopfschmerzen wurden heftiger. Und als gegen Mittag Karimahs Kinder in die Wohnung stürmten und nach Jasin, Amin und Amal fragten, fiel es mir schwer zu antworten. »Warum kommt Jasin nicht zurück? Will er nicht mehr nach Deutschland kommen? Will er nicht seine Mama sehen?« – »Ja, doch, natürlich!« Ihre Fragen trafen mich wie Nadelstiche. Schlimmer noch als die Bilder. Das hielt ich nicht aus, ich hätte erst gar nicht nach

Harburg kommen sollen. Die Kinder sind nicht hier, ich muss das akzeptieren. Muss weg von hier, wo mich alles an meine Lieben erinnert. Muss weg, wenn ich nicht verrückt werden will. In ein anderes Stadtviertel, das ich nicht kenne.

Karimah wollte mir helfen und telefonierte herum, ich weiß nicht mit wem alles. Es dauerte ein paar Tage. Ich litt, hatte Kopfschmerzen, und sobald ich auf die Straße ging, hörte ich Stimmen. Auf Schritt und Tritt verfolgten sie mich. Dann traf ich die Menschen in den Geschäften, die ich vom Sehen kannte, und mich überkam dieses Allen-geht-es-besser-als-mir-Gefühl. Unerträglich. Doch eines Vormittags hielt ich die Adresse einer Frauenberatungsstelle in der Hand. Karimah hatte sie mir über eine Freundin besorgt. Dort würde man mir weiterhelfen. »Kommst du mit?«, bat ich sie. Ich sprach kaum ein Wort Deutsch, konnte nicht einen Buchstaben lesen und traute mich nicht, alleine Bus oder U-Bahn zu fahren. »Du wirst jetzt lernen müssen, selbständig zu sein«, sagte sie. Ich wusste nicht, wie recht sie damit hatte. Noch am selben Tag fing ich damit an.

Ein schöner Tag im Frühherbst, an dem das Licht milchig ist und die Spinnennetze in den Büschen wie silberne Spitze glitzern. Die Frau in der städtischen Beratungsstelle machte nicht viel Aufhebens, als wir kamen. Sie wollte nur das Allernotwendigste wissen. Meine Freundin sprach für mich, doch wenn sie eine Frage direkt an mich richtete, versuchte ich zu antworten. Zum ersten Mal musste ich mich auf Deutsch verständigen. Nein, mein Exmann würde mich nicht mehr aufnehmen, versuchte ich zu erklären, obwohl ich hier unter seiner Adresse gemeldet war. Ja, ich hatte Angst vor seinen Schlägen. Ja, die Kinder lebten entführt beim Onkel in Tunesien. Ja, ich wolle um sie und meinen Unterhalt kämpfen. Ja, ich wolle unbedingt arbeiten und Geld verdienen. »Wenn Sie damit einverstanden sind, melde ich Sie im Frauenhaus an«, sagte die Beraterin, »ein schönes Haus am Alsterkanal. Dort können Sie in Ruhe überlegen, wie es weitergehen soll.«

Frauenhaus? Das kannte ich, vor Jahren hatte ich in einem

solchen Haus schon ein paar Stunden verbracht und war dann doch wieder zu Abdullah zurückgekehrt. Vielleicht war jetzt der richtige Zeitpunkt dafür. Ich nickte. Während die Sozialarbeiterin telefonierte und nebenbei etwas auf einen Zettel notierte, verabschiedete sich Karimah.

»Geheim«, hat die Frau gesagt, als sie mir das Papier, auf dem die Adresse des Frauenhauses stand, in die Hand drückte. Das hieß, dass mich keiner in diesem Haus aufspüren konnte. Gut so. Minuten später fand ich mich auf der Straße wieder. In den Händen ein Fahrplan der U-Bahn und ein Stadtplan. Ich war allein und konnte gehen, wohin ich wollte. Ein Gefühl, das mich verunsicherte. Auch wenn ich es mir so oft gewünscht hatte, als ich in Hamburg-Harburg hinter der Gardine gestanden und auf die Straße gesehen hatte. Jetzt war es, als sei eine Wand verschwunden. Vor der ich Ewigkeiten gewartet hatte. Ein neues Leben lag vor mir, mein eigenes Leben, jeder Schritt auf dem Weg dorthin ein Wagnis.

Wäre ich ihn gegangen, wenn ich gewusst hätte, wie schwer er werden würde? Ohne Deutsch zu sprechen, ohne lesen und schreiben zu können? Wenn ich gewusst hätte, wie hilflos ich oft dastehen würde, wenn ich nicht nach dem Weg fragen konnte, wie ängstlich, wenn ich vorgegebenen Mustern folgen sollte, wie kraftaufwändig es sein würde, mir meine Defizite selbst einzugestehen und vor anderen zu verbergen? Ich ließ den Stadtplan zusammengefaltet, er nützte mir nichts. Mir war nicht einmal klar, wie herum ich ihn halten musste, geschweige denn, dass ich ihn hätte lesen können. Noch nie habe ich einen Stadtplan oder eine Landkarte gelesen.

Ich stand vor dem Hauptbahnhof. Okay, das hatte man mir gesagt. »Hier nehme ich die U2 Richtung Barmbek«, sagte ich laut vor mich hin. »Hauptbahnhof – Mundsburg«, auf dem Plan mit der U-Bahn hatte die Sozialarbeiterin die betreffende Bahn rot markiert. Nicht schwer. Vier Stationen nur bis Mundsburg, nicht einmal umsteigen. Trotzdem war mir schlecht vor Aufregung. Dauernd zog ich den Zettel mit der Adresse aus meiner

Tasche und steckte ihn wieder ein. Ich fragte mich, was ich tun sollte, wenn ich das Haus nicht fand? Mich an die Polizei wenden? Meine Freundin anrufen? Ein paar Mark hatte ich noch.

Ich umklammerte meine Plastiktüte mit beiden Händen und sprach Leute an. Fragte sie nach dem Bahnsteig, einmal, zweimal, mindestens dreimal, in meinem holprigen Deutsch. Schilder konnte ich nicht lesen. Immer wieder vergewisserte ich mich, dass die U-Bahn auch wirklich nach Mundsburg fährt und auch wirklich dort anhält – vielen Dank, sagte ich. Die Leute dachten wahrscheinlich, ich käme vom Mond. Ich schwitzte vor Anspannung, der Schweiß stand mir auf der Stirn, als ich endlich in der U-Bahn stand. In der richtigen. Mich zu setzen traute ich mich nicht. Damit ich auch ja rechtzeitig wieder aussteigen konnte. Meine Hände zitterten. Ich verschränkte die Finger und drückte sie, bis die Knöchel weiß wurden. Eins, zwei, drei, vier Haltestellen. Dann stieg ich aus.

An eine riesige Kreuzung erinnere ich mich, vier Straßen, die in vier verschiedene Richtungen abgehen. Natürlich stand dort nirgends der Name der Straße, in dem sich das Frauenhaus befand. Ich kam mir vor wie auf einem Blindflug. »Alsterkanal, wo Alsterkanal?«, sprach ich willkürlich ein paar Leute an, die vor einer Fußgängerampel warteten. Sie zuckten mit den Achseln. So durfte ich nicht fragen, das brachte gar nichts. Beim zweiten Versuch zeigte ich auf den Stadtplan in meiner Hand. Das war schon besser. Die Sozialarbeiterin hatte mein Ziel mit einem roten Kreis markiert. Sogleich vertiefte sich ein älterer Herr mit Brille in den Plan und versuchte mir zu erklären: die Straße auf der gegenüberliegenden Seite der Kreuzung hinunter, dann die zweite rechts. »Ganz einfach«, sagte er und wünschte mir Glück. Ich sprang los, die Ampel war rot. »Halt, stopp«, hörte ich es hinter mir rufen, aber da war ich schon auf der anderen Seite.

Dort blieb ich stehen, als hätte mich das »Stopp« erst jetzt eingeholt. Erneut schaute ich mich nach jemandem um, den ich fragen und der mir helfen könnte. Vier- oder fünfmal bat ich um Hilfe, das letzte Mal 50 Meter vor dem Haus. Ich war völlig auf mein Ziel fixiert und sah nicht das Altersheim in der Nachbarschaft, auch nicht den Kindergarten mit den tobenden Kindern im Garten, ich hatte keine Augen für die alten Platanen, die den Schotterweg entlang des Alsterkanals säumten, und hörte nicht die Elstern, wie sie auf den umliegenden Hausdächern krakeelten. Jeder, den ich nach dem Weg fragte, wies mit der Hand in die gleiche Richtung und sagte: »Immer geradeaus, ist nicht mehr weit.« Ich brauchte diese permanente Bestätigung. Wie eine Fledermaus, die sich an ihrem Echo orientiert.

Aber als ich durch ein grünes, mächtiges Eisentor in einer Mauer trat und mich in einem verwilderten Garten wiederfand, war ich stolz und erleichtert: das Frauenhaus. Ich war allein einen Weg gegangen und hatte so viel hinter mir gelassen.

Unter Frauen

Ein Haus am Alsterkanal, ein großer Garten mit Bäumen und Büschen, die sich rot und gelb färbten, eine Villa aus warmem roten Backstein, dahinter ragte ein hoher, stillgelegter Fabrikschornstein in den Himmel. Meine neue Welt. Zum ersten Mal in meinem Leben fühlte ich mich frei. Das Eisentor, umrankt von Rosenbüschen, das klingt sehr kitschig, aber es kam mir vor wie im Märchen: das Tor zu meiner Freiheit. Ich war zu Hause, angekommen in Hamburg-Mundsburg. Ein unbeschreibliches Gefühl, das ich nie gekannt hatte, auch nicht in Tunesien.

Es war Nachmittag, alle Türen, auch die Eingangstür standen weit offen. Duftschwaden von Kaffee und Kräutertee, säuerlicher Hibiskus, zogen durch den Raum, und es roch nach süßem Kuchen. Wie lange hatte ich keinen deutschen Kuchen gegessen, dabei liebte ich ihn seit meiner Zeit in der Bäckerei. Die Frauen saßen an einem langen alten Tisch beim Nachmittagskaffee. Wie in einer Schulklasse schwirrten die Stimmen durcheinander. Ich trat über zwei hohe Stufen in eine geräumige Eingangshalle, das Wohnzimmer. Alle anderen Räume und Flure des Hauses gingen davon ab. Da hörte ich schon jemanden »die Neue« sagen und spürte, wie sich alle Augen auf mich richteten. Das verschüchterte mich komischerweise gar nicht. Im Gegenteil, es war wie ein Auftritt. Nach meiner ersten Hamburger Wegstrecke, die ich gerade hinter mich gebracht hatte, genoss ich die Blicke der Frauen sogar.

Ich weiß noch genau, was ich an diesem Tag trug: eine rosa Stoffhose und eine schwarze ärmellose Bluse. Die schwarze Jacke hatte ich mir lässig über die Schultern geworfen, meine langen, offenen Haare reichten bis zur Taille und waren ziemlich wild. Ich fühlte mich gut, richtete mich auf und erwiderte ihre Blicke: Das waren also die Frauen, die von ihren Männern verfolgt wurden, die schwanger waren oder Kinder hatten, ohne Job und ohne Wohnung waren. Hier fanden sie Hilfe. Ich zählte 18, Ausländerinnen und Deutsche, Junge und Alte. An einem versteckten Ort, der ganz offen auf mich wirkte.

Eine Frau, sie mochte ungefähr in meinem Alter sein, erhob sich. Blonder Strubbelkopf, kurzes Kleid. Sie ging mir entgegen. »Frau Abdelhamid?«, fragte sie, worauf ich nickte. »Schön, dass Sie da sind. Haben Sie uns gleich gefunden?« Wie ein Kind lachte ich mich über meine Verlegenheit hinweg: »Ich glaube – sehr langer Weg. Länger als normal.« – »Was ist schon normal?«, sagte sie. »Aber jetzt sind Sie hier, das ist das Wichtigste.« Sie konnte nicht wissen, dass ich mich wie eine Bergsteigerin fühlte, die oben am Gipfelkreuz angelangt war. »Ich bin Anja, Betreuerin und Sozialpädagogin«, stellte sie sich vor. »Wenn Sie wollen, können wir gleich ins Büro gehen.« – »Nein, nein«, wehrte ich ab und sagte, dass ich gerne hier am Tisch sitzen und Tee trinken würde. Und Kuchen essen, Quarkhörnchen, die besten in ganz Hamburg.

Ohne mich weiter zu beachten, wandten sich die Frauen wieder ihrer Unterhaltung zu. Es tat mir gut, dass sie mich in Ruhe ließen. Ich hätte auch nichts zu sagen gewusst, mir war nicht nach Sprechen zumute. Abgesehen davon, dass ich es kaum konnte. Also setzte ich mich auf einen freien Stuhl, beobachtete und schwieg.

Frauen unter sich. Sie waren entspannt, die eine oder andere hatte sogar ihre Knie angezogen und die Füße lässig auf den Stuhl gestellt. Ich verstand nicht viel von dem, was sie sagten, aber sie lachten. Vielleicht sprachen sie über ihre Träume oder machten sich über ihre Männer lustig, keine Ahnung. Wie eine Familie, dachte ich, alle zusammen. So eine Familie, wie ich sie mir immer gewünscht hatte.

Als mich Anja später mit ins Büro nahm, fiel mir zuerst die Fensterbank auf. Voller Pflanzen. Kakteen, Geranien, Begonien, Wasserlilien. Gemütlich. Auf dem Weg hierher hatte ich mir überlegt, was man wohl von mir wissen wollte und was man mich fragen würde. Aber Anja wollte gar nicht viel wissen. Die erste Frage, die sie mir stellte, war: »Können wir uns duzen? Wir sagen alle du.« Dann nahm sie meine Daten auf und fragte, ob ich mir vorstellen könne hierzubleiben. »Ja, ja«, sagte ich. »Ich will – will bleiben – schön hier.« – »Warten wir erst einmal ein paar Tage ab«, antwortete sie.

Die Tür zum Büro stand sperrangelweit offen. Unser Gespräch hatte nichts Geheimes, dauernd wurden wir unterbrochen, weil irgendjemand hereinkam und etwas suchte oder wissen sollte. Hier brauchte sich keiner zu genieren. Ich war verwundert, Anja schien es zu merken. »Die Frauen hier haben viel durchgemacht und nichts mehr zu verbergen«, sagte sie. »Aber nun zeige ich dir erst mal das Haus und stelle dir ein paar Mitbewohnerinnen vor, diejenigen, die zur Zeit da sind, das ändert sich dauernd. Trotzdem sind wir so etwas wie eine große Wohngemeinschaft. Mit viel Spielraum, aber auch mit klaren Regeln.«

Die Führung durchs Haus war dann sehr lustig. Eine Villa mit großem Wintergarten und Terrasse, alles ebenerdig auf einer Etage. Wie die Häuser in Amerika. So jedenfalls stellte ich mir amerikanische Häuser vor. Es gab acht oder neun Ein- und Zweibettzimmer, auf den Fensterbänken standen jede Menge Pflanzen. Die Wände hatten die Bewohnerinnen mit Spiegeln und Postern dekoriert: Pferde, Sänger, Schauspieler – aber die kannte ich damals noch nicht. Ich kannte überhaupt keine Filme und war noch nie in einem Konzert gewesen. Auch nie in einer Ausstellung oder im Theater, nicht einmal in einer Disco.

Es war eine komplett neue Welt, in die ich hier hineingeraten war. Anja zeigte mir auch das Zimmer, in dem ich wohnen sollte. Die Möbel zusammengewürfelt, unterschiedliche Bettgestelle, zwei bunt bemalte Stühle, ein Tisch in der Mitte des Raums und ein Wandschrank, der dick mit weißer Farbe überstrichen war, sodass ich ihn nur wegen seines silbernen Schlosses von der Wand unterscheiden konnte. Mein »Gepäck« fiel mir plötzlich ein. Alles was ich hatte, passte in eine kleine Tasche, einen Schrank brauchte ich bestimmt nicht dafür.

»Was ist?«, fragte Anja, die meinen befremdeten Blick wahrgenommen hatte. »Keine Kleider«, sagte ich, »keine Schuhe.« – »Och«, sagte sie. »Das kommt dir schlimm vor, ich weiß. Aber deswegen brauchst du dich nicht zu genieren. Viele Frauen kommen hier nur mit den Kleidern an, die sie am Leib tragen. Wir haben ein Lager mit Kleiderspenden.« – »Woher?« – »Von Leuten, die mehr haben als du. Such dir nachher ein paar Klamotten aus. Mit kleinen Hilfsarbeiten kannst du dir hier im Haus ein paar Mark verdienen. Außerdem gibt's zweimal pro Jahr Kleidergeld von der Stadt. Damit wirst du dir bald selbständig neue Kleider kaufen können.« Ich hatte kaum ein Drittel von dem, was sie sagte, verstanden. Aber ich merkte, dass ich hier gut aufgehoben war. In diesem Moment kam meine Mitbewohnerin herein.

Steffi, sehr dünn, mit weit auseinanderstehenden Augen, wie eine Katze. Ich fand sie hübsch: »Hi«, sagte sie und fragte, ob ich Deutsch könne. »Wenig.« – »Dann bring ich es dir bei. Ich habe Deutsch studiert.« Sie sei schon zwei Monate im Frauenhaus, die Polizei habe sie auf der Straße wegen Drogenkonsum aufgegriffen. Jetzt wolle sie hier mit einer Ersatztherapie beginnen. Sie schien nett, auch wenn ich Angst vor Drogen hatte, seit ich meinen Mann betrunken erlebt habe. »Wenn du wirklich hierbleiben und ein neues Leben beginnen möchtest, werden wir dir helfen, so gut wir können«, sagte Anja im Weitergehen. »Natürlich will ich«, entgegnete ich. – »Bist du dir sicher? Viele Frauen kommen und gehen nach zwei oder drei Tagen wieder. Obwohl sie von ihren Männern schlecht behandelt werden, gehen sie zurück zu ihnen.« Wie ich ein paar Jahre vorher auch, aber das sagte ich Anja nicht. Noch nicht. Stattdessen fragte ich: »Warum zurück?« – »Weil die Frauen nichts anderes kennen als dieses unselbständige Leben bei ihren Männern. Sie haben Angst vor etwas Neuem.« – »Aber ich – geschieden. Mann – ist weg.« – »Das spielt keine Rolle, wenn du wüsstest, wie groß die Abhängigkeiten der Frauen sind.«

Ich verstand sie nicht richtig. Aber sie erzählte einfach weiter, und ich versuchte, mir alles zu merken. Wie ein Kind, das begierig ist zu lernen. »Wenn du hierbleibst, dann unterstützen wir dich«, wiederholte sie. »Wir sind vier Kolleginnen. Mit jeder von uns kannst du sprechen und erzählen, was dir auf dem Herzen liegt, oder sagen, was du brauchst. Aber es muss von dir ausgehen. Wir sind da, um dir zu helfen, damit du wieder auf die Füße kommst. Wir drängen dich nicht, du musst selbst wissen, was du willst.« – »Bleiben – ich will bleiben!«, sagte ich. Dieses Mal war ich mir ganz sicher, dass das Frauenhaus kein »vorübergehend« für mich war, sondern ein Zuhause. Nicht wie das erste Mal, als ich auf der Türschwelle wieder kehrtgemacht hatte.

Trotzdem war ich in den folgenden Tagen traurig, niedergeschlagen, deprimiert. Die Kopfschmerzen wurden wieder stärker. Stundenlang igelte ich mich in meinem Zimmer ein, saß auf meinem Bett und sprach mit kaum jemandem. Auf was ließ ich mich ein? Was stand mir bevor? Ich war jetzt schon erschöpft, obwohl ich den Weg noch lange nicht zu Ende gegangen war. Im Gegenteil, ich hatte gerade erst angefangen. Ich ahnte, dass es schwer werden würde.

Die Tage wurden kürzer, es regnete ständig, und der herbstliche Nebel lullte uns ein, fast den ganzen Tag brannte Licht im Haus. Die Betreuerinnen hatten Geduld mit mir, auch wenn ich nach Tagen noch kaum mehr als ein paar Worte gesagt hatte. Auch nicht im Büro unter vier Augen – ich konnte nicht. Und hatte doch ständig das Gefühl, mich erklären zu müssen. Ich wollte erzählen, warum ich hier bin. Wer oder was mich hierher verschlagen hat, aber ich konnte nicht. Es fehlten mir die Worte und Sätze, meine Gefühle und Gedanken zu beschreiben. Weil ich es nicht gewohnt war, zu sprechen. Am allerwenigsten über mich selbst.

Manchmal ergaben sich die Gespräche zufällig während des Tischabräumens oder des Aufräumens. Dann fing ich an, sprudelte fast hysterisch, stammelte, aber schon nach fünf Minuten weinte ich nur noch. Weil all diese furchtbaren Erinnerungen wieder hochkamen, alles durchlebte ich noch einmal. Schläge, Demütigungen, die Ausweglosigkeit und die Angst um meine Kinder. Die Bilder überwältigten mich.

Weinen, weinen, weinen – wenn ich einmal angefangen hatte, konnte ich nicht mehr aufhören. Richtige Heulkrämpfe waren das, stundenlang, es schüttelte mich, und keiner konnte mich beruhigen. Meine Zimmernachbarin Steffi versuchte mich zu überreden, mit ihr zu rauchen. Sie wollte mir Tabletten besorgen: »Probier doch mal, es hilft dir bestimmt. Glaub mir, deine Probleme verschwinden wie von selbst, und dein Kummer verfliegt ruckzuck.« Aber ich schüttelte jedes Mal den Kopf, wenn sie fragte, ob sie mir helfen könne. Ich wollte nicht.

Ich zerfloss in Selbstvorwürfen. Warum hatte ich die Kinder nicht beschützen können, wie sich das für eine Mutter gehört? Die Betreuerinnen fürchteten dann, ich könnte mir das Leben nehmen. Das hätte ich auch getan, aber ich lebte für meine Kinder. Um sie kreisten meine Gedanken. Eines Abends stand ein Arzt an meinem Bett. Den ganzen Tag über war ich nicht aufgestanden. Hatte wieder nur geheult und gegrübelt. Wahrscheinlich hatten ihn die Betreuerinnen, die für mich inzwischen zu vertrauten Personen geworden waren, gerufen. Ein älterer Herr, sehr groß und hager, aber mit einer weichen Stimme. Doktor Wiener, er war ein Vatertyp. Er fragte nicht, warum ich weine oder was mir denn fehle. Sondern er hielt einfach meine Hand. »Na, jetzt beruhigen Sie sich, Ihre Kinder brauchen Sie noch«, sagte er immer wieder. Bis ich merkte, dass ich unter seiner warmen Hand tatsächlich ruhiger wurde. »Wenn Sie möchten, dann kommen Sie in meiner Praxis vorbei. Einfach kommen, dann werden wir schon weitersehen …« Ich fühlte mich wie ein Kind, das sich an die Hand der Mutter klammert. Am liebsten hätte ich ihn nicht mehr losgelassen. Ich konnte ihm nicht erklären, warum ich weinte, aber das erwartete er gar nicht.

Von da an ging ich jede Woche zu ihm. Er hatte seine Praxis nicht weit vom Frauenhaus. Ich erzählte ihm von meiner panischen Angst vor meinem Exmann und dem Trauma der Kindesentführung, und er riet mir zu einer Therapie. Doch mir reichte es, erst mal ihm mein Herz ausschütten zu können. »Lernen Sie Deutsch«, sagte er mir immer zum Abschied, »beim Fernsehen oder beim Radiohören – sprechen können macht frei.« Ich lernte tatsächlich. Und je besser ich sprechen und von mir erzählen konnte, desto besser ging es mir.

Am frühen Abend saß ich regelmäßig mit den anderen Frauen vom Haus vor dem Fernseher, und wir sahen die Serie »Gute Zeiten, schlechte Zeiten«. Ich sehe uns heute noch sitzen, die einen auf dem Boden, die anderen auf der Couch, die einen rauchend, die anderen mit einer Teetasse in der Hand. Alle fieberten wir mit den Schauspielern mit, und hinterher diskutierten wir die Probleme der Helden. Am Anfang verstand ich wenig, aber schon nach zwei Wochen konnte ich mitreden.

Ich spürte, dass ich im Frauenhaus geschützt war und trotzdem frei. Eingebunden, aber trotzdem selbständig, fremd und trotzdem vertraut. Frauen, die wie ich keiner geregelten Arbeit nachgingen, arbeiteten im Haus. Abwaschen, Küche aufräumen, Staubsaugen oder Wäsche waschen, alles nach einem Plan, in den wir uns eintrugen. Das brachte Regelmäßigkeit in den Alltag und Gewohnheiten, die mir guttaten. Ohne Stress und Druck. Man ließ mir Zeit, mich einzuleben, und diese Zeit habe ich auch gebraucht.

Wir waren Frauen mit den unterschiedlichsten Schicksalen, aber alle wurden wir damit nicht alleine fertig. Viele von uns waren aggressiv und hatten jede Menge Gewalterfahrungen hinter sich, manche waren alkohol- und drogenabhängig. Auch alte Frauen suchten das Frauenhaus auf. Die Armen, ihre Kinder haben sie verstoßen, und sie hatten niemanden, der sich um sie kümmerte. Eine alte Frau, die keine Zähne mehr hatte, auch keine künstlichen, sie war ein wenig verrückt. Sie ging jeden Morgen nach dem Frühstück aus dem Haus, keiner wusste wohin, aber pünktlich zum Mittagessen war sie wieder da. Zum Essen fanden sich alle ein. So war die Regel des Hauses. Eine schöne Regel, die mein Gefühl von der großen Familie, die zusammen um den Tisch sitzt, verstärkte. Das Essen wurde von außerhalb angeliefert, sobald es kam, war auch die Oma nicht mehr weit. Immer, wenn dann eine von uns den Tisch deckte, riefen wir: »Gleich kommt die Oma.« Wir hätten sie vermisst, wenn sie weggeblieben wäre.

Eine andere alte Frau saß den ganzen Tag auf einem Stuhl vor dem Radio im Wohnzimmer und strickte. Sie trug immer dieselbe rotgrüne Jacke aus grober Wolle, und ihre langen grauen Haare hatte sie zu einem Knoten zusammengesteckt, wie ich es noch nie gesehen hatte. Wir sprachen nicht miteinander, aber viele Stunden saß ich neben ihr, sah ihr stumm zu und hörte mit ihr Radio: Nachrichten, Diskussionen, Musik, den ganzen Tag über. Zuerst war es nur ein Hintergrundgeräusch für meine Gedanken, aber täglich verstand ich mehr. Schon nach einer Woche bekam ich die wichtigsten Nachrichten mit. Ich lernte viel über Deutschland in dieser Zeit. Und ich lernte sprechen.

Die Arme der alten Frau waren spindeldürr und übersät mit braunen Flecken. Ihre Hände, über deren Sehnen und Knochen sich eine durchsichtige, weiße Haut spannte, sahen aus wie Vogelkrallen. Unablässig und im gleichmäßigen Takt bewegten sich die Finger, so als ob sie mit den Stricknadeln tanzten. Diese Bewegungen erinnerten mich an die Zeit in Tunesien, nachdem ich die Schule abgebrochen hatte. Ich hatte auch gestrickt. Wie kam es, dass ich jetzt erst wieder daran dachte?

Eines Tages war der Vater mit dem Vorschlag gekommen, meine jüngere Schwester und mich an einer Haushaltsschule anzumelden. Haushalt sei das Einzige, was wir Mädchen können müssten.

Ich war 15 und froh, ein paar Stunden am Tag aus dem Haus zu kommen. Wir waren ungefähr ein Dutzend gleichaltriger Mädchen. Wir kochten, spülten, wuschen und strickten, und es machte mir Spaß. Vor allem das Stricken. Ich war flink und schnell, eine der Besten. Hätte ich nie gedacht, aber hier wurde mir zum ersten Mal bewusst, dass ich doch etwas kann.

Als die Schule zu Ende war, bettelte ich meinen Vater an, mir eine Strickmaschine zu besorgen. Um professionell zu stricken. Pullover und Jacken, alles, was gebraucht wurde. Warum nicht? Mein Vater ließ sich darauf ein, er kaufte mir so ein Gerät, und ich strickte tatsächlich bis zu meiner Hochzeit Kleidung, die ich sogar verkaufen konnte. Echte Auftragsarbeit, das Geld, das ich damit verdiente, kassierte der Vater. Ich hätte es auch gar nicht haben wollen. Wichtig für mich war, dass ich etwas zum Leben meiner Familie beitrug.

»Ich – auch«, sagte ich schüchtern zu der alten Frau. »Besorg dir Wolle, und wir stricken zusammen«, meinte sie. Aber genau davor hatte ich Angst. »Kann nicht – nicht mehr.« – »Stricken verlernt man doch nicht. Komm probier's, ich zeige es dir.« – »Nein, nein – später.« Ich traute es mir nicht zu, aber das Gefühl war wieder da. Fast hätte ich es vergessen, dieses Glück und die Befriedigung, die ich damals empfunden hatte.

Über drei Wochen war ich nun schon im Frauenhaus. Meine Weinattacken wurden weniger, und allmählich begann ich mich am Gemeinschaftsleben zu beteiligen. Es war ein grauer Nachmittag, und ich füllte Wäsche in die Waschmaschine. Petra, eine Betreuerin, stand neben mir, weil sie mir zeigen wollte, wie die Maschine funktioniert. »Ich habe noch nie mit einer Waschmaschine gewaschen«, versuchte ich ihr zu erklären, »alles immer mit Hand.« – »Sag, dass das nicht wahr ist.« – »Doch, alle Kinderkleider, meine Kleider, auch die Hosen von meinem Mann.« – »Warum das denn?« – »Viel Zeit – keine Waschmaschine. Auch kein warmes Wasser in der Wohnung.«

Während sie mir zeigte, wo welches Waschmittel in die Maschine kommt und welche Schalter und Knöpfe zu drehen oder zu drücken sind, sagte sie: »Du wirst jetzt vieles neu lernen müssen.« – »Ja, will ich auch.« – »Wir müssen beim Sozialamt einen Antrag für dich stellen, und du musst dich auf dem Einwohnermeldeamt ummelden. Hast du eigentlich ein Bankkonto?« – »Nein, gar nichts.« – »Wie hast du nur gelebt, ohne Waschmaschine und ohne Bankkonto?« – »Mein Mann. Ich kann nicht. Du machst das?« – »Nein, das musst du jetzt selbst lernen.« – »Aber kann nicht lesen – nicht schreiben.« – »Wir werden dir helfen, wenn du willst. Willst du?« – »Ja, ja. Aber ich weiß nichts.« – »Wenn du weißt, was du willst, kannst du es auch. Was willst du?« – »Ich will meine Kinder.« – »Wie stellst du dir das vor?« – »Weiß nicht, mein Vater – mein Vater macht alles.« – »Du musst jetzt erwachsen werden und kannst dich nicht mehr auf deinen Vater verlassen. Hier in Deutschland kann er sowieso nichts für dich tun.« – »Hier ist Vater Staat. Ist auch ein Vater, oder?«

Petra fing furchtbar an zu lachen. Obwohl ich nicht wusste, was es da zu lachen gab, stimmte ich ein. Zum ersten Mal konnte ich über mich selbst lachen. Als ich den richtigen Knopf an der Waschmaschine gedrückt hatte und die Maschine anfing zu brummen, legte mir Petra ihren Arm um die Schultern und fragte: »Füllen wir nun das Formular vom Sozialamt aus?« – »Wir – zusammen?« – »Wir beide, ich helfe dir. Da kannst du dich drauf verlassen!« Mit einer Thermoskanne voll Kaffee gingen wir ins Büro. Wie ich mir meine Zukunft vorstelle, wollte sie nun wissen. Eine ungewöhnliche Frage für mich, denn sie bedeutete Planung, was ich in meinem vergangenen Leben selten gemacht hatte. Ich stand am Fenster und betrachtete die einzelnen Pflanzen auf der Fensterbank. Müssen gegossen werden, dachte ich. Nach dem Gespräch, nahm ich mir vor. Planung bedeutet zu ordnen und zu wissen, was als Nächstes dran ist. In der Küche hing ein Wochenplan für uns alle. Mich faszinierte dieser Plan, weil er mir sagte, was zu tun war. Kein meckernder Ehemann mehr, sondern ein Plan. Ich liebe Pläne, sie schützen mich davor, etwas falsch zu machen.

»In Zukunft möchte ich mein eigenes Geld verdienen, Deutsch

lernen und meine Kinder nach Deutschland holen«, sagte ich. »Teil dir den Weg in kleine Abschnitte ein, bis zum Tag X, an dem du deine Kinder holst«, riet mir Petra. »Wie denn?« – »Mach dir einen Wochenplan. Schreib dir auf ...« – »Kann ich nicht!« – »Doch, versuch es und schreib auf, was du jeden Tag machen willst. Es soll ein Spickzettel sein, der dir hilft, deine Zukunft zu organisieren. Für jeden Tag nimmst du dir etwas anderes vor: heute den Antrag fürs Sozialamt ausfüllen, morgen zur Bank, um ein Konto zu eröffnen. Und so weiter.«

Petra legte verschiedene Formblätter auf den Tisch. Ich konnte nichts lesen, verstand nicht einmal das Wort »Name«. Da fuhr sie mit den Fingern die Zeilen entlang und las laut vor. »Name, Nachname.« Unzählige Male sagte ich »Weiß ich nicht« oder »Kann ich nicht«. Doch jedes Mal entgegnete Petra: »Überleg mal genau.« Ich verstand, dass ich lernen musste zu überlegen. Sie hatte Geduld mit mir und füllte nach und nach jede Spalte aus. Sie schrieb, ich sah ihr zu. Und beneidete sie! Zum Schluss notierte Petra mir die Buchstaben des deutschen Alphabets mit jeweils einem Wortbeispiel auf ein Blatt Papier und steckte mir einen leeren Spiralblock zu. Wenn ich wolle, könne ich ja hier meine Pläne eintragen, sagte sie.

An diesem Abend zog ich mich nicht sofort nach dem Abendbrot auf mein Zimmer zurück, sondern blieb am Tisch sitzen. Ich legte den Block und das Blatt mit dem Alphabet auf den Tisch. Jeden Buchstaben übertrug ich fein säuberlich in meinen Block. Darunter schrieb ich halb auf Tunesisch, halb auf Deutsch, so gut ich eben konnte: »Dienstag: Bankkonto eröffnen, Mittwoch: Einwohnermeldeamt«. Von nun an saß ich jeden Abend und schrieb.

Im Frauenhaus konnte ich tun und lassen, was ich wollte. Keiner schrieb mir etwas vor, keiner zwang mich. Es war ein Raum, in dem ich mir eigene Grenzen setzen und eine eigene Struktur geben musste. In dem ich mich um mich selbst kümmern musste! Keiner schimpfte, weil ich statt eines Kleides eine Hose anzog. Manchmal wunderte ich mich, dass ich nicht fragen musste, wenn ich auf die Toilette gehen wollte. Ich war frei. Konnte selbständig zum Briefkasten gehen und nicht nur meine, sondern die Post von allen Frauen herausholen und verteilen. Doch diese Freiheit macht mir auch Angst.

Petra begleitete mich zur Bank, ein altes, ehrwürdiges Gebäude. Sie stellte sich mit mir am Schalter an. Wir hatten vorher geübt, was ich zu dem betreffenden Sachbearbeiter sagen sollte: »Ich möchte bitte ein Girokonto eröffnen.« Gemeinsam füllten wir Formulare aus: Vorname, Nachname, Geburtsdatum, Adresse. Mir brummte der Kopf, doch hinterher hielt ich einen Zettel mit meiner Kontonummer in der Hand, die Scheckkarte wollte man mir zuschicken. Ein tolles Gefühl. Am Eingang der Bank zeigte mir Petra die Automaten, an denen ich mit meiner Karte Geld abheben konnte. 50 Mark oder 80 Mark? Bloß nicht zu viel. Jedes Mal ist es eine schwierige Entscheidung. Überhaupt Geld. Lange wusste ich nicht, ob mein Geld, das ich im Portemonnaie habe, reicht, um beispielsweise einen Cappuccino zu bezahlen. Ich konnte das nicht einschätzen und rechnen. Doch nun war ich euphorisch. Zum ersten Mal in meinem Leben besaß ich eine Kontonummer und ein Konto.

Am nächsten Tag wollte ich gleich wieder los. Alleine diesmal, aufs Einwohnermeldeamt. War ich aufgeregt! Machte mich sogar hübsch, zog mich chic an und schminkte mich mit Wimperntusche und Lippenstift. Aus dem Spiegel blickte mir eine selbstbewusste Frau entgegen. Frühstücken konnte ich nicht, keinen Bissen. Doch Anja versuchte mich zu beruhigen. Dass das alles Alltag sei und Routine, sagte sie, und dass im Einwohnermeldeamt täglich Ausländer ankommen, die kein Wort Deutsch können, und dass man mir sicher helfen würde, wenn ich alleine nicht zurechtkäme.

Draußen war es kalt, zu kalt für die Jahreszeit, und ich schloss den Reißverschluss der schwarzen Jacke, die ich mir inzwischen aus dem Lager besorgt hatte, bis oben unters Kinn, um mich zu schützen. Ich nahm die U-Bahn, wieder mit der Angst, in die falsche Richtung zu fahren. Wieder fragte ich jeden, der mir über den Weg lief. Zuerst nach der U-Bahn, dann nach der Straße, dann nach der Hausnummer. Fragen auf Schritt und Tritt. Schon im Moment des Fragens, noch bevor ich eine Antwort bekomme, bin ich erleichtert. Weil ich dann nicht mehr allein mit meinem Problem bin. Fragen zur Selbstvergewisserung. Je mehr ich frage, desto mehr will ich wissen. Fragen machen neugierig. Und zum ersten Mal in meinem Leben bekomme ich Antwort auf meine Fragen. »Ein Mädchen fragt nicht«, hieß es zu Hause immer, und ich fragte nicht. Doch Fragen, die nicht gestellt werden, nagen und zerfressen einen, machen stumpf. Fragen zu verbieten ist ein Mittel der Unterdrückung.

Als ich in den hellen Flur des Einwohnermeldeamts trat, war ich stolz. Ich hatte es erstaunlich schnell gefunden. Ein holzverkleideter kalter Raum mit einem Tisch und drei Stühlen vor einer Wand, zwei Türen, vor denen viele Menschen standen. Ich stellte mich hinten an und wartete auf das Aufleuchten des Signallichts an einer der Türen. Die Leute traten von einem Bein aufs andere, schnäuzten sich und husteten. Sobald das Signal von Rot auf Grün sprang, gingen sie, ohne anzuklopfen, durch die Tür.

Ich dachte an meine Kinder, die ich schon monatelang nicht mehr gesehen hatte. Wie es ihnen wohl ging? Ich nahm mir vor, trotz des Verbots anzurufen und mich zu erkundigen. Meine Schwägerin würde es mir schon sagen. Dann war ich an der Reihe. Hinter einem Computer tauchte der strohblonde Kopf einer ältlichen Dame auf. »Was wollen Sie?«, fragte sie. »Mich anmelden.« – »Und das Formular? Wo ist das Formular? Haben Sie es ausgefüllt?« – »Welches Formular?« – »Na das, das da draußen vor der Tür im Regal liegt. Ich kann mich nicht um alles kümmern. Holen Sie sich ein Formular, und wenn Sie es ausgefüllt haben, kommen Sie wieder.« – »Aber …« – »Kommen Sie wieder, wenn Sie es ausgefüllt haben.«

Mit einem solchen Empfang hatte ich nicht gerechnet, aber das gehörte wohl dazu. Ich hatte Tränen in den Augen. Was bildet die sich ein, mich so abzufertigen? War es nicht ihr Job, mir zu helfen? Ich zog meine Jacke an, ging raus und knallte die Tür hinter mir zu. »Na, alles gut?«, fragte mich Anja, als ich beim Mittagessen lustlos im Essen rumstocherte. »Gar nichts gut«, entgegnete ich und merkte, wie mir die Tränen herunterliefen. »Morgen – gut!« – »Nein, morgen ist das Einwohnermeldeamt geschlossen«, antwortete die Betreuerin voller Mitleid. »Aber am Donnerstag, da versuchst du es noch einmal. Lass dich nicht entmutigen. Wird schon klappen.«

»Keine Schminke heute«, sagte ich mir, als ich zwei Tage später morgens wieder vor dem Spiegel stand. Ich war früh dran, die Erste im Einwohnermeldeamt. Rote, gelbe, grüne, blaue Formulare: Ich betrachtete das Regal an der Wand, das ich übersehen hatte. Woher, bitte schön, sollte ich wissen, welches Formular für mich war? Blaue für meine Söhne, wenn ich sie endlich nach Deutschland holen würde, das rote für die Tochter und für mich das grüne? Ich schaute mich in der Eingangshalle um, die sich langsam füllte. Aber jeder schnappte sich einen anderen Zettel, ohne dass ich eine Ordnung darin erkennen konnte. Scheiße, dachte ich, egal, nehm ich halt keinen.

Als das grüne Signal aufleuchtete, griff ich trotzdem zum nächstbesten Formular, versuchte etwas zu entziffern, konnte aber kein einziges Wort lesen. Ich zitterte. »Zumachen?«, fragte ich in der Tür. Der junge Sachbearbeiter nickte. Er musste mir helfen, dazu war er schließlich da. Als ich ihm das unausgefüllte Formular über den Schreibtisch schob, stutzte er. »Kann nicht Deutsch – bitte helfen!«, sagte ich schnell. Ich sah, wie er unwillig einen Stift, den er in der Hand hielt, auf den Tisch rollen ließ. »Was kann ich für Sie tun?« – »Eine Wohnung! Ich brauche – Wohnung.« – »Nein«, antwortete er, zog die Augenbrauen nach oben und sah mich belustigt an. »Da sind Sie bei mir an der falschen Adresse. Sie wollen sich bestimmt anmelden.« – »Ja!« – »Wo wohnen Sie denn jetzt?« Eifrig zog ich den Zettel, auf dem mir Anja die Adresse aufgeschrieben hatte, aus der Jackentasche. »Hier, Frauenhaus!« – »Ach ja – gut, diese Adresse müssen Sie nun auf dem Formular eintragen.« – »Wo? Ich kann nicht lesen, kann nicht schreiben. Sie können das – ich nicht.« Da schaute er mich mit einem Lächeln an und entgegnete: »Sie lernen das auch noch!« Da lachte ich zurück. Er nahm seinen Stift wieder auf und schrieb: Geburtsname, Geburtsdatum, Geburtsort, Wohnort, Staatsangehörigkeit, Religion, bisherige Adresse, neue Adresse und so weiter. Wort für Wort las er mir vor, antworten konnte ich inzwischen. Bei tunesischen Ortsnamen fragte er mich, wie sie geschrieben werden. Aber das wusste ich auch nicht, ich kannte nur die arabischen Zeichen, also schrieben wir nach Gehör.

Sozialamt, Arbeitsamt, Ordnungsamt, Rentenamt, Krankenkasse und wieder Sozialamt. So ging das mindestens eine Woche lang. Immer das Gleiche: Vorname, Nachname, Geburtsname, Geburtsort, Religion ... immer schneller. Es machte mir sogar Spaß. Ich meldete mich wohnungssuchend, arbeitssuchend, kindersuchend. Und nach kurzer Zeit kannte ich alle Adressen der Ämter auswendig und meine Daten auch. Das machte mich zuversichtlich, je mehr ich registriert und gemeldet war, desto größer wurde mein Selbstvertrauen. Ich war jemand, hier und dort eingetragen, hier und dort wusste man, was ich wollte und wer ich bin – ich konnte mir vertrauen und mir etwas zutrauen. Und jeden Abend schrieb ich in meinen Block, was ich den ganzen Tag über getan hatte beziehungsweise was ich mir für den nächsten Tag vornahm. Nicht viel, oft nur ein paar Worte, manchmal auf Arabisch, aber immer öfter auf Deutsch, wobei mir meistens jemand half.

Doch meine Stimmungen schwankten. Es gab auch Tage, an denen ich hoffnungslos war, an denen ich wieder im Bett liegen blieb und weinte, bis das Kopfkissen feucht war. Manchmal schleppte ich mich dann ins Telefonhäuschen, einen winzigen Raum, in dem nur ein Tischchen mit dem Telefon und ein roter Plüschsessel standen. Dort wählte ich langsam die Nummer meines Schwagers in Tunesien, legte aber schon vor dem ersten Klingelzeichen wieder auf. Ich weiß nicht, was passiert wäre, wenn sich jemand gemeldet hätte. Hätte ich geweint oder geschrien? Aus lauter Wut auf meinen Mann, der mir alles genommen hatte? Hätte ich nach meinen Kindern verlangt? Aber was, wenn man mir gedroht hätte, sie woanders zu verstecken? Was, wenn sie gar nicht mehr da gewesen wären? Nein, um Allahs willen, ich hatte Angst vor der Enttäuschung, wollte nichts riskieren und legte schnell wieder auf.

Es wurde Winter, obwohl es noch nicht geschneit hatte, freute ich mich in diesem Jahr darauf. Es war frostig, und mein Atem kondensierte zu feinem, weißem Nebel. Die Sonne warf lange Schatten, und die Platanen streuten ihre Blätter in den Wind. Ich mochte das raschelnde Geräusch, wenn ich sie mit den Schuhen vor mir herschob. Es roch feucht, modrig, vertraut und heimelig, es schien mir, als ob ich den Geruch schon immer gekannt hätte.

Ich ging allein spazieren. Durchstreifte die Umgebung des Frauenhauses, ging den Alsterkanal entlang. Manchmal konnte ich mein Glück gar nicht fassen: dass ich das durfte! Jeden Tag ein Stück weiter, Schritt für Schritt. Oft setzte ich mich aber schon nach wenigen Metern auf eine der Bänke am Kanal und blickte über das Wasser zum Horizont. Auf der Rückenlehne breitete ich meine Arme aus, schloss die Augen und genoss die Luft wie ein warmes Bad. Wenn die Enten aus dem Wasser hochstoben, rauschte es, und ich ging langsam weiter. Ohne meine Kinder! – Wie lange noch?

Es war an einem dieser Tage, dass ich das Einkaufszentrum entdeckte. Zwei Parallelstraßen weiter, durch den Park und dann über die Straße. Geschäfte, Cafés, Restaurants, Apotheken, alles unter einem Dach, verbunden mit Passagen, so etwas kannte ich nicht. Hier konnte ich schlendern, bummeln, schauen. Hatte ich noch nie gemacht. Ich musste ja nicht gleich einkaufen. Ich betrat ein Geschäft nach dem anderen, hatte Zeit, fühlte und betrachtete die Kleider auf den Ständern, zog etwas heraus, hängte es wieder zurück. Wie im Schlaraffenland. Kurze Röcke, lange Röcke, durchsichtige Blusen, Wollpullover, Baumwollkleider. Ich war scheu und stellte mir vor, wie ich darin aussehen würde. In neuen, in eigenen Kleidern!

Ich zauderte kaum, als ich das Geschäft für Brautmoden betrat. Schweigend strich ich die wenigen Regale entlang. Lauter Prinzessinnenkleider, kam es mir vor. Reich, elegant, edel – ein Traum. Und die pompösen Hochzeitsaccessoires erst! Als mich die Verkäuferin fragte, ob ich nach etwas Bestimmtem suche, deutete ich auf eine der Modellpuppen, die ein cremeweißes Brautkleid aus Wildseide mit aufgenähten rosa Blümchen und Schleier trug. »Mezian – das ist wunderschön!« Ich weiß nicht, was mich trieb, aber mit einem Lächeln frage ich die Verkäuferin. »Kann ich das probieren, oder ist es zu kompliziert?« – »Nein, nein, kein Problem, das wird Ihnen gut stehen. Es passt wunderbar zu Ihrem bronzefarbenen Teint und den dunklen Augen.« Sorgfältig entfernte sie die Stecknadeln, mit denen das Kleid festgesteckt war, und zog es der Puppe über den Kopf.

Ich wagte kaum es anzufassen, so kostbar erschien es mir. Nichts für mich? – Doch! In einem kleinen Raum hinter dem Geschäft probierte ich es an. Die Verkäuferin war begeistert.

Ich will mich vor dem Spiegel sehen! Es passt, ein Traum. Einmal Prinzessin sein! Als Kind hatte ich mir das immer gewünscht. Wovon jedes Mädchen träumt. Eine Prinzessin wie aus Tausendundeiner Nacht. Aber es ist kein Traum. Dieses Brautkleid passt so sehr zu meinem momentanen Gefühl wie kein anderes Kleid. Ich fühle mich frei, seit ich im Frauenhaus bin – frei wie eine Prinzessin. Ich *bin* eine Prinzessin.

»Hübsch«, dachte ich und blinzelte mir zu, zupfte an den Rüschen, drehte mich und folgte mit meinen Augen dem Schwung des Stoffes. Ich schob die feinen Ärmel über die Ellenbogen, verschränkte die Arme und flirtete mit meinem Spiegelbild: »Gefällt mir!«

»Werden Sie bald heiraten?«, hörte ich die Verkäuferin mitten hinein in meine Träume fragen. Ihre Worte erwischten mich wie eine kalte Dusche. Abrupt drehte ich mich zu ihr. Nie wieder!, wollte ich rufen, schluckte die Worte aber runter wie bittere Medizin, nickte nur. Da stimmte die Verkäuferin ein Loblied an, zuerst auf das Kleid, dann auf mich, meine Figur, meine Beine, meine Taille, meine Arme und mein Dekolleté. Das lenkte mich ab, ich lachte sogar, aber zu laut und zu künstlich.

Nicht viel später kaufte ich mir in diesem Einkaufszentrum tatsächlich mein erstes Kleid. Aber kein Brautkleid. Von dem Geld, das ich für meine kleinen Dienste im Frauenhaus bekam, hatte ich eine Summe angespart. Ich suchte lange und probierte viel, denn ich wollte mir ganz sicher sein, dass das Kleidungsstück zu mir passte und mir wirklich gut stand. Bisher hatte ich keinen eigenen Stil, keinen Geschmack entwickelt, woher sollte ich wissen, was gut oder schlecht für mich war? Was mir gefällt und was nicht? Beiger Rock mit Oberteil, Demisaison-Schuhe, Wimperntusche, Gesichtscremes – alles billig – alles, was ich vorher nicht besessen hatte. Sogar einen Minirock mit langen Stiefeln habe ich gekauft. Ganz spontan, im Winter. Weil er mir gefiel. Ich habe den Rock und die Stiefel geliebt. Im Sommer kaufte ich mir meine ersten Shorts und Trägertops.

Im Jahr vor meiner großen Hochzeit hatte ich mir in Tunesien Kleider bei einem Schneider in der Stadt anfertigen lassen: Hosen und dünne Blusen, nichts Besonderes. Ich wollte sie für meinen Mann tragen. Als dieser mich jedoch ein paar Tage nach der Zeremonie darin sah, geriet er außer sich vor Zorn und riss mir die Kleider fast vom Leib. »Du ziehst das sofort wieder aus«, schrie er mich an. »So ein Flitter. Was bildest du dir ein. Willst du mich blamieren? So kannst du nicht rumlaufen und aus dem Haus gehen schon gar nicht. Benimmst dich wie ein Flittchen. Wie kommst du darauf? Zieh dir was Vernünftiges an.« Körperbetonte Hosen und Kleider bezeichnete er als »halb nackt«, und dass seine Frau halb nackt herumlief, duldete er nicht. Wenn schon Hosen, dann wenigstens mit Kleid drüber. Und wenn T-Shirts, dann nur lange, die das Gesäß bedeckten.

Ich habe meine Kleider damals aus- und nie wieder angezogen. Weggeworfen oder verschenkt, ich weiß nicht mehr. Ich fand sie schön, aber Abdullahs Reaktion hat mich tief beschämt und verletzt. Jetzt konnte ich zum ersten Mal anziehen, was ich wollte, und mich zeigen, wie ich wollte. Nach solchen Bummeltagen setzte ich mich in ein Café und bestellte Kuchen. Wie die alten Damen: Kaffee trinken und Kuchen essen, ganz für mich alleine. Wenn ich dann vom Kellner mit einem saloppen »Na, was wünscht die Dame?« begrüßt wurde, war ich glücklich. Man kann sich nicht vorstellen, wie gern ich plötzlich alleine war.

Ein neuer Job

Es roch nach Frühling, als wir den langen Holztisch ins Freie stellten und im verwilderten Garten des Frauenhauses unseren Nachmittagskaffee tranken. Der Flieder blühte lila, alles war grün, und ich hörte das gurgelnde Wasser des Alsterkanals. Von Tag zu Tag ging es mir besser. Die Weinattacken waren verschwunden, und mein Deutsch war inzwischen ganz ordentlich. Ich hatte gelernt, über mich zu sprechen, zu fragen, um Hilfe zu bitten und selbständig zu denken.

»Das Altenheim hat zugesagt«, rief Anja an einem dieser Nachmittage, die ich »meine grünen Tage« nannte, plötzlich. »Willst du den Job machen?« – »Was?« Ich war überrumpelt. »So schnell?« Das hatte ich nicht erwartet. Ich stützte meine Arme auf die Stuhllehne, legte den Kopf in die Hand: »Sag das nochmal, bitte.« – »Du-hast-einen-Job-im-Altenheim. Als Pflegehilfe.«

Eine Woche vorher hatten wir eine Anfrage vom Arbeitsamt bekommen, dass man eine Stationshilfe für ein Altenheim suche. Ich meldete mich sofort. »Willst du selbst dort anrufen und einen Vorstellungstermin vereinbaren?«, hatte mich Anja gefragt. »Aber klar!« Gleich war ich zu unserer Telefonkabine gerannt, ich weiß noch genau, immer war sie belegt, weil die Frauen wie die Weltmeister telefonierten. Ich wartete und sprach dann mit der Personalchefin im Altenheim. Sie bestellte mich zwei Tage später zum Vorstellungsgespräch. Anja fuhr mich hin.

Ich war außer mir vor Aufregung, ich wollte diesen Job unbedingt. Nein, außer zwei, drei Monaten Putzen habe ich keine Arbeitserfahrung in Deutschland vorzuweisen, legte ich gleich los, ob man sich damit zufriedengeben würde? Mal sehen. Die Personalfrau sagte nicht viel, zeigte uns aber das Haus, stellte mich dem einen oder anderen vor und erklärte, was ich als Stationshilfe zu tun haben würde: Essen richten, die alten Menschen zum Sport bringen, Betten machen, versorgen. »Ja«, sagte ich, »das kann ich gut. Seit ich geboren bin, versorge ich Menschen. Meine Geschwister, meine Eltern, meinen Ehemann, meine Kinder – ja wirklich, das müssen Sie mir glauben.« – »Und wer versorgt Ihre Kinder jetzt?« – »Sie sind nicht in Deutschland. Mein Ehemann hat sie nach Tunesien entführt. Sie leben bei seinem Bruder. Ich würde viel darum geben, sie zu sehen.« Sofort kam ich ins Erzählen, doch die Personalchefin unterbrach mich und meinte: »Sie haben geschickte Hände, eine spontane Art und ein ansteckendes Lachen. Das wird den alten Damen und Herren gefallen.« – »Das hoffe ich sehr«, antwortete ich.

Und nun die Zusage. Ich fiel Anja um den Hals: »Was muss ich denn da tun?« – »Keine Sorge, das wird man dir erklären.« – »Kann ich das überhaupt?« – »Klar kannst du das!« Nicht zu fassen, ich würde arbeiten, Geld verdienen und endlich für mich selbst sorgen können. Und irgendwann auch für meine Kinder. Ich musste sofort meinen Vater anrufen, damit er die Neuigkeit dem Anwalt weitergeben könnte. Wenn ich nur erst meine Kinder wiederhätte!

Mein erster Arbeitstag war Ende April 1992. Ein kühler Tag, aber ich hatte mich in Schale geworfen: Graues Kostüm und hochgeschlossener gestreifter Body darunter, der meinen Hals bedeckte. Mit dickem, schwarzem Kajal umrandete ich meine Augen, meine Haare – immer noch lang, ich hatte mich nicht aufraffen können, sie schneiden zu lassen, schlang ich mit bunten Bändern wie einen Kranz um den Kopf. Wie eine südamerikanische Künstlerin, deren Bild eine meiner Mitbewohnerinnen an die Wand gepinnt hatte. Ein Styling, das nicht unbedingt zum Füttern von alten Leuten passt. Aber ich freute mich und wollte es allen zeigen. Wahrscheinlich war ich die auffälligste Altenpflegerin, die jemals in diesem Heim gearbeitet hat.

Es war, als hätten sie auf mich gewartet. »Wie heißt du, meine

Liebe?«, grüßte eine alte Frau. »Bist du aber schön«, sagte mir ein alter Mann. Ich war aufgeregt. Brötchen mit Käse belegen, Kaffee und Tee in Thermoskannen füllen, alles auf einen Wagen stellen und dann los damit über die mit orangefarbenem Teppichboden ausgelegten Gänge und das Essen in den Zimmern verteilen. Tür auf, Tür zu. Jedem Bewohner das, was er wollte, und wenn ein Opa ein Stück höher sitzen wollte, habe ich ihm ein Kissen untergeschoben, und wenn eine Oma nicht essen wollte, habe ich mein eigenes Pausenbrot geholt, damit wir zusammen essen konnten: einen Bissen für Mama, einen für Papa.

Während ich das Essen in der Stationsküche zubereitete, fing ich an zu singen. Ein paar Zeilen auf Deutsch nach kleinen orientalischen Melodiefolgen. Ich sang meine Aufgaben: »Butter für Herrn So-und-so! – Salami für Frau So-und-anders! – Ach, die Dame isst nur Pfirsichmarmelade! – Braucht der Herr ein zweites Kopfkissen?« Das belustigte mich selbst, und ich merkte, dass ich mir, sobald ich die deutschen Worte in eine Melodie verpackte, die Aufgaben besser merken konnte. Es dauerte nicht lange, da kannte ich alle Namen auswendig und wusste von allen Heimbewohnern, was sie gern oder nicht gern mochten. Ich wusste auch, ob sie Besuch erwarteten, einen Arzttermin hatten oder zum Sport eingetragen waren. »Frau Mayer muss zur Wassergymnastik, mit den Schultern kreisen, kreisen«, sang ich dann, und »Herr Müller geht zum Zirkeltraining, Arme strecken, über den Balken hüpfen«. Die anderen Mitarbeiter brachen in Lachen aus, wenn sie mich singen hörten. Aber mir machte die Arbeit Spaß und den alten Leuten auch.

Sie waren wie meine Kinder, um die ich mich kümmern durfte. Die alte Frau, die blind war: Ich weiß nicht, wie sie es machte, doch jedes Mal, wenn ich hereinkam, erkannte sie mich sofort. »Esma, mein Engel?«, fragte sie dann in Richtung Tür. Oma Hedwig, so nannte ich sie, hatte ihre weißen Haare, die ihr bis in den Nacken reichten, immer akkurat wie ein Mann nach hinten frisiert. An den Wänden ihres Zimmers hingen Fotos, gerahmte und ungerahmte, von sich selbst, als sie noch jung war, mit einem langen blonden Pferdeschwanz, neben ihr ein kleiner Mann mit Schnauzbart in Uniform. Fotos von den Kindern, Sohn und Tochter mit Enkelkindern, blasse, unschuldige Gesichter. Oma Hedwig konnte die Fotos nicht sehen, aber immer sprach sie davon.

Wenn ich mich dann zu ihr setzte, ihr das Essen klein schnitt und den Löffel in die Hand gab, fing sie an zu erzählen. Immer wieder die gleiche Geschichte, trotzdem rührte sie mich. Sie erzählte, wie sie in den letzten Tagen des Zweiten Weltkriegs aus dem Osten geflüchtet und in Bremen im Auffanglager gelandet sei. Mit ihren zwei kleinen Kindern, dem Gerd und der Anna, über die polnische Grenze. Das dritte, das jüngste, die Therese, sei auf der Flucht gestorben. Gerade mal ein Dreivierteljahr alt. »An Masern, aber ich hab ihr nicht helfen können.« Sie habe es nicht geschafft, sie zu retten. Das Fieber sei höher und höher gestiegen, sie habe keine Medikamente gehabt, was hätte sie machen sollen? – »Sie konnten doch nichts machen!«, wollte ich die Frau jedes Mal beruhigen. – »Doch, doch ich war doch die Mutter, ich hätte ihr helfen müssen«, weinte sie dann. Nach so vielen Jahren immer noch. Auch mir liefen meistens die Tränen übers Gesicht, vor allem wenn Oma Hedwig dann fortfuhr und von ihrem Mann berichtete, der in Kriegsgefangenschaft gewesen sei. Sie hatte Angst vor seiner Rückkehr, weil sie fürchtete, dass er ihr den Tod der Tochter vorwerfen würde. Als er tatsächlich zurückkam, hat er nicht viel gesagt. Hat kaum mit ihr gesprochen, auch nicht über den Verlust der kleinen Therese. Das hat ihr am meisten wehgetan, ein Leben lang fühlte sie sich schuldig.

Auch einen alten Mann hatte ich ins Herz geschlossen. Herrn Georg, der immer wieder weglief und den wir dann suchen mussten. Meistens brachte ihn die Polizei zurück. Er war völlig verwirrt und brummelte wie ein Bär, dass er heim wolle, in die Heimat, nannte er es. Ich spielte dann die Zornige, obwohl ich nicht zornig war, und schimpfte: »Wo sind Sie gewesen? Wir haben uns Sorgen gemacht. Sie dürfen nie wieder weglaufen, versprochen?« Dann lachte er mich aus und sagte, er müsse seine

Sachen packen, »die See ruft«. Ich mochte diese alten Menschen mit ihren Macken, jeder war anders. Ich strich ihnen über ihre weißen Häupter, wie ich über die Haare meiner Kinder gestrichen hatte. Das lenkte mich von meinen eigenen Sorgen ab. Die Frau, die dauernd nach ihrer Handtasche suchte und uns beschimpfte, wir würden sie beklauen. Und der Mann, der in die Hosen machte. Es war eine Schweinerei, aber ich weiß, dass er es genossen hat, wenn wir ihn sauber machten. Er brauchte diese Zuwendung und kicherte wie ein kleiner Junge, der etwas ausgefressen hat.

Eines Tages, ich war auf dem Weg in den Speisesaal, stieß ich beinahe mit einem älteren Herrn mit einem Koffer in der Hand zusammen. Er war in Begleitung der Heimvorsteherin. Als ich aufsah, traute ich meinen Augen nicht: Doktor Wiener. »Was machen Sie denn hier«, rief ich überrascht. Am liebsten hätte ich ihn umarmt, so sehr freute ich mich, ihm so unvermutet zu begegnen. Aber das gehörte sich natürlich nicht. War er wegen mir gekommen? »Hausbesuche«, antwortete der Arzt. »Ich mache Hausbesuche.« – »Hausbesuche?« – »Ja, ich arbeite hier. Genauso wie Sie hier auch arbeiten.« – »Sind wir Kollegen?«, fragte ich und lachte. Es kam mir vor, als gehörte er zu meiner Familie.

Manchmal musste ich an meine Großmutter denken, die schon lange tot war. In den letzten Jahren ihres Lebens war sie immer unterwegs gewesen. Ist rastlos von einem ihrer Kinder zum nächsten gereist und immer ein oder zwei Monate geblieben und dann wieder weitergefahren. Meine Familie war zwei- oder dreimal pro Jahr an der Reihe. Dass wir dann alles für sie taten, war selbstverständlich. Wir verwöhnten sie. Denn sie war nicht nur unser Gast, sondern unsere Königin. Wir halfen ihr, sich anzuziehen, das war eine Sache der Ehre. Wir Enkel haben ihr Kaffee gekocht, ihre Taschen geschleppt und ihr die Füße gewaschen. Altersheime gibt es kaum in Tunesien. Wenn meine Kinder erwachsen sein werden, werde ich von einem zum anderen reisen und mich verwöhnen lassen.

Ich saß in der Pizzeria gleich neben dem Altenheim. Als einziger Gast, wie schon ein paar Mal nachmittags nach meinem Dienst. Ich saß an dem langen Tisch zwischen Fenster und Heizung und ordnete gedankenverloren die Blumen in der Vase. Der junge Mann mit dem dunklen Pferdeschwanz im Nacken hatte mir wie immer die Karte gebracht und gefragt, ob ich schon wisse, was ich trinken wolle. »Das Übliche«, hatte ich gesagt, und er hatte gegrinst. Lange Haare bei Männern mag ich nicht, aber nett war er trotzdem. Als ich nach der Speisekarte greifen wollte, zog er sie zurück. Er neckte mich, das tat mir gut heute. Ich hatte lange mit Oma Hedwig über die Kinder gesprochen und war deprimiert. »Na, gib schon her«, sagte ich ernst, »ich habe Hunger.« Dann nahm ich die Karte und tat so, als würde ich sie lesen.

Es war Herbst, und wenige Wochen vorher war ich für ein paar Tage in Tunesien gewesen. In meinem Sorgerechtsprozess hatte sich nichts getan, aber auch gar nichts. Seit über einem Jahr war ich ohne Nachricht von meinen Kindern, nicht einmal ein Besuchsrecht hatte ich bisher erwirkt. Trotzdem bin ich zum Hof von Abdullahs Bruder gefahren. Habe geklopft und gerufen: Amin, Jasin, Amal, wo seid ihr, eure Mama ist da! So lange, bis ich nicht mehr konnte. Von weitem sah ich Amal auf dem Gelände, sie trug ihren Arm im Gips. Mein Kind verletzt, ohne dass ich helfen konnte – das brachte mich wieder an den Rand der Verzweiflung. Ich schrie und schrie mich heiser und hörte doch nichts als das Bellen der Hunde.

Als ich beim Familiengericht nachhaken wollte, war es geschlossen – Sommerpause, tut uns leid. Also versuchte ich es bei unserem Rechtsanwalt. Ich betrat die Kanzlei, da machte Monsieur Avocat die Tür hinter mir zu und stellte sich mit seinem Bierbauch direkt vor mich: »Soso, die Tochter Abdelhamids kommt persönlich bei mir vorbei, das freut mich aber«, sagte er, so dicht vor meinem Gesicht, dass ich seine Alkoholfahne riechen konnte. Was wollte er von mir? Ich bekam es mit der Angst zu tun. »Wegen der Kinder«, stammelte ich. »Mal sehen, was sich da machen lässt«, entgegnete er und kam noch näher. »Nein bitte!«, bei diesen Worten wich ich zurück, riss die Tür auf und verließ fluchtartig die Kanzlei. Zu Hause beschwor mich der Vater, durchzuhalten: Zwei, drei Jahre seien durchaus üblich bei einem Sorgerechtsprozess, zumal diese Prozesse von Männern geführt werden, die wenig Interesse daran haben, Frauen ihre Kinder zuzusprechen. Wo käme man denn da auch hin? Die Töchter sind nicht wichtig, aber die Söhne. Sie sind die Stammhalter und gehören zur Familie des Vaters, wo sie Namen und Tradition fortführen.

Ich schaute noch immer in die Speisekarte. Schon zweimal war der Kellner mit dem Zopf vorbeigekommen, und ich hatte jedes Mal abgewunken. Ich stützte meinen Kopf in die Hand und versuchte die Angebote zu lesen und auseinanderzuhalten. Ich hätte ihm ja irgendwelche Ziffern sagen können, die am Rand der betreffenden Pizza standen. »Na, was darf's heute sein?«, fragte er mich nun wieder. Markus hieß er, ich hatte ihn gleich das erste Mal gefragt, er studierte Informatik und verdiente sich sein Studium mit dem Job in der Kneipe. Ich überlegte, starrte von Neuem in die Karte. »Weiß nicht.« Ich schaute ihn an, ließ ihn warten. Eigentlich nicht mein Typ, groß, kräftig, ein Schrank, blaugraue, tiefliegende, aber liebe Augen, ein Doppelkinn, jünger als ich.

»Also, einmal ›Ich weiß nicht‹, das notier ich schon mal«, versuchte er einen Witz. »Ach«, sagte ich, ohne auf ihn einzugehen, mir war nicht danach. »Ich kann mich nicht entscheiden. Kannst du mir nicht etwas empfehlen?« Wir hatten uns von Anfang an geduzt, diesen ungezwungenen Umgang unter gleichaltrigen Deutschen hatte ich im Frauenhaus kennengelernt, und er gefiel mir. »Was magst du denn gerne?«, fragte er und setzte sich neben mich auf die Bank. »Dann stell ich dir etwas zusammen.« – »Wie zusammenstellen?« – »Auf deine Pizza kommt nur drauf, was du gerne magst.« – »Aber ich weiß doch nicht, was ihr alles habt, und manches kenne ich vielleicht gar nicht.« – »Hey, dann komm mit in die Küche, und such dir was aus.« Das ließ ich mir nicht zweimal sagen. Noch nie hatte ich mir mein Essen im Restaurant selbst zusammenstellen und in der Küche aussuchen können.

Nachdem ich alles probiert hatte, wusste ich, dass ich Artischocken liebte, scharfe Pepperoni und Krabben. Aber auch Speck, Salami, Thunfisch, Ruccola. »Weißt du was?«, sagte Markus, »ich mach dir eine Riesenpizza mit vier unterschiedlichen Teilen.« – »Wenn du meinst«, sagte ich, »und was übrig bleibt, lass ich einpacken und bring's meinen Kindern mit.« – »Was, du hast Kinder?«, fragte er mich. »Warum kommst du dann immer allein?« – »War nur ein Witz. Den Kindern kann ich die Pizza gar nicht mitbringen, denn die leben entführt in Tunesien.« Ich ärgerte mich, dass es mir herausgerutscht war. Ich wollte Markus nicht von meinen Problemen erzählen, was gingen sie ihn an. Zumal wir nicht weitersprechen konnten, da er plötzlich alle Hände voll zu tun hatte und damit beschäftigt war, telefonische Bestellungen entgegenzunehmen und neue Gäste zu bewirten. Obwohl alle vier Pizzateile gut schmeckten, ließ ich sie an diesem Tag fast unberührt stehen und ging schnell nach Hause.

In meine eigenen vier Wände. Als ich im Herbst nach Hamburg zurückgekehrt war, hatte das Frauenhaus eine kleine Wohnung für mich gefunden. Anderthalb Zimmer, Küche, Dusche und Toilette, nicht weit vom Flughafen entfernt. Einerseits wäre ich gerne bei den Frauen im Frauenhaus geblieben, andererseits spürte ich genau, dass ich ausziehen musste, wenn ich wirklich selbständig werden wollte. Und das wollte ich: meinen eigenen Weg weitergehen. Ich hatte viel Hilfe und Unterstützung erfahren, hatte Arbeit, hatte Deutsch gelernt. Doch ein paar Frauen im Haus waren mir mit ihren Drogenproblemen auch ziemlich auf die Nerven gegangen. Ich wollte nicht mit hineingezogen werden. Und wenn meine Kinder kämen, bräuchte ich sowieso eine eigene Wohnung.

Petra und Anja und zwei Freundinnen aus dem Frauenhaus haben mir geholfen, die Wohnung zu streichen. Zum ersten Mal in meinem Leben bin ich in einem Baumarkt, suche Abklebefolie, Pinsel und Farben aus. Ein helles Orange und Blau, ich will keine weißen Wände, die Leiter borgen wir vom Frauenhaus. Ein Wochenende lang streichen wir. Richtige Weiberarbeit. Wir kochen

Tee, drehen das Radio laut auf, kleben Kanten ab und pinseln drauflos. Zuerst die Fenster und die Decken, dann die Wände. Zwischendurch machen wir Picknick am Boden mit Döner und Hähnchen vom Wienerwald. Montags habe ich Muskelkater.

Ich kann es kaum glauben, meine erste eigene Wohnung. Im Gebrauchtwarenlager hole ich mit Anja Matratze, Schrank, Couch, Tisch und Stühle für ein paar Mark. Es sind alte Stücke vom Sperrmüll, nichts Besonderes, aber ich bin stolz darauf. Vor allem auf meinen Tisch. Er ist blau gestrichen und passt gut zu den Stühlen, die ich weiß anmale. Wie Himmel und Wolken. Zum ersten Mal eine Wohnung mit allem, was dazugehört: auch Töpfe, Teller, Schüsseln und Tassen, alles gebraucht, aber egal, alles kann ich selbst aussuchen und selbst bestimmen. Das ist ein wunderbares Gefühl, schöner als wenn bei den deutschen Hochzeitsfeiern die Verwandtschaft mit Geschirr ankommt, das der Braut nicht gefällt.

»Na, wie fühlt sich eine eigene Wohnung an?«, fragte Anja bei einem der Geschirrtransporte, die wir miteinander machten. »Erwachsen!«, sagte ich. »Als ob ich jetzt erwachsen werden würde.« Endlich konnte ich mir mein eigenes Leben einrichten. Zum Einzug kaufte ich mir Wasserlilien für die Fensterbänke und einen Strauß feuerroter Astern, den ich auf den Tisch stellte.

Ich hatte mich auf die Wohnung gefreut. Doch schon in den ersten Tagen merkte ich, dass es nicht einfach werden würde. Im Frauenhaus war ich aufgehoben, und ich hatte mich an den ganzen Trubel gewöhnt. Immer war jemand da, mit dem ich sprechen konnte. Jetzt musste ich auf einmal allein zurechtkommen. Keiner da, wenn ich spätnachmittags von der Arbeit nach Hause kam und erzahlen wollte, welche Faxen Oma Hedwig oder Herr Georg gemacht hatten. Deshalb fuhr ich anfangs täglich auf einen Abstecher im Frauenhaus vorbei, ging hinterher einkaufen, dann nach Hause, ein Brot schmieren und ins Bett, um nicht die große Stille spüren und aushalten zu müssen. Manchmal ließ ich mir auch Wasser in die Badewanne ein. Während ich darauf wartete, dass sie sich füllte, stellte ich mich ans offene Fenster. Mindestens drei Flugzeuge sah ich in dieser Zeit in Fuhlsbüttel starten und landen. Immer dicht über meinem Haus vorbei, sodass ich mich unwillkürlich duckte. Wann würden in einem dieser Riesenvögel meine Kinder sitzen? Mehr denn je dachte ich an sie.

Erinnerten sich Amal, Jasin und Amin überhaupt noch an mich? Je weniger ich von ihnen wusste, desto größer wurde die Sehnsucht. Am liebsten wäre ich zu Abdullah gefahren und hätte mich vor seine Tür gesetzt, so lange, bis er nicht mehr anders konnte, als mir die Pässe der Kinder zu geben. Ich würde ihn belagern, irgendwann würde er mürbe werden. Mich machte die Warterei schon lange mürbe. Alles Mögliche überlegte ich mir: Überfall, Erpressung, in die Wohnung einbrechen, die Algerierin als Geisel nehmen. Verdammt nochmal, ich bin doch die Mutter!

An einem dieser Grübeltage fuhr ich zu meinem Lieblingseinkaufszentrum in Mundsberg und ließ mir die Haare schneiden. Schon lange war ich um den Friseursalon herumgeschlichen. Man brauchte sich nicht anzumelden, sondern konnte einfach spontan vorbeikommen. Ich hatte mir die Haare zu einem Zopf geflochten, der mir lang über den Rücken fiel. Jetzt war ich so weit. Ich stieß die Tür auf. Sie war mit dem Riesenfoto einer Kurzhaarfrisur beklebt. Als der Lehrling am Tresen fragte, was ich wolle, sagte ich: »Der Zopf muss weg, und dann möchte ich bitte so aussehen, wie die Dame auf dem Foto an der Tür.« Dem jungen Mann fielen fast die Augen aus dem Kopf, so verwundert war er. »Die schönen Haare«, rief er aus und dann nach seiner Chefin. Eine resolute Person, die mich prüfend ansah und mir einen Katalog mit Langhaarfrisuren vorlegte: »Schauen Sie sich das an. Wollen Sie sich nicht daraus eine schöne Frisur aussuchen?« – »Nein, nein«, sagte ich, »alles muss ab, bis hoch zu den Ohren.« Sie blätterte trotzdem ein wenig mit mir im Katalog und deutete mit dem Finger auf die eine oder andere Frisur. Ich aber schüttelte jedes Mal den Kopf, bis sie merkte, dass es mir ernst war: »Okay, schneiden wir einen Bob.«

Keine zehn Minuten später saß ich vor dem Spiegel, die Friseurin bugsierte den hydraulischen Stuhl ein wenig nach oben, schaute mir von hinten über die Schulter in die Augen. »Erst schneiden, dann waschen, dann nochmal schneiden, okay?«, fragte sie. Ich nickte und hörte gleich darauf das Geräusch der Schere, die sich auf Schulterhöhe durch meine Haare kämpfte. Die Esma, die mir eine halbe Stunde später aus dem Spiegel entgegenschaute, kannte ich nicht, aber sie war mir nicht unsympathisch. Größer kam sie mir vor.

Als Markus ein paar Tage später an meiner Wohnungstür klingelte und ich öffnete, waren wir beide überrascht. Ich hatte eine Pizza bei ihm bestellt, aber nicht erwartet, dass er selbst kommen würde. Markus erkannte mich kaum wieder mit den kurzen Haaren. »Pizza. Ich wollte zu Esma …«, stotterte er. »Steht vor dir!« – »Was ist passiert?« – »Die Haare sind ab, das siehst du doch.« – »Ja, ziemlich kurz, oder?« – »Täte dir auch gut.« – »Findest du, dass meine Haare zu lang sind?« – »Viel zu lang!« Er starrte mich ungläubig an, dann lachte er schallend, wahrscheinlich war ich zu frech. Ich entschuldigte mich, wollte ihm die Pizza und die Limo bezahlen, die er mitgebracht hatte, aber er winkte ab. »Wenn ich mir die Haare abschneiden lasse, kommst du dann auf ein Picknick mit an die Alster?« – »Was ist die Alster?«, fragte ich und steckte den Geldbeutel weg. »Du lebst in Hamburg und kennst nicht die Alster?« – »Nein.« – »Na, dann lass dich überraschen. Ruf mich an, wenn du mitkommen möchtest.« Mit diesen Worten legte er einen Zettel mit seiner Telefonnummer auf den Pizzakarton, den ich noch immer in der Hand hielt.

Ich habe tatsächlich angerufen. Weil ich jemanden zum Reden brauchte. Mein Vater hatte mir von den Kindern erzählt, die erste Nachricht seit langem. Von einem Kollegen auf der Polizeistation hatte er erfahren, dass Amal häufig krank sei und dass Amin kaum zur Schule gehe. Wenn ich doch nur etwas tun könnte. Kein Mensch kann sich vorstellen, wie schwer es ist, weit weg zu sein und den eigenen Kindern nicht helfen zu können, wenn man weiß, dass es ihnen schlecht geht. Schlimm, einfach schlimm. Ich musste jemandem mein Herz ausschütten, deshalb rief ich Markus an.

Er holte mich zum Picknick an der Alster ab. Mit kurzen Haaren. Extra für mich? Ich konnte es nicht glauben. Er hatte sich seine Haare für mich abschneiden lassen. »Schön«, sagte ich etwas verlegen, weil ich mir meine Rührung nicht anmerken lassen wollte. »Nicht ganz so schön wie bei dir«, antwortete er lachend. Immer hatte er gute Laune. Wir gingen zu Fuß die »schöne Aussicht« entlang, ich erzählte von mir, ununterbrochen, erzählte und weinte. Und spürte das moosig-weiche Grün unter meinen Füßen, roch die Wassertropfen in der Luft. Mitten in meinem Redeschwall aber stockte ich, ich traute meinen Augen nicht: ein See – mitten in der Stadt! So lange hatte ich schon in dieser Stadt gelebt, aber noch nie diesen See gesehen. Unmöglich. Meine Traurigkeit war wie weggeblasen. Was hatte ich nicht alles verpasst? Ich wirbelte umher wie ein Hund. Begann mit den Händen in den Blättern zu graben, die die Bäume wie bunte Stofffetzen über den Rasen gestreut hatten. Ich sammelte das Laub handvollweise und ließ es über Markus regnen, indem ich mich auf die Zehenspitzen stellte. Der Arme konnte meine Freude und Ausgelassenheit kaum begreifen. »Hast du wirklich noch nie die Alster gesehen?« – »Ich schwör's, noch nie in meinem Leben habe ich etwas Schöneres gesehen!« – »Und wie lange lebst du schon in Hamburg?« – »Über zwölf Jahre.« – »Wo warst du? Im Knast?« – »Wofür hältst du mich?«

Auf der gegenüberliegenden Seite des Wassers tauchte der Fernsehturm aus dem Nebeldunst auf, und auf dem violettblau schimmernden Wasser zogen Paddler ihre Runden. Es war ein sonniger Nachmittag Ende Oktober. Markus breitete eine Decke auf den feuchten Rasen und packte seinen Rucksack aus. Eine selbst zubereitete Fischplatte. Woher wusste er, dass ich Fisch liebte? Himmlisch. Zum Schluss zog er ein Schachspiel heraus. Und während ich ihm meine ganze unglückliche Ehegeschichte und den Kampf um die Kinder erzählte, liefen Jogger mit ihren Hunden um die Wette, küssten sich Pärchen unter den Bäumen, und Markus versuchte mir das Spiel mit den Bauern und der schwarzen und der weißen Königin beizubringen.

Er wolle mir helfen, sagte er. Aber wie sollte er mir helfen können? Es gab keinen Platz für einen Mann in meinem Leben. Ich war nicht verliebt, dazu war ich viel zu traurig und verletzt. Die zwölf zurückliegenden Jahre hatten traumatische Spuren hinterlassen. Alles was ich von Männern kannte, waren Schläge, Unterdrückung und Demütigungen. Wie konnte ich mich da noch auf einen einlassen, wenn ich immer mit dem Schlimmsten rechnen musste? Meine Mutter sagte, sie hasse Männer. Ich hasste sie nicht, aber ich wollte nichts mehr mit ihnen zu tun haben. Doch Markus war anders. Seine Höflichkeit, mit der er mir eine Serviette reichte oder ein Glas Wasser einschenkte, faszinierten mich. Ich kannte das Dienen als Aufgabe der Frau, aber nun diente er mir. Er schaute mir in die Augen, er fragte mich nach meiner Meinung, er nahm mich ernst, und er spielte mit mir ein Brettspiel, das in meiner Heimat nur Männer spielen.

In den folgenden Wochen führte er mich durch Hamburg, als sei ich eine Touristin und er der Touristenführer. Wir stiegen auf den Dom und auf den Fernsehturm, schlenderten durch Sankt Pauli und gingen abends ins Theater. Wir kauften Fisch auf dem Fischmarkt, frühstückten an der Alster und kochten gemeinsam Abendessen. Und jedes Mal, wenn Markus mir etwas Neues zeigen konnte und ich begeistert war, strahlte er, als hätte ich ihm ein Geschenk gemacht, nicht er mir. Stundenlang lag ich ihm mit meinen Problemen in den Ohren, erzählte und bat ihn, mir mit Anträgen und Formularen zu helfen, die ich beim deutschen Familiengericht einreichen wollte. Umsonst übrigens. Auch dort stieß ich nur auf bedauerndes Kopfschütteln: »Tut uns leid, aber auf das tunesische Recht haben wir keinen Einfluss.«

Wir führten unendlich lange Gespräche, bei denen ich weinte und Markus mich tröstete. Er erwartete nichts von mir, das war schön, aber gleichzeitig unheimlich. Ein solches Verhältnis zwischen Mann und Frau kannte ich nicht von muslimischen Beziehungen. »Ich weiß, dass das in Deutschland ganz normal ist, dass unverheiratete Frauen und Männer miteinander sprechen. Aber meine Tradition und der Glauben erlauben das nicht«, versuchte ich ihm zu erklären. »Aber es gefällt dir doch auch?« – »Ja, aber es fällt mir schwer, dich in mein Leben zu lassen oder dich als guten Freund zu akzeptieren.« – »Warum?« – »Weil ich es nicht kenne. Ich kämpfe um meine Kinder und bin mit meinen Gefühlen bei ihnen. An etwas anderes kann ich nicht denken.«

Markus tat mir gut, aber er brachte mich auch durcheinander. Manchmal sahen wir uns wochenlang nicht, dann wieder täglich. Es wurde Frühling, er ließ nicht locker, bis wir uns eines Tages nach meiner Arbeit in einem Café bei mir um die Ecke trafen. Wir saßen im Freien, es war frisch, ich hatte einen Eisbecher bestellt, löffelte eine Weile schweigend vor mich hin und kam mir vor wie vor dem Showdown in einem schlechten Film. Ich musste endlich klare Verhältnisse schaffen. »Ich kann nicht«, brach es unvermittelt aus mir heraus. »Jetzt nicht.« – »Warum nicht?«, fragte er wie immer und durchbohrte mich mit seinen unschuldigen Blicken. »Wenn du mit mir zusammen sein willst, dann musst du dich beschneiden lassen, musst Moslem werden und deinen Namen ändern, und dann müssen wir in die Moschee gehen und unsere Verbindung beglaubigen lassen.«

Ich sah ihn nicht an, während ich ihm diesen Katalog von Forderungen um die Ohren haute, sondern beobachtete ein paar Spatzen, die die Krümel unter den Stühlen und Tischen der Gäste aufpickten. »Das kannst du nicht alles wegen mir tun«, fügte ich hinzu. Dass Religion nicht Markus' Sache war, wusste ich. Gleich würde er aufstehen und gehen, dachte ich und wartete. Doch er stand nicht auf, stattdessen zwinkerte er mit seinen blauen Augen, legte seinen Arm um meine Schultern und fragte: »Sonst noch was? Wenn du willst, werden wir all das machen, sogar noch viel mehr. Wir werden heiraten und Kinder kriegen.«

Damit hatte ich zuallerletzt gerechnet. Ich erschrak. »Am besten zehn Stück, und du ernährst uns alle als Pizzabäcker«, entgegnete ich forsch, um meine Unsicherheit zu überspielen. »Warum nicht?« – »Weil ich an nichts anderes als an meine Kinder in Tunesien denken kann und dich nur ausnütze.« Bei diesen Worten sah ich, wie sich Markus' Augen mit Tränen füllten. Er hatte es ernst gemeint, und ich hatte ihm wehgetan.

Er passte nicht in mein Leben, trotzdem rief er Gefühle in mir wach, die ich noch nie gespürt hatte und die ich auch nicht beantworten konnte. Denn Markus zeigte mir Gefühle, die es in meinem vorigen Leben nicht gegeben hatte. Liebe, Vertrauen, all die großen Emotionen. Ich wusste nicht, was das ist und wie es sich anfühlt. Liebe war in meiner arabischen Erziehung tabu gewesen und hatte für mich als Frau weder existiert noch war sie erlaubt. Noch war ich nicht so weit, sie zu verstehen.

Aber Markus ging auf alles ein und ließ sich auf alles ein, was ich wollte. Gleich am nächsten Tag fragte er in einer Buchhandlung nach einem Koran auf Deutsch. Er hat ihn gelesen, las mir sogar laut daraus vor. Und bedrängte mich. Da bat ich einen Arzt aus Palästina, den ich kannte, die Beschneidung vorzunehmen, und ein paar Tage später meldeten wir uns bei einem Scheich in der Moschee zur Beglaubigung an. Alles ganz unspektakulär. In Jeans und T-Shirt, ohne großes Tamtam, wir zogen nur unsere Schuhe aus. Wir legten dem Scheich unsere Ausweise vor. Aus Markus wurde Mohamed, und dann leierte der Scheich seinen Spruch herunter: »Im Namen Allahs traue ich euch …« Nichts weiter. Unsere Verbindung war beglaubigt, auch wenn wir nicht offiziell verheiratet waren.

Markus tat alles für mich, ohne dass ich etwas für ihn tat. Als wir aus der Moschee kamen, überraschte er mich mit einem silbernen Anhänger. Er nahm mich mit zu seinen Freunden und stellte mich ihnen als die Liebe seines Lebens vor. Ich jedoch hatte Hemmungen, mich öffentlich zu meinem deutschen Mann zu bekennen. Keinem meiner Bekannten erzählte ich von unserer Verbindung, auch nicht meiner Familie. Ich weigerte mich sogar, mit ihm in eine gemeinsame Wohnung zu ziehen, und es dauerte lange, bis er mich berühren durfte. Wie ein heimlicher Liebhaber war er für mich.

Nur wenig von dem, was er mir gab, konnte ich zurückgeben. Aber wie auch? Ich konnte nicht anders. War noch traumatisiert von Abdullahs Schlägen und Gemeinheiten, und in Gedanken war ich ständig bei Amin, Jasin und Amal. Die wollte ich aus

Tunesien holen, nichts anderes, keinen neuen Mann und schon gleich gar keine weiteren Kinder. Markus' Liebe tat meiner Seele gut, ohne dass ich darauf antworten konnte. Ich war nicht frei. Und bevor ich merkte, dass ein Funke übergesprungen war, ist Markus eines Tages weggeblieben und nicht mehr wiedergekommen.

8.
»Flug Nummer 228 aus Tunis ist soeben gelandet«

Ich hatte nicht den Eindruck, dass irgendjemand außer mir Interesse am Fortgang meines Sorgerechtsprozesses hatte. Im Herbst 1991 hatte ich den Antrag gestellt. Jetzt war Frühjahr 1993, und noch immer rührte sich nichts. Der Prozess war nicht nur eingeschlafen, sondern irgendwo auf der Strecke geblieben. Gegen jeden meiner Anträge legte der Anwalt meines Exmannes Widerspruch ein, und der Prozess wurde von einem Vierteljahr aufs nächste vertagt. Die rechneten wahrscheinlich damit, dass ich zurückzog. Oder fehlte es am notwendigen »Kleingeld«?

Ich musste etwas unternehmen. Im März nahm ich zwei Wochen Urlaub, um nach Tunesien zu fliegen und mein Anliegen selbst bei Gericht vorzutragen. Vom Flughafen aus nahm ich den Bus nach Hause. Die Bäume standen starr, und die Tamarisken blühten rosa an den Straßenrändern, aber ich hatte keinen Blick dafür. Händler reichten mir kleine Jasminsträußchen durch die Tür, wenn der Bus an den Haltestellen anhielt. Ohne zu handeln, bezahlte ich und sog den Duft in mich ein, den ich so lange vermisst hatte.

Nach einer stürmischen Begrüßung mit meiner Mutter, zu der sie von ihrem Platz am Herd aufgesprungen war, wie jemand, der zum Leben erwacht, wurde ich ausgefragt: Wo und wie ich jetzt alleine so wohne, was ich arbeite und wie viel ich verdiene. Für sie war es unvorstellbar, dass ich als Frau auf eigenen Beinen stand und für mein Auskommen arbeitete und Geld verdiente. Ein ums andere Mal schüttelte sie den Kopf, sodass ihr immer wieder die Tücher ins Gesicht rutschten und sie alles zurechtrücken musste. »Kind, wer kümmert sich jetzt um dich?«, fragte sie, und wenn ich antwortete »Ich selbst! Ich bin mein eigener Herr und muss keinem Mann mehr gehorchen!«, streichelte sie mir anerkennend über die Wange. Mit ihrer Hand reichte sie nur knapp zu mir hoch. So klein war sie, das hatte ich früher nie bemerkt. Aber jetzt war sie aufgeregt und nervös wie ein junges Mädchen, weil ihre Tochter es geschafft hatte. Ihr Stolz machte mir Mut.

Ich musste weiter meinen Weg gehen und um die Kinder kämpfen. Das naive junge Mädchen, als das mich Abdullah aus der Familie geholt und nach Deutschland gebracht hatte, gab es nicht mehr. Vorbei. Seine Schläge und Demütigungen hatten mich nicht zerstört, sondern aufgeweckt. Und die Trauer um meine entführten Kinder hatte sich in Wut verwandelt. Immer deutlicher spürte ich, was gut für mich war und was ich wollte.

Ich bin keine verlassene Ehefrau mehr, sondern eine Frau, die für sich selbst geradestehen kann. Und nicht nur das: eine, die für ihre Kinder sorgen kann. Ich würde um nichts mehr bitten, sondern fordern. Und wenn ich den Richter höchstpersönlich aufsuchen musste.

Das Gericht ist ein heruntergekommenes zweigeschossiges Kolonialgebäude am Rand der Stadt. Es steht gleich neben dem Gefängnis und ist von einer hohen weißen Mauer mit Stacheldraht umgeben. Gelblich verdorrter Buchsbaum und Efeu klammern sich an der Mauer fest. Staubig und voller Dreck. Es ist nicht weit von unserem Haus entfernt, nur den Weg den Berg hinunter, dann rechts, vielleicht 300 Meter.

Es ist kalt, und der Wind wirbelt Müll durch die Straßen. Ziegen mit bimmelnden Glöckchen um den Hals stürzen sich darauf, sobald er sich in Disteln und Mauerresten verfängt. Schon von weitem sehe ich die Menschenschlange, die sich vor dem schweren braunen Holztor des Gerichtsgebäudes gebildet hat. Es sind Leute, die teilweise von weit her gekommen sind. Zweimal pro Woche, Dienstagnachmittag und Donnerstagvormittag, hält der Staatsanwalt, le Procureur de la République, eine Sprechstunde ab, bei der dringende Angelegenheiten vorgetragen werden können. Es geht um Ehestreitigkeiten und Nachbarschaftsstreitereien, gestohlene Schafe oder Land, das zurückgegeben werden muss, es geht um Pferde, Kinder und Frauen, aber auch um Leben und Tod, Familienfehden und Ehrenmorde.

Die Menschen kommen an Krücken und mit Verletzungen. Ich sehe einen alten Vater mit einem Arm im Gips, den ihm sein Sohn gebrochen hat, und eine junge Frau mit ihrer Mutter, die kaum noch gehen kann, weil sie von ihrem geschiedenen Mann verprügelt wurde. Da ist auch ein traurig blickendes Mädchen mit seinem Vater und einem fremden Mann. Sicherlich will sich der Vater eine richterliche Erlaubnis holen, um seine minderjährige Tochter zu verheiraten. Ich sehe das Mädchen schon vor mir, wie sie vom Staatsanwalt gefragt wird, ob sie heiraten will. Dann blickt sie vom Vater zum Bräutigam und wieder zurück. Sie hat nichts zu sagen, keine Chance. Ein Nicken – und verkauft ist sie. Kurz und schmerzvoll. Die Arme! – Mir ist zum Heulen.

Ich stellte mich in die Reihe und wartete. Als eine von ihnen. Es waren vielleicht zehn Leute vor mir, nach mir noch einmal so viele. Alte, gegerbte, verlebte Gesichter und junge, glatte Engelsgesichter. Wir sahen uns nicht in die Augen, wir waren alle mit unseren eigenen Problemen beschäftigt. Zwei Männer in Kaschabia mit Kapuzen über dem Kopf unterhielten sich leise, ein Mädchen vor mir schluchzte und kaute nervös an ihren Fingernägeln. Sie war jung, vielleicht 15, hatte ein bleiches Gesicht, helle Augen, einen breiten Mund. Einen dunklen Mantel trug sie wie eine alte Frau. Was sie hier will? So allein?

Ich bot ihr ein Taschentuch an, als ich merkte, dass sie ihre Manteltaschen nach einem durchsuchte. Ein paar andere hatte sie bereits zerknüllt und in Richtung der Mauer geworfen, wo sie der Wind lustig hin und her scheuchte. »Hier bitte«, sagte ich, »ich hab noch jede Menge Taschentücher.« Ohne mich anzusehen, murmelte sie etwas wie »Danke«. – »Wartest du auf deinen Vater?«, fragte ich, um etwas zu sagen. Das Mädchen schüttelte den Kopf, und die Tränen schossen ihm in die Augen. »Entschuldigung«, sagte ich, »aber was ist denn?« – »Der Vater«, stieß es hervor, »der Vater will mich mit einem Mann verheiraten, den ich noch nie gesehen habe. Aber ich will nicht.« Wie mutig es von ihr ist hierherzukommen!, dachte ich. Ich hakte das Mädchen unter und zog es ein wenig zu mir heran. Es zögerte einen Moment, sagte dann aber: »Ich habe einen Freund, der mit mir zur Schule geht. Wir wollen studieren und später heiraten.« – »Bist du deshalb hierhergekommen?« Sie nickte. »Woher weißt du, dass man dir hier helfen kann?« – »Weiß ich nicht, aber meine Mutter hat mich geschickt.« – »Mein Gott, du hast eine tolle Mutter. Ich bewundere sie.«

Wir setzten uns auf den löchrigen Asphalt vor dem Tor. Da fing die junge Frau an zu erzählen, dass ihre Mutter erst mitkommen wollte, aus Angst vor dem Vater aber doch zu Hause geblieben sei. Auf keinen Fall dürfe er erfahren, dass sie die Tochter angestiftet habe, sich zu wehren. Die Mutter leide selbst bis heute darunter, dass sie an einen fremden Mann verheiratet worden sei. »Sie will, dass ich es einmal besser habe als sie.« – »Ja, das sollst du auch«, erwiderte ich leise. »Schon weil du solch eine mutige Mutter hast. Wenn meine nur damals auch so gewesen wäre.« Da schaute sie mich an und fing wieder an zu weinen.

Inzwischen war es Abend geworden. Der Wind hatte zugenommen, und die meisten Menschen vor uns waren verschwunden. Ich hatte nicht darauf geachtet, ob sie bei Gericht vorgelassen wurden oder sich auf den Heimweg gemacht hatten. Aber plötzlich hörte ich: »Geschlossen! Das Gericht ist geschlossen!« Ich erschrak. Bedeutete das, dass wir uns den halben Tag vergeblich hier angestellt hatten? »Kommt zum nächsten Sprechtag wieder«, rief ein Pförtner, der in blauer Uniform und roter Kappe vor das Tor getreten war. »Nein bitte, lassen Sie mich ein, es ist sehr dringend«, begehrte das Mädchen nun auf. »Bei wem ist es nicht dringend, junge Dame?«, entgegnete der Mann. »Geh nach Hause und komm übermorgen wieder, wenn es dann immer noch so dringend ist.« – »Dann ist es nicht mehr dringend, sondern zu spät«, bettelte es verzweifelt. »Hör mal zu, Gerichtsdiener«, ergriff ich nun aufgeregt das Wort, wild mit den Armen gestikulierend. »Wenn das Mädchen deine Tochter wäre und weint, würdest du da nicht eine Ausnahme machen?« – »Ich bin aber nicht ihr Vater.« – »Aber sie ist wirklich in einer Notlage und muss zum Staatsanwalt, glaub mir, es geht um Leben und Tod. Heute noch!« – »Ich weiß nicht, ob der Staatsanwalt nicht schon gegangen ist. Es ist Feierabend, aber meinetwegen soll sie es versuchen. Aber nur, weil du für sie gesprochen hast.« – »Allah sei mit dir«, antwortete ich. »Vielleicht bleibt ihr erspart, was mir nicht erspart geblieben ist.«

Zwei Tage später war ich bereits vor Sonnenaufgang beim Gericht. Zwei Stunden zu früh, doch heute musste mich der Staatsanwalt einfach anhören. Und wenn ich mich vordrängen oder die ganze Schlange vor mir niederrennen musste, dieses Mal würde ich mich nicht mehr abweisen lassen. Ich war tatsächlich die Erste. Als der Pförtner die Tür aufschloss, fiel ich ihm fast entgegen. Ich hatte mich angelehnt und war ein wenig eingedöst. »Du schon wieder? Hast du hier übernachtet?«, fragte er überrascht. »Ja«, entgegnete ich frech. »Es ist nicht die erste schlaflose Nacht, die ich wegen meiner Kinder verbringe. Höchste Zeit, dass das aufhört.«

Im Gebäude war es still, ein langer Gang mit grauem Linoleumboden, in den kein Tageslicht fiel. Zu beiden Seiten schwere dunkle Türen aus Kastanienholz, darüber Stuck und Verzierungen. Der Pförtner bedeutete mir, auf einem der aufgereihten Stühle Platz zu nehmen und zu warten. Dann ging er langsam weg und kam nach ein paar Minuten wieder, deutete mit der Hand auf eine der Türen und sagte: »Hab Geduld, es kümmert sich gleich jemand um dich.« »Gleich« dauerte noch einmal eine halbe Stunde, aber dann führte er mich zu einem der Zimmer, klopfte und schob mich, ohne das »Herein« abzuwarten, hinein. Ich musste zuerst ein wenig blinzeln, bis ich erkannte, wo ich war. Ein großer, heller Raum, in den durch schmale Schlitze weit oben an der Wand das Tageslicht wie Scheinwerferlicht fiel. Mir gegenüber saß ein Mann mit pechschwarzen Haaren und einem kleinen Bärtchen, Manschettenknöpfe an den weißen Hemdsärmeln, die unter der Uniform hervorlugten. Er war kaum älter als ich, aber eine Respektsperson. Die Beine weit von sich gestreckt, hatte er sich an seinem Schreibtisch zurückgelehnt. Direkt neben ihm hatte ein älterer Herr in blauer Uniform vor einer Schreibmaschine Platz genommen und den Kopf in die Hand gestützt. Auch die Schreibtische waren aus schwerem Kastanienholz, wahrscheinlich stammten die Möbel noch aus der Zeit, als die französische Armee hier ihre Garnison stationiert hatte.

Ich merke, wie mir heiß wird und sich rote Flecke auf meinem Gesicht ausbreiten. Es ist ein wichtiger Termin, vielleicht der allerwichtigste für mich in diesem Prozess. Wenn es unserem Rechtsanwalt nicht gelingt, dem Staatsanwalt den Fall zu schildern, so muss ich es eben tun. Muss alles geben. »Bonjour, Monsieur le Procureur«, grüße ich auf Französisch. Ich bleibe neben einem Stuhl stehen und blickte meinem Gegenüber, der sich inzwischen nach vorne gebeugt hat, direkt in die Augen. Er mustert mich. Ich muss seriös und glaubwürdig auf ihn wirken. Langer schwarzer Rock, rote Bluse, schwarz-weißes Wolljackett. Um meinen Kopf habe ich ein weißes Tuch zu einem Turban geschlungen, darüber eine Sonnenbrille gesteckt. Ich weiß genau, dass es von meinem Auftreten abhängen wird, ob ich als geschiedene Frau ernst genommen werde oder nicht.

»Salam«, grüßt mich der Staatsanwalt auf Tunesisch, während er seinem Kollegen einen Blick zuwirft, der heißt: Mach dich bereit. »Bist du nicht Abdelhamids Tochter, die in Deutschland lebt?« – »Ja, ich lebe in Deutschland. Aber meine Kinder leben hier – ich würde sie gerne zu mir holen.« – »Was ist mit ihnen?« – »Die Akte müsste hier liegen, schon fast zwei Jahre lang. So lange vermisse ich meine Kinder schon. Denn mein Exmann hat sie aus Hamburg entführt und sie bei seinem Bruder in Tunesien versteckt. Er sagt, sie gehören zu seiner Familie. Aber ich will das Sorgerecht für sie haben und sie mit nach Deutschland nehmen. Kinder gehören zu ihrer Mutter, oder?«, sprudle ich hervor und lasse mich nicht mehr stoppen. »Vor bald zwei Jahren habe ich das Sorgerecht beantragt, aber bis heute hat sich nichts getan …« – »Moment, Moment, wie heißen denn deine Kinder?« – »Amin, der ist jetzt fast zwölf Jahre alt, Jasin ein Jahr jünger und meine süße Amal. Sie ist schon sieben Jahre alt. Schauen Sie doch bitte in Ihrer Akte nach.« Doch der Staatsanwalt macht keine Anstalten aufzustehen und zu suchen, sondern fragt ungläubig:. »Warum sollten wir bitte schön zwei Jahre lang deinen Fall nicht behandeln?« – »Das frage ich mich auch. Und meinen Kindern geht es schlecht, aber ich darf sie nicht einmal sehen ...« – »Immer der Reihe nach«, unterbricht mich da der Staatsanwalt und streckt mir seine Hand bremsend über den Schreibtisch entgegen. »Und vor allem so, dass der Schreiber mitschreiben kann.« Bei diesem Satz nickt er seinem Mitarbeiter zu, der meine Satztiraden mit einem gleichmäßigen Schreibmaschinengeklapper begleitet.

»Sagtest du nicht, dass du geschieden bist?« – »Doch, aber ...« – »Eine geschiedene Frau geht zu ihren Eltern zurück. Die Kinder bleiben beim Vater ...« – »Weiß ich. Aber haben Sie mir nicht zugehört? Die Kinder leben nicht bei ihrem Vater, sondern bei der Familie des Onkels. Und dort geht es ihnen schlecht. Sie bekommen wenig zu essen, dürfen nicht spielen, gehen kaum zur Schule. Wenn Sie wollen, schicken Sie jemanden hin und überprüfen Sie, was ich sage ...« – »Wo sind die Kinder denn?« – »Nicht weit vom Meer, im Süden, auf einem Bauernhof.« – »Diese Region fällt nicht in unser Zuständigkeitsgebiet. Da musst du schon einen Kollegen von dort damit beauftragen, das zu überprüfen.« – »Kann ich doch nicht, da ich nur eine Woche auf Urlaub hier bin. Ich arbeite, um für meine Kinder sorgen zu können. Hier bitte, meine Papiere. Ich habe alles: Wohnung, Telefon, Arbeit, ein Bankkonto. Es fehlen mir nur meine Kinder. Sagen Sie selbst, Kinder gehören doch zu ihrer Mutter?« Nun erst ziehe ich den Stuhl, neben dem ich die ganze Zeit gestanden habe, zurück, setze mich und sehe den Staatsanwalt erwartungsvoll an. »Das kommt darauf an ...« – »Sie müssen mir glauben, ich war eine gute Mutter und werde eine gute Mutter sein.« – »Glaube ich dir ja. Sonst würdest du jetzt nicht um die Kinder kämpfen. Aber sag, warum bist du nach der Scheidung nicht bei deinen Eltern geblieben?« – »Weil ich dort nichts mehr zu suchen habe. Soll ich meinem Vater auf der Tasche liegen, wenn ich selbst arbeiten kann?« – »Und jetzt willst du das Sorgerecht?« – »Ja, weil ich selbständig bin. Mein Exmann kümmert sich doch gar nicht um die Kinder. Sie leben abgeschieden auf dem Land. Ohne richtige Schule, ohne Mutter und ohne Vater. Ich dagegen würde für sie sorgen, gut sorgen.« – »Willst du sie mit nach Deutschland nehmen?« – »Ja. Dort können sie bei mir leben, ich werde sie auf eine gute Schule schicken, und ich schwöre beim Koran: Sie werden es später leichter haben als wir! Das ist die Wahrheit. Sagen Sie selbst, wäre es nicht besser, sie würden bei mir leben?« – »Doch!«, sagt der Staatsanwalt nun plötzlich und beugt sich noch weiter nach vorne. Unwillkürlich richte ich mich auf. »Was du mir erzählst, leuchtet mir ein«, fährt er fort. »Natürlich ist es besser, wenn Kinder bei den Eltern leben und nicht bei Verwandten. Und wenn sie in Deutschland eine bessere Ausbildung bekommen, ist das auch ein guter Grund, sie dort aufwachsen zu lassen.« Er räuspert sich, und plötzlich klingt seine Stimme verständnisvoll: »Ich frage mich, warum dieser Sorgerechtsprozess so lange verzögert wurde, wenn die Sachlage so eindeutig ist. Ich werde alles, was in meiner Macht steht, für dich tun.« – »Können Sie nicht dem Richter die dringenden Fälle vorstellen und einen Prozesstermin vorschlagen?« – »Doch, wenn alles so stimmt, was du sagst, dann werde ich versuchen, einen schnellen Termin für die Sache zu bekommen.« – »Wirklich?« – »Ja!« – »Alhamdulilah – Allah sei Dank. Ich kann nicht sagen, wie dankbar ich Ihnen bin. Stellen Sie sich vor, zwei Jahre ohne meine Kinder.« – »Ich werde mich bemühen.«

Der Schreiber hatte aufgehört, auf der Schreibmaschine zu klappern. Es war still, und auf einmal fühlte ich mich leicht wie ein junges Mädchen. Ich hätte jubeln können, dieser Beamte wird sich für mich einsetzen! Nun musste es einfach klappen! Ich hatte ihn überzeugt, das machte mich stolz. Dankbar lachte ich, stand auf und ging überschwänglich auf die beiden Männer zu. Auch sie hatten sich erhoben, über beide Schreibtische hinweg streckte ich jedem eine Hand entgegen. Ohne zu überlegen, die eine links, die andere rechts. Beide griffen sie gleichzeitig danach, der eine rechts, der andere links, und schüttelten sie. Ich freute mich wie ein Kind. »Merci beaucoup – shukran.« Es war richtig gewesen hierherzukommen. Ich hatte alles gegeben und war überzeugt, dass man mir nun helfen würde.

Zum ersten Mal kehrte ich beschwingt und zuversichtlich aus Tunesien zurück nach Deutschland. Nun war es nur noch eine Frage der Zeit, bis ich die Kinder zu mir holen konnte. Nach 53 Tagen erst kam der ersehnte Anruf von meinem Vater: »Esma, du hast Post. Der Termin für das Sorgerechtsverfahren.« Nicht ein Tag war vergangen, an dem ich nicht auf diesen Bescheid vom Familiengericht gewartet hatte. Jetzt endlich! »Vater, bitte, sag schnell. Wann ist der Prozess?« – »Es dauert noch eine Weile. 2. September, direkt nach der Sommerpause des Gerichts. Du hast es fast geschafft.« – »Ja«, sagte ich, und meine Stimme bebte. Ich konnte nicht verbergen, dass ich enttäuscht war. Noch so viele weitere Wochen.

Ende August flog ich wieder nach Tunesien. Ich hatte jede Menge Süßigkeiten, Kleider, Jeans und T-Shirts eingekauft und auf zwei Koffer verteilt. Hoffentlich das Passende. Die Kinder würden sich freuen, wenn ich ihnen etwas mitbrachte. Wenn ich nur eine Ahnung davon hätte, wie groß sie jetzt sind und was sie gerne essen. Früher mochten sie Überraschungseier, aber jetzt? Aber noch waren sie ja nicht bei mir.

Am Tag der Gerichtsverhandlung begleitete mich der Vater. Die vergangene Nacht über hatte ich nicht schlafen können. Hatte mich im Bett hin und her gewälzt. Ich hatte die Hunde bellen gehört und die Esel schreien und hatte nur an eines denken können: Was, wenn der Richter mir die Kinder nicht zuspricht? Was, wenn ich das Sorgerecht nicht bekomme? Eine Katastrophe. Ich kann mir nicht vorstellen, was dann passiert. Will ich mir auch nicht vorstellen. Trotzdem quälten mich diese Albträume.

Es war eine der dunkelsten Nächte, die ich je erlebt habe. Ich öffnete die Fensterläden und stand stundenlang am Fenster. Blickte in die Nacht, aber sah keine Sterne, nur dunkle Wolkenfetzen am Himmel. Bevor es hell wurde, kochte ich mir Kaffee, dann suchte ich nach einem Handtuch und schlich mich aus dem Haus. Ich wollte bei meiner großen Schwester vorbeigehen und sie überreden, mit mir ins Hamam zu gehen. Sie stand sofort auf, und noch vor dem Morgengrauen ließen wir uns das Wasser über Kopf und Körper rieseln. So lange, bis es jeden Zweifel von mir weggewaschen hatte. Danach fühlte ich mich ein wenig frischer.

Es wird ein heißer Tag werden. Ich schwitze, als ich mit dem Vater beim Gericht ankomme. Diesem Gebäude, das von außen so schäbig aussieht, mir aber mit seinen schweren dunklen Türen Respekt einflößt. Alle kennen meinen Vater. Richter, Staatsanwalt, die Rechtsanwälte, im Verhandlungssaal grüßt man sich wie alte Bekannte. Ich grüße auch, bleibe jedoch etwas abseits stehen. Abdullah ist nicht gekommen, dafür hat er seinen Bruder Mahmoud als seine Vertretung geschickt. Dessen Gesicht ist rot aufgedunsen, und er trägt einen dunkelblauen Anzug, in dem der Staub der Jahre sitzt. Ich drehe mich verstohlen nach ihm um, aber er tut so, als sehe er mich nicht.

Der Gerichtssaal ist mit dunklem Holz ausgeschlagen, ohne Fenster, mit künstlichem Licht, zwei Türen. Über der Eingangstür hängt eine große altmodische Uhr mit Holzrahmen, gegenüber, über dem Richtertisch ist ein großes Mosaik in die Wand eingelassen: ein roter Halbmond mit Stern, darunter das dreigeteilte tunesische Wappen mit punischer Galeere auf blauer See, ein schwarzer Löwe mit silbernem Schwert in Rot und eine schwarze Waage in Gold. Als der Richter eintritt und sich alle erheben, wird mir schwarz vor Augen. Noch habe ich den Prozess nicht gewonnen. Wenn nun der Richter der Ansicht sein sollte, dass Kinder zur Familie des Mannes gehören? Ich halte mich an der Stuhllehne meines Vordermannes fest, aber da dürfen wir uns schon wieder setzen.

Ich kann es kaum ertragen anzuhören, wie sich die beiden Rechtsanwälte noch einmal ihre Argumente um die Ohren hauen und sich mit dem Staatsanwalt austauschen. Ich höre ihre Worte dahinrauschen und verstehe sie nicht, so als würden sie in einer unbekannten Sprache sprechen. Mir ist übel, und ich schlucke krampfhaft. Noch ist alles offen.

»Schön, dass Sie selbst zum Prozess gekommen sind«, höre ich plötzlich von weit her die Stimme des Richters. Ein kleiner, unscheinbarer Mann, der in seiner Robe versinkt, aber seine Stimme klingt dunkel und mächtig. Ich blicke auf und merke, dass er mich meint. Mit einem Ruck hebe ich den Kopf und stütze mich mit meinen Armen auf den Oberschenkeln ab. Währenddessen nimmt der Richter schon mit einer raschen Handbewegung den Stapel Akten, den er vor sich auf dem Tisch liegen hatte, und wendet sich zur Tür. »Es dauert nicht lange«, sagt er im Hinausgehen und zieht sich mit seinen Schöffen zur Beratung zurück.

Ich bin erschrocken, nervös schlage ich abwechselnd die Beine übereinander, beuge mich nach vorn und wieder zurück, sinke zusammen. Kaum auszuhalten, diese Schwüle in dem fensterlosen Raum. Ich sehe auf die Uhr über der Eingangstür, sie tickt gleichmäßig, tick, tack, tick, tack, ohne dass ich die Zeit ablesen kann. Und ich sehe zu meinem Vater, der neben mir sitzt. Doch der hält seinen Blick geradeaus gerichtet und klopft mit der Hand imaginäre Staubkörner von seiner Uniformhose. Warum ermutigt er mich jetzt nicht, wo ich seine Hilfe so nötig hätte? Wenigstens ein aufmunterndes Lächeln? So wie Oma Hedwig im Altenheim in Hamburg.

Ich sehe sie vor mir, wie sie mit ihrer akkuraten Frisur am Fenster sitzt und so aussieht, als ob sie hinausschaue, obwohl sie doch gar nichts sieht. Fast täglich, wenn ich in den vergangenen Wochen zu ihr ins Zimmer gekommen bin, erkundigte sie sich nach meinen Kindern. Auf den Stock gestützt, sah sie an mir vorbei und fragte: »Und wie geht es Amin, Jasin und Amal. Hast du etwas von ihnen gehört?« Ihre Sorge tat mir gut, auch wenn ich jedes Mal »Nein, leider nichts Neues« sagen musste. Dann forderte sie mich auf, mich ein wenig zu ihr vors Fenster zu setzen, das in den warmen Sommertagen meistens geöffnet war. Sie tastete nach meiner Hand und fuhr fort: »Es ist gut, dass du um deine Kinder kämpfst.« – »Du hast es doch auch getan.« – »Nicht alle Mütter sind stark genug. Es wäre leichter für dich, die Kinder dort zu lassen, wo sie sind.« – »Dort geht es ihnen nicht gut!« – »Ja, du wirst es schaffen, weil du an dich glaubst.«

Fünf Minuten später kommt der Richter zurück, wieder stehen wir alle auf, und wieder setzen wir uns. Doch als er endlich anhebt zu sprechen, habe ich das Gefühl, meine Ohren zuhalten zu müssen, nur um ja nichts Falsches zu hören. – Lieber Gott, lass jetzt bitte den richtigen Satz kommen! – Die Sekunden dehnen sich. Wieder höre ich die Uhr ticken, Monsieur le Juge wiederholt alle Argumente, die für die Kinder in der Vaterfamilie und die für die Kinder in Deutschland bei der Mutter sprechen. Aber was ist jetzt? Wann endlich fällt er das Urteil? Ich verfolge seine Augen, seine Mundbewegungen, bis er den alles entscheidenden Satz spricht: »... aus diesen eben erläuterten Gründen fällt das Sorgerecht für die Kinder Amin, Jasin und Amal Abdelhamid an ihre Mutter Esma Abdelhamid.«

Endlich! Das war's, endlich hat die Warterei ein Ende! Mir ist schwindlig, ich will zum Richtertisch stürzen, mich beim Richter bedanken, dem Staatsanwalt und meinem Vater um den Hals fallen, alles auf einmal. Aber ich tue nichts, ich höre nur das Murmeln im Saal und spüre, wie sich eine riesige Last von mir löst. Wie eine Gerölllawine rutscht sie los, erst langsam und unmerklich, dann immer schneller und polternder. Dazwischen die mächtige Stimme des Richters: »Die Kinder werden stolz auf ihre Mutter sein. So wie Sie hier für sie gekämpft haben, werden Sie auch in Zukunft für sie kämpfen. Ihre Kinder haben Glück.«

Noch am gleichen Abend feierten wir ein Fest. Der dritte Geburtstag meines Neffen, des jüngsten Sohnes meines Bruders. Die Familie wohnte am anderen Ende der Stadt, dort wo sich die Häuser ohne Mauern und Vorgärten aneinanderducken und nur den Schafen und den Ziegen einen Durchgang lassen. Mein großer Bruder verdingte sich als Gelegenheitsarbeiter, seine Frau verkaufte Gewürze auf dem Markt. Zwei liebe Menschen. Ich weiß nicht, wie mein Bruder es geschafft hat, so rechtschaffen und gutherzig zu bleiben, obwohl er am meisten Prügel von uns Kindern eingesteckt hat. Auch ihm hatte der Vater eine Frau ausgesucht, mit der er sich nicht vertrug. Erst mit seiner zweiten Frau ist er glücklich geworden.

Die Sonne war gerade untergegangen, ein blassblauer Schleier lag über den weißen Häusern. Die Dämmerung brach bereits herein, und ich hörte das Jaulen der Hunde in der Ferne, ein Geräusch, das überall ist und die Stille des Abends in Schach hält. Das Geburtstagskind kam angerannt: »Tante, Tante aus Deutschland, was hast du mir mitgebracht?« Ich warf den Jungen in die Höhe und drehte mich mit ihm, bis er herzlich lachte. Dann drückte ich ihm ein kleines Auto in die Hand und verzog mich ins Wohnzimmer, während die anderen in der Küche aßen.

Ein kahler Raum mit Matratzen auf dem Boden, Kassettenrecorder, Radio. Auf dem Fernseher stand das gerahmte Foto des Großvaters, um das sich die Familie jahrelang gestritten hatte. Ich ordnete Spitzendeckchen und Plastikblumen, die links und rechts davon in Väschen aufgestellt waren. Ich war allein. Auf dem Boden lag eine Kassette, die hob ich auf und steckte sie in den Recorder. Ich drückte auf Play, hörte den ersten Ton. Eine Weile stand er im Raum, bevor er fortglitt wie ein fliegender Teppich. Trommelmusik der Berber. Da setzte ich mich auf den Boden, breitete mein Kleid über die Beine aus und betrachtete die Fotos der Kinder, die ich seit zwei Jahren in meiner Handtasche immer bei mir trug. Die Bilder waren ganz abgegriffen, sie hatten weiße Sprünge wie Porzellan: Amal mit ihren ängstlich großen Augen und dem Schulranzen auf dem Rücken, Amin, dünn und lang auf dem Fahrrad in Hamburg und Jasin mit einem kleinen Hasen im Zoo. So hatte ich sie in Erinnerung. Wie würden sie heute aussehen?

Morgen! Morgen würden wir die Kinder holen. Und plötzlich packte mich die eindringliche Musik, ich drehte lauter, stand auf, breitete meine Arme aus, legte den Kopf in den Nacken und begann zu tanzen. Einen orientalischen Bauchtanz, so wild und ausgelassen, wie ich seit meiner Hochzeit vor 13 Jahren nicht mehr getanzt habe. Ich hatte ihn schon als Kind gelernt, ursprünglich ein Fruchtbarkeitstanz. An diesem Abend begleitete er meine zweite Geburt.

Früh am nächsten Morgen fuhren wir los. Mein Vater hatte ein Auto gemietet. Es war kühl, das Land noch schwarz-weiß. Wir fuhren nach Osten in Richtung Sonnenaufgang, der die Steppe zuerst violett, später rosa färbte und dann ockergelb und rot. In den Akazienbüschen riefen Lerchen und Regenpfeifer Allah den Gruß. Mein Vater schwieg, ich saß am Lenkrad, trommelte mit den Fingern, schaute ihn von der Seite an: diesen stattlichen und aufrechten Mann mit dem zerfurchten Gesicht, der nur das Beste für seine Familie gewollt und doch so viel Leid über uns gebracht hatte. Er kannte es nicht anders, so war die Tradition. Dann sah ich Männer in weißen Gewändern in der Steppe, die Kamelherden vor sich hertrieben, und Frauen, wie sie auf ihren gebeugten Rücken das in aller Frühe geerntete Gras nach Hause trugen. Nach einem archaischen Gesetz und Rhythmus, nach dem ich nicht mehr leben konnte.

In der Hafenstadt suchten wir einen Gerichtshelfer auf und baten ihn, mit uns zur Schwagerfamilie zu fahren. Wenn wir einen Justizbeamten bei uns hatten, konnte der Schwager das Urteil nicht ignorieren und musste die Kinder herausgeben.

Wie eine Festung erhebt sich das Gehöft mitten auf dem flachen Land. Diese riesige Mauer, ein paar Betonhütten dahinter, außen mit Bambus verkleidet. Als wir gegen Mittag ankommen, klopft mein Herz wie wild. Es riecht nach Verwesung, ich höre Hühnergeschrei, die Hunde bellen. Wie konnten die Kinder es hier nur aushalten? Wir klopfen laut, und mein Vater ruft: »Aufmachen, Bruder des Abdullah, komm und mach uns auf!« Auch ich schreie: »Amin, Jasin, Amal! Wir sind gekommen, um euch zu holen. Amin, Jasin, Amal, ich bin's, Mama!« Und hämmere gegen die Tür. Mein Gott, bin ich auf einmal aufgeregt, ich schwitze, und der Schweiß rinnt mir in die Augen, er brennt, gleich wird mir schwindlig, ich muss mich setzen, auf den dreckigen Boden vor der Mauer.

Lange rührt sich nichts. Doch dann bewegt sich das Tor. Der Schwager öffnete, er ist in Gummistiefeln. Offensichtlich haben wir ihn aus dem Stall geholt. »Was wollt ihr hier?«, fragt er unwirsch, eine Hand auf einen Stock gestützt. Und zu mir gewandt: »Hab ich dir nicht gesagt, Esma, dass du dich hier nie wieder blicken lassen sollst!« Sein Gesicht ist bärtig und ungewaschen, ich sehe seine gelben Zähne und gerate in Wut. Aber ganz ruhig, ich muss atmen, bis hinunter zum Bauch, tief durchatmen und zählen, auf Deutsch, eins, zwei, drei … weil das schwieriger ist und weil ich mich konzentrieren muss. Die Kinder! – Gleich würde ich die Kinder sehen!

Aber ich kann mich nicht beherrschen, springe auf und schleudere dem Schwager die Sätze wie Steine entgegen: »An alle Regelungen habe ich mich gehalten, zwei Jahre lang, aber jetzt ist Schluss damit. Hörst du, fini! Gestern wurden mir die Kinder zugesprochen. Ich habe das Sorgerecht. Ich, nicht Abdullah. Und jetzt sind wir gekommen, um Amal, Jasin und Amin zu holen.« – »Die Kinder bleiben hier. Egal, wer das Sorgerecht hat!« – »Sie kommen mit mir!«, brülle ich ihn an, sodass er zusammenzuckt und schreit: »Nein, du bekommst sie nicht!« – »Du wirst uns die Kinder wohl geben müssen«, mischt sich nun der Gerichtshelfer ein. Er könne alles bezeugen, »hier sind die Papiere, das Urteil ist rechtskräftig. Und wenn die Mutter ihre Kinder zu sich nehmen möchte, dann kann sie das tun.«

Der Schwager läuft feuerrot an im Gesicht, es sieht so aus, als wolle er uns die Tür vor der Nase zuschlagen. Doch der Gerichtshelfer fasst ihn besänftigend am Arm: »Du bist nicht länger Vormund der Kinder! Sieh das ein! Die Mutter hat das Sorgerecht, die Kinder gehören zu ihrer Mutter, d'accord!« – »Die Kinder haben keine Mutter mehr! Was ist, wenn sie nicht zu ihrer Mutter wollen? Wenn sie hierbleiben wollen?« – »Ruf sie, sie sollen sehen, dass die Mutter und der Großvater gekommen sind!«

Doch der Schwager braucht sie gar nicht zu rufen. Quer über den staubigen Hof, der mit Stechpflanzen bedeckt ist, sehe ich schon meine Schwägerin mit einer großen Reisetasche auf uns zukommen. Raja muss uns gehört und schnell die Sachen der Kinder gepackt haben. Hinter ihr, ganz schüchtern im Gänsemarsch, kommen sie: Amal in einem Sommerkleidchen, die lockigen Haare hängen ihr wild ins Gesicht, die Jungs in ausgebleichten Trainingsanzügen, aus denen sie längs herausgewachsen sind, alle drei barfuß. Ich kann es nicht fassen. Ich stehe ganz still, aber mir schießen die Tränen in die Augen. »Amin, Jasin, Amal!«, rufe ich.

Doch sie weichen zurück und packen Raja am Kleid. Verschreckt umfasst Amin seinen Bruder und seine Schwester mit seinen dürren Armen, als wolle er sie gegen die ganze Welt verteidigen. Wie Kaninchen schmiegen sie sich aneinander. Erkennen sie mich nicht mehr mit meinen kurzen Haaren? Ganz ruhig, tief einatmen, bis hinunter in den Bauch, und wieder ausatmen. Im Bruchteil von Sekunden ziehen die Bilder von Amals Geburt vor meinem inneren Auge vorbei. Ich bin wütend, gleichzeitig rinnen mir die Tränen übers Gesicht.

Wie oft habe ich mir diesen Moment ausgemalt, überlegt, was ich dann sagen würde, wenn ich die Kinder wiedersehe, was sie dann tun würden. Nun bin ich hilflos und starre sie an: Noch dünner sind sie geworden, ungewaschen, die Haare verfilzt. »Kommt her, meine Süßen!«, rufe ich, doch sie sehen mich nicht an. Sie werfen sich auch nicht in meine Arme, sie rufen nicht »Mami«, sondern sie drehen sich weg. Als sei ich eine Fremde. »Die Kinder haben sich hier eingelebt und sind wie unsere eigenen«, höre ich meinen Schwager triumphierend sagen. »Sie wollen nicht mit dir gehen, Schwägerin.« – »Aber ich bin ihre Mutter«, rufe ich verzweifelt und schluchze.

Mit diesen Worten stoße ich das Hoftor auf und laufe auf die Kinder zu, die sich immer noch scheu hinter der Tante verstecken. »Ich bin's, Mama«, rufe ich noch einmal und gehe vor ihnen in die Knie. »Kennt ihr mich nicht mehr? Amal, Jasin, Amin, ich bin gekommen, um euch zu holen, wie ich euch versprochen habe. Ist schon eine Weile her, aber jetzt bin ich da. Wollt ihr nicht mit mir und dem Großvater kommen?« Ich greife nach Amals Arm, den sie sofort wegzieht, ich packe Jasin: »Ich hab euch nicht vergessen«, presse ich hervor. »Jeden Tag hab ich an euch gedacht. Leider durfte ich nicht früher kommen. Jeden Tag, über zwei Jahre lang.« Mit einem Ruck macht sich auch Jasin frei.

Die Kinder wollen nicht, sie haben Angst vor mir. Das macht mich fassungslos. Ich kann es nicht glauben: War denn alles umsonst? Mein Leben, die Anstrengung der letzten Jahre – umsonst? »Ihr kommt jetzt sofort mit«, schreie ich außer mir vor Enttäuschung. Da weichen die Kinder noch weiter zurück. Ich bin schockiert, damit hätte ich nie gerechnet, doch auf einmal sehe ich es glasklar vor mir: Wenn ich sie jetzt nicht ganz verlieren will, muss ich mich zurückhalten und darf sie nicht weiter bedrängen.

Es kostet mich all meine Kraft, aber müde stehe ich auf, strecke mich und gehe mechanisch wie eine Puppe zurück, zum Tor hinaus und zum Auto, das wir auf der Straße geparkt haben. Ich öffne die Tür, lasse mich auf den Rücksitz fallen und weine hemmungslos. Die Kinder brauchen Zeit. Von weitem dringen die Stimmen zu mir. Ich höre meinen Vater mit dem Schwager diskutieren. Ewigkeiten, scheint es mir. Bis er plötzlich laut und deutlich wird. »Schluss jetzt mit dem Theater«, sagt er. »Es reicht. Die Kinder kommen mit uns. Basta! Amal, Amin, Jasin, bitte kommt – ihr werdet es gut bei eurer Mutter haben. Sie hat nicht umsonst so lange für euch gekämpft.«

Ich richte mich nicht auf, aber ich ahne, dass sich die Kinder nun langsam in Bewegung setzen. Weil sie sich nicht trauen, dem Großvater zu widersprechen. Sie halten sich alle drei an den Händen fest, staksen zögernd auf das Auto zu, lauern, ob sie noch von einem anderen Befehl eingeholt werden. »Lass uns endlich gehen, weg von hier«, sagt mein Vater nur ein paar Sekunden später und sitzt schon am Steuer. Da spüre ich, wie die Kinder links und rechts zu mir nach hinten einsteigen. Ich lasse die Augen geschlossen, richte mich kerzengerade auf und lege meine Arme eng an meinen Körper, um sie nicht noch einmal zu erschrecken. »Schön, dass ihr kommt«, sage ich leise. Ohne mich anzusehen, drückten sie sich an mich. Amin links, Jasin rechts, Amal halb auf meinem Schoß, halb auf dem ihres Bruders.

Der Vater startet, im Auto ist es still. Wie früher, erinnere ich mich, wie ich mich früher mit den Kindern nach hinten ins Auto gequetscht habe. Aber jetzt sind sie nicht mehr weich und warm, ich spüre sie zittern. Durch unsere Kleider hindurch merke ich, wie sie sich fürchten und erschauern, obwohl es heiß ist. Wie ängstlich sie sind. Ich will sie in den Arm nehmen und darf es nicht. Noch nicht. Was mochten sie alles durchgemacht haben? Aus einer Plastiktüte hinten auf der Ablage ziehe ich zwei Jeans für Jasin und Amin heraus. »Könnt ihr die brauchen?«, frage ich bang. Da huscht ein unsicheres Lächeln über ihre Gesichter, Amal schaut weg. Für sie habe ich eine rote Cordjacke mit großen aufgesteppten Taschen und einer Kapuze eingepackt. Auch die hole ich nun heraus und lege sie ihr auf die Knie. Sofort vergräbt mein Mädchen seinen Lockenkopf darin.

Schweigend fuhren wir die Straße zurück zur Stadt am Meer. Direkt zum Hafen mit kreischenden Möwen und dröhnenden Schiffshörnern, um mit den Kindern zu picknicken. Als der Vater das Auto parkte, hörten wir lautes phantastisches Trommeln. Zwei gebeugte Männer in dunklen Kutten bogen um die Ecke. Mit langen Stöcken schlugen sie auf straff gespannte Trommeln, ein dritter spielte auf einer Flöte. Gleich sammelte sich ein Touristenschwarm aus kurzberockten Mädchen und braungebrannten Männern um die mittelalterliche Szene. Auch Jasin, Amin und Amal, die bisher kein Wort gesprochen hatten, wurden neugierig und hüpften aus dem Auto.

Mit offenen Mündern bestaunten sie die Szene und waren nicht mehr wegzubekommen. Ich ließ sie stehen und holte Pommes und Hähnchen von einem Imbiss. Und für jeden eine Flasche Cola. Als ich wiederkam, stürzten sie auf mich zu und rissen mir die Sachen aus der Hand. Sie waren hungrig und griffen gierig in die Tüten. Ich beobachtete sie: Wie lange es wohl dauern würde, bis sie sich an mich gewöhnten? Ich sah in ihre schmalen Gesichter mit den dunklen Ringen unter den Augen, sah ihre feinen Hände, auf denen sich die Haut schuppte, und sah ihre nackten Füße mit Schmutzrändern zwischen den Zehen, und ich fühlte, wie sehr sie mir gefehlt hatten. Wie hatte ich es nur so lange ohne sie aushalten können? »Na, schmeckt's?«, fragte ich, und sie nickten mit vollen Mündern. Doch als ich zum Schluss meine mitgebrachten Süßigkeiten verteilen wollte, schüttelten sie ihre Köpfe und liefen trotzig zurück zum Auto.

Auch zu Hause bei meinen Eltern fremdelten sie. Sosehr ich mich auch um die drei bemühte, sie blieben abweisend. Wer weiß, was man ihnen in der Schwagerfamilie über mich erzählt hatte. Ich fragte nicht, sie erzählen nichts. Wenn ich ihnen etwas von Deutschland berichten wollte, sagte Amin wütend: »Von dir lasse ich mir nichts sagen.« Und wenn ich ihnen sagte, wie sehr ich sie vermisst habe: »Davon haben wir nichts bemerkt.« Sie dachten, ich hätte sie im Stich gelassen. Etwas anderes konnten sie nicht denken, wie auch, da sie so lange nichts von mir gehört hatten. Wie ihnen erklären, dass ich so lange stillgehalten hatte, weil ich Angst gehabt hatte, sie sonst ganz zu verlieren? Zwei Jahre ohne Kontakt ist eine lange Zeit. Dass sie mich nicht sofort akzeptieren würden, hatte ich erwartet, aber dass es so schwierig werden würde, nicht. Ich fühlte ihre maßlose Enttäuschung, konnte aber nichts dagegen tun.

Es muss schlimm gewesen sein. Was hatten die Kinder durchgemacht? Doch wenn ich sie fragte, wie es ihnen ergangen sei, liefen sie weg und ließen mich stehen. Sollen sie eine Zeit lang alle Freiheiten der Welt genießen und tun und lassen, was sie wollen, dachte ich. Lange genug waren sie eingesperrt gewesen. Ich ließ sie gewähren und sah ihnen zu, wie sie vor der hohen Mauer auf der sandigen Straße spielten. Sie nannten mich nicht mehr »Mama« wie früher, auch nicht »Ummi« auf Arabisch, sie fragten nicht, ob ich mit ihnen spiele, sie sprachen mich gar nicht mehr an. Es war, als kämen wir mit unseren Gefühlen dem Wiedersehen nicht hinterher.

Ohne nach dem Warum zu fragen, gingen die Kinder mit mir zur Schulanmeldung, und ohne zu murren, kamen sie mit zum Fotografen, um Passbilder anfertigen zu lassen. Wir kauften Koffer und Taschen, um ihre Sachen zu packen, doch sie blieben apathisch und gleichgültig. Fast schien es, als ginge sie das Ganze nichts an. Wir gingen auf den Markt, wo sie bei den Schuhmachern und Schneidern aussuchen konnten, was sie wollten. »Gefallen dir diese Schuhe«, fragte ich Amal und zeigte auf blaue Sandalen. »Willst du sie haben?« Doch sie zuckte nur mit den Achseln. Als ich Jasin einen Mantel kaufen wollte, riss er ihn mir, bevor ich ihn bezahlen konnte, aus der Hand und rannte weg.

Zwei Wochen später musste ich zurück nach Deutschland. Wieder ohne die Kinder, denn ohne gültige Pässe konnte ich sie nicht mitnehmen. Wir hatten die Papiere zwar gleich beantragt, aber wie lange das dauern würde, konnte uns keiner sagen. Zum ersten Mal war ich fast erleichtert über diese Frist. Obwohl ich mir nichts sehnlicher gewünscht hatte, als mit ihnen zusammen zu sein, war ihre Ablehnung die Hölle für mich. Kinder zu verlieren ist unsäglich und schmerzhaft, sie wiederzufinden auch.

Warmer Regen fiel, als ich vor dem Gartentor stand und mich von der Familie verabschiedete. In Rinnsalen bahnte sich das Wasser seine Wege durch den Sand, irgendwo dröhnte eine Polizeisirene. Mein Vater hatte Feigen aus dem Garten geholt, mir ein paar als Proviant eingepackt und jedem Kind eine Frucht in die Hand gedrückt. Ich beobachtete sie, wie sie aßen, hastig, als würde man sie ihnen gleich wieder wegnehmen.

»Warum gehst du wieder nach Deutschland?«, fragte Jasin. »Weil ich arbeiten und Geld verdienen muss, damit ihr zu mir kommen könnt.« – »Das hast du schon einmal gesagt.« – »Ich wusste nicht, dass es so lange dauern würde.« – »Wie sieht Deutschland aus?«, wollte Amal plötzlich wissen. Sie hatte es vergessen und verdrängt und erinnerte sich an gar nichts mehr. Aber ich freute mich über die Frage wie über ein aufglimmendes Feuer, das erloschen war. »In Deutschland gibt es weiße Schleier vor den Fenstern«, antwortete Amin an meiner Stelle. Ich schluckte. »Und manchmal liegt weißer Schnee auf der Straße, dann wird alles ganz still«, sagte ich. »Was ist Schnee?«, fragte Amal.

»Die Pässe sind da. Schick Geld für die Flugtickets«, rief mich mein Vater kurz vor Weihnachten an. Noch am selben Tag kündigte ich meine Arbeitsstelle im Altenheim. Es war ein tränenreicher Abschied. Ich trommelte die mir lieb gewordenen alten Menschen im Speisesaal zusammen, manche schob ich im Rollstuhl dazu, nur um ihnen zu sagen, wie leid es mir tat, dass ich gehen musste. Keine andere Macht der Welt hätte mich dazu bringen können, den Beruf und meine neue Selbständigkeit aufzugeben, außer meine Kinder. Es würde schwer für sie werden, nach allem, was sie durchgemacht hatten. Da musste ich zuerst einmal für sie da sein. Zeit haben. Wir hatten vieles nachzuholen. Ich musste sie in der Schule anmelden, Einstufungstests mit ihnen machen, ärztliche Untersuchungen machen lassen und Deutsch lernen. »Das schaffst du schon«, trösteten mich die Alten zum Schluss. Wenn sie gewusst hätten, wie schwer es mir fiel!

Seit ich Mitte September zurück nach Hamburg gekommen war, hatte ich täglich mit meinen Kindern telefoniert. Jeden Abend wählte ich die Telefonnummer in Tunesien. Immer mit einem leichten Herzklopfen, da ich Angst hatte, dass sie sich wieder zurückziehen würden und nicht mit mir sprechen wollten. Aber ganz im Gegenteil. Der Abstand tat uns gut. Erst die vielen Telefongespräche ermöglichten uns eine Annäherung. Täglich ein Stückchen mehr, von Tag zu Tag wurden unsere Gespräche vertrauter. Die Kinder wechselten sich ab, an einem Tag durfte Amin erzählen, was er erlebt hatte, am nächsten Tag Jasin und am übernächsten Amal. Immer der Reihe nach und manchmal auch alle zusammen.

Plötzlich genossen wir diese Gespräche, und ich merkte, wie sich die Kinder allmählich auf Hamburg freuten. Jeden Tag fragten sie: »Wie sieht mein Bett aus?«, »Darf ich wieder Fußball spielen?«, »Bekomme ich dann eine Barbiepuppe?« Und wenn ich ins Bett fiel, tönten mir ihre neugierigen Fragen immer noch in den Ohren und breiteten sich wie ein Gutenachtlied in mir aus. Ich kaufte alles, was immer sie sich wünschten, lud ganze Einkaufswagen mit Schokoriegeln und Gummibärchen voll und verteilte sie in meiner kleinen Wohnung. Obwohl ich genau wusste, dass es falsch ist, sie so zu verwöhnen, konnte ich nicht anders. Ich wollte selbst Kind spielen, versteckte in jeder Ecke Kleinigkeiten. Und ich wollte ihre Augen sehen und ihr Staunen begreifen, wenn sie die Dinge fanden und auspackten und sich freuten.

Am Tag, an dem sie kommen sollten, ging ich zu Fuß zum Flughafen. Es war nicht weit, 20 Minuten vielleicht. Ein grauer Dezembernachmittag, an dem die Luft im Gesicht prickelt und der Schneematsch schlammig von den Gehwegen auf die Straße tropft. Wie ein Kind auf der Schlittschuhbahn schlitterte ich mit meinen Stiefeln, schaute hoch zu den Bäumen und Straßenlaternen, wo die tausend Lämpchen der Weihnachtsbeleuchtung glitzerten. Dann rannte ich und suchte meinen Weg zwischen den Menschen, die warm verpackt mit prall gefüllten Plastiktaschen nach Hause strebten. Mir war warm, obwohl ich ohne Schal und Handschuhe aus dem Haus gegangen war.

Es ist schon fast dunkel, und auf dem Flughafen blinken die roten Lichter der Start- und Landebahnen. Dazwischen hängt der Nebeldunst in Schlieren. Ich sehe Flugzeuge starten und landen. Und ich spüre in meinem Innern plötzlich den Ruck, mit dem das Flugzeug mit meinen Kindern an Bord auf dem Boden aufsetzt. Es bremst hart und steht so plötzlich still, dass die Passagiere einen Moment lang brauchen, um zu begreifen, dass sie in Hamburg gelandet sind.

Ich weiß, dass Amal, Jasin und Amin jetzt unsicher wie alle anderen von ihren Sitzen aufstehen. Wackelig auf den Beinen, sehen sie um sich und dann durch die kleinen Fenster, sehen, wie Gepäckwagen über das Rollfeld jagen und Männer mit grünleuchtenden Westen rennen und Signale in der Luft schwingen. Eine Stewardess hat sich den Weg zu ihnen gebahnt, beugt sich über sie und fragt, ob sie ihre Rucksäcke aus den Gepäckfächern holen soll. Sie nicken und schauen mit glänzenden Augen um sich. Wie sie umzingelt, eingekeilt und klein zwischen den vielen großen Menschen stehen.

Bin ich eine gute Mutter?, frage ich mich, während ich vor der

Glastür, durch die die Kinder kommen sollen, warte. Was werden sie sagen? Bin ich eine liebe, eine liebende Mutter? Ich zapple, sehe, wie mir das Glas mein verzerrtes Spiegelbild zurückwirft. Übermütig verschränke ich die Arme vor meiner Brust, stehe still und lächle: Werde ich eine gute Mutter sein? Ich werde den Kindern alles erlauben, sie dürfen alles tun, worauf sie Lust haben. Barfuß oder in Schuhen aus dem Haus laufen, mit den Fingern oder mit Gabel und Messer essen. Müssen keine Hausaufgaben machen, sondern dürfen mit Freunden spielen. Wenig werde ich verbieten, wenig von ihnen fordern. Frei sollen sie sein. Etwas lernen und selbständig werden. Und wenn sie hundertmal auf dem Esel vor dem Supermarkt reiten wollen, würde ich ihn zweihundertmal mit Zehnpfennigstücken füttern. Und abends würden wir uns auf einer Matratze zusammenkuscheln und erzählen.

Ich habe meine Kinder nach Deutschland geholt, weil ich sie liebe. Ein Gefühl, das ich vorher nicht kannte und nicht benennen konnte. Aber kann ich gutmachen, was fehlt? Vieles ist geschehen, weil ich geschwiegen habe. Wie wäre es gewesen, wenn ich mehr gefragt und mich gewehrt hätte? Wären wir eine glückliche Familie geworden? In Deutschland habe ich gelernt, wer ich bin und was ich will. Aber werden wir je die verpassten Worte, die Zärtlichkeit und die Zuneigung der verlorenen Jahre nachholen können?

»Maaaa-ma«, strömt mir da ein heller Schrei mitten hinein ins Herz. Meine Kinder! Es läuft mir heiß und kalt über den Rücken. Und ich sehe sie alle drei, wie sie hintereinander durch die gläserne Drehtür drängeln. Neugierig und mit großen leuchtenden Augen. Jeder will der Erste sein. Jasin, Amin und zum Schluss Amal. Ich habe die Arme noch nicht richtig ausgebreitet, da hat sie ihre beiden Brüder schon überholt und stürmt lachend auf mich zu. Amal trägt die rote Jacke, die ich ihr aus Deutschland mitgebracht habe.

Nachwort

VON MARIANNE MOESLE

Esma Abdelhamid begegnete mir zum ersten Mal an einem Samstagnachmittag im Mai 2005. Ein sonniger Tag. Mit einer Tasse Kaffee zog ich mich auf den Balkon zurück, um über 300 Texte zu lesen, die bei einem »Schreibwettbewerb für Analphabeten des Bundesverbandes Alphabetisierung und des Deutschen Volkshochschulverbandes« eingegangen waren. Als Journalistin hatte ich mich immer wieder mit Analphabetismus befasst und darüber geschrieben. Nun war ich eingeladen, als Jury-Mitglied bei diesem ungewöhnlichen Literaturwettbewerb mitzuwirken. Darauf freute ich mich. Wer je Texte von erwachsenen Menschen, die schreiben lernen, gelesen hat, weiß, dass es kaum eine direktere, unmittelbarere und poetischere »Literatur« gibt.

Esmas Text war nicht poetisch, aber vom ersten Satz an zog er mich in Bann: »Vor mehr als 25 Jahren habe ich einen Mann geheiratet, den mein Vater für mich ausgesucht hatte«, schrieb sie. »Mit diesem Mann fuhr ich direkt nach meiner Hochzeit weit weg in ein Land, das ich nicht kannte, das mir völlig fremd war.« Sie hatte sich zum Thema »Straße« Gedanken gemacht und auf drei oder vier DIN-A4-Seiten ihre traurige Migrantinnen-Geschichte erzählt, die mit der Reise von Tunesien nach Deutschland begann und bis heute nicht zu Ende ist. »Mit viel Gepäck stieg ich in einen roten Opel. Es sollte in ein Land gehen, das Deutschland hieß. Ich wusste nicht einmal, wo es lag auf dieser Erde. Ich war sehr traurig und habe nur geweint. Die Sonne prallte auf meinen Schoß, in mein Gesicht, und meine Augen brannten vom Weinen. Ich fühlte mich ausgeliefert diesem fremden Mann an meiner Seite. So festgeschnallt, wie mich der Sicherheitsgurt im Auto es hat, fühlte ich mich die ganzen Jahre mit ihm.«

Die Geschichte ging mir unter die Haut: »Nicht nur dass die fremde Kultur, in die ich hineingeworfen wurde, mir Schmerzen bereitete, ich durfte auch die Wohnung ohne Einverständnis meines Mannes nicht verlassen, um sie ein wenig kennenzulernen. Ich folgte der Erfüllung meiner ehelichen Verpflichtungen. Bei fehlerhaftem Verhalten waren Konsequenzen die Regel. Mein Mann tat, was er tun musste.« In etwas ungelenken, aber lapidaren Sätzen erzählte Esma Abdelhamid von ihrer Zwangsehe, von ihrem gewalttätigen Ehemann, von der Entführung ihrer Kinder und wie unsagbar schwer es war, für sie zu kämpfen. Da sie zum Gehorchen erzogen worden war, nicht um zu fühlen, um zu denken oder um etwas zu wollen. Zwischen den Zeilen klang die erschütternde Geschichte der Unterdrückung und Emanzipation einer arabischen Migrantin heraus.

Esmas Text hat mich berührt und aufgewühlt. »Ich möchte so gern vielen Frauen, denen Ähnliches widerfahren ist, Mut machen«, schrieb sie, und ich erschrak. Wer sind diese Frauen, denen Ähnliches passiert? Lebten sie in meiner Nachbarschaft. »Bist du auch zur Sklavin erzogen worden, zwangsverheiratet und ohne Anrecht auf Liebe?«, fragte ich insgeheim, wenn ich auf den Elternabenden meiner Kinder migrantischen Müttern begegnete. »Werden dir deine Kinder auch weggenommen, wenn du nicht mehr spurst?« Oder: »Kannst du auch nicht lesen und schreiben und wirst deshalb nicht für voll genommen?«

Wie kann es sein, dass mitten in Deutschland Frauen zwangsverheiratet, eingesperrt, vergewaltigt und geschlagen werden? Und das alles unbemerkt, weil diese Frauen dazu erzogen worden sind, zu dulden, anstatt sich zu wehren. Weil ihre Gefühle von patriarchalen Strukturen unterdrückt werden und weil Mütter genauso wenig wie ihre Töchter Traditionen in Frage stellen, nicht über Tabus und sexuelle Gewalt sprechen, nicht Lesen und nicht Schreiben lernen. Esma hatte den Mut, aus ihrer Anonymität auszubrechen. Sie hat Tabus gebrochen, um die Liebe ihrer Kinder gekämpft und von ihrem Schicksal erzählt.

Ein paar Monate später bei der Preisverleihung am Weltalphabetisierungstag in Berlin ist Esma Abdelhamid eine von fünf Preisträgern des Schreibwettbewerbs. In der Laudatio wird ein Satz aus dem Text eines Mitbewerbers zitiert: »Nach der Geburt hat Mann oder Frau das Leben am Zoff gepackt. Doch was er oder sie damit macht, ist dem Zoff völlig egal.« Der Wettbewerbsteilnehmer wollte »Zopf« schreiben, hat aber aus Versehen »Zoff« geschrieben. Ein einziger veränderter Buchstabe, und schon entstehen andere Voraussetzungen und neue Bedingungen. So ist das Leben entweder ein Zopf, den man selbst in die Hand nimmt, oder das Leben wird zum Problem, ein »Zoff«, weil andere den Zopf in die Hand nehmen und über einen bestimmen. Auch Esma wurde am Zopf gepackt, sie hat ihn jedoch abgeschnitten und trägt ihre Haare heute kurz.

Viel Prominenz ist gekommen, viele Reden werden gehalten, zum Schluss werden die prämierten Texte der Analphabeten von Schauspielern gelesen. Als Andrea Sawatzki den Text »Mehr als eine Ehe« vorliest, springt eine Frau mit dunklem Wuschelkopf vom Stuhl auf. Sie hält eine Videokamera in der Hand und filmt. Und während sie filmt, laufen ihr Tränen über die Wangen. Es ist Esma. »Heute ist der glücklichste Tag in meinem Leben«, sagt sie, gleichzeitig lachend und weinend, als sie der Schauspielerin die Hand schüttelt. Sie kann kaum glauben, dass sie das erlebt und geschrieben hat, was sie gerade gehört hat. Der Schreibkurs an der Volkshochschule und der Schreibwettbewerb waren die letzten Mosaiksteine auf der Reise in ihre Selbständigkeit.

Nachdem Esma ihre Kinder zu sich nach Hamburg geholt hatte, war nicht nur eitel Sonnenschein. Die Rolle der alleinerziehenden Mutter fiel ihr schwer, zumal sie selbst erst gelernt hatte, auf eigenen Füßen zu stehen und erste selbständige Schritte zu gehen. Die traumatischen Erlebnisse der vergangenen Jahre ließen sich nicht von heute auf morgen abschütteln, und immer wieder griff sie auf therapeutische Hilfe zurück. Amal sprach kaum Deutsch und war viel krank, Amin und Jasin litten unter Trotz- und Angstattacken und hatten Schwierigkeiten, Anschluss zu finden. Die

Mutter konnte ihren Kindern in der Schule kaum helfen, da sie als Analphabetin weder lesen noch schreiben konnte. Bis heute ist das nicht einfach. Sie schreibt, kann aber nicht immer verständlich machen, was sie meint. Sie liest, versteht aber schlecht, was sie gelesen hat, und kann den Inhalt eines Texts auch kaum wiedergeben.

Doch eines hatte Esma gelernt: Sie macht sich nicht mehr abhängig. Sie hat sich mit kleinen Jobs durchgeschlagen und ihren Kindern eine gute Schuldbildung ermöglicht. Sie hat Deutsch gelernt und versucht, nach eigenen Wünschen und Vorstellungen zu leben. Sie hat noch einmal geheiratet, einen Sohn geboren und wurde wieder geschieden.

Und sie ist stolz, dass ihre Kinder das geschafft haben, woran sie selbst immer noch arbeitet: Schulabschluss, Studium, Beruf.

»Meine Kinder haben Denken und Fühlen gelernt«, sagt sie. Und mir fallen Sprüche ein, die ich selbst als Kind lernte: »Wissen ist Macht« und »Liebe versetzt Berge«. Esma erhielt keine Antwort, wenn sie als Kind neugierige Fragen stellte. Wärme und Liebe musste sie sich am Fußende des Bettes ihrer Eltern erschleichen. Denn wer nichts fühlt und nichts weiß, stellt keine Forderungen. Heute weiß Esma, was sie will. Sie kann es aussprechen und zur Not auch schreiben und lesen. Weil sie unmündig war und mündig geworden ist. Die Liebe und der Kampf um ihre Kinder haben ihr den Mut dazu gegeben. Das ist ein aufklärerischer Schritt.

Nach den Feierlichkeiten in Berlin setze ich mich mit ihr zusammen, und sie fängt an: »Weißt du, dass ich zwölf Jahre in Hamburg gelebt habe, ohne die Alster zu sehen?«, sagt sie. Sie erzählt, und ich schreibe.

Dank

Zwei Autorinnen: eine Erzählerin und eine Schreiberin. Dieses Buch ist nicht nur die Biographie einer Migrantin, sondern auch die Geschichte einer Annäherung von zwei gleichaltrigen Frauen, die beide in Deutschland leben, aber aus völlig unterschiedlichen Kulturkreisen kommen. Neugier und Interesse füreinander haben uns geleitet, uns aufeinander einzulassen und miteinander an diesem Buch zu arbeiten.

Keine von uns hätte ohne die andere das Projekt betreiben können. Was nicht immer einfach war, sowohl die Recherche als auch das Schreiben waren geprägt von Auseinandersetzungen. Unterschiedliche Herkunft, Sozialisation, Tradition, Kultur und Religion zeigten uns immer wieder die Grenzen des gegenseitigen Verstehens auf. Für die Erzählerin war es schmerzvoll, noch einmal ihr Leben, den Weg in ihre Selbständigkeit und ihren Kampf um die Kinder schonungslos zu rekapitulieren, und für die Schreiberin war es schwierig, sich in dieses fremde Leben vorurteilsfrei einzufühlen, weiterzufragen und weiterzuschreiben. Sich zu verstehen erfordert Vertrauen und Mut. Wir freuen uns, dass es uns gelungen ist, dieses arabisch-deutsche Schicksal miteinander zu erzählen, und sehen unsere Zusammenarbeit auch als Beitrag zur Annäherung von Kulturen und Parallelgesellschaften.

Unser Dank gilt besonders unserem Literaturagenten, Michael Gaeb, unserer Lektorin, Karin Herber-Schlapp, und Frido Hohberger, die uns zu diesem interkulturellen Projekt ermutigt und uns dabei unterstützt haben.

Esma Abdelhamid, Marianne Moesle